Academic Evidence
of

財務・非財務報告の
アカデミック・エビデンス

Financial
and
Non-Financial
Reporting

中野　誠・加賀谷哲之・河内山拓磨
【編著】

中央経済社

はじめに

　1990年代後半,「大学で教えていることは,実践では役に立たない」と言われることが少なくなかった。「そんなことはないと思うけど…」と,少し悔しい気持ちだった。

　だが21世紀に入ってから,会計・財務のアカデミックな研究成果を生かしている実務家に出会うようになった。大別すると,3つのグループが存在する。第1のグループは,主として,アセット・マネジメント業界で運用業務を行っている人たちである。彼らは2000年代初頭,いち早く,最先端の実証研究を学び,運用に役立て始めていた。アクルーアル・アノマリー,残余利益モデル,多角化ディスカウント等である。「先生,何か面白い論文はありませんか?」と頻繁に質問をしてくるのと同時に,「授業や講演で,この論文のことを広めないでください」と付け加えることを忘れなかった。資本市場において,自分たちの専門家としての優位性が低下することを嫌がってのことである。

　そのうち,第2のグループの人たちが会計・財務の学術的基礎に関心を持ち始めた。投資銀行業務を行う人たちである。IPO,M&A&D,企業価値評価,増資,レバレッジ等に関する理論研究・実証研究に関心を持っていた。2005年から2010年頃だっただろうか。ビジネススクールに通い,学術研究を本格的に学ぶ人も増え始めていた。

　2010年以降になると,そうした金融系の人にとどまらず第3のグループとして,事業会社の人たちも,会計・財務のアカデミックな理論・成果に関心を持ち始めてきた。この時期にコーポレート・ガバナンス・コード,伊藤レポートなどが公表されると,一気に資本コスト,資本効率指標(ROIC,ROE)に注目が集まるようになった。

　さらに,2023年3月31日付で,東京証券取引所上場部が「資本コストや株価を意識した経営の実現に向けた対応について」という発表を行った。PBRが1倍割れの上場企業に対して,改善に向けた方針や目標・計画期間を投資家に開示することを要請した。プライム市場の約半数にあたる企業のPBRが1倍割れしている状況を懸念して,東京証券取引所から「お願い」という形で要請がなされた。すると,「センセイ,ペイアウトを増やせば,ROEが上がり,PBRも

上昇しますよね？」という理解不足の質問を受ける事態になった。「理論的に，どう考えればよいのでしょうか？」と真剣に問われる場面も少なくない。IR担当者，経営企画担当者，経理・財務担当者は，一斉に会計・財務の理論的枠組み・学術的基礎を求めることになったのである。

もはや，冒頭の「大学で教えていることは，実践では役に立たない」という時代は終焉した。「大学で教えていることを学ばなければ，実践では役に立たない時代」の到来である。そのようなタイミングで，「実践家にとって武器になる学術的基礎を提供したい」と思い立ち，私たち編者は，一橋大学で博士号を取得した若手の研究仲間たちと一緒に，本書『財務・非財務報告のアカデミック・エビデンス』という書籍を構想したのである。もちろん，卒業論文，修士論文，MBAレポートなどの執筆を控えている学生のテーマ選定，文献案内にも貢献できると考えている。

一方，本書は近年の重要トピックだけを厳選したため，論点の網羅性という点では若干の難がある。この点に関しては，紙幅制約に免じてご容赦いただきたい。また，興味深い研究を行い，立派な業績をあげている若手研究仲間は数多くいるが，全員に執筆陣に加わっていただけなかった点も心残りである。

私たち執筆者一同は学問の力を信じている。本書が提示するアカデミック・エビデンスが会計・財務に関する読者の理解を少しでも深めるのであれば，望外の喜びである。

編者を代表して
東京・国立のキャンパスにて

中野　誠

CONTENTS

序　章　財務・非財務報告のアカデミア

1	本書の目的と背景	1
2	財務報告・非財務報告のアカデミア	3

（1）会計学の世界/3

（2）研究対象の拡大/4

3	本書の構成	5
4	本書の読み方	7

Part 1　財務報告

第1章　会計情報と株式市場

1	概　　説	10
2	アカデミック・エビデンス	12

（1）利益と株価の関連性/12

（2）利益と株価の関連性低下の原因と利益以外の会計項目と株価の関連性/14

3	日本企業との関連性	18

（1）日本企業の利益と株価の関連性/18

（2）日本企業の収益と費用の対応関係の変化/19

（3）日本企業における利益以外の会計項目の活用/20

4	実務・政策的な示唆	20

第2章　財務報告の質と経済的帰結

1	財務報告の質とは何か	23

（1）発生主義会計の長所と短所/23

（2）会計発生高と財務報告の質/25

2	アカデミック・エビデンス	26

（1）財務報告の質が企業の投資行動に与える影響/27

ⅱ

（2）財務報告の質が企業の資本構成に与える影響/29

（3）財務報告の質が企業の配当政策に与える影響/30

③ 日本企業との関連性 ………………………………………………… 31

④ 実務・政策的な示唆 ………………………………………………… 32

第3章 債務契約

① 債務契約のプレゼンスと開示規制 ………………………………… 35

② アカデミック・エビデンス ………………………………………… 38

（1）債務契約における財務報告の理論的役割/38

（2）財務報告が債務契約に及ぼす影響/39

（3）財務制限条項に関するエビデンス/42

③ 日本企業との関連性 ………………………………………………… 45

（1）財務報告がもたらす影響/45

（2）財務制限条項/46

④ 実務・政策的な示唆 ………………………………………………… 47

第4章 報酬契約

① 報酬契約のプレゼンスと開示規制 ………………………………… 51

② アカデミック・エビデンス ………………………………………… 52

（1）報酬契約における財務報告の役割/52

（2）報酬契約における会計利益の使われ方/53

（3）経営者による利益調整/56

（4）非財務報告との関連性/58

③ 日本企業との関連性 ………………………………………………… 58

（1）報酬契約における会計利益の使われ方/58

（2）経営者による利益調整/60

（3）非財務報告との関連性/60

④ 実務・政策的な示唆 ………………………………………………… 61

第5章 M&Aと減損損失

① はじめに ……………………………………………………………… 66

|2| アカデミック・エビデンス ……………………………………………… 67

（1）のれんの事後的会計処理の概要/67

（2）償却・減損アプローチと減損のみアプローチの差異に関する研究/68

（3）のれんの減損損失計上パターン/69

（4）のれんの発生と減損損失計上に関する研究/70

（5）のれんの減損会計の裁量性と適時性に関する研究/72

（6）のれんの減損損失の情報内容に関する研究/74

|3| 日本企業との関連性 …………………………………………………… 75

|4| 実務・政策的な示唆 …………………………………………………… 76

第6章 マクロ実証会計

|1| 分散投資を踏まえた意思決定有用性の再検討 ……………………… 81

|2| リターンの要因分解 …………………………………………………… 86

|3| アカデミック・エビデンス …………………………………………… 88

（1）企業レベルと異なる国レベルの利益・リターン関係/88

（2）アナリスト予想を用いた市場インデックスの投資戦略/91

|4| 実務・政策的な示唆 …………………………………………………… 92

第7章 コーポレート・ガバナンスと外部監査人

|1| 監査役等に求められる新たな役割：外部監査人の独立性の評価 ……… 95

|2| アカデミック・エビデンス …………………………………………… 97

（1）コーポレート・ガバナンスの有効性と監査報酬の関係/97

（2）コーポレート・ガバナンスの有効性と非監査業務の関係/101

（3）コーポレート・ガバナンスを担う主体と外部監査人との間のコミュニケーションの帰結/102

|3| 日本企業との関連性 ……………………………………………………104

|4| 実務・政策的な示唆 ……………………………………………………104

第8章 監査上の主要な検討事項

|1| 監査における情報提供機能の強化 …………………………………… 108

|2| 拡張された監査報告がもたらす影響とその理論的背景 …………… 109

IV

（1）拡張された監査報告が投資家の意思決定に利用される理論的背景/109

（2）拡張された監査報告が企業の情報開示や事業活動に影響を与えうる理論的
背景/111

3 アカデミック・エビデンス ……………………………………………………… 112

（1）利用者の意思決定に対して有用な情報になりうるのか？/112

（2）作成者である経営者の意思決定に影響を与えるのか？/116

4 実務・政策的な示唆 ……………………………………………………………… 119

Part 2　ディスクロージャー

第9章　情報開示：四半期開示

1 強制的開示に関する議論の対立 ……………………………………………… 124

2 アカデミック・エビデンス …………………………………………………… 126

（1）なぜ開示の強制が必要なのか/126

（2）整理の枠組み/127

（3）エビデンス/130

3 日本企業との関連性 …………………………………………………………… 133

4 実務・政策的な示唆 …………………………………………………………… 135

（1）四半期開示のケース/135

（2）より広い示唆/137

第10章　株主資本コスト

1 資本コスト意識の高まり ……………………………………………………… 141

2 アカデミック・エビデンス …………………………………………………… 143

（1）株価の構成要素としての株主資本コストと期待リターン/143

（2）過去の実現株式リターン/145

（3）ファクターモデル/146

（4）企業特性モデル/148

（5）インプライド株主資本コスト/149

（6）モデルの評価/151

CONTENTS **V**

3 日本企業との関連性 ……………………………………………………… 154

4 実務・政策的な示唆 ……………………………………………………… 155

第11章 経営者予想

1 日本における経営者予想 …………………………………………… 160

2 アカデミック・エビデンス ……………………………………… 162

（1）経営者予想の特性に及ぼす要因/162

（2）経営者予想がもたらす帰結/166

3 日本企業との関連性 ……………………………………………… 168

（1）日本企業の経営者予想の特徴/169

（2）日本における経営者予想の帰結/172

4 実務・政策的な示唆 ……………………………………………… 173

第12章 統合報告

1 統合報告の広まりと役立ち ……………………………………… 177

2 アカデミック・エビデンス ……………………………………… 181

（1）統合報告が資本市場に及ぼす影響/182

（2）統合報告が企業内部・企業行動に及ぼす影響/185

3 日本企業との関連性 ……………………………………………… 187

4 実務・政策的な示唆 ……………………………………………… 188

第13章 ESG

1 ESGの高まり ……………………………………………………… 192

2 アカデミック・エビデンス ……………………………………… 195

（1）ESGデータの信頼性/195

（2）ESG投資・経営がもたらす効果/202

3 日本企業との関連性 ……………………………………………… 207

4 実務・政策的な示唆 ……………………………………………… 209

VI

第14章 サステナビリティ開示

1. はじめに ……………………………………………………………………… 212
2. サステナビリティ開示制度の特徴と変遷 …………………………………… 214
   - （1）サステナビリティ開示の特徴/214
   - （2）自発的開示から国際的統合化・収斂化へ/215
   - （3）サステナビリティ開示のフレームワークの特徴/218
3. アカデミック・エビデンス …………………………………………………… 219
   - （1）ステークホルダー資本主義と株主優先主義の相克/219
   - （2）サステナビリティ開示研究の現状と課題/220
4. 示唆と展望 …………………………………………………………………… 222

第15章 テキスト情報の有用性

1. 概　　説 ……………………………………………………………………… 226
2. アカデミック・エビデンス …………………………………………………… 227
   - （1）トーン（センチメント）/228
   - （2）可読性（リーダビリティ）/230
   - （3）類似性/232
   - （4）トピック抽出/233
3. 日本企業との関連性 ………………………………………………………… 233
   - （1）トーン（センチメント）/233
   - （2）可読性（リーダビリティ）/234
   - （3）類 似 性/235
   - （4）トピック抽出/235
4. 実務・政策的な示唆 ………………………………………………………… 235

Part 3　非財務・関連トピック

第16章 株主アクティビズム・議決権行使

1. 株主アクティビズム・議決権行使の隆盛 …………………………………… 242

CONTENTS VII

2 アカデミック・エビデンス ……………………………………………… 243

（1）株主アクティビズムの理論的役割/243

（2）株主アクティビズムの手法に関するエビデンス/244

（3）株主の行動原理とアクティビズムの関係に関するエビデンス/246

（4）ディスクロージャー・IRの質とアクティビズム/248

（5）エビデンスを吟味する/249

3 日本企業との関連性 ……………………………………………………… 251

（1）ステークホルダー志向の日本企業と米国式アクティビスト/251

（2）日本の"強力"な株主権/251

（3）コーポレート・ガバナンス改革とアクティビズム/252

4 実務・政策的な示唆 ……………………………………………………… 253

第17章 コーポレート・ガバナンス

1 ガバナンスシステム ……………………………………………………… 258

（1）国家レベルと企業レベルのガバナンスシステム/258

（2）「3年連続赤字でも9割は退陣しない」/259

2 アカデミック・エビデンス ……………………………………………… 261

（1）リスクテイクの国際比較/261

（2）経営者はリスク回避的/263

（3）株式ベースの報酬による価値向上/264

（4）内部負債/265

（5）内部負債の実態/266

（6）内部負債によってリスクテイクが行われなくなる/267

3 日本企業との関連性 ……………………………………………………… 268

（1）アメリカにおける企業年金の受給権保護/268

（2）日本における企業年金の受給権保護/268

4 実務・政策的な示唆 ……………………………………………………… 269

第18章 IRエンゲージメント

1 エンゲージメントとは ……………………………………………………… 272

2 エンゲージメントの現状 …………………………………………………… 274

（1）機関投資家との対話/274

（2）資本コストへの異なる見方/275

③ アカデミック・エビデンス……………………………………………278

（1）日高ほか（2021）のエンゲージメント研究/279

（2）議決権行使結果の開示制度/279

（3）議決権行使に関する実証研究/280

④ 実務・政策的な示唆……………………………………………………281

第19章　経営者能力

① 経営者の能力をめぐる議論………………………………………………284

② アカデミック・エビデンス………………………………………………286

（1）経営者能力の測定方法/286

（2）経営者能力スコア/287

（3）経営者能力のインパクト/289

③ 日本企業との関連性………………………………………………………293

④ 実務・政策的な示唆………………………………………………………294

第20章　人的資本会計

① 人的資本会計の潮流………………………………………………………299

（1）PBRと人的資本の関係/299

（2）Open AI社の事件/300

② アカデミック・エビデンス………………………………………………301

（1）人的資本のKPI開示/301

（2）人件費データを用いた分析/303

③ 日本企業との関連性………………………………………………………304

（1）マルチ・ステークホルダー型BS/304

（2）従業員内部留保と利益分配/305

（3）マルチ・ステークホルダー型WACC/307

（4）労働レバレッジ/309

④ 実務・政策的な示唆………………………………………………………310

（1）PBRと人的資本会計の関係/310

CONTENTS　IX

（2）人的資本開示と株主資本コスト/311

（3）企業形態論への示唆/311

第21章　知的財産・無形資産

1 はじめに …………………………………………………………………… 313

2 知的財産・無形資産の現状と特徴 …………………………………… 315

（1）知的財産・無形資産投資の国際比較/315

（2）知的財産・無形資産の特徴/316

3 アカデミック・エビデンス ……………………………………………… 317

（1）会計測定アプローチ/317

（2）生産関数アプローチ/318

（3）知的財産・無形資産投資の進捗をいかに測定するか/319

4 実務・政策的な示唆 ……………………………………………………… 321

第22章　株主還元政策と株式価値

1 PBR1倍割れと株主還元政策 ………………………………………… 327

2 アカデミック・エビデンス ……………………………………………… 330

（1）配当・自社株買いと株価の関係に関する基礎理論/330

（2）株式の本源的価値への影響/334

（3）本源的価値と株価の乖離の是正/338

3 日本企業との関連性 ……………………………………………………… 339

4 実務・政策的な示唆 ……………………………………………………… 340

序 章

財務・非財務報告のアカデミア

中野　　誠　MAKOTO　NAKANO

加賀谷哲之　TETSUYUKI　KAGAYA

河内山拓磨　TAKUMA　KOCHIYAMA

1　本書の目的と背景

　本書は，財務報告・非財務報告に関するアカデミック・エビデンスを広くわかりやすく紹介することを目的としたものである。次章以降では全部で22のトピックを取り上げ，各トピックについて（1）その背景，（2）学術研究で理解・判明されていること（アカデミック・エビデンス），（3）日本企業との関連性，そして，（4）実務への示唆について議論していく。

　このような著書を刊行するに至った背景は，おおきく2つある。1つは，近年，日本企業をめぐる経済環境および関連諸制度が大きく・急速に・多面的に変容してきたことである。たとえば，コーポレート・ガバナンス改革を契機に株式市場を軽視しない企業経営のあり方が重視されるようになったが，そこでは「資本効率性」，「資本コスト」，「株価純資産倍率（PBR）」といった用語や概念に，急速に関心が寄せられ始めている。また，環境問題の進展や社会的価値観の変容は「ESG」や「サステナビリティ」を企業経営上無視できないものにし，これらに関する情報開示規制も進展している。さらにはビジネス環境の複雑化やデジタル化の流れは企業価値ドライバーとしての「無形資産」の重要性を高め，「人的資本経営」や「知財マネジメント」等に関する提言もなされ始めている。

　このように急速かつ多面的に変化する環境下では，ややもすれば，深い理解を得ないままに場当たり的あるいは受動的な対応をしてしまう可能性があるだ

ろう。「お上が言うのだから」,「同業他社もやっているから」,「投資家が言うのだから」といった理由づけにより,形式要件を満たすことに腐心してしまう。そこでは事象に対する本質的な理解をおざなりにしてしまう可能性がある。

　一方で,研究を生業とする学者集団はかねてより上記で掲げたトピックについて調査を進め,経済事象や制度変化,企業行動の理論的な理解に努めてきた。そこで得られた知見の多くは高度に専門的で多くの人にとっては,理解に労力を要するものも多い。しかし,実務に対して有益な示唆を持つ研究成果も少なくない。なかでも,急速に変化する環境下にあって,アカデミック・エビデンスは「何をどう理解すべきか」,「何をどうしたらいいのか」に関する実務的な道しるべとなる可能性を秘めている。

　こうした背景から,本書は,近年,特に関心が寄せられていると思われるトピックについてアカデミック・エビデンスをわかりやすく紹介し,ビジネスパーソンをはじめとする読者層に学術的な理解を促すことをねらいとしている。

　いま1つの問題意識は,会計学者の悩みに由来する。本書執筆者の多くは会計学で博士号を取得した会計学者であるが,会計学の研究対象は国内外を問わずして拡大傾向にある。そのため,会計学者すべてが帳簿組織や財務諸表,会計制度を対象とした研究を実施しているわけでもなかったりする。しかしながら,大学に身を置く者としては会計学に関する基礎的な講義を行う必要があり,その中心的な内容は仕訳や会計基準の解説になってしまいがちである。つまり,会計学者の多くは簿記などの会計実務に関する知識を教えることはあっても,自分たちが行っている会計研究の内容そのものについては語る機会が極めて少ない状況にある。「研究と教育の乖離」と表現してもよいだろう。この場合,知的好奇心が強いあるいは優秀な学生ほど「会計学はルール暗記」,「事務手続きに関する学問」といった認識を持ってしまい,われわれの研究者としての仕事内容があまり理解されないまま見限られてしまう可能性がある。

　そこで,本書は,大学や大学院で専門科目を学び始めた,あるいは,自身の研究テーマを探し始めた学生に対して会計学者の研究内容を広く知ってもらうこともねらいの1つとしている。

序章　財務・非財務報告のアカデミア　3

2　財務報告・非財務報告のアカデミア

　本書で取り上げるトピックは広範囲にわたるが，上述したように執筆者の多くは会計学で博士号を取得した会計学者である。ここでは，会計学研究の広がりを概説することで本書の内容と構成に関する前提知識を議論する。

（1）会計学の世界

　会計学，とくに財務会計論は，企業が作成・開示する財務諸表やこれを支える会計制度を探究する学問である。伝統的な会計学では，財務諸表や会計制度の望ましいあり方について規範的かつ記述的に議論することが多かった。一方で，1960年代に米国で会計の主目的は情報利用者の意思決定への役立ち（有用性）にあることが明言されると，財務諸表をはじめとする会計数値を「情報」として取り扱い，情報の発信者（企業）と受信者（投資家などのステークホルダー）の行動に注目することが会計学の主要関心事となっていった。投資家は会計利益に反応するのか，資本提供者はどのような利益特性を好むのか，経営者は情報利用者の反応を見越して会計情報を操作するのか。これらの問いは「実証」の問題であり，先見的に明解な答えを得ることが難しいものである。そこで，会計学の研究スタイルは実際にデータを利用しながら仮説検証を繰り返すという科学性を帯びた実証研究へと徐々に変化していった。現在，米国をはじめとする国際的なアカデミアでは，実証研究が支配的な研究スタイルとなっており，日本でも徐々にその傾向は強まっている。

　実証会計学の世界では，会計の主目的は情報利用者の意思決定を支援することにあり，「情報の非対称性の緩和」（およびこれに伴う「取引コストの低減」）にその中心的な役割が求められることが多い。経済学で言うところの効率的な市場・契約の実現に貢献するということである。企業外部に位置するステークホルダーにとって企業はブラックボックスであり，両者の間には情報の非対称性が少なからず存在する。このとき，適切な情報提供がなければ，投資家は本当にその会社に投融資していいかがわからず，結果として株式市場をはじめとする市場経済が成立しなくなってしまう可能性がある（逆選択の問題）。そのため，意思決定に有用な信頼できる情報を提供することが市場経済を円滑にす

るうえで重要となり，これが会計の役割の1つとなる。

　また，情報の非対称性が存在するとき，当初の取決めがそのとおりに実行されているかをモニターすることも困難となる。経営者は株主や他のステークホルダーのためではなく，私利私欲のために行動してしまうかもしれない（モラルハザードの問題）。会計は，定期的に決算報告を行わせることで経営者を規律づけ，その受託責任を解明する役割も持つ。

（2）研究対象の拡大

　会計の役割を情報提供と責任解明に求める場合，会計学者の研究対象は一層に拡がる。とりわけ，ビジネス環境や企業をめぐる価値観が変容していくと，従来の財務諸表だけでは十分な情報提供や責任解明が行えなくなり，財務諸表以外の情報開示へのニーズも高まってくる。実際に，多くの企業は，制度開示である有価証券報告書や決算短信にくわえて，統合報告書や環境報告書などを自発的に開示し多面的な情報提供を実施している。

　この場合，会計学者の関心は企業の多種多様な公表資料にも向けられ，どのような情報が利用者にとって有用であるのか，また，どのような情報をもって企業は自社を説明すべきなのかといった問いへと自然に進化していくこととなる。財務諸表をはじめとする会計・財務情報の開示や伝達を「財務報告」と呼ぶならば，これら以外の情報開示は「非財務報告」として取り扱うことができるだろう。これら広範な情報開示を分析する研究領域を「ディスクロージャー」と呼んだりする。

　くわえて，責任解明や情報提供という意味では，コーポレート・ガバナンスのあり方なども研究対象となり，会計学者の分析対象はさらに拡大する。情報の非対称性に端を発する諸問題の解決にあたって会計情報の伝達は1つの手段であり，これ以外の方策との関係性にも目配りする必要があるためである。また，現在はまだ認識・測定・報告ができていない事項であっても，これを効果的に測定し情報提供や責任解明につなげようとする動きもある。人的資本や無形資産などは客観的な価値測定が難しいものの，これらに対する情報ニーズは近年急速に高まっている。こうした新領域とも呼べる事象や概念について学術的な理解を構築し，測定の可否やその方法論を検討することも会計学者の仕事

の一部となっている。

3　本書の構成

　本書では財務・非財務報告に関する22の研究トピックを取り上げるが，その整理にあたっては上記の「会計学者の研究対象の拡がり」という観点からおおきく3つに分類している。**図表序-1**は，本書の構成に関する概念図を示したものである。

　本書は「財務・非財務報告のアカデミック・エビデンス」と題するものであるが，財務報告と非財務報告とを綺麗に二分割することは実際には難しい。これは，財務・非財務報告そのものの定義が曖昧であるほか，複雑な情報開示実務を想定した場合には両者が混在することが多々あるためである。たとえば，有価証券報告書に記載される定性情報は財務報告と呼べないわけではないが，財務に関する事柄のみがそこに記載されるわけではない。また，非財務情報をまだ財務的成果に結実していない要素に関する情報として「未」財務情報として取り扱う企業や投資家もいる。そこで，本書では，図表序-1のように，左上に財務報告，右下に非財務報告を位置づけ，広範な研究トピックを両者のグラデーションとして描いている。

図表序-1　本書の構成：概念図

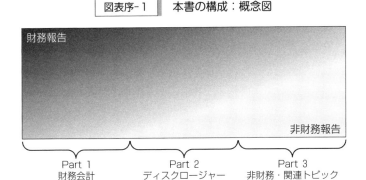

（出所）筆者作成

　図表序-1で左に位置づけられるのは「財務会計」であり，とくに財務諸表

やそこに記載される項目に注目した研究トピックを意味している。会計利益の資本市場における役立ちや財務報告の質，さらには財務諸表監査など会計学らしいトピックに注目する。

次に，図の中央に位置するのが「ディスクロージャー」である。ここでは，財務諸表などの会計報告以外の情報開示を取り扱う。本書では，統合報告書，サステナビリティ開示，定性情報などについて取り上げる。

最後に，図の右側に位置する「非財務・関連トピック」として，より広範な発展的分野について説明する。コーポレート・ガバナンスや議決権行使などのほか，人的資本や無形資産といった測定・管理対象の拡がりについてアカデミック・エビデンスを紹介していく。

トピックの選定にあたっては，おおきく2つのことを意識した。1つは，実務との関連性である。上記のように，近年，日本企業をめぐる経済環境や関連諸制度は急速に変化しており，企業経営においても新たな取組みが求められたり，判断に迷う場面が増えたりしているものと考える。こうした状況下にあっては学術的な知見を取り入れることが1つの指針になると考え，とくにビジネスパーソンの関心が高いと思われるトピックを選定した。

いま1つは，ベーシックさである。学術論文のなかには高度に専門的で分析対象が細分化されたものも少なくない。そのため，学術論文をいくつか紹介しても，読者にとっては「木を見て森を見ず」という事態になってしまう可能性がある。また，論文ではなく書籍として広く公刊する以上，多くの読者にとって何らかのテイクアウェイがあるものでないといけない。そこで，本書では細分化されたものを列挙するのではなく，研究者が大枠で認識しているレベルにもとづいてトピックを選定するようにした。また各章では，発展・応用的な内容ではなく，当該研究領域における基本的な考え方や重要な発見事項，そこから得られるテイクアウェイに重点を置くようにしている。

本書のパートおよび章構成は**図表序-2**のとおりである。

序章　財務・非財務報告のアカデミア　7

図表序-2		本書のパート・章構成	
パート	章	トピック	執筆者
Part 1 財務会計	1	会計情報と株式市場	地主純子
	2	財務報告の質と経済的帰結	青木康晴
	3	債務契約	河内山拓磨
	4	報酬契約	中村亮介
	5	M&Aと減損損失	藤山敬史
	6	マクロ実証会計	吉永裕登
	7	コーポレート・ガバナンスと外部監査人	福川裕徳
	8	監査上の主要な検討事項	日下勇歩
Part 2 ディスクロージャー	9	情報開示：四半期開示	藤谷涼佑
	10	株主資本コスト	髙須悠介
	11	経営者予想	石田惣平
	12	統合報告	調　勇二
	13	ESG	石田惣平
	14	サステナビリティ開示	加賀谷哲之
	15	テキスト情報の有用性	金　鉉玉
Part 3 非財務・関連トピック	16	株主アクティビズム・議決権行使	岩田聖徳
	17	コーポレート・ガバナンス	野間幹晴
	18	IRエンゲージメント	円谷昭一
	19	経営者能力	河内山拓磨
	20	人的資本会計	中野　誠
	21	知的財産・無形資産	加賀谷哲之
	22	株主還元政策と株式価値	髙須悠介

（出所）筆者作成

4　本書の読み方

　本書は全22章から構成されるが，読者の興味関心に応じて好きなところから読んでもらえるように工夫している。各章では，（1）そのトピックをめぐる背景，（2）学術的な理論や重要なアカデミック・エビデンス，（3）日本企業との関連性，（4）実務への示唆，という4要素を可能な限り含めることで統一している。そのため，いずれの章から読んでもその領域の概要や重要ポイントが理解できるものと思う。

第1節で説明したように，本書が意識している読者層は大きく2つある。1つはビジネスパーソンである。とくに，金融業に携わっている方々や事業会社であれば財務・経理・経営企画・IRなどに従事している方々にとって関連度の高いトピックを選定している。各自の業務内容や興味関心事にもとづいて好きなチャプターを読んでいただければと思う。たとえば，株式市場に関心を寄せているのであれば，第1章「会計情報と株式市場」，第9章「情報開示」，第10章「株主資本コスト」，第16章「株主アクティビズム・議決権行使」，第18章「IRエンゲージメント」を読むと，昨今の株式市場の潮流やこれに向けた情報開示の要諦を学ぶことができる。また，ESGに関することが知りたい場合には，第12章「統合報告」，第13章「ESG」，第14章「サステナビリティ開示」などを読むとその学術的な理解が得られる。

　いま1つの読者層は，大学生や大学院生など専門科目を学び始めたあるいは研究テーマを探索し始めた「研究者の卵」である。本書は会計学者の研究内容を知ってもらうことを副次的な目的としている。この目的のため，各章では当該領域におけるキー論文を紹介しているほか，有用な文献レビュー論文がある場合にはこれを紹介し，当該領域を深掘りできるよう工夫した。本書における議論は必ずしも包括的ではなく実証研究に軸足を置いた内容となっているが，各研究トピックの概要や重要ポイントを効率的に学ぶことができるはずである。

Part 1

財務報告

第 1 章

会計情報と株式市場

地主純子　JUNKO　JINUSHI

SUMMARY

　これまでは，利益と株価には正の関連があること，すなわち利益の大きい企業の株価は高く，利益の小さい企業の株価は低いことが知られていた。しかし，1990年代後半から，米国企業において利益と株価の正の関連性が低下していることが明らかにされてきた。この理由の１つは，利益が企業の内部で生じた無形資産の価値を十分に反映していないことによるものだと考えられている。

　最新の研究結果は，特に企業内部で生じる無形資産投資の重要性が高い新しい企業において，利益を活用した企業評価が難しくなっており，利益以外の会計情報の開示や活用が重要であること示唆している。

1　概　　説

　実務において，会計情報と株式市場の関連性に注目する機会は多くある。たとえば，１株当たり純資産簿価と株価の比率である株価純資産倍率（Price Book Ratio; PBR）や１株当たり当期純利益と株価の比率である株価収益率（Price Earnings Ratio; PER）は，株式市場で形成された株価数値と会計手続きに基づき計算された会計数値を比較した指標である。PBRやPERは株価が割安か割高かを判断する１つの基準となるため，バリューファンドを中心とした多くの投資家の資産運用において活用されてきた。また，最近では企業経営の場面でもPBRは意識されており，PBRが低い企業ほど「資本コストや株価を意識した経営の実現に向けた対応」を開示している（東京証券取引所 2024）。

　アカデミックでは，会計情報の中でも特に利益情報に注目し，利益と株価の関連性について調査してきた。利益は企業が獲得した収益からその収益を獲得

するために要した費用を差し引いた結果であり，企業が創造した価値を測定する重要な指標である。投資家は利益数値からその企業が事業活動を通じて生み出した価値に関する情報を入手し，投資の意思決定を行うことができる。たとえば，増益は企業の創造した価値が前年よりも増加したことを示唆する。投資家は増益という情報を受け取り，その企業の将来業績に対する期待を上方修正することで，その企業の株式を購入するという意思決定を行う。結果として，増益した企業の株価は上昇し，増益企業の株式リターンは高くなるはずである。アカデミックでは，こうした予想と整合的に，利益と株価の間には正の関連があること，すなわち利益が増加するほど株式リターンは高くなることが明らかにされてきた。

　しかし，20世紀後半から，利益と株価の関連性の変化を示す証拠が米国を中心に蓄積され始めた。**図表1-1**は，米国企業において，今期1年間の株式リターンのばらつきを前期からの利益変化によってどれほど説明できるかを時系列で測定した結果である（Shao et al. 2021）。縦軸の値が大きいほど，株価の変化は利益の変化によって説明できることを示している。図表1-1から明らかなように，1973年から2017年にかけて，株式リターンに対する利益変化の説明力は低下している。1973年には17％であった値が2017年には0％へ低下している。この結果は，利益と株価の正の関連性が低下していること，すなわち利益が増加したとしても株式リターンは高くなりにくくなったことを示唆している。

図表1-1　株式リターンに対する利益変化の説明力

（出所）Shao et al.（2021）のTable 2 を基に筆者作成

12 Part 1 財務報告

　なぜ，利益と株価の関連性は低下したのだろうか。またこうした変化に対し，何をすればよいのだろうか。本章では，会計情報と株式市場に関する最新のアカデミック・エビデンスを紹介し，実務や政策への活かし方を検討する。

2 アカデミック・エビデンス

（1）利益と株価の関連性

①　利益と株価が関連する理由

　会計情報の中でも損益計算書は，ある期間における企業の価値創造に関する情報を提供する（Dichev 2008）。企業が収益を生み出すためには，それに先立って費用を支払う必要がある。投資家は，企業が将来にわたって大きな収益を生み出すことを期待し，その企業に資金を提供する。企業が実際に事業活動を通じて獲得した収益がその収益を獲得するために費やした費用を上回っていれば，その企業は投資家にとって価値を創造する事業を行ったといえる。反対に，獲得した収益がその収益を獲得するために要した費用を下回っている場合は，その企業は投資家にとって価値を創造しない事業を行ったといえる。したがって，収益からその収益に対応する費用を差し引いた利益は，企業が事業活動を通じてどれほど投資家の価値を創造したかについての情報を提供する。

　事業活動には不確実性が伴う。投資家は企業に関するさまざまな情報を収集し，その企業の将来業績に関する予測を立て，投資の意思決定を行う。利益情報は，企業が過去に事業活動を通じて投資家の価値をどれほど創造してきたかについての情報を提供する。将来の業績に関する直接的な情報を提供するわけではないが，現在の状態が将来も持続するならば，現在の利益情報は将来の業績についての情報となりうる。合理的な投資家は，現在の利益情報からその企業の将来の業績を予測し，その企業の証券の売買に関する意思決定を行う（Scott and O'Brien 2019）。したがって，利益の大きさが企業の将来創造する価値の大きさと関連するならば，利益と株価の間には正の関連性があるはずである。

　しかし，会計システムで計算された利益には限界があり（Srivastava 2023），企業が創造した価値に関する情報が必ずしも利益に含まれているとは限らない。

たとえば，会計上の収益として認識するためには，企業が商品やサービスを提供し，これに対する現金等を取得する必要がある。新薬の特許取得は，経営者や投資家にとって価値を創造するイベントであるかもしれないが，会計上の収益として認識されない。こうした会計原則は，会計上の価値創造と投資家が認識する価値創造の乖離を生じさせる。また，費用はさまざまな会計慣行に基づいて計上される。売上原価は，個別対応で認識され，収益の獲得によって減少した棚卸資産の金額が売上原価として計上される。有形固定資産の減価償却費は，期間対応で認識され，使用期間にわたって規則的に計上される。売上原価のような特定の取引に起因する資産の減少との直接的な結びつきはないが，その資産の使用期間にわたって償却されるため，ある程度収益と結びついた費用といえる。それに対し，販売費及び一般管理費（販管費）に含まれる研究開発費や広告宣伝費，従業員の研修費，ソフトウェアの開発費などの費用は，有形固定資産の減価償却費と同様に期間対応ではあるが，収益と結び付けることなく支出時に一括して費用として計上される。このように，利益計算における費用は一貫していない会計ルールに基づき計上された金額を合計したものにすぎず，利益に意味のある情報が含まれていない可能性もある。

　まとめると，企業の価値創造に関する情報が利益に反映されているならば，利益と株価は関連するはずである。他方で，収益や費用の認識の問題から，価値創造に関する情報が利益に反映されていないならば，利益と株価の間には関連性が観察されないはずである。

②　利益と株価の関連性の検証

　利益は企業の価値創造に関する情報を反映し，投資家の意思決定に影響を与えるような情報を提供しているのだろうか。この問いに対する信頼性のある証拠を初めて提示したのはBall and Brown（1968）である。

　Ball and Brown（1968）は，1957年から1965年までの9年間にわたってニューヨーク証券取引所に上場している261社の決算発表日を特定し，決算発表日の株価反応を測定した。利益情報が投資家の意思決定に影響を与えるような情報を提供しているならば，増益を公表した企業の決算発表日の株価は上昇し，減益を公表した企業の決算発表日の株価は減少するはずである。Ball and

Brown（1968）は，こうした予想と整合的に，増益を公表した企業の決算発表月の月次リターンは正であるのに対し，減益を公表した企業の決算発表月の月次リターンは負であることを発見した。さらにBall and Brown（1968）は，決算発表月の11カ月前から決算発表月までのリターンを調査し，増益企業においては決算発表前までのリターンが正であるのに対し，減益企業においては負であることを発見した。このことは，決算発表前に市場に織り込まれた情報が利益に含まれていること，11カ月前の時点で利益を完璧に予測できていれば高いリターンが得られること示唆している。Ball and Brown（1968）の結果は，利益が投資家の意思決定に影響を与えるような情報を含む証拠であり，会計基準に基づいて計算された利益を企業が投資家に公表する根拠の1つといえる。

　Ball and Brown（1968）以降も，利益に関する研究は蓄積され，利益情報の重要性が明らかにされてきた。しかしながら，1990年代の後半に入ると，利益と株価の関連性が低下していることを示す証拠が提示され始めた。たとえば，Lev and Zarowin（1999）は，1978年から1996年の間にCompustatのデータベースに収録されている企業では，1年間の株式リターンとその期間の利益の関連性が弱まっていることを発見した。Francis et al.（1999）は，1952年から1994年の間にニューヨーク証券取引所に上場している1,952企業・年をサンプルとして，利益の符号あるいは利益の大きさに基づくポートフォリオ戦略から得られるリターンが減少していることを示した。こうした証拠は，利益が投資家の意思決定に影響を与える情報を含まなくなってきたことを示唆している。

（2）利益と株価の関連性低下の原因と利益以外の会計項目と株価の関連性

①　利益と株価の関連性低下の原因

　なぜ，利益が投資家の意思決定に影響を与えるような情報を含まなくなったのだろうか。その理由の1つとして，収益と費用の対応度の低下が指摘されている。

　20世紀後半に入ると，米国企業の投資行動に大きな変化が訪れる。それ以前の主要な投資対象である有形資産への投資額が減少し，無形資産への投資額が有形資産への投資額を上回るようになったのである（Lev and Gu 2016）。米国経済における企業の生み出す価値の源泉は，有形資産から無形資産へと移行

した。2024年時点において時価総額上位を占める企業—アルファベット，アマゾン・ドット・コム，メタ・プラットフォームズ，アップル，マイクロソフト，エヌビディアなど—は有形資産（工場，機械，棚卸資産）ではなく，無形資産（特許，ブランド，版権など）へ積極的に投資を行うことで価値を創造してきた企業である。

　無形資産への投資の増加は収益と費用の対応度の低下，さらには利益と株価の関連性の低下につながる（Srivastava 2014; 2023）。第1に，無形資産への投資は有形資産への投資よりも不確実性が高いため，無形資産への投資が多い企業では，売上やキャッシュ・フローの変動性が大きくなる。第2に，企業内部で生み出される無形資産への投資額は，貸借対照表の資産として計上されることなく，支出した期間の損益計算書の費用として計上される。その結果，企業内部で生み出される無形資産への投資額が多い企業では，費用の変動性が大きくなる。売上の変動性や費用の変動性が高まれば，収益と費用の対応度は低下し，利益は企業が創造した価値に関する情報を提供しなくなる。企業の価値創造に関する情報を含まない利益は，投資家の投資の意思決定に活用されないため，利益と株価の関連性は低下する。

　Srivastava（2014）は，1970年から2009年の米国の上場企業を対象に，こうした予想と整合的な結果を提示している。Srivastava（2014）は，まず上場した年代を基準に企業を5つのグループ，①1969年以前，②1970年代，③1980年代，④1990年代，⑤2000年代，に分類した。続いて，企業内部で生じる無形資産への投資額の大きさは販管費の大きさに反映されると考え，各グループの販管費の大きさを調査した。その結果，上場した年代が新しいグループほど，総費用に占める販管費の割合が高いことを明らかにした。さらに，Srivastava（2014）は，グループごとの収益と費用の対応度を調査し，上場した年代が新しいほど，収益と費用の対応度は低く，利益と株価の関連性も低いことを発見した。これらの結果は，企業内部で生じる無形資産に対する投資額が多い企業が新しく上場することで，米国の上場企業全体の収益と費用の対応度が低下し，利益と株価の関連性が低下したことを示唆している。

　収益と費用の対応度が低下した結果，米国では赤字企業が増加した。経済が好調であった2019年でさえ，米国の全上場企業のおよそ50％，ハイテク企業や

16　Part 1　財務報告

科学企業のおよそ70％が赤字を報告している（Gu et al. 2023）。1980年から2018年の米国上場企業を対象としたGu et al.（2023）の推計によると，赤字企業の27％は，業績不振が原因ではなく，企業内部で生じる無形資産の投資を即時費用計上する会計基準が原因で赤字を報告している。赤字企業では，利益を基準としたマルチプル評価など，一部の価値評価手法が使用できないという問題が生じる。赤字企業の増加は，価値評価における投資家の課題を増やし，アカデミックのみならず実務においても重要な問題の1つとなっている。

②　利益以外の会計項目と株価の関連性

　米国企業における無形資産投資の増加は，収益と費用の対応度の低下を引き起こし，利益は投資家にとって以前ほど有用な情報ではなくなった。そこで，最近では利益以外の会計項目の有用性に関心が向けられるようになった。

　Hand et al.（2022）は，2000年以降にアナリストが利益以外の会計項目の予想値を公表していることを利用して，決算発表によって明らかになった今期の実績値や経営者の次期予想値とアナリストの事前の予想値の差に対する株価反応を調査した。公表された数値とアナリストの予想値の差に対する株価反応が大きいほど，その項目に重要な情報が含まれていると考えられるからである。Hand et al.（2022）は，1990年から2016年の期間におけるI/B/E/S社のSummary HistoryとFactSet社のStandard DataFeed Estimates data feedsを統合した独自のデータベースを構築し，利益を含む34の項目を分析の調査対象とした。その結果，特に4つの項目，①次の四半期売上高に対する経営者の予想値，②売上高の実績値，③ストリート利益の実績値，④次の四半期ストリート利益に対する経営者の予想値，に対し株価が大きく反応していることを明らかにした。ストリート利益とは，一般に公正妥当と認められた会計原則（Generally Accepted Accounting Principles, GAAP）に基づく利益とは別に，米国企業が決算発表時に公表する，企業が独自に算出したNon-GAAP利益のことである。GAAPに基づく利益よりも売上高やストリート利益に対する株価反応が大きいことは，これらの項目がより投資家の投資の意思決定において有用な情報を含むことを示唆している。

　Barth et al.（2023）は，1960年から2018年の期間に米国の証券取引所に上場

する企業を対象として，ニュー・エコノミー企業（テクノロジー企業や1971年以降に赤字で新規株式公開した企業）における株価と関連性の高い会計項目の特定を試みた。2つの軸，①ニュー・エコノミー企業であるか否か，②黒字か赤字か，に基づき企業を4つのグループに分類し，株価と関連性の高い会計項目をグループごとに調査した。その結果，「非ニュー・エコノミーかつ黒字の企業」では純利益や純資産簿価が，「非ニュー・エコノミーかつ赤字の企業」では純資産簿価が，「ニュー・エコノミーかつ黒字の企業」では純利益や営業キャッシュ・フローが，「ニュー・エコノミーかつ赤字の企業」では現金，純資産簿価，総資産，研究開発費が主に株価と関連していることを明らかにした。Barth et al.（2023）の結果は，ニュー・エコノミー企業においては，利益以外の会計項目にも企業価値に関する情報が多く含まれていることを示唆している。

　最後に，利益や純資産簿価以外の会計項目を活用すると，PBRやPERを基準としたバリュー投資のパフォーマンスの改善が可能であることが明らかにされている。バリュー投資とは，利益や純資産簿価などの会計数値を基準に，割安な銘柄（PBRやPERの低い銘柄）を購入し，割高な銘柄（PBRやPERの高い銘柄）を空売りする投資戦略のことを指す。1980年代，バリュー投資はその高いパフォーマンスから，株式運用業界のスターだった（加藤 2021）。しかし，金融危機以降，国内外でバリュー投資のパフォーマンスは低下し（田村・Chen 2021），その理由について探究されるようになった。バリュー投資のパフォーマンス低下は複数の要因によって生じたと考えられるが，その1つとして，会計処理の問題が指摘されている。前述のとおり，企業内部で生じる無形資産への投資金額は貸借対照表の資産としては計上されずに，支出した期間の費用として利益から差し引かれる。企業内部で生じる無形資産投資を拡大している企業では，利益や純資産簿価は過小表示されているため，PERやPBRは割安な企業と割高な企業を識別する指標として適切ではなくなったのである。こうした説明と整合的に，企業内部で生じる無形資産投資と関連した会計項目（研究開発費や販管費など）を用いて割安な銘柄と割高な銘柄を識別し直すと，純資産簿価や利益をそのまま用いた場合よりも高いリターンを生む投資戦略を構築できることが米国において明らかにされている（Lev and Anup 2022）。

3 日本企業との関連性

(1) 日本企業の利益と株価の関連性

　米国では，無形資産を価値の源泉とする企業が新しく上場し，上場企業全体の収益と費用の対応度が低下することで，利益と株価の関連性が低下している。それでは，この傾向は日本でも観察されるのだろうか。

　Ball and Brown (2019) は日本を含む17の国や地域を対象に利益と株価の関連性を調査し，日本企業では利益と株価の関連性の低下が観察されないことを報告している。Ball and Brown (2019) は，2つのポートフォリオのリターン，①1年後の株価を完全予見できた場合のリターン (NI) と，②1年後の利益を完全予見できた場合のリターン (AI)，を比較することで利益と株価の関連性を測定した。NI (AI) では，将来正のリターンを生む（将来増益である）企業の株式を購入し，将来負のリターンを生む（将来減益である）企業の株式を空売りした場合のポートフォリオリターンを計算する。NIに対するAIの比 (AI/NI) の値が大きいほど，利益と株価の関連性が強いといえる。

　図表1-2はBall and Brown (2019) の日本企業におけるAI/NIの結果を示している。1989年は，1年後の利益を完全予見できた場合に得られるリターンは，1年後の株価を完全予見できた場合に得られるリターンの10%程度であった。しかし，その後のAI/NIは上昇傾向にあり，2007年には50%まで上昇した。

図表1-2　日本におけるAI/NIの推移

(出所) Ball and Brown (2019) のTable 6より筆者作成

金融危機の影響を受けた2008年から2010年の期間や2014年にはAI/NIの値は減少するが，2011年から2013年の期間や2015には50％ほどまで再び上昇している。2015年以降は減少トレンドにあり，サンプル期間の最後である2017年には25％まで減少している。

　図表1-2の結果は，特定の期間においては日本企業の利益と株価の関連性は弱まっているといえるが，1989年から2017年の期間全体に注目すると日本企業の利益と株価の関連性が弱まっているとはいえないことを示している。

（2）日本企業の収益と費用の対応関係の変化

　日本企業では利益と株価の関連性の顕著な低下が観察されなかった。それでは，企業内部で生じる無形資産の投資金額が多い企業の新規上場や収益と費用の対応度の低下も日本企業では生じていないのだろうか。

　研究開発費，広告宣伝費，従業員の研修費，ソフトウェアの開発費など企業内部で生じる無形資産への投資金額の多くは販管費に含まれている。安酸ほか（2017）は，日本企業の販管費について包括的な調査を行い，新しい企業ほど販管費は多いが，日本企業全体の収益と費用の対応度は低下していないことを明らかにしている。安酸ほか（2017）は，まずSrivastava（2014）を参考に，2000年度から2015年度までの日本の上場企業を上場時期ごとに5つのグループ，①1969年以前，②1970年代，③1980年代，④1990年代，⑤2000年以降，に分類した。次に，グループごとに総費用に占める販管費の割合を調査し，上場時期が新しいほど総費用に占める販管費の割合が大きいことを確認した。続いて，2002年度から2013年度の期間における日本企業の収益と費用の対応度を測定し，日本企業では収益と費用の対応度が低下も上昇もしていないことを明らかにしている。

　これらの結果は，日本においても新しく上場した企業を中心に販管費の割合は増加しているが，日本企業全体としては収益と費用の対応度の低下という問題は生じておらず，依然として利益は投資の意思決定に影響を与える情報を含むといえる。

（3）日本企業における利益以外の会計項目の活用

　日本企業の利益には投資の意思決定に影響を与える情報が依然として含まれることが示唆された。しかし，米国企業と同様に日本企業においても，利益以外の会計項目は投資家にとって有用であることが明らかにされている。

　前述したとおり，金融危機以降，日本においてもバリュー投資のパフォーマンスは低下している。太田（2022）や中野・地主（2023）は，企業内部で生じる無形資産投資に関する会計処理がバリュー投資のパフォーマンス低下の要因の１つであるという米国の研究結果を受け，日本企業の内部で生じた無形資産に対する純投資額を研究開発費や販管費の情報から推定した。続いて，推定された無形資産に対する純投資額を純資産簿価と利益に加算し，無形資産調整後の純資産簿価と利益を計算した。その結果，無形資産調整後の純資産簿価や利益を基準としたバリュー投資戦略は，無形資産調整前の純資産簿価や利益を基準としたバリュー投資戦略よりも，近年では高いリターンを生み出すことを明らかにした。これらの研究結果は，収益と費用の対応度の低下や利益と株価の関連性の低下が大きな問題となっていない日本においても，企業内部で生じる無形資産に関する会計項目の開示が投資家にとって有用であることを示唆している。

4　実務・政策的な示唆

　本章では，会計情報と株式市場の関係について，特に利益と株価に焦点を絞り議論した。

　本章で紹介したアカデミック・エビデンスから得られる実務・政策的な示唆はおおきく２つあるだろう。第１に，会計項目を詳細に開示すること，特に費用項目の詳細な開示が重要であると考えられる。近年では，新しい企業を中心に，総費用に占める販管費の割合が高まっている。販管費には当期の収益に対応する費用だけではなく，内部で生じる無形資産に対する投資費用も含まれる。内部で生じる無形資産に対する投資費用の情報を活用することで，よりパフォーマンスの高い投資戦略を構築することができるという日米の研究結果は，販管費を中心とした費用項目の詳細な開示が投資家にとって近年重要であるこ

とを示唆している。こうしたアカデミック・エビデンスと整合的に，米国では米国財務会計基準審議会（FASB）が損益計算書における費用の分解表示を提案するASU案を公表している。日本企業においても，販管費の割合が高い企業を中心に，費用項目に関する詳細な情報開示を行うことが望ましいだろう。

　第2に，テクノロジー企業を中心とした一部の企業では，GAAPに基づき計算された利益以外のNon-GAAP利益の開示が重要であると考えられる。米国ではテクノロジー企業を中心とした新しい企業が増加することで，収益と費用の対応度が低下し，利益情報の有用が低下している。それに対し日本では，米国で指摘されているような収益と費用の対応度の低下や利益情報の有用性の低下は観察されていない。しかし，一部の日本企業では米国と同様の問題が生じている可能性がある。日本の会計基準でも，企業内部で生じる無形資産に対する投資費用の全額が支出した期間の費用として認識される。したがって，こうした投資の多い一部の日本企業では，収益と費用の対応度が低く，GAAPに基づく利益に投資家の投資の意思決定に影響を与えるような情報が含まれていない可能性がある。このような場合は，GAAPに基づく利益に加え，独自に計算したNon-GAAP利益を開示することが望ましいだろう。

◆参考文献

太田浩司. 2022.「無形資産調整済み簿価時価比率（iB/M）の有用性」『企業会計』74（8）：29-37.

加藤康之. 2021.「解題」『証券アナリストジャーナル』59（3）：2-5.

田村浩道・Alex Chen. 2021.「グローバル株式市場におけるバリューファクターパフォーマンスの比較」『証券アナリストジャーナル』59（3）：6-16.

東京証券取引所. 2024.「資本コストや株価を意識した経営の実現に向けた対応」に関する開示状況」.

中野誠・地主純子. 2023.「無形資産投資の不確実性を考慮したEP・ROE戦略のバリュー効果」『會計』203（4）：54-66.

安酸建二・新井康平・福嶋誠宣. 2017.『販売費及び一般管理費の理論と実証』中央経済社.

Ball, R., and P. Brown. 1968. An empirical evaluation of accounting income numbers. *Journal of Accounting Research* 6（2）：159-178.

Ball, R., and P. Brown. 2019. Ball and Brown（1968）after fifty years. *Pacific-Basin Finance Journal* 53: 410-431.

Barth, M. E., K. Li, and C. G. McClure. 2023. Evolution in value relevance of accounting information. *Accounting Review* 98（1）：1-28.

Dichev, I.D. 2008. On the balance sheet-based model of financial reporting. *Accounting Horizons* 22 (4): 453-470.

Francis, J., and K. Schipper. 1999. Have Financial statements lost their relevance? *Journal of Accounting Research* 37(2): 319-352.

Gu, F., B. Lev, and C. Zhu. 2023. All losses are not alike: Real versus accounting-driven reported losses. *Review of Accounting Studies* 28(3): 1141-1189.

Hand, J. R. M., H. Laurion, A. Lawrence, and N. Martin. 2022. Explaining firms' earnings announcement stock returns using FactSet and I/B/E/S data feeds. *Review of Accounting Studies* 27(4): 1389-1420.

Lev, B., and S. Anup. 2022. Explaining the recent failure of value investing. *Critical Finance Review* 11(2): 333-360.

Lev, B., and F. Gu. 2016. *The End of Accounting and The Path Forward for Investors and Manager.* John Wiley and Sons,Inc. (伊藤邦雄監訳. 2018.『会計の再生　21世紀の投資家・経営者のための対話革命』中央経済社).

Lev, B., and P. Zarowin. 1999. The boundaries of financial reporting and how to extend them. *Journal of Accounting Research* 37(2): 353-385.

Scott, W. R., and P. C. O'Brien. 2019. *Financial Accounting Theory 8th ed.* Pearson Canada (太田康広・椎葉淳・西谷順平. 2022.『新版 財務会計の理論と実証』中央経済社).

Shao, S., R. Stoumbos, and X. F. Zhang. 2021. The power of firm fundamental information in explaining stock returns. *Review of Accounting Studies* 26 (4): 1249-1289.

Srivastava, A. 2014. Why have measures of earnings quality changed over time? *Journal of Accounting and Economics* 57 (2-3): 196-217.

Srivastava, A. 2023. Trivialization of the bottom line and losing relevance of losses. *Review of Accounting Studies* 28(3) : 1190-1208.

第 **2** 章

財務報告の質と経済的帰結

青木康晴　YASUHARU　AOKI

SUMMARY

　会計研究では，企業の経済的実態を適切に反映している財務報告ほど質（quality）が高いと考えられている。財務報告の質は，会計利益とキャッシュ・フローの差額に基づいて測定されることが多い。

　米国企業のデータを用いた実証研究では，質の高い財務報告を行っている企業ほど投資の効率性が高く，最適な資本構成を実現し，より多くの配当を払うという実証結果が報告されている。

　一部の日本企業のように，メインバンクや系列企業といった独自のルートで企業の内部情報を入手できる資金提供者が存在する場合には，財務報告の質が企業経営に与える影響は限定的である。

1 財務報告の質とは何か

(1) 発生主義会計の長所と短所

　現行の財務会計における利益計算の体系は，発生主義会計（accrual basis accounting）と呼ばれる。発生主義とは，「現金の受払いとは関係なく，収益または費用をその発生を意味する経済的事実に基づいて計上する基準」（飯野1993, 11-12頁）であり，現金収支を重視する現金主義と対比される。したがって，発生主義で計算される会計利益は，少なくとも短期的にはキャッシュ・フローとは一致しない。こうした関係は，**図表2-1**に示されている。

　たとえば，商品を「掛け」，すなわち，代金を後で受け取る約束で販売した場合，現金を受け取っていなくても売上という収益が計上される。別の例とし

24 Part 1 財務報告

て，ある商品を1個当たり100円で100個仕入れ，そのうち50個が1個当たり150円で売れたとする。いずれも現金取引だとすると，キャッシュ・フローは2,500円の赤字（＝150円×50個−100円×100個）だが，会計上は2,500円の利益（＝150円×50個−100円×50個）が計上される。これは，販売した商品の仕入原価のみを費用にするという財務会計のルールが存在するからである。

　さらに，減価償却という会計処理も，短期的には会計利益とキャッシュ・フローを乖離させる。たとえば，10年間使用するつもりで100万円のトラック（使用後の残存価額ゼロ）を現金一括払いで購入したとする。この場合，初年度に100万円の現金支出が発生するものの，2年目以降に現金は出ていかない。しかし，財務会計上は，減価償却によって100万円の取得原価を各期の費用に配分する。つまり，2年目以降は，現金支出がゼロであるにもかかわらず，減価償却費という費用が発生する[1]。

　ではなぜ，現行の財務会計は発生主義を採用しているのだろうか。その最大の理由は，「発生主義は，現金主義よりも企業の業績を適切に測定することができる」という社会的合意が存在するからだと考えられる。上述の例でいえば，売れ残った商品の仕入原価は，当期の費用ではなく，来期以降の費用にするべきである。10年間使用するトラックであれば，その代金をすべて購入時の費用にするのは望ましくない。多くの人がこのように考えているから，利益は発生主義で計算されているのであろう。

　しかし，発生主義には大きな弱点がある。それは，利益計算の前提となる会計手続きの選択や見積もりに関して，企業にある程度の裁量の余地が与えられていることである。たとえば，減価償却には定額法や定率法といった複数の方法が認められている。さらに，減価償却の対象となる資産の使用期間（耐用年数）の決定や残存価額の見積りも，企業が行う必要がある。企業の経営者は，こうした会計的な裁量を利用して利益を操作するかもしれない[2]。

1　会計利益とキャッシュ・フローの違いについては，伊丹・青木（2016）の第3章に詳しい。
2　利益計算における裁量の余地については，伊丹・青木（2016）の第2章に詳しい。

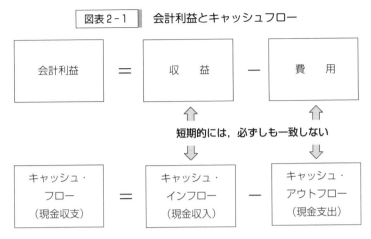

(出所) 筆者作成

(2) 会計発生高と財務報告の質

　発生主義のもとでは，会計利益がキャッシュ・フローから乖離してしまうことは避けられない。発生主義会計は，利益が企業の経済的実態を適切に反映するために，キャッシュフローを平準化するプロセスだといえる。しかし，両者の乖離があまりにも大きい場合には，経営者が，自身が目標とする利益を達成するために会計的な操作を行っている可能性がある[3]。

　会計研究において，会計利益とキャッシュ・フローの差額は会計発生高（accruals）と呼ばれる。前項の議論からわかるように，会計発生高は，掛け取引による売上債権，商品などの棚卸資産，トラックなどの償却性固定資産といったさまざまな項目が原因で生じる。会計研究では，これらの項目から合理的に発生する会計発生高を非裁量的会計発生高（non-discretionary accruals）と呼ぶ。そして，非裁量的会計発生高では説明できない会計発生高を裁量的会計発生高（discretionary accruals）と呼ぶ。つまり，以下の式のように整理できる。

---

[3] 代表的な利益ベンチマークとして，赤字回避やアナリストによる予想利益の達成が挙げられる（Dechow et al. 2010）。

会計発生高＝会計利益－キャッシュ・フロー

裁量的会計発生高＝会計発生高－非裁量的会計発生高

　裁量的会計発生高がプラスの企業では，経営者が利益をかさ上げしている可能性がある。反対にマイナスの企業では，利益が意図的に抑制されている可能性がある。いずれの場合も，利益が企業の経済的実態を適切に反映しているとは言いがたい。そのため，会計研究では，裁量的会計発生高の絶対値が大きい企業ほど財務報告の質（financial reporting quality：FRQ）が低いと見なされる[4]。概念的な式で表すと，以下のようになる。

財務報告の質（FRQ）＝裁量的会計発生高の絶対値×（－1）

　会計研究では，裁量的会計発生高を測定するためのモデルが数多く開発されている。**図表2-2**には，それらのうち代表的な3つのモデルが示されている。多くの研究は，これらのモデルを年・産業別（たとえば，2022年に建設業を営む企業群ごと，2023年に食品業を営む企業群ごと）に推定し，会計発生高の実績値と予測値の差額，すなわち，統計的には残差と呼ばれる値（図表2-2における ε_t）を裁量的会計発生高の代理変数に用いている。

2　アカデミック・エビデンス

　質の高い財務報告は，企業経営にどのような経済的帰結をもたらすのだろうか。本節では，先行研究でFRQとの関連性が指摘されている企業経営の要素として，投資行動，資本構成，配当政策の3つを取り上げる[5]。

4　本章では，FRQの中でも利益の質（earnings quality）に注目して議論を進める。利益以外の項目も対象にしたFRQの指標として，Li（2008）のFOG indexやChen et al.（2015）のdisaggregation qualityが挙げられる。また，利益の質に関しても，本章で取り上げる会計発生高ベースの指標以外にさまざまな代理変数が存在する（Dechow et al. 2010）。

5　FRQの影響を受ける企業経営の要素は，これら以外にも存在する。たとえば，本書の第3章では，FRQが債務契約に与える影響について議論されている。

第2章　財務報告の質と経済的帰結　**27**

図表2-2	裁量的会計発生高の代表的な測定モデル

Jones（1991）モデル　　　　　　　$Acc_t = \alpha + \beta_1 \Delta Rev_t + \beta_2 PPE_t + \varepsilon_t$

修正Jones（1991）モデル
（Dechow et al. 1995）　　　　　$Acc_t = \alpha + \beta_1 (\Delta Rev_t - \Delta Rec_t) + \beta_2 PPE_t + \varepsilon_t$

Dechow and Dichev（2002）モデル　$\Delta WC_t = \alpha + \beta_1 CFO_{t-1} + \beta_2 CFO_t + \beta_3 CFO_{t+1} + \varepsilon_t$

注：Acc_t：会計発生高＝税引後経常利益－営業活動によるキャッシュ・フロー。なお，税引後経常利益＝当期純利益±少数株主損益－特別利益＋特別損失。ΔRev_t：売上高変化額。ΔRec_t：売上債権変化額。PPE_t：償却性固定資産。ΔWC：運転資本会計発生高＝（売上債権減少額＋棚卸資産減少額＋仕入債務増加額＋未払法人税等増加額＋その他流動資産変化額）×（－1）。CFO_t：営業活動によるキャッシュフロー。各変数の添え字は，tであればt期の値であることを意味する。また，すべての変数は，期首資産合計や期中平均資産合計で割った値を用いることが多い

（出所）Dechow et al.（2010）に基づいて筆者作成

（1）財務報告の質が企業の投資行動に与える影響

　Biddle et al.（2009）は，1993年から2005年の米国企業のデータを用いて，FRQが投資の効率性（investment efficiency）に与える影響を分析している。投資の効率性は，企業が最適な水準の投資を行っているかどうかに関する概念である。すなわち，過剰投資（over-investment）や過少投資（under-investment）を行っている企業は，投資の効率性が低いと見なされる。

　では，投資の効率性はどのように測定されるのだろうか。Biddle et al.（2009）は，以下のモデルを年・産業別に推定し，その残差（ε_t）に基づいて過剰投資および過少投資を判別している。具体的には，分析対象企業を残差が大きい順に並べて4等分し，最初の4分の1に含まれる企業を過剰投資企業，最後の4分の1に含まれる企業を過少投資企業と見なしている。

$Investment_t = \alpha + \beta_1 Sales\ Growth_t + \varepsilon_t$

　　※　$Investment_t$：t期の純投資額（＝研究開発費＋設備投資額＋M&A投資額－有形固定資産の売却による収入）を期首資産合計で割り，100を掛けてパーセンテージにした値

※ *Sales Growth*ₜ：t 期の売上高成長率。成長機会の代理変数

Biddle et al.（2009）は，FRQが高い企業ほど過剰投資および過少投資に陥る可能性が低い（投資の効率性が高い）という実証結果を報告している。その背後には，**図表2-3**のようなロジックが存在する。まず，企業の経営者と資金提供者の間には，前者が後者よりも企業に関する詳しい情報を有しているという意味で情報の非対称性（information asymmetry）が存在する。情報の非対称性は，モラルハザード（moral hazard）と逆選択（adverse selection）という2つの問題をもたらす。

1つめのモラルハザードとは，経営者が，自己利益を最大化するために，資金提供者にとって望ましくない行動（以下，機会主義的行動と呼ぶ）をとることを意味する。情報の非対称性によって資金提供者による経営者のモニタリングが困難な場合，経営者は，個人的な関心に基づいて新規事業を開始したり，自身の名誉のために企業規模を拡大しようとしたりするかもしれない。その結果，企業は過剰投資に陥る可能性がある。あるいは，経営者の機会主義的行動を懸念した投資家は，そもそも情報の非対称性が大きい企業に資金を提供しなくなるかもしれない。その結果，企業は過少投資に陥る可能性がある。

もう1つの逆選択とは，経営者が，資金提供者よりも企業に関する詳しい情報を有しているという立場を利用して，割高な価格で株式などの証券を発行することを意味する。こうした行動を通じて企業に不当に多くの資金が提供されると，経営者は過剰な投資を行う可能性がある。あるいは，こうした行動を懸念した投資家は，情報の非対称性が大きい企業が発行する証券の価値を割り引いて評価するかもしれない。その結果，企業は十分な資金を獲得できず，過少投資に陥る可能性がある。

質の高い財務報告は，企業の経済的実態を資金提供者に適切に伝達することによって，経営者と資金提供者の間の情報の非対称性を小さくする。その結果，モラルハザードと逆選択が緩和され，これらが引き起こしていた過剰投資と過少投資の問題が改善する。こうして，FRQと投資の効率性の間には正の関係が見出されるのである。

図表2-3　財務報告の質と投資の効率性の関係

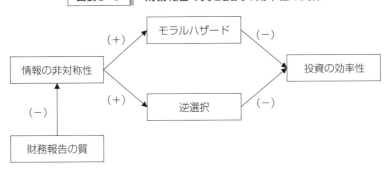

(出所) Biddle et al. (2009) に基づいて筆者作成

(2) 財務報告の質が企業の資本構成に与える影響

　Synn and Williams (2023) は，1988年から2014年の米国企業のデータを用いて，FRQと最適資本構成 (optimal capital structure) の関係を分析している[6]。この研究では，財務レバレッジ (有利子負債比率) を企業規模や利益率など8つの要因で説明するモデルを推定し，その残差がプラスの企業を過剰レバレッジ (over-leveraged) 企業に，マイナスの企業を過少レバレッジ (under-leveraged) 企業に，それぞれ分類している。

　こうした考え方は，前項で紹介した投資の効率性の概念とよく似ている。すなわち，財務レバレッジの実績値と予測値の乖離が小さい企業ほど資金提供者にとって望ましい資本構成を達成していると見なすことができる。そして，Synn and Williams (2023) は，FRQが高い企業ほど両者の乖離が小さいという実証結果を報告している。

　ではなぜ，FRQが高い企業は最適な資本構成を実現しているのだろうか。以下では，過剰レバレッジ企業と過少レバレッジ企業に分けて，そのロジックを説明する。

　まず，過剰レバレッジ企業においては，質の高い財務報告が情報の非対称性

6　資本構成 (capital structure) とは，企業が発行する負債，株式，その他の証券の相対的な割合を指す (Berk and DeMarzo 2017)。

を緩和することによって，負債コスト（cost of debt：債権者の要求リターン）よりも株主資本コスト（cost of equity：株主の要求リターン）が大きく低下すると考えられる。これは，銀行などの債権者は融資の過程で企業の内部情報を入手できるため，株主ほどは財務報告などの公表情報を重視しないためである。つまり，FRQが高い企業では負債コストと比較した場合の株主資本コストが小さくなるため，過剰レバレッジの問題が起こりにくくなる。

　次に，過少レバレッジ企業においては，質の高い財務報告が情報の非対称性を緩和することによって，株主資本コストよりも負債コストが大きく低下すると考えられる。財務報告などの公表情報が企業の経済的実態を適切に伝達することによって，銀行などが保有する内部情報の優位性は低下する。その結果，多くの投資家が債券市場に参加するようになり，負債コストが低下する。こうした影響は，（負債コストが高いために）財務レバレッジが低い企業ほど大きいと考えられる。そのため，FRQが高い企業では，過少レバレッジの問題も起こりにくくなる。

（3）財務報告の質が企業の配当政策に与える影響

　Koo et al. (2017) は，1994年から2011年の米国企業のデータを用いて，FRQが配当政策に与える影響を分析している。この研究における配当政策とは，配当の大きさのことである。具体的には，配当金額を株式時価総額で割り，100を掛けてパーセンテージにした値が用いられている。

　FRQは，配当政策にどのような影響を与えるのだろうか。Koo et al. (2017) は４つの視点を提示している。

　１つめの視点は，情報の非対称性によって資金提供者による経営者のモニタリングが困難な場合，経営者は機会主義的行動に必要な資金を確保するために配当を控える，と想定している。したがって，質の高い財務報告によって情報の非対称性が緩和されている企業ほど多くの配当を払うと考えられる。

　２つめの視点は，情報の非対称性が存在する場合，資金提供者は経営者による機会主義的行動を懸念して高いリターンを要求する，と想定している。この場合，経営者は，機会主義的行動はとらないという評判を確立し，資本コストを下げるために，多くの配当を払う可能性がある。だとすれば，質の高い財務

報告によって情報の非対称性が緩和されている企業ほど配当を控えると考えられる。

3つめの視点は，情報の非対称性が存在する場合，経営者はコストのかかる資金調達をしなくてもすむように配当を控える，と想定している。したがって，質の高い財務報告によって情報の非対称性が緩和されている企業ほど多くの配当を払うと考えられる。

4つめの視点は，情報の非対称性が存在する場合，経営者は手間のかかる投資プロジェクトの選別・実行・監督を回避するために多くの配当を払う，と想定している。したがって，質の高い財務報告によって情報の非対称性が緩和されている企業ほど配当を控えると考えられる。

これらの視点に関するKoo et al.（2017）の実証結果は，大きく分けて2つある。1つは，FRQが高い企業ほど多くの配当を払うというものである。もう1つは，経営者による機会主義的行動が特に懸念される企業，および財務報告に依拠したモニタリングを積極的に実施すると考えられる投資家が多い企業において，FRQと配当の間の正の関係がより顕著であるというものである。これらの実証結果は，上述した4つのうち1つめの視点と整合的である。

③　日本企業との関連性

前節では，FRQの経済的帰結について，米国企業のデータを用いた実証研究をいくつか紹介した。それらに共通するロジックは，「質の高い財務報告が企業の経営者と資金提供者の間の情報の非対称性を緩和し，それによって資金提供者にとって望ましい経営行動がとられるようになる」というものである。これは，日本企業にも当てはまる普遍的なロジックだと考えられる。

しかし，一方で，財務報告以外の方法で情報の非対称性が緩和されている場合には，FRQが企業経営に与える影響は限定的になる可能性がある。Biddle and Hilary（2006）は，米国（1993年～2004年）では質の高い財務報告が投資の効率性を高めるが，日本（1975年～2001年）ではそうした関係が確認されないという実証結果を報告している。この研究は，日米で異なる結果が得られた理由として，日本では企業と銀行の密接な関係や企業同士の系列関係によって情報の非対称性が緩和されている点を挙げている。

Biddle and Hilary（2006）と整合的な結果は，他の研究でも得られている。たとえば，Enomoto et al.（2020）は，「銀行等の株式等の保有の制限に関する内閣府令」によって事業会社に対する銀行の出資比率に上限が設けられ，企業と銀行の関係が弱まった2001年以降は，日本でも質の高い財務報告が投資の効率性を高めるという実証結果を報告している。また，Aoki and Kochiyama（2024）は，2005年から2020年の日本企業のデータを用いて，メインバンク関係をもつ企業では，FRQと配当政策の間にシステマティックな関係が存在しないという実証結果を報告している。

このように，資金提供者の中に独自のルートで企業の内部情報を入手できる経済主体がいる場合には，FRQが企業経営に与える影響はそこまで大きくないかもしれない。米国企業のデータを用いた研究で得られた発見事項が一部の日本企業には当てはまらない可能性がある点については，注意が必要だろう。

4 実務・政策的な示唆

本章では，FRQの定義と測定方法について述べたうえで，質の高い財務報告がもたらす経済的帰結に関する代表的な研究を概観し，それらと日本企業との関連性について議論してきた。FRQは裁量的会計発生高に基づいて測定されることが多いが，裁量的会計発生高を計算することは，実務家にとっては容易ではないかもしれない。それでも，「会計利益とキャッシュ・フローの乖離が大きい企業の財務報告は質が低い」という会計研究の考え方は，実務にも応用できると考えられる。

たとえば，個別企業の会計発生高（会計利益とキャッシュ・フローの差額）を時系列で比較し，大きな変化があった場合には，その原因を詳しく分析したほうがよいかもしれない。もしくは，ある企業の会計発生高が競合他社に比べて極端に大きい，あるいは小さい場合には，利益操作を疑ったほうがよいかもしれない。比較的容易に計算できる会計発生高を定期的にモニタリングすることによって，企業が抱える問題に早めに気づけるようになる可能性がある。

京セラの創業者である故・稲盛和夫氏は，著書の中で次のように述べている（稲盛 2000, 56-57頁）。

さまざまな会計上のプロセスを通じて計算されたペーパー上の「利益」を待つのではなく、まぎれもなく存在する「キャッシュ」にもとづいて経営の舵取りを行うべきなのである。ただし現実問題として、決算上の「利益」というものも、企業活動の成果としてはきわめて重要なものであり、（中略）これから目を離すわけにもいかない。そうであれば、この会計上の利益と手元のキャッシュとの間に介在するものをできるだけなくすことが必要となる。

こうした「キャッシュベースの経営」（稲盛 2000, 47頁）を行っている企業ほど財務報告の質は高いと考えられる。そして、質の高い財務報告は、本章で述べたように、資金提供者にも様々なメリットをもたらすのである。

◆参考文献

飯野利夫. 1993. 『財務会計論（三訂版）』同文舘.

伊丹敬之・青木康晴. 2016. 『現場が動き出す会計　人はなぜ測定されると行動を変えるのか』日本経済新聞出版社.

稲盛和夫. 2000. 『稲盛和夫の実学　経営と会計』日経ビジネス人文庫.

Aoki, Y., and T. Kochiyama. 2024. The moderating effect of private information on the relation between financial reporting quality and corporate dividend efficiency. *Accounting and Finance*, forthcoming.

Berk, J., and P. DeMarzo. 2017. *Corporate Finance*, 4th ed. Harlow: Pearson Education.

Biddle, G. C., and G. Hilary. 2006. Accounting quality and firm-level capital investment. *The Accounting Review* 81(5): 963-982.

Biddle, G. C., G. Hilary, and R. S. Verdi. 2009. How does financial reporting quality relate to investment efficiency? *Journal of Accounting and Economics* 48(2-3): 112-131.

Chen, S., B., Miao, and T. Shevlin. 2015. A new measure of disclosure quality: The level of disaggregation of accounting data in annual reports. *Journal of Accounting Research* 53(5): 1017-1054.

Dechow, P. M., and I. D. Dichev. 2002. The quality of accruals and earnings: The role of accrual estimation errors. *The Accounting Review* 77 (Supplement): 35-59.

Dechow, P., W. Ge., and C. Schrand. 2010. Understanding earnings quality: A review of the proxies, their determinants and their consequences. *Journal of Accounting Economics* 50(2-3): 344-401.

Dechow, P. M., R. G. Sloan, and A. P. Sweeney. 1995. Detecting earnings management. *The Accounting Review* 70 (2): 193-225.

Enomoto, M., B. Jung, S. G. Rhee, and A. Shuto. 2020. Accounting quality and investment efficiency in a bank-centered economy: Evidence from the 2001 bank shareholding limitation act of Japan. Working Paper, SSRN.

Jones, J. J. 1991. Earnings management during import relief investigations. *Journal of Accounting Research* 29 (2): 193-228.

Koo, D. S, S. Ramalingegowda, and Y. Yu. 2017. The effect of financial reporting quality on corporate dividend policy. *Review of Accounting Studies* 22: 753-790.

Li, F. 2008. Annual report readability, current earnings, and earnings persistence. *Journal of Accounting Economics* 45 (2-3): 221-247.

Synn, C., and C. D. Williams. 2023. Financial reporting quality and optimal capital structure. *Journal of Business Finance and Accounting,* forthcoming.

第 3 章

債務契約

河内山拓磨　TAKUMA　KOCHIYAMA

SUMMARY

　本章は，債務契約における財務報告の役立ちについて議論する。借入金や社債で資金調達をする場合，これら資金提供者との情報の非対称性を緩和することが重要となる。高品質な財務報告は負債コストを低減させるほか，資金調達方法の選択肢を広げることが学術的に確認されている。

　また，債務契約に付される財務制限条項は日米間でその利用実態に差異があるが，抵触がもたらす影響は類似している。条項に抵触した場合，契約どおりのペナルティが実施されることは稀であるが，企業活動が大きく制限されることが確認されている。

　財務政策や資本構成を検討するにあたっては，財務報告が持つ役割や契約上の取決めに注意を払う必要があるだろう。

1 債務契約のプレゼンスと開示規制

　債務契約とは，企業が負債（debt）で資金調達を行う際に資本提供者と締結する契約の総称である。通常，企業の貸借対照表の「負債の部」（liabilities）には，支払手形や買掛金などの仕入債務，借入金や社債，長期引当金などが記載される。このうち，外部者から主に利子付きで資金を調達する際に利用されるのが負債（debt）であり，具体的には借入金や社債のことを指す。これらはファイナンスの世界では「有利子負債」として取り扱われ，他の負債項目とは区別して議論されることが多い。

　近年，コーポレートガバナンス改革をはじめ，株式市場を意識した制度改革・経営改革が進展してきたが，この背景には日本企業における資本構成が株

主帰属の純資産に軸足をシフトさせてきたことが挙げられるだろう。**図表3-1**は，日本の株式市場に上場している非金融業企業の主な資金調達項目の期末残高を集計したものである。具体的には，企業の貸借対照表に記載される短期借入金，短期社債（1年内償還の社債），長期借入金，長期社債，純資産を年度ごとに合計し，その合計値を時系列で示している。これを見てわかるとおり，残高ベースでは純資産の増加が顕著であり，2001年度と比較すると日本企業の資本構成の大部分が純資産となっていることが理解できるだろう。

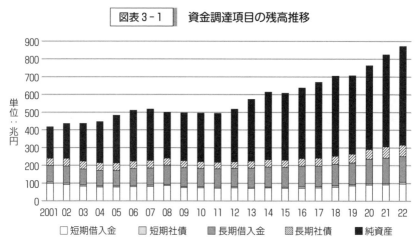

（出所）日経NEEDS FinancialQUESTより筆者作成

一方で，貸借対照表に計上される純資産には払込資本（資本金等）や内部留保（利益剰余金）のほか，株式市場や為替相場の影響を大きく受ける項目（その他の包括利益累計額）も含まれるため，実際の資金調達の頻度や規模という意味ではキャッシュ・フローに注目することが有用である。**図表3-2**は日本企業の資金調達源泉をキャッシュ・フローにもとづいて集計したものである。ここでは，短期借入金，コマーシャルペーパー（CP），長期借入金，社債発行および株式発行等による収入を年度別に集計している[1]。図表3-2から，外部資金の調達にあたり日本企業は借入金，なかでも長期借入金に大きく依存していることがわかるだろう。投資額（設備投資と研究開発費の合計額）との関係

性を確かめると，投資額と長期借入金収入の間には0.84という高い正の相関関係が見て取れ，企業の投資活動の多くは借入金で賄われている可能性が高い。図表3-1とあわせて考えてみると，日本企業は主に稼いだ利益を内部留保することで資本構成を変化させてきたが，企業外部からの資金流入という点では上場企業でも銀行借入が主たる源泉となっており，そのプレゼンスは無視できないものであると言えるだろう。

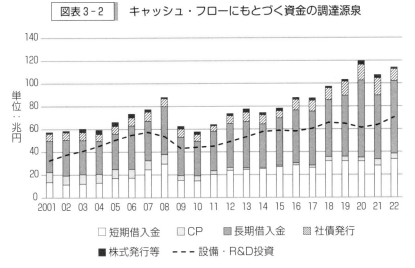

図表3-2 キャッシュ・フローにもとづく資金の調達源泉

（出所）日経NEEDS FinancialQUESTより筆者作成

　このように企業の資金調達において重要なプレゼンスを占める負債であるが，現在，その情報開示に関する規制も進展しつつある。これまで有価証券報告書では，企業が「重要な契約」を締結している場合，【経営上の重要な契約等】にその概要を記載することが求められていた。しかし，日本企業における「重要な契約」に関する開示は，諸外国と同等の規制を持ちながらも十分な水準には達していないとされてきた。そこで，2022年6月に金融庁金融審議会は，重

---

1 なお，「株式発行等」には株式発行のほか，非支配株主からの払込みと自己株式の処分による収入を含めている。

要な契約，特にローン契約や社債に付される「財務上の特約」（本章では「財務制限条項）と呼ぶ）に関する情報開示を強化する規制を提案し，2025年4月以降にこれが適用される予定にある。

　本章では，負債による資金調達，つまり債務契約という文脈において財務報告がどのような役割を担っているかについて，その理論的な背景や重要なエビデンスを紹介する。

2　アカデミック・エビデンス

（1）債務契約における財務報告の理論的役割

　債務契約という文脈において，財務報告はおおきく2つの役割を持つ。1つは事前的役割である。通常，借り手と貸し手の間には情報の非対称性が存在し，資金を融資する貸し手は借り手の状況や将来性について限られた情報しか持たない。この場合，貸し手は融資にあたって利子率を高く設定したり融資額を少なくしたりするなどの措置を講じる必要性が生じ，この結果，優良企業ほど借入金を利用しないという状況に発展し得る。これは逆選択の問題と呼ばれる。適切な財務報告は，貸し手－借り手間の情報の非対称性ひいては逆選択の問題を緩和することで効率的な取引および契約の実現に貢献する。

　いま1つは事後的な役割である。長期借入金など債務契約には長期にわたるものが少なからずあり，契約期間中に借り手の経営状況も日々変化していく。そのため，契約成立時のみならず，その後も継続的に借り手をモニタリングする必要がある。とくに，借り手が想定外の資産売却や大型配当または高リスクな投資案件に着手し始めた場合，融資実行後に貸し手には不利益が生じる（Smith and Warner 1979）。過度な配当は債務弁済能力を低下させ，また高リスクな投資プロジェクトは約定された元本と利息を受け取るだけの債権者にとってはメリットがなく，不釣り合いのデフォルト・リスクを抱えさせることになるためである。こうした借り手の身勝手ともいえる行動は「機会主義」（opportunism）と呼ばれ，モラルハザード問題と呼ばれる。財務諸表をはじめとする会計情報はこうした問題が生じているかを継続的に確認する手立てとなるほか，借り手の機会主義的な行動を見越したうえでの契約上の事前対応も

可能にする。

　ここで言う契約上の事前対応というのは，先にあげた財務制限条項がその代表例となる。財務制限条項とは借り手企業の行動を直接的あるいは間接的に制限する約束事として定義され，通常，これに違反した場合には資金の即時一括返済が要求されることとなる（中村・河内山 2018）。たとえば，返済原資となる現金のいたずらな社外流出を懸念する場合，契約に配当可能額や投資可能額を制限する条項を組み込んでおくことがあげられる。また，経営悪化をいち早く察知し，貸出債権の安全性を確保したいのであれば，業績指標や財務比率を一定水準維持することを要求する条項を組み込むことが考えられる。財務諸表やそこから計算される指標は，こうした契約的対応である財務制限条項の基礎となる[2]。

（2）財務報告が債務契約に及ぼす影響

　まずは，財務報告が担う事前的役割に注目し，財務報告が企業の負債調達および債務契約内容にどのような影響を及ぼすかについて見ていこう。財務報告と債務契約の関係性を取り扱った研究は膨大な数があり，そのすべてを取り上げることは本書の目的と乖離する。そのため，ここでは特に重要と思われる先行研究を取り上げていく[3]。

① 財務報告と負債選択

　企業は，株式や社債，銀行借入など複数の資金調達方法を持つが，これらはそれぞれ異なる性質を持つ。なかでも社債と銀行借入は負債という点で共通するが，情報の非対称性とモニタリングの実行可能性という点で大きな差が存在

2　ここでは主に銀行融資の借入金契約を念頭に説明したが，負債には社債も含まれ，これに財務制限条項が含まれるケースもある。借入金とは異なり，社債契約の場合，主に起債者である借り手（発行体）が契約内容を決めることとなる。この場合，財務制限条項は借り手が自らの行動を制約することで社債投資家にとっての魅力を高めるほか，自己に有利な利子率を設定するために利用されることとなる。

3　理解を深めたい読者は，英語論文であればArmstrong et al.（2010），Shivakumar（2013），Taylor（2013）やCascino et al.（2014），日本語論文であれば首藤ほか（2018a；2018b；2018c）などの文献レビュー論文を読むことをすすめる。

する。通常，銀行は融資実行以前から融資先と密なコミュニケーションをとるため，融資先企業に関する情報を容易に取得できるポジションにある。また，財務諸表などの公表資料以外の私的情報（経営者の人柄や企業文化，製品・サービスの競争優位性などに関するソフト情報や非公開情報）も入手可能である。そのため，銀行は情報の非対称性に苛まれることは少なく，また私的情報の存在からモニタリングに係るコストも小さい。一方で，社債投資家の場合，その意思決定にあたっては公表情報のみが頼りとなるほか，多くの場合で社債権者の数が多いため契約締結後に機動的なモニタリングを実施することが困難となる傾向にある。こうした銀行借入と社債の違いを考慮すると，財務報告の質が低い企業は，社債市場では敬遠されやすく，銀行借入に依存することが予想される。

Bharath et al.（2008）は，米国企業を対象にこの予測を検証した最初の研究である。彼らは，会計発生高を用いて財務報告の質を測定し[4]，財務報告の質が低い企業ほど社債ではなく銀行借入を選択する傾向にあることを発見した[5]。また，Li et al.（2021）は，銀行借入と社債にくわえコマーシャルペーパーやキャピタルリースなど計7種類の負債を分析し，財務報告の質が高い企業では特定の負債に対する集中度が低いことを報告している。これらの結果は，財務報告の質が低い企業は情報収集能力の高い銀行に依存する必要性があること，あるいは，銀行に依存することで情報開示にかかわるコストを節約していると解釈できるだろう。裏を返せば，財務報告の質が高い企業では，負債調達にかかわる選択肢が広がり，柔軟に資本構成を決めることが可能となることを示唆している。

② 財務報告と契約条件

債務契約について多くの利害関係者が特に気にするものは，契約条件に関するものだろう。事実，アカデミアではどのような要因が負債コスト（借入利子率）などの契約条件に影響を及ぼすかについて多くの分析がなされてきた。財

4　財務報告の質については本書第2章を参照されたい。

5　同様の結果は，Dhaliwal et al.（2011）やChen et al.（2013）などでも報告されている。

務報告の文脈では，その質に注目したものが多い。先に述べたように，情報の非対称性の程度が利子率をはじめとする契約条件に影響するからであり，財務報告の質によって情報の非対称性の程度が変化するのであれば，これに呼応して契約条件も変化すると考えられるからである。

　Francis et al.（2005）やBharath et al.（2008）は，会計発生高に基づいて財務報告の質を測定し，財務報告の質が高いほど負債コストが低くなることを発見している。財務報告の質が低い場合，企業は追加的な負債コストを負担する必要があることを意味している。

　また，債権者の利益請求権は概ね固定的であるため，債権者は特に融資先の減益リスクに関心を寄せる。融資先の利益成長は債権者が回収する約定元利金とは直接結びつかないが，融資先の不調や減益は債権者のデフォルト・リスクを高める。そのため，債権者は下方リスクにより敏感となる。この場合，債権者は融資先企業に対しては利益などを保守的に計算してもらい，下方リスクに備えたいと考えることとなる（Watts 2003）。

　こうした会計上の保守主義（accounting conservatism）に注目したものとして，Ahmed et al.（2002）やZhang（2008）などがある。これらの研究は，会計上の保守主義の程度と負債コストの関係性を検証し，保守的な会計を行っている企業ほど負債コストが低い傾向にあることを発見している。このことは，資金調達の場面において会計上の保守主義が重要となり，これが負債コストを増減させる可能性を提示している。

③　アンケート研究にもとづく実態分析

　上記で紹介した研究はすべて大規模なアーカイバル・データを統計的に解析したものである。こうした研究は，財務報告の特性と債務契約の「平均的な」関係性を描写するうえで有用であるが，実際に資金提供者がどのように財務情報を活用しているかに関する直接的な証拠とは言い難い側面がある。

　こうしたなか，Donelson et al.（2017）は，米国の商業銀行を対象にアンケート調査を実施した稀有な論文である。同研究は，融資担当者が借り手企業の財務諸表をどのように評価しているかを調査し，特にその質の良し悪しを判断する際の重要ポイントを解明している。調査の結果，融資担当者は融資意思

決定にあたってキャッシュ・フロー対デット・サービス比率や担保資産を重視するほか，財務諸表の評価にあたっては会計上の保守主義の程度や会計発生高の推移に注視することを発見している。くわえて，財務報告の質が低い企業に対しては追加的に担保や債務保証を要求する傾向にあることも報告している。これらの発見事項は，財務諸表が融資契約において極めて重要であり，融資担当者は会計発生高や会計上の保守主義を細かく評価したうえで契約条件を決めていることを提示している。

（3）財務制限条項に関するエビデンス

次に，財務報告が担う事後的役割として財務制限条項について目を向けよう。先に述べたように，財務諸表をはじめとする会計情報は，事後的なモラルハザード問題に対処するための参照基盤を提供し，これにより契約の効率性を高めることが期待されている。

Christensen et al.（2016）によれば，財務制限条項が果たす役割は2つの理論によって説明される。1つは，エージェンシー理論である。この理論では，財務制限条項は情報の非対称性から生じる債権者－債務者間の利害対立を緩和することで契約の効率化を実現することが議論される。この領域の嚆矢であるSmith and Warner（1979）は，債権者の利益を害する代表的な行動として，①資産代替（借り手がハイリスクな投資を増加させる），②負債増加，および，③配当増加の3つを挙げている。これらの行為は債権者の抱えるデフォルト・リスクを事後的に高めるものであり，「融資先がこれらの行動を取るのではないだろうか」という不信感が債務契約を非効率にさせる。そのため，こうした不信感を拭うために融資先企業の投資や配当に事前に制限をかけることが得策となる。簡潔に述べれば，エージェンシー理論のもとでは，財務制限条項は融資先企業の機会主義的な行動を事前に抑制するものとして認識される。

いま1つは，不完備契約理論である。エージェンシー理論が借り手企業の機会主義的行動の抑制に重きを置くのに対して，不完備契約理論は「事前に完璧な契約を結ぶことはできない」という発想のもと柔軟な事後対応を重視する。たとえば，融資先企業の行動を制限するにしても，どのような行為をどの水準で制限すべきかを事前に判断することは難しい。また，債権者にとって望まし

くない行為のすべてを明記した契約を作成することには膨大なコストがかかってしまう。むしろ契約締結後の将来の状況に応じて再交渉の場を設け，そのつど，契約条件のあり方や支配権の配分を柔軟に模索するほうが効率的である。こうした不完備契約理論のもとでは，財務制限条項は，直接的に借り手の行動を制限することを目的とするのではなく，借り手の状況に応じて再交渉の場を設ける「仕掛け線」として認識される。平たく言えば，早期警鐘のシグナルとして財務制限条項を付けておき，これに抵触したら債権者主導のもと契約内容を再検討しましょう，ということである。

　なお，これら2つの理論は相互に排他的ではなく，いずれも契約実務を説明し得ることが学術上確認されている。たとえば，Christensen and Nikolaev（2012）は，貸借対照表に基づく財務制限条項は機会主義的行動（配当や負債の増加）の抑制に役立ち，損益計算書に基づく財務制限条項は再交渉に向けた早期警鐘としての役割を担うことを実証している。

①　財務制限条項の実態

　財務制限条項に関するエビデンスとして，まずは，どのような財務制限条項が実際に利用されているかについて見てみよう。**図表3-3**は，Demerjian and Owens（2016）が調査した米国における財務制限条項の種類別頻度である。同研究は，1987年から2004年までの2,100件の融資契約をサンプルに，そこで利用されている財務制限条項の種類を詳細に調査している。これをみてわかるように，米国では，インタレスト・カバレッジ・レシオと有利子負債EBITDA倍率の利用頻度が高く，これに続く形で純資産維持やデット・サービス・カバレッジ・レシオなどが利用される。いずれの利用頻度も50%を上回ることはないことから，ボイラープレートと呼ばれる定まった型が存在していないことがわかるだろう。このことは，米国では融資先企業の特性に応じた財務制限条項の設定が行われている可能性が高いことを示唆している。

　これらの財務制限条項がどのような企業に利用される傾向にあるかを検討した研究も多数ある。企業特性として負債比率，時価簿価比率，有形固定資産，倒産可能性，また，債務契約要因として契約規模や契約期間が財務制限条項の決定要因となることが理解されている（El-Gazzar and Pastena 1991; Graham

44 Part 1 財務報告

図表3-3	米国における財務制限条項

米国における財務制限条項	観察値数	%
インタレスト・カバレッジ・レシオ	953	45.4%
有利子負債EBITDA倍率	865	41.2%
純資産維持	670	31.9%
デット・サービス・カバレッジ・レシオ	592	28.2%
対総資産負債比率	498	23.7%
有形純資産（純資産－無形資産）維持	372	17.7%
対純資産負債比率	309	14.7%
流動比率	283	13.5%

（出所）Demerjian and Owens（2016）をもとに筆者作成

et al. 2008; Bradley and Roberts 2015）。負債比率が高く，担保となり得る有形固定資産が乏しく，また倒産可能性の大きい企業，および，融資額が大きく長期にわたる契約において財務制限条項が活用されるということである。こうしたエビデンスは理論と実務の双方と一致しており，債権者はデフォルト・リスクの高い企業により多くの財務制限条項を利用し自衛策を講じることを示唆している。

② 条項抵触がもたらす影響

財務制限条項に抵触した場合，一般に，貸し手は借り手に融資資金の即時一括返済を請求することができるが，こうした顛末を迎えるケースは多くないことがわかっている。たとえば，Dichev and Skinner（2002）は，米国において抵触は頻繁に生じるものであり，その多くは深刻な財務破綻とは関連しないものであることを報告している。同様に，Gopalakrishnan and Parkash（1995）は，借り手と貸し手の双方にアンケート調査を行い，貸し手回答者の93%が条項抵触を深刻なものとして認識していないこと，また，借り手と貸し手ともに抵触時の利益請求権の放棄（waive）を当然のものとして認識していることを報告している。

一方で，こうした発見事項は条項抵触の表層を描写しているにすぎず，実際には企業経営に大きな影響をもたらすことも理解されている。Nini et al.

（2012）は条項抵触後に投資支出，配当，新規債務の調達が大きく減少するほか，CEOの交代確率が高まることを報告している。また，Bhaskar et al.（2017）は，4,000件超の条項抵触事例をサンプルに，条項抵触後に監査法人に支払う監査報酬が増加したほか，継続企業の前提に関する監査意見を受け取る確率および監査人の辞任が生じる確率が高まることを報告している。

　そのため，条項抵触は表面的には取るに足らないものと見えてしまうが，実際にはこれを契機に借り手の企業活動が大きく制限されるほか，利害関係者へのインパクトも大きい事象であると結論づけられる。

3　日本企業との関連性

　上記では，主に米国企業を対象としたエビデンスを紹介してきたが，日本企業を題材にした研究も実施されてきた。ここでは，上記と同じく（1）財務報告がもたらす影響と（2）財務制限条項の2つの観点からいくつか重要と思えるエビデンスを紹介したい。

（1）財務報告がもたらす影響

　日本における初期の実証研究としては，須田・首藤・太田（2004）がある。同研究は，日本証券アナリスト協会が実施しているアナリストによるディスクロージャー優良企業選定の順位にもとづき企業のディスクロージャーの質を測定し，これが高い場合には社債格付けが高くなること，また，社債利回りが低下することを発見した。また，髙須（2012）は利益の質に注目し，会計発生高の質や利益平準化の程度の高い企業ほど社債の利率スプレッドが小さくなることを発見している。いずれも社債に注目した研究であるが，日本においても財務報告の質がその契約条件に影響することが確認されている。

　他方，日本の銀行借入に注目した研究では，米国とは異なる検討がなされているものが多い。日本にはメインバンクシステムという特徴的な実務慣行があり，緊密な銀行-企業間関係の存在が公的な財務報告の役割を低下させ得るためである。Biddle and Hilary（2006）は，34カ国の企業サンプルのもと財務報告の質と投資の効率性の関係性を調査し，米国では両者の間に正の関係性が確認されるものの，日本ではそうでないことを実証している。この結果について，

同研究は銀行や系列といった日本の主な資本提供者は私的情報源を持っているため，公的財務報告に依存する必要性が低いからではないかと解釈している。こうしたメインバンクが持つ影響について，Futaesaku et al.（2023）は，会計情報の質が高い場合に社債利率スプレッドは小さくなるが，この関係性はメインバンクを持つ社債発行企業の財務状況が悪化した場合には観察されなくなるとしている。財務状況の悪化にともないメインバンクがモニタリングを強めるような状況下では，社債投資家はモニタリングを銀行に委ね，高品質な会計情報への需要が弱まることを示唆している。

　このようにみると，日本では広く公表される会計情報や財務報告が銀行借入契約においては重要でない可能性が示唆されるが，そういうわけではない。邦銀を対象にアンケート調査を行ったKochiyama et al.（2021）は，信用金庫を含む日本の融資機関は概して融資先財務諸表を広く利用していることを報告している。とくに，融資意思決定および継続的モニタリングのために財務諸表を利用していること，報告利益の特性としてキャッシュ・フローに裏づけられた，持続性の高い，保守的な利益を選好すること，また，報告財務諸表のうち特に貸借対照表に記載される売上債権や棚卸資産を下方調整のうえ利用することを発見している。くわえて，銀行は融資先企業の財務困窮を発見するにあたり，公表財務諸表とならんで顧客との定期的なミーティングが重要であることを提示している。そのため，日本の融資機関は私的情報源を持つ一方で，一般に公表される財務諸表も広く利用しており，その品質を精査したうえで融資意思決定を行っているといえる。

（2）財務制限条項

　最後に，日本の債務契約における財務制限条項に注目しよう。日本では大蔵省（現財務省）の指導のもと無担保社債の発行に際して財務制限条項を設定する実務が存在したが，1995年には同規制が廃止され，社債に財務制限条項が広く利用されることは比較的に稀となっている。一方で，現在では，2000年代以降に拡大したシンジケートローンを中心に財務制限条項が利用されている（中村・河内山 2018）。

　図表3-3では米国において多様な財務制限条項が利用されていることを示

したが，中村・河内山（2018）やKochiyama et al.（2021）は，日本では純資産維持条項と利益維持条項の2つが支配的であり，この2つの組み合わせが借入金契約における財務制限条項の定型となっていることを発見している。また，Kochiyama and Nakamura（2021）は，日本のローン市場における財務制限条項の決定要因について検証を行い，メインバンクからの借入金依存度が低い企業において財務制限条項が利用される傾向にあることを発見している。同研究は，90年代後半以降にメインバンクシステムが後退したことを受けて，財務制限条項を介したモニタリングの必要性が高まっているものと結論づけている。

　また，中村・河内山（2018）は，条項抵触がもたらす影響について多角的な検討を行っている。米国と同様に，条項抵触が借入金の即時一括返済につながることは稀であり，多くのケースで条項抵触に伴う権利の放棄が行われていることを報告している。一方で，条項抵触後には配当，投資，負債調達のいずれも減少する傾向にあり，また，負債コスト（借入金利率）が高まることを発見している。これらの結果は米国をはじめとする先行研究と一致しており，条項抵触は契約書面通りのペナルティを伴わない一方，実際には企業活動に小さくない影響をもたらすことを示唆している。

4 実務・政策的な示唆

　本章では，債務契約における財務報告の役立ちについて議論した。とくに，財務報告のあり方やその特性が企業の負債調達および契約条件に影響を及ぼすほか，債務契約に含まれる財務制限条項の果たす役割やその影響について概観してきた。

　本章で紹介したアカデミック・エビデンスから得られる実務的・政策的な示唆はおおきく3つあるだろう。第1に，財務報告の質や量は少なからず債務契約ひいては資金調達手段に影響を及ぼす。日本ではメインバンクシステムのもと広く一般に開示される財務情報があまり重要でないという見方も存在するが，既存エビデンスは財務諸表などの情報が債務契約の場において広く利用されていることを示している。また，財務報告の質が高い場合，企業はより多くの資金調達オプションを持ち得る。社債による資金調達も容易になるほか取引銀行の分散化も可能となる。近年，資本コストを意識した経営が重視されるなか，

いかに資本構成および資本コストを最適化するかは重要な経営課題の1つである。こうした財務政策を検討するにあたっては自社の財務報告の質と量は基礎的条件となり，これらを改善させることで効果的な意思決定が可能になるものと考えられる。

　第2に，財務制限条項の戦略的な活用である。日本ではシンジケートローンを中心に利用される財務制限条項であるが，米国を中心とする諸外国ではこれを用いた契約慣行が確立されている。本章で紹介したエビデンスに基づけば，財務制限条項と一口に言っても利用される条項には多様な種類があり，それぞれが果たす役割も異なっている。現状，日本では純資産維持条項や利益維持条項などの「ひな形」が存在することが確認されるが，こうした契約のあり方が真に効率的であるかを検討するうえで既存のエビデンスは有用であるだろう。また，財務制限条項には「特殊な約束事」というネガティブなイメージが付随するかもしれないが，条項抵触が即時倒産につながることは稀であることが多くの研究で確認されている。なかには，抵触に伴う債権者の介入が企業価値の向上に寄与することを示した研究もあり（Nini et al. 2012），現在では再交渉の契機になるものとしてアカデミアでは広く認識されている。コーポレートガバナンス改革以降，株式市場を中心とする外部モニタリングの重要性が叫ばれてきたが，財務制限条項の活用は金融機関による効果的な規律づけを可能にする可能性があるだろう。

　最後に，本章では詳しく触れることができなかったが，情報開示制度に対する示唆も述べておきたい。冒頭で述べたように，金融庁は「重要な契約」に該当する債務契約内容の開示充実を予定している。こうした情報開示は，取引銀行による情報独占およびこれに伴うレント・シーキング（情報独占のもと高い利子率を課すこと等）を緩和し，社債権者や株式投資家に対する安心感の提供につながる可能性がある。とりわけ，社債投資家の見地に立てば保有債権が借入金契約の内容によって劣後するかは関心の寄せるところであり，また株主としても条項抵触に伴う企業活動の変容は重要な問題である。財務制限条項をはじめとする契約内容の情報開示は各資本市場の発展や効率的な契約に資する可能性が高いと言える。

◆参考文献

首藤昭信・伊藤広大・二重作直毅・本馬朝子. 2018a.「債務契約における会計情報の役割
　(1)：会計情報の事前的役割」『金融研究』37(2)：23-60.

首藤昭信・伊藤広大・二重作直毅・本馬朝子. 2018b.「債務契約における会計情報の役割
　(2)：会計情報の事後的役割」『金融研究』37(2)：61-90.

首藤昭信・伊藤広大・二重作直毅・本馬朝子. 2018c.「債務契約における会計情報の役割
　(3)：わが国の債務契約と会計情報」『金融研究』37(2)：91-118.

須田一幸・首藤昭信・太田浩司. 2004.「ディスクロージャーが負債コストに及ぼす影響」
　『ディスクロージャーの戦略と効果』(須田一幸編著) 森山書店：45-68.

髙須悠介. 2012.「会計利益属性が社債スプレッドに与える影響」『経営財務研究』32 (1-2)：
　55-76.

中村亮介・河内山拓磨. 2018.『財務制限条項の実態・影響・役割―債務契約における会計
　情報の活用―』中央経済社.

Ahmed, A. S., B. K. Billings, R. M. Morton, and M. Stanford-Harris. 2002. The role of
　accounting conservatism in mitigating bondholder-shareholder conflicts over dividend
　policy and in reducing debt costs. *The Accounting Review* 77 (4): 867-890.

Armstrong, C. S., W. R. Guay, and J. P. Weber. 2010. The role of information and financial
　reporting in corporate governance and debt contracting. *Journal of Accounting and
　Economics* 50 (2-3): 179-234.

Bharath, S. T., J. Sunder, and S. V. Sunder. 2008. Accounting quality and debt contracting.
　The Accounting Review 83 (1): 1-28.

Bhaskar, L. S., G. V. Krishnan, and W. Yu. 2017. Debt covenant violations, firm financial
　distress, and auditor actions. *Contemporary Accounting Research* 34 (1): 186-215.

Biddle, G. C., and G. Hilary. 2006. Accounting quality and firm-level capital investment. *The
　Accounting Review* 81 (5): 963-982.

Bradley, M., and M. R. Roberts. 2015. The structure and pricing of corporate debt
　covenants. *The Quarterly Journal of Finance* 05 (02): 1550001.

Cascino, S., M. Clatworthy, B. G. Osma, J. Gassen, S. Imam, and T. Jeanjean. 2014. Who uses
　financial reports and for what purpose? Evidence from capital providers. *Accounting in
　Europe* 11 (2): 185-209.

Chen, X., Q. Cheng, and A. L. Lo. 2013. Accounting restatements and external financing
　choices. *Contemporary Accounting Research* 30 (2): 750-779.

Christensen, H. B., and V. V. Nikolaev. 2012. Capital versus performance covenants in debt
　contracts. *Journal of Accounting Research* 50 (1): 75-116.

Christensen, H. B., V. V. Nikolaev, and R. Wittenberg-Moerman. 2016. Accounting
　information in financial contracting: The incomplete contract theory perspectives. *Journal
　of Accounting Research* 54 (2): 397-435.

Demerjian, P. R., and E. L. Owens. 2016. Measuring the probability of financial covenant
　violation in private debt contracts. *Journal of Accounting and Economics* 61 (2-3): 433-
　447.

Dhaliwal, D. S., I. K. Khurana, and R. Pereira. 2011. Firm disclosure policy and the choice between private and public debt. *Contemporary Accounting Research* 28 (1): 293-330.

Dichev, I. D., and D. J. Skinner. 2002. Large-sample evidence on the debt covenant hypothesis. *Journal of Accounting Research* 40 (4): 1091-1123.

Donelson, D. C., R. Jennings, and H. McInnis. 2017. Financial statement quality and debt contracting: Evidence from a survey of commercial lenders. *Contemporary Accounting Research* 34 (4): 2051-2093.

El-Gazzar, S., and V. Pastena. 1991. Factors affecting the scope and initial tightness of covenant restrictions in private lending agreements. *Contemporary Accounting Research* 8 (1): 132-151.

Francis, J., R. LaFond, P. Olsson, and K. Schipper. 2005. The market pricing of accruals quality. *Journal of Accounting and Economics* 39 (2): 295-327.

Futaesaku, N., N. Kitagawa, and A. Shuto. 2023. Delegated bank monitoring by bond investors: evidence from Japanese main banks. *European Accounting Review* online early view.

Gopalakrishnan, V., and M. Parkash. 1995. Borrower and lender perceptions of accounting information in corporate lending agreements. *Accounting Horizons* 9 (1): 13-26.

Graham, J. R., S. Li, and J. Qiu. 2008. Corporate misreporting and bank loan contracting. *Journal of Financial Economics* 89 (1): 44-61.

Kochiyama, T., and R. Nakamura. 2021. Debt covenants in Japanese loan markets: In comparison with the traditional relationship banking. *Accounting and Finance* 61 (1): 305-334.

Kochiyama, T., R. Nakamura, and A. Shuto. 2021. How Do Bank Lenders Use Borrowers' Financial Statements? Evidence from a Survey of Japanese Banks. Working Paper, SSRN.

Li, N., Y. Lou, C. A. Otto, and R. Wittenberg-Moerman. 2021. Accounting quality and debt concentration. *The Accounting Review* 96 (1): 377-400.

Nini, G., D. C. Smith, and A. Sufi. 2012. Creditor control rights, corporate governance, and firm value. *The Review of Financial Studies* 25 (6): 1713-1761.

Shivakumar, L. 2013. The role of financial reporting in debt contracting and in stewardship. *Accounting and Business Research* 43 (4): 362-383.

Smith, C. W . Jr., and J. B. Warner. 1979. On financial contracting: An analysis of bond covenants. *Journal of Financial Economics* 7 (2): 117-161.

Taylor, S. 2013. What do we know about the role of financial reporting in debt contracting and debt covenants? *Accounting and Business Research* 43 (4): 386-417.

Watts, R. L. 2003. Conservatism in accounting Part I: Explanations and implications. *Accounting Horizons* 17 (3): 207-221.

Zhang, J. 2008. The contracting benefits of accounting conservatism to lenders and borrowers. *Journal of Accounting and Economics* 45 (1): 27-54.

第 **4** 章

報酬契約

中村亮介　RYOSUKE　NAKAMURA

SUMMARY

　本章は，主に財務報告が報酬契約という文脈においてどのような影響を及ぼしているかについて，その理論的な背景や重要なエビデンスを紹介している。

　ここから得られる実務的・政策的な示唆は次の3つである。第1に，報酬契約の設計の際，財務報告の質を考慮した利益選択を行うことで経営者を動機づけることができること，第2に，特に報酬がゼロのとき，経営者の在任最終年度，金融危機時には，経営者による自己利得を増加させるための利益調整に注意しなければならないこと，第3に，ESG指標を報酬契約に導入することは，エージェンシー問題を悪化させる懸念があるため，指標の正確性を検討する必要があること，である。

---

1 報酬契約のプレゼンスと開示規制

　報酬契約をどのように設計するかは，どの企業にとっても，重大な論点となる。というのも，報酬は経営者ないし役員を動機づけるために重要であり，そのことが会社全体の業績に影響を及ぼす一方で，高額な報酬は従業員の意欲を失わせるかもしれないからである（Edmans et al. 2023）。

　日本企業の経営者報酬に目を向けると，他の先進国に比較して報酬額の水準が低く，かつそれに占める固定報酬の割合は高いとされている（ウイリス・タワーズワトソン 2023）。ただし，東京証券取引所が2015年6月に公表したコーポレートガバナンス・コードでは，「経営陣の報酬については，中長期的な会社の業績や潜在的リスクを反映させ，健全な企業家精神の発揮に資するようなインセンティブ付けを行うべきである。」（16頁）とされ，業績連動型のインセ

ンティブ報酬の導入が求められている。これを受けてか，企業実績に合わせて経営陣を評価する報酬の考え方が浸透しつつある（日本経済新聞 2023年 5 月 15日朝刊）。

　また，日本の報酬契約に関するガバナンス・システムの特徴は，（1）報酬委員会の数が少なく，取締役会の監視が非効率であること，（2）個人報酬に関する体系的な開示が行われていないこと，（3）報酬契約自体が暗黙的で，経営者のモラルハザードを防止するためのクローバック条項[1]が付されることが少ないこと，といわれている（Iwasaki et al. 2018）。しかし，（2）に関して，2010年 3 月に施行された「企業内容等の開示に関する内閣府令等の一部を改正する内閣府令」の改正により，有価証券届出書および有価証券報告書において，報酬額が 1 億円以上の役員については，報酬等の総額，報酬等の種類別の総額および対象となる役員の数を記載することが義務づけられた。さらに2019年 1 月に同内閣府令が改正され，そこでは，報酬額等の決定方針，業績連動報酬，役員の報酬等に関する株主総会の決議，報酬委員会等の活動内容などに関する開示項目が拡充された。

　このように，徐々に日本の報酬契約ないし開示規制が欧米に近づいている中で，本章では主に財務報告が報酬契約という文脈においてどのような影響を与えているかについて，その理論的な背景や重要なエビデンスを紹介する。なお，ここでは紙幅の関係上，現金報酬に限定して論を進める。

2 アカデミック・エビデンス

（1）報酬契約における財務報告の役割

　報酬契約の役割はエージェンシー理論から説明されることが多い。エージェンシー理論によると，自身の利得を最大化させるインセンティブをもつ株主（プリンシパル）と経営者（エージェント）において，必ずしも両者の望む行

1　クローバックとは，報酬の払戻しを意味する。この条項を設定することにより，たとえば，経営者の不正行為や過年度決算の誤りなどが判明した場合に，それ以前に支払っていた報酬額のうち当該不正行為や過年度決算の誤りのために過大に支払っていた部分を，企業に対して返還するように求めることができる。

第 4 章　報酬契約　53

動が一致しない場合がある。ここから発生するコストがエージェンシーコスト
であり，特に経営者報酬契約は，株主の利得を最大化させる意思決定を経営者
に促すインセンティブを提供することによって，両者のコンフリクトを緩和さ
せる（すなわち，エージェンシーコストを削減する）ことが目的の1つとなる
（Jensen and Meckling 1976；Wallace 1997）。

　ここで問題となるのは，所有と経営が分離している場合，株主は経営者の行
動を直接観察できないことであり（Holmstrom 1979），経営者が株主の利得を
最大化するためにリスクをとることや，努力することは必ずしも想定されない。
そこで，リスクや努力を回避しようとする経営者を動機づけるために，報酬契
約に観察可能な特定の業績指標が組み込まれる。

　経営者を動機づけるための業績指標としては，会計利益と株価に大別される
といわれている（草野 2014）。ここでは財務報告が報酬契約という文脈におい
てどのような影響を及ぼしているかについて検討するので，主に会計利益に注
目する[2]。

（2）報酬契約における会計利益の使われ方

① 報酬－業績感応度

　それでは，会計利益は経営者を動機づけるための業績指標として機能してい
るのか。これを実証的に確認するための手段として，実際にどの程度，会計利
益が経営者報酬と関係があるか（pay-performance sensitivity：報酬－業績感
応度）を調査する方法（implicit contract approach：黙示的契約アプローチ，
と呼ばれる）がある。報酬－業績感応度は，業績が1単位変化するときの経営
者の富の変化量と定義される（Jensen and Murphy 1990）。業績指標が経営者
報酬と結びついている程度が高ければ，その指標が経営者の努力インセンティ
ブを高めていること，および株主と経営者の利害を調整していることが間接的
に示される（Chen et al. 2015）。

　Lambert and Larcker（1987）は，経営者の現金報酬と会計利益の間にプラ

2　なお，会計利益と株価の業績指標としての特性の違いについてはArmstrong et al.（2010），草野
　（2014），中村（2016），Edmans et al.（2017）を参考にしてほしい。

スの関係があることを提示している。Sloan（1993）も，報酬と利益の間に正の相関があることを示すと同時に，株式リターンのノイズが大きいときに会計利益の報酬への説明力が高くなることを明らかにした。他方で，Bushman et al.（2006）のように，経営者の現金報酬の決定要因としての会計利益の相対的重要性は低下してきているという見方もある。ただし，近年の研究であるChen et al.（2015）は，Sarbanes-Oxley法の制定以後，会計利益を用いた報酬－業績感応度は高まってきていることを指摘している。

　また，報酬の決定にあたっては会計利益の性質が考慮されているという研究もある。たとえばDechow et al.（1994）やGaver and Gaver（1998）では，リストラ損失などの特別項目（extraordinary items）に関する損失を含めない会計利益は，経営者の現金報酬とプラスの関係があったことを示している。

　さらに，IFRS適用が報酬－業績感応度に与える影響を検討したOzkan et al.（2012）は，IFRSを適用することで利益の質が高まると報酬委員会が認識しているのであれば，報酬契約の業績指標として利益を採用することで報酬－業績感応度は高まるものと予測し，そのような結果を得た。ただし，Voulgaris et al.（2014）やDeFond et al.（2020）は，IFRSの特徴である公正価値会計が経営者の努力を必ずしも反映しないものとして，公正価値会計の導入による影響の大きいIFRS適用企業においては，報酬－業績感応度が低下したことを確認している。

② GAAP利益とNon-GAAP利益

　近年では，報酬契約の内容に直接アクセスする方法（explicit contract approach：明示的契約アプローチ，と呼ばれる）による研究も行われている。米国の利益指標の利用実態を調査したCurtis et al.（2021）によると，多くのケースで「調整された（adjusted）利益」，すなわちNon-GAAP利益が用いられている（**図表4-1**）。

　では，米国においてはなぜ報酬契約にNon-GAAP利益が多く用いられるのであろうか。これに関して，近年では，それまで利用されてきた従来のエージェンシー理論では必ずしも説明できない，1980年代からの急速な経営者報酬の増加に対する説明理論として生まれた「効率的契約アプローチ」（efficient

第4章 報酬契約 55

| 図表 4-1 | 米国企業の報酬契約における利益[3] |

利益の分類	N	割合	無調整割合	調整割合
EPS	311	35%	19%	81%
営業利益	190	21%	12%	88%
EBITDA	140	16%	6%	94%
純利益	127	14%	29%	71%
EBT	62	7%	16%	84%
EBIT	30	3%	17%	83%
残余利益	23	3%	0%	100%
売上総利益	4	0%	25%	75%
総計	887	100%	16%	84%

（出所）Curtis et al.（2021, p.1297）

contracting approach）と「経営者権力アプローチ」（managerial power approach）を援用することで理解されている（e.g. Bebchuk et al. 2002）。

　Non-GAAP利益を利用することで，より正確に自社の経済的実質を表現でき，画一的な性質をもつGAAPの限界をカバーしうるというメリットがある（Barker and Mcgeachin 2015）。その一方で，Non-GAAP利益の利用が経営者の利己的行動を助長し，企業業績の良い面のみを強調する懸念を生じさせるというデメリットがある（Hoogervorst 2016）。前者が報酬契約でNon-GAAPを利用することに対する効率的契約アプローチ，後者が経営者権力アプローチによる説明となる。そして，現行の報酬契約について2つのアプローチのどちらが整合的かを解明することが実証的な命題となっている（Kyung et al. 2021）。

　効率的契約アプローチを支持する研究としてKyung et al.（2021）は，Non-GAAP利益を報酬契約に採用している企業において報酬額と経営者の能力に正の関係があることなどから，取締役会は経営者の業績改善インセンティブを高めるためにNon-GAAP利益を利用する，としている。また，Potepa（2020）は，報酬委員会が一時的な損益をNon-GAAP利益に含めると判断するかどうかは，

3　2013年のS&P1500に属する企業の短期インセンティブで用いられている887の利益指標が対象である。

56 Part 1 財務報告

一時的な損益が将来利益を予測できるかどうかに依存して決まるとしている。そしてこのことは，Non-GAAP利益が，経営者の努力と業績をよりよく反映させるために利用されることを表していると述べている。

　一方，経営者権力アプローチを支持するものとしてGuest et al.（2021）は，Non-GAAP利益がGAAP利益より23％高く，業界平均と比較した経営者への報酬過払い額は，GAAP利益よりもNon-GAAP利益が高い場合と正に関連しているという証拠をもとに，Non-GAAP利益による裁量が，経営者の機会主義的行動を助長することを意味する，と説明している。また，Liu and Tsang（2014）は，不動産投資信託業を営む企業では，経営者がボーナスを増加させるためにNon-GAAP利益の構成要素を操作することを示し，報酬に関する情報の強制開示がそのような会計操作を減少させるために重要だと主張している。

　このように，現状の報酬契約について，2つのアプローチによる説明が可能であるが，いずれのアプローチがよりよく当てはまるか，換言するとGAAP利益とNon-GAAP利益のいずれを採用すべきかについてはコンセンサスが得られていない。

（3）経営者による利益調整

　業績指標に会計利益を用いているとすれば，利益に対する報酬の感応度が大きいほど，経営者は利益を調整するインセンティブが生じる。もし経営者が利益をコントロールし，自身の望む数値を報告できるのであれば，利益ベースの報酬契約がインセンティブ目的で存在することはなくなる。というのも，市場は，経営者が自己の利得のために会計数値を操作することを予期しているならば，そうした契約は採用されなくなるからである（Watts and Zimmerman 1986）。すなわち，財務報告の質が報酬契約に影響を及ぼしうる，ということである。こうしたシステムの崩壊を招かないために，経営者がどのような状況で利益調整を行う傾向にあるかを把握することは重要である。

　これについて，利益調整研究の端緒として知られるHealy（1985）は，企業の会計発生高（報酬契約で定義された利益額マイナス営業キャッシュ・フロー）が，その企業の報酬契約で設けられた利益限度額に影響されるのかを調査した。そこでは，経営者による調整が行われる前の利益が目標利益を下回る

場合や，上限を上回る場合に，経営者は利益を減らすインセンティブを持つので，会計発生高はそれら2つのケースで負の値となった。上限を上回る場合に利益を減らすインセンティブを持つ理由は，上限以上の利益を報告しても受け取る報酬額は変わらないからである。一方，調整前の利益が下限額と上限額との間にあるならば，その経営者は利益を増やすインセンティブを持ち，会計発生高は正の値となる傾向が見られた（**図表4-2**を参照）。その後，Holthausen et al.（1995）やGaver et al.（1995）などがHealy（1985）とはやや異なる結果を提示しているが，経営者が利益連動型の報酬契約の存在により利益を調整するインセンティブを有するという証拠を提示した点では一貫している。

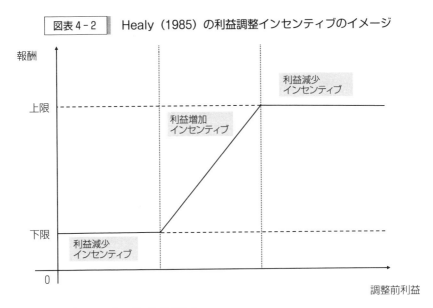

図表4-2　Healy（1985）の利益調整インセンティブのイメージ

（出所）Healy（1985, p.90）に基づき筆者作成

報酬契約にまつわる利益調整インセンティブは，これ以外にもさまざまなタイミングで観察されている。Dechow and Sloan（1991）は，ボーナス契約から起因する短期間の利益調整インセンティブにより，経営者は就任最後の年に研究開発投資を低めに抑え，報告利益を増加させる，ということを示している。Charitou et al.（2007）やAsssenso-Okofo et al.（2020）は，金融危機の期間中

58　Part 1　財務報告

は，経営者は目標を達成しにくくなるため，ボーナスを受け取るチャンスを増やすために利益増加型の調整を行うインセンティブがあると報告している。

　要するに，これらの研究は，報酬契約により，経営者が自身の富を増加させたり，その地位を守ったりするために利益調整を行う，ということを示している。

（4）非財務報告との関連性

　前述のように報酬契約に使われる業績指標は，会計利益や株価が使われることが多いが，近年では，たとえば二酸化炭素の排出量などのESG（環境・社会・企業統治）に関する達成度合いを報酬に反映する例が増えている（日本経済新聞 2023年5月17日朝刊）。

　ただしBebchuk and Tallarita（2022）は，ESG指標に基づく経営者報酬契約は，多様なステークホルダーを広く考慮した内容となっていないこと，そして開示情報からはESG指標が客観的に測定されているかがわからず，適切な業績評価がなされていることを外部から十分にモニタリングできないことを指摘している。そして，現在のようなESG指標に基づく経営者報酬契約はエージェンシー問題を悪化させるかもしれない，と主張している[4]。

　これに関してCohen et al.（2023）は，報酬契約におけるESG指標の利用状況を調査し，ESG指標を利用した報酬契約導入の決定要因について検証している。そして，ESG指標に基づく報酬契約への導入は必ずしも業績の改善を伴わないと報告した。このように，報酬契約においてはESG指標が必ずしも期待されているような役割を果たしているわけではないという証拠が提示されている。

3　日本企業との関連性

（1）報酬契約における会計利益の使われ方

　これまで見てきたように，主に米国では業績連動報酬契約が企業行動などに

4　たとえば，アメリカのサウスウエスト航空では欠航が相次いだものの，ESGの取組み実績を理由にその年度のCEOの報酬が76％増加したことで，投資家から批判を浴びた（日経産業新聞 2024年1月30日）。

及ぼす影響が広く分析されてきた。この背景には，米国は他の国と異なり，1930年代から役員報酬に関する情報の詳細な開示が要求されていることにより，報酬データが広く利用可能であることがあげられる（Edmans et al. 2017）。

　一方，日本ではこれまで，報酬契約の機密性は高く，契約で用いられる実際の評価基準や評価方法のデータを入手することは容易でなかった（乙政 2005）。それゆえに，役員報酬の機能を析出するためには，研究対象となる役員報酬を，ある特定の業績尺度で回帰分析するという手法（黙示的契約アプローチ）が有効となり，報酬契約に関する実証研究の多くはこのアプローチに基づいて行われてきた（乙政 2004）。

　たとえば乙政（2004）は，役員報酬の変化額と当期の会計利益の変化額が正に関係していることを明らかにした。また，ガバナンスとの関係について蟻川（2003）は，機関投資家の株式保有比率が高いほど，報酬－業績感応度が高い一方，外部からの企業統治圧力が弱い企業の場合は，感応度は低いことを報告している。さらに，井上（2022）はIFRSを導入した日本企業の報酬－業績感応度を調査し，IFRS 適用によって純利益が押し上げられるが，その効果は利益に対する報酬の感度に影響を及ぼさないという結果を提示している[5]。

　ただし，冒頭で触れたように，近年は経営者ないし役員報酬に関するディスクロージャー制度が改善してきており，かつ業績連動報酬の導入に対する機運も高まっている。これを受けて中村（2022）は，日本企業の報酬契約における利益採用状況を調査している（**図表 4 - 3**）。

　図表 4 - 3 を見ると，営業利益・当期純利益・経常利益の数値が調整されずにそのまま用いられる傾向にあり，米国と異なり，Non-GAAP利益はあまり利用されていない。一方で，複数の利益が表示されているがゆえに，GAAP利益の中でも選択の余地がある。

5　またIwasaki et al. (2018) は，より高い報酬－業績関係が存在するほど，保守主義の程度が大きいことを示し，ここから保守主義の需要は利益ベースの報酬契約を利用している企業でより大きくなると結論づけている。というのも保守主義によって利益を低く計上することになり，経営者が実現見込みのない利益を計上することで不当に報酬を獲得する機会を制限することになるからである（Watts 2003）。

60　Part 1　財務報告

| 図表4-3 | 日本企業の報酬契約における利益（重複可） |

利益の分類	N	割合	無調整割合	調整割合
営業利益	481	45%	94%	6 %
当期純利益	467	44%	97%	3 %
経常利益	295	28%	98%	2 %
EBITDA	28	3 %	―	―
事業利益	14	1 %	―	―
その他	24	2 %	―	―
不明	8	1 %	―	―
総計	1,062		96%	4 %

（出所）中村（2022，60頁）[6]

（2）経営者による利益調整

　乙政（1999）は，役員賞与がゼロに落ち込んだ場合の裁量的会計発生高が，それ以外の場合よりもマイナスとなる（つまり，利益減少型の会計手続きを行う）割合が高く，ゼロに落ち込んだ場合の会計発生高の平均はそれ以外の平均よりも有意に小さいことを明らかにしている。この結果から，当期利益が賞与のベンチマークの下限をクリアできない場合に経営者がビッグバス行動をとっていることが示唆される。また，首藤（2010）は，乙政（1999）と同様に役員賞与が全額カットされた場合，利益減少型の会計手続きが選択されることを示したのに加え，利益増加型の会計手続きは経営者報酬を増加させることを明らかにした。

（3）非財務報告との関連性

　乙政ほか（2022）は，ESG指標の採用はエージェンシー問題の緩和に必ずしもつながらないとするBebchuk and Tallarita（2022）の主張をもとに，ESG指

6　2019年3月から2020年2月に決算を迎えた日本の上場企業のうち，コーポレートガバナンス報告書にて業績連動型報酬制度を導入していると公表した企業を日本経済新聞社のNEEDS Cgesで特定し，ヒットした1,350社が対象である。なお，1株当たり当期純利益も「当期純利益」のうち無調整に入れている。また，「役員報酬控除前利益」も無調整として計算している。

標を用いた日本企業の報酬契約について調査した。その結果，日本企業では，たとえば，「ESG活動の取組状況を総合的に勘案」というようにESG全般を表記し，具体的に考慮しているステークホルダーやESG指標が明記されていないケースが多かったことを示した。このため，今後もESG指標に基づく経営者報酬契約に関する具体的な開示内容に注目すべきという結論を下している。

4 実務的・政策的な示唆

　本章では，報酬契約における財務報告の役立ちについて検討した。とくに，報酬契約において財務数値がどの程度利用されているか，そして報酬契約が財務報告の質に影響を及ぼすことについて概観してきた。本章で紹介したアカデミック・エビデンスから得られる実務的・政策的な示唆は3つあるだろう。

　第1に，報酬契約に使用する利益の選択についてである。会計利益をテーマにした研究は，会計利益が経営者報酬と関係があるか（報酬－業績感応度）を調査する方法と，報酬契約の内容に直接アクセスする方法に分かれる。これらの研究成果を総合すると，次のようになる。経営者の現金報酬と会計利益の間にプラスの関係があるが，IFRSの特徴である公正価値会計が経営者の努力を必ずしも反映しないので，公正価値会計の導入による影響の大きいIFRS適用企業においては，報酬－業績感応度が低下することが報告されている。したがって，経営者を動機づけるためには，報酬契約をデザインする立場としては，財務報告の質を考慮した利益選択が必要となるだろう。一方で，「どの利益を使うべきか」については，米国ではNon-GAAP利益，日本ではGAAP利益がよく報酬契約に用いられることがわかっているものの，いずれが経営者のインセンティブを高めるか，あるいは経営者によって恣意的な操作を助長するかは決着がついていない。

　第2に，利益調整への対応についてである。業績指標に会計利益を用いているとすれば，経営者は利益を調整するインセンティブが生じる。もし経営者が利益をコントロールし，自身の望む数値を報告できてしまうのであれば，報酬契約が適切に機能しなくなる。したがって，経営者の会計行動をモニタリングする必要がある。これまでの実証研究では，特に報酬がゼロの（すなわちベンチマークの下限を上回らなかった）とき，経営者の在任最終年度，金融危機時

に利益調整を行う傾向にあることが示されている。そこで，このようなタイミングでは，報酬委員会や投資家などは特に経営者の会計行動を注視しなければならない。

　第3に，ESG指標を導入することについての注意である。近年ではESGに関する達成度合いを報酬に反映する例が増えているが，この指標は適切に業績が評価されているかどうかがわかりづらい（財務諸表のように監査されていることがあまりない）ため，報酬契約での利用はエージェンシー問題を悪化させるかもしれないという主張がなされている。そこで，かりに報酬契約にESG指標を導入する際は，指標の正確性を評価する機関からの保証を得ることなどで，この問題に対処することが考えられる。たとえばオリンパスの2023年3月期有価証券報告書によれば，業績連動型株式報酬の評価のうち10％をESG指標で構成しているが，具体的な評価指標としてDow Jones Sustainability Indexを採用している[7]。そして，その理由の1つとして「信頼性の高い外部評価機関であり，透明性・公平性が担保できる」（103頁）ことをあげている。このように，ESG指標を導入する際には一定程度の客観性を確保する取組みが必要となろう。

◆参考文献

蟻川靖浩. 2003.「経営者インセンティブへの コーポレート・ガバナンスの影響」『ニッセイ基礎研所報』33: 133-154.

井上謙仁. 2022.「IFRS 適用での純利益の押し上げ効果が経営者報酬契約に与える影響」『商経論叢』（近畿大学）69(2): 227-241.

ウイリス・タワーズワトソン. 2023.「WTW，『日米欧CEOおよび社外取締役報酬比較』2023年調査結果を発表」https://www.wtwco.com/ja-jp/news/2023/08/report-fy2022-comparison-of-compensation-for-ceos-and-ned-between-japan-the-united-states-and-europe （参照2024年4月9日）

乙政正太. 1999.「経営者報酬と利益マネジメント－ビッグバスの可能性－」Working Paper. 阪南大学.

乙政正太. 2004.『利益調整メカニズムと会計情報』森山書店.

乙政正太. 2005.「経営者報酬と会計利益の連動性に関するトレンド分析」『阪南論集 社会科学編』40(2): 1-16.

7　もちろん，外部の評価指標を利用すれば客観性を確保できる，とも限らない。より厳密には，たとえば二酸化炭素排出量がベンチマークになっている場合，算出された数値が正しいかどうかを第三者が保証するような仕組みが求められる。

乙政正太・Wenjun Kuang・椎葉淳. 2022.「ESG指標に基づく経営者報酬に関する基礎的調査—有価証券報告書における開示情報に基づいて—」『関西大学商学論集』67(3): 37-61.

草野真樹. 2014.「公正価値評価の拡大と会計の契約支援機能」『金融研究』33(1): 61-110.

首藤昭信. 2010.『日本企業の利益調整－理論と実証－』中央経済社.

中村亮介. 2016.「業績連動型報酬制度をいかに機能させるか──実証研究の展開を踏まえて」『企業会計』68(5): 44-54.

中村亮介. 2022.「報酬契約における利益の役割－効率的契約アプローチと経営者権力アプローチ－」『會計』202(2): 58-69.

Armstrong, C., W. Guay, and J. Weber. 2010. The role of information and financial reporting in corporate governance and debt contracting. *Journal of Accounting and Economics* 50 (2-3): 179-234.

Assenso-Okofo, O., M. Ali, and K. Ahmed. 2020. The effects of global financial crisis on the relationship between CEO compensation and earnings management. *International Journal of Accounting and Information Management* 28(2): 389-408.

Barker, R. and A. McGeachin. 2015. An analysis of concepts and evidence on the question of whether IFRS should be conservative. *Abacus* 51 (2): 169-207.

Bebchuk, L., J. Fried, and D. Walker. 2002. Managerial power and rent extraction in the design of executive compensation. *The University of Chicago Law Review* 69(3): 751-846.

Bebchuk, L. and R. Tallarita. 2022. The perils and questionable promise of ESG-based compensation. *Journal of Corporation Law* 48(1): 37-75.

Bushman, R., E. Engel, and A. Smith. 2006. An Analysis of the Relation between the stewardship and valuation roles of earnings. *Journal of Accounting Research* 44(1): 53-83.

Charitou, A., N. Lambertides, and L. Trigeorgis. 2007. Earnings behaviour of financially distressed firms: The role of institutional ownership. *Abacus* 43(3): 271-296.

Chen, H., D. Jeter, and Y. Yang . 2015. Pay-Performance Sensitivity before and after SOX. *Journal of Accounting and Public Policy* 34(1): 52-73.

Cohen, S., I. Kadach, G. Ormazabal, and S. Reichelstein. 2023. Executive compensation tied to ESG performance: International Evidence. *Journal of Accounting Research* 61(3): 805-853.

Curtis, A., V. Li, and P. Patrick. 2021. The use of adjusted earnings in performance evaluation. *Review of Accounting Studies* 26(4): 1290-1322.

Dechow, P. and R. Sloan 1991. Executive incentives and the horizon problem. *Journal of Accounting and Economics* 14(1): 51-89.

Dechow, P., M. Huson, and R. Sloan. 1994. The effect of restructuring charges on executives cash compensation. *The Accounting Review* 69(1): 138-156.

DeFond, M., J. Hu, M. Hung, and S. Li. 2020. The effect of fair value accounting on the performance evaluation role of earnings. *Journal of Accounting and Economics* 70(2-3): 101341.

Edmans, A., X. Gabaix, and D. Jenter. 2017. Executive compensation: A survey of theory and evidence. B. Hermalin and M. Weisbach eds. *The Handbook of the economics of corporate governance*, Volume 1 (Handbooks in Economics), North Holland: 383-539.

Edmans, A., T. Gosling, and D. Jenter. 2023. CEO compensation: Evidence from the field. *Journal of Financial Economics* 150(3): 103718.

Gaver, J., K. Gaver, and J. Austin. 1995. Additional evidence on bonus plans and income management. *Journal of Accounting and Economics* 19(1): 3-28.

Gaver, J., and K. Gaver. 1998. The relation between nonrecurring accounting transactions and CEO cash compensation. *The Accounting Review* 73(2): 235-253.

Guest, N., S. Kothari, and R. Pozen. 2021. Why do large positive non-GAAP earnings adjustments predict abnormally high CEO pay? Working Paper. SSRN.

Healy, P. 1985. The effect of bonus schemes on accounting decisions. *Journal of Accounting and Economics* 7(1-3): 85-107.

Holmstrom, B. 1979. Moral hazard and observability. *The Bell Journal of Economics* 10(1): 74-91.

Holthausen, R., D. Larcker, and R. Sloan .1995. Annual bonus schemes and the manipulation of earnings. *Journal of Accounting and Economics* 19(1): 29-74.

Hoogervorst, H. 2016. Performance reporting and the pitfalls of non-GAAP metrics. IASB Speech. IFRS.

Iwasaki, T, S. Otomasa, A. Shiiba, and A. Shuto. 2018. The role of accounting conservatism in executive compensation contracts. *Journal of Business, Finance and Accounting* 45(9-10): 1139-1163.

Jensen, M., and W. Meckling. 1976. Theory of the firm: Managerial behavior, agency costs, and ownership structure. *Journal of Financial Economics* 3(4): 305-360.

Jensen, M., and K. Murphy. 1990. Performance pay and top management incentives. *Journal of Political Economy* 98(2): 225-264.

Kyung, H., J. Ng, and Y. Yang. 2021. Does the use of non-GAAP earnings in compensation contracts lead to excessive CEO compensation? Efficient contracting versus managerial power. *Journal of Business Finance and Accounting* 48(5-6): 841-868.

Lambert, R., and D. Larcker. 1987. An analysis of the use of accounting and market measures of performance in executive compensation contracts. *Journal of Accounting Research* 25: 95-125.

Liu, C., and D. Tsang. 2014. CEO Bonus: Alternative performance measurement versus gamesmanship. Working Paper. Cornell University.

Ozkan, N., Z. Singer, and H. You. 2012. Mandatory IFRS adoption and the contractual usefulness of accounting information in executive compensation. *Journal of Accounting Research* 50(4): 1077-1107.

Potepa, J. 2020. The treatment of special items in determining CEO cash compensation. *Review of Accounting Studies* 25(2): 558-596.

Sloan, R. 1993. Accounting earnings and top executive compensation. *Journal of Accounting and Economics* 16(1-3): 55-100.

Voulgaris, G., K. Stathopoulos, and M. Walker. 2014. IFRS and the use of accounting-based performance measures in executive pay. *The International Journal of Accounting* 49(4): 479-514.

Wallace, J. 1997. Adopting residual income-based compensation plans: Do you get what you pay for? *Journal of Accounting and Economics* 24(3): 275-300.

Watts, R. 2003. Conservatism in accounting part I: Explanations and implications. *Accounting Horizons* 17(3): 207-221.

Watts, R., and J. Zimmerman.1986. *Positive Accounting Theory*. Prentice-Hall. 須田一幸訳.1991.『実証理論としての会計学』白桃書房.

第 5 章

M&A と減損損失

藤山敬史　KEISHI　FUJIYAMA

> **SUMMARY**
>
> 　合併・買収（M&A）の結果として計上されるのれんは事後的に減損会計の対象となり，巨額の損失を計上するという会計上のリスクを伴う。一方，買収価格の決定および事後の会計処理には事業の将来性を評価するというプロセスがあり，経営者にとっても監査人等の外部者にとっても困難なプロセスである。
>
> 　このようなプロセスを経て計上・非計上の意思決定がなされるのれんの減損会計について，本章では，減損損失計上パターン，のれんの発生要因と減損損失計上の関係性，計上・非計上の意思決定の動機，減損損失の適時性，株式市場の反応について議論する。

1　はじめに

　現在，合併・買収（Merger and Acquisition。以下，M&A）は企業にとってきわめて重要な戦略的意思決定の1つとなっている。一方で，自社の企業規模と比較して取引額が大きくなることもあり，リスクの高い投資行動となることもある。

　そのリスクの1つがM&A後に生じるのれんの費用・損失処理であり，会計上のリスクである。のれんとは，日本の会計基準（企業会計基準第21号第31項）では「取得原価が，受け入れた資産及び引き受けた負債に配分された純額を上回る場合には，その超過額」と定義される。受け入れた資産および引き受けた負債をどのように測定するかは本章の主眼ではないので議論しないが，日本基準・国際財務報告基準（IFRS）・米国会計基準（以下，米国基準）いずれにおいてものれんは取得原価（ここに非支配株主持分が含まれる場合もある）

のうち，受け入れた資産および引き受けた負債の純額（純資産）を上回った部分と定義される。このれんは将来の経済的便益が期待されて資産として計上され，なんらかのタイミングで費用または損失として計上される。取得原価が高額になりのれんが多額になると，この費用／損失の額も大きくなるため，損益計算書の利益を低下させ，そして，貸借対照表の純資産を低下させることになる。多額ののれんを伴うM&Aにはこのような会計上のリスクが伴っているのである。

　本章では，このような性質を持つのれんについて，のれんの発生原因がM&A後ののれんの会計処理にどのような影響を及ぼすのか，のれんの会計処理がどのように行われているのか，そして，のれんの減損損失は株式市場にどのように受け止められているのかについて，主に英文学術誌で公表されている研究を中心に議論する。

2　アカデミック・エビデンス

（1）のれんの事後的会計処理の概要

　日本基準とIFRS・米国基準ではのれんの事後的会計処理方法が異なる一方で，学術研究の多くがIFRS・米国基準を基にしたデータで行われている。したがって，ここでは日本基準とIFRS・米国基準の違いの概要を説明する。

　図表5-1に各基準ののれんの会計処理の概要が示されている。日本基準ではのれんの定額償却が求められており，毎期費用処理する必要がある。そのうえで，減損損失を計上すべきときには計上しなければならない。一方，IFRS

図表5-1　日本基準，IFRS，米国基準ののれんの会計処理の概要

	日本基準	国際財務報告基準 (IFRS)	米国基準
処理方法	償却および減損	減損のみ	減損のみ
償却期間	20年以内	―	―
減損テストの範囲	他の固定資産を含む	のれん単独	のれん単独
減損損失の測定方法	回収可能価額	回収可能価額	使用価値

（出所）筆者作成

と米国基準では毎期の償却が行われず，計上すべきときに減損損失を計上することで損失処理を行う。したがって，IFRSと米国基準では減損損失を計上しないかぎり，貸借対照表に資産として計上されたのれんは減少することなく計上され続け，巨額の減損損失が計上される可能性がある。

　また，日本基準では減損テストがのれんだけではなく他の固定資産も含めて実施される。一方，IFRSや米国基準ではのれん単独で減損テストが実施される。

　減損損失の測定方法は日本基準とIFRSで回収可能価額が用いられ，正味売却可能価額（あるいは処分コスト控除後の公正価値）か使用価値（たとえば，将来キャッシュ・フローの現在価値）の高いほうが採用される。一方，米国基準では使用価値が用いられる。

　IFRSの会計処理をめぐり，日本・欧州財務報告諮問グループ・イタリアは，のれんの回収可能価額の見積りが困難であると関係者が考えていることを示す調査結果を公表した（ASBJ et al. 2014）。Petersen and Plegborg（2010）はデンマーク企業に対してアンケート調査を行い，回答があった62企業のうち，41企業（66%）が回収可能価額の見積りに使用価値を用い，16企業（26%）が正味売却価額と使用価値の両方を用いていることを報告している。さらに，使用価値を用いた企業の多くが割引キャッシュ・フロー・モデルを用いていた。したがって，ASBJ et al.（2014）が主張するように，のれんの回収可能価額の見積りには困難なプロセスが存在する。IFRSのみならず，のれんの減損会計には監査人などの外部者による妥当性の評価が困難なプロセスが含まれる。

（2）償却・減損アプローチと減損のみアプローチの差異に関する研究

　日本基準とIFRS・米国基準ではのれんの事後的会計処理が異なる。この2つの会計処理でどのような違いが生じるのであろうか。

　Linsmeier and Wheeler（2021）は米国で現行の基準が導入される前後の期間を用いて分析し，2つのアプローチの違いを示している。償却・減損アプローチの場合，1年当たりの償却額および減損損失額の75%が帳簿価額の10%以内であった。一方，減損のみアプローチの場合，帳簿価額の10%以内に収まるのは約22%であり，帳簿価額の90%以上に及ぶ減損損失も約29%観察されている。この結果から，Linsmeier and Wheeler（2021）は，のれんの価値が継

続して徐々に低下していくということを減損のみアプローチが捉えているわけではないと結論づけている。

スペイン企業を対象にした研究では，推定された償却額と実際に計上された減損損失額を比較した場合，平均的には減損損失額が償却額よりも小さくなるという分析結果が示されている（Cavero Rubio et al. 2021）。

これら2つの研究は現行の減損のみアプローチの弱点を指摘している。一方，実際に生じたのれんの価値の低下を研究者が外部者として捉えることの困難さもあるため，償却・減損アプローチの優位性をかならずしも示しているわけではない点にも注意が必要である。

(3) のれんの減損損失計上パターン

Potepa and Thomas（2023）は2001年から2009年に米国で実施された893件のM&Aを対象に，M&Aから10年後までの間にのれんの減損損失がどのように計上されているのかを調査している。**図表5-2**は彼らの調査結果を示しており，いくつかの興味深い結果が観察されている。第一に，M&Aから10年以内に減損損失が計上されたケースは全体の25％（222件）であった。逆に，75％（671件）はM&Aから10年間は費用（損失）負担をしなかったことになる。

図表5-2　のれんの減損損失計上パターン

減損計上年 M&A実施年	2001	2002	2003	2004	2005	2006	2007	2008	2009	2010	2011	2012	2013	2014	2015	2016	2017	2018	2019	合計
2001	5	3	5	0	0	0	3	11	2	1	0									30
2002		3	0	1	3	2	2	6	4	1	1	0								23
2003			2	0	1	2	3	2	4	1	0	0	0							15
2004				0	3	1	2	7	12	4	0	1	0	0						30
2005					0	3	2	11	9	4	0	3	1	0	0					33
2006						0	2	11	7	4	4	2	0	0	0	0				30
2007							1	11	7	7	0	3	2	1	0	0	0			32
2008								14	2	3	1	1	0	0	0	0	2	0		23
2009									2	1	1	1	0	1	0	0	0	0	0	6
合計	5	6	7	1	7	8	15	73	49	26	7	11	3	2	0	0	2	0	0	222

（注）各年のサンプル・サイズは2001年が120件，2002年は93件，2003年は103件，2004年は111件，2005年は120件，2006年は103件，2006年は103件，2007年は117件，2008年は76件，2009年は50件であり，合計893件となっている。

（出所）Potepa and Thomas（2023）

70　Part 1　財務報告

　第二に，世界金融危機があった2008年および2009年の計上がきわめて多い点である。2001年から2008年のいずれの期間に生じたM&Aにおいても世界金融危機が生じたタイミングで減損損失の計上が多くなっている。これは一時的な業績悪化の結果として計上を迫られたのか，外部環境による業績悪化とタイミングを合わせて一時的に大規模な損失を計上することで将来の業績向上を期待した経営者の意図的な損失計上行動（ビッグ・バス）なのかは判断することはできないが，いずれにしても減損のみアプローチのもとでは何らかの経済的ショックが生じた際に大きな損失が計上される可能性があることを示唆している。

　第三に，10年の期間のうち，後半になるほど減損損失計上が行われていない。金融危機の期間を除けば，多くの減損損失がM&Aから数年のうちに計上されている。M&A後，一度事業が安定すると，その後に減損損失が計上されにくくなる可能性がある。

　André et al.（2016）は2006年から2015年におけるのれんの減損損失計上パターンを米国と欧州の企業で比較している。貸借対照表上ののれんは対総資産［純資産］比（中央値）で欧州が9.53％［26.29％］，米国が11.94％［25.94％］であり，いずれにおいてものれんが重要な資産構成要素となっている。減損計上企業の割合は期間平均で欧州が15.3％，米国が10.3％となっており，分析期間を通しても2008年以外は欧州の計上割合が大きい。一方で，貸借対照表上ののれんに対する減損損失の割合は分析期間全体を通して米国のほうが大きい。つまり，欧州では減損計上の頻度は高い一方で，計上の規模は米国と比較して大きくない。したがって，国によって減損損失の計上パターンが異なる。

（4）のれんの発生と減損損失計上に関する研究

　買収企業は被買収企業の価値を評価して買収価格を決定するが，企業価値評価には将来を評価するという困難なプロセスが存在する[1]。一方で，買収対価が過剰でありのれんの過剰計上が疑われる場合，事後の減損損失計上が予測されると主張する研究も存在する（たとえば，Li et al. 2011）。ここでは，買収前

1　議論を単純化するために，ここではM&Aと買収を同義で用いる。

の企業価値評価にどのような要因が影響を及ぼし，買収後ののれんの減損損失
計上にどのような影響を与えるのかについて検討する。具体的には，デュー・
デリジェンス，被買収企業の会計の質，買収企業の株価について議論する[2]。

　買収に際して被買収企業の価値を調査することをデュー・デリジェンス
（due diligence；以下，DD）という。DDをより詳細に実施すると被買収企業
の企業価値をより良く推定することができ，のれんの過剰計上を防ぐことがで
き，事後ののれんの減損損失計上に至る可能性が低下すると期待できる。一方，
詳細なDDにはより多額の費用が必要となるため，買収企業は費用と便益を考
慮しながらDDを実施する必要がある。産業内でM&Aが盛んな場合や競争が
厳しい場合，そして，M&Aによって短期的な業績指標を達成する経営者の動
機がある場合や機関投資家による監視が弱い場合にはより詳細なDDが行われ
る可能性が低下する（Wangerin 2019）[3]。そして，詳細なDDを実施しなかった
場合，詳細なDDを実施した買収企業よりも買収企業の業績は低くなる傾向に
あり，事後にのれんの減損損失を計上する可能性も高まる（Wangerin 2019;
Potepa and Thomas 2023）。したがって，DDの詳細さはのれんの性質に影響
を与え，事後の減損損失計上にも影響を与える。

　被買収企業の会計の質[4]も買収における企業価値評価に影響を与え，事後の
のれんの減損損失計上に影響を与える可能性がある。ここでは買収のプロセス
を①買収取引の公表，②買収の合意，③DD，④最終的な買収意思決定（完了
／撤退）と想定して議論する。①買収取引の公表時の買収プレミアム（公表価
格 − 公表4週間前株価）は，会計の質が低い被買収企業で大きくなる傾向があ
る（Skaife and Wangerin 2013）。つまり，③DDを実施する前には買収企業が
被買収企業を過大評価していることが示唆される。しかしながら，会計の質が
低い場合には秘密保持契約の締結から②買収の合意までの期間が長くなり
（Marquardt and Zur 2015），④最終的な買収完了に至らず撤退となる可能性

2　紙幅の関係で詳しくは述べないが，学術研究では，経営者の性格（自信過剰）や能力が買収の性
　質に影響を与え，事後の減損損失の計上に影響を与えることが示されている。

3　実際のDDと代理変数（交渉期間）との間のバイアスは限界として認識する必要がある。

4　会計の質はさまざまに定義され得るが，ここでは，経営者の裁量が介入せず基準の意図のとおり
　に会計数値が作成されていること，そして，情報利用者に有用な情報となっていることと定義する。

が高まる（Skaife and Wangerin 2013; Marquardt and Zur 2015)。したがって，被買収企業の会計の質は企業価値評価に影響を与えるものの，秘密保持契約締結後に被買収企業から情報を入手し，DDを行うことで，被買収企業の会計の質の問題は少なくとも一部は解消される。

買収企業の状況もまた買収価格に影響を与え，事後ののれんの減損損失計上に影響を与える。Gu and Lev（2011）は，買収企業の株価が割高に評価されている場合に買収に伴うのれんの額が大きくなる傾向にあり，買収後にのれんの減損損失を計上する可能性も高まることを示している。自社株が割高に評価されている場合は株式交換などで「安く」買収ができるため，米国では研究者やM&Aアドバイザーが株式交換での買収を勧めているが，そのような買収がむしろ失敗に終わることも多いことが示されている。

以上のように，さまざまな要因が買収時における被買収企業の企業価値評価や買収価格に影響を及ぼすことが明らかにされている。さらに，買収価格が過剰になった場合，事後にのれんの減損損失が計上される可能性が高まることも明らかにされている。

（5）のれんの減損会計の裁量性と適時性に関する研究

M&A実施時と同様，M&A後の事業評価において当該事業がどのくらいのキャッシュ・フロー（以下，CF）を将来に生みだすかを見積ることは非常に困難な作業である[5]。減損会計では経営者が何らかの前提を置いて事業を評価して将来CFを見積る必要があり，このような見積りは外部者（たとえば監査人）による妥当性の検証が難しい。会計学では，このような会計上の選択について「経営者は裁量を有している」と言う。ここでは，のれんの減損会計に関して経営者がどのようなときに裁量を行使するのかを議論する。特に，裁量行使の動機として，①企業活動への影響と②経営者個人の動機に分類して議論する。

①企業活動への影響として，負債契約，上場廃止への懸念，利益平準化が検証されている。企業が銀行借入や社債などの負債によって資金を調達する際，

5　将来CFを現在の価値に変換する必要があり，割引率の選択も減損損失計上に影響を与えるため，経営者の裁量の行使が行われる（Carlin and Finch 2009)。

何らかの条件を満たした場合に債権者が債権を回収できるような契約，すなわち，財務制限条項が結ばれることがある。上場廃止もまた明確な数値基準が事前に定められている場合がある。減損損失は利益を低下させ（純損失の計上につながり），純資産を低下させる。そのため，減損損失を計上することで財務制限条項や上場廃止基準に抵触する可能性が高まる。したがって，経営者は抵触しそうな場合に裁量を行使して減損損失計上を回避しようとする動機を持つ（Beatty and Weber 2006）。

契約による明確な数値基準が存在するわけではないが，経営者は自社の利益水準を考慮し減損損失計上のタイミングを図るとされており，研究では利益平準化が観察されている（米国はBanker et al. 2017; IFRS適用国はGlaum et al. 2018）[6]。利益平準化は時系列における利益の変動を意図的に抑えるために経営者が会計上の裁量を用いる試みである。減損会計は損失のみを計上するため，利益水準が高い場合には減損損失が計上されたり計上額が過剰になり，利益水準が低い場合には計上が回避されたり計上額が過少になる。

②経営者個人の動機として，経営者報酬と経営者の評判が検証されている。減損損失計上が経営者報酬に反映される米国では（Darrough et al. 2014），経営者は計上を回避しようとする（たとえば，Beatty and Weber 2006）。欧州でも，CEOの変動報酬の割合が高まるほど減損損失が計上される可能性が低下する（Glaum et al. 2018）。

また，減損損失計上が経営者の評判に悪影響を及ぼすのであれば，経営者は計上と回避の両面で計上のタイミングを図る。新任経営者や就任から日の浅い経営者はのれんが発生したM&Aに関与している可能性が低く，前任者の責任とすることができるため計上する可能性が高まる（たとえば，Glaum et al. 2018）。一方，自身がM&Aに関与している場合や，就任から時間が経ち就任後の経営の結果として減損損失を計上せざるを得ないような場合には，経営者は計上を回避しようとする（たとえば，Ramanna and Watts 2012）。

これまで議論したように，のれんの減損損失は企業や経営者の動機によって

---

6 利益水準が低い場合に追加の損失を計上するビッグ・バスについては多くの国では観察されず，英国で観察されている（AbuGhazaleh et al. 2011）。

計上のタイミングが左右される。これらの研究から，会計学では一般的に減損会計には経営者の裁量が介入するとみなされることが多い。

では，のれんの減損損失は適時的に（timely）[7]，すなわち，資産価値低下（経済的減損）のタイミングで計上されているのだろうか。適時性はさまざまな観点から検証されており，株式リターン（たとえば，Glaum et al. 2018），将来CFとの関係性（Jarva 2009），減損の兆候（Li and Sloan 2017）いずれの観点からも必ずしもすべての減損損失が適時的であるわけではないと結論づけられている。のれんの価値の減少のすべてが一時点で発生するのではなく徐々に時間をかけて発生すると想定すると，計上パターンを調査した一連の研究の結果とも整合的と言えよう。

減損のみアプローチに関する（基準設定上の）議論では，たとえ減損損失が適時的ではないとしても，投資家は減損損失の計上によってのれんの価値が低下していることを確認することができる（確認価値）という主張もある。これに対して，減損損失が計上される状況では企業の投資機会が乏しく，のれんの価値が十分に低下しており（Godfrey and Koh 2009），投資機会と償却費・減損損失の関係性が償却・減損アプローチよりも減損のみアプローチのもとでより強くなることが示されている（Chalmers et al. 2011）。したがって，少なくとも確認価値という観点からは，減損のみアプローチに意義がある可能性が高い。

（6）のれんの減損損失の情報内容に関する研究

経営者の裁量が介入し，かならずしも減損損失のすべてが適時的であるとは言えないのれんの減損損失であるが，株式市場は減損損失計上にどのような反応を示すのだろうか。平均的には，計上の公表時に株価が下落するとされる（Li et al. 2011）。また，多くの研究ではすでに株式市場がのれんの経済的減損の存在に気づいているという前提で，事前の予想を上回る（減損損失計上額－予想減損損失額＞0［正の期待外減損損失］）および下回る減損損失額に分類

7　減損損失の適時性（timeliness）とは2つの意味で解釈される。1つは経済的減損のタイミングで計上されるのかどうか，いま1つは基準が計上を求めるタイミングで計上されているかである。本章では，2つの適時性のどちらかを明確にせずに議論している点は注意されたい。

した研究では正の期待外減損損失に対して株式市場が負の反応を示すことが観察されている（たとえば，Bens et al. 2011; Knauer and Wöhrmann 2016）。

株式市場における重要な情報仲介者である証券アナリストが減損損失情報に対してどのような反応を示すのかを分析した研究でも，期待外減損損失の計上によって証券アナリストが予想を下方修正することが示されている（Li et al. 2011; Chen et al. 2015）。

償却・減損アプローチと減損のみアプローチの差異について分析している研究では，減損のみアプローチにおいて期待外減損損失に対する株式市場の反応が低下していることが示されている（たとえば，Bens et al. 2011）。

3 日本企業との関連性

日本基準ではのれんの減損会計と他の固定資産の減損会計が独立しておらず，のれんの減損損失だけを抽出してその特性を分析することは困難である。しかし，いくつかの研究においてのれんの減損損失の特性を明らかにしようとする試みが行われている[8]。

M&Aの特性と事後の減損損失計上の関係性については，買収プレミアム（のれん÷取得対価）が大きい場合や過大評価されている買収企業が株式で被買収企業を取得した場合に事後の減損損失が計上されやすいことが日本でも確認されている（石井 2019）。

減損損失計上・非計上の動機についても，海外の研究で検討されている経営者の交代やビッグ・バス，利益平準化が計上の動機となることが示されている（石井 2015）。また，取締役会の構成や株主構成といった観点からコーポレート・ガバナンスが良いと考えられる企業はより減損損失を計上し，規模も大きくなることが示されている（石井 2015）。

適時性については，日本基準適用企業（石井 2015）でもIFRS自発適用企業（天野 2018a）においても，必ずしも適時的ではないとする分析結果が提示されている。

8　外国企業を対象とした研究のレビューにおいてオールソン・モデルを用いた価値関連性研究を扱っていないため，ここでもレビューの対象から除いた。

また，日本基準では20年以内の償却が求められているが，この償却期間についてのれんの規模が大きくなるほど償却期間が長くなり，産業内の競争が激しい場合には償却期間が短くなることが示されている（越智 2023）。

日本企業が置かれた特殊な状況として日本基準かIFRSを選択できるというものがある。両基準の大きな相違の1つはのれんの会計（償却・減損と減損のみアプローチ）である。この基準選択において，総資産に占めるのれんの割合が高い企業はIFRSを適用しやすい傾向にある（天野 2018b; Kashiwazaki et al. 2019; Kim et al. 2024）。さらに，IFRSを適用した企業はM&Aが増える（Kashiwazaki et al. 2019; Amano 2020）。このようにのれんの会計は日本企業の会計基準選択の一要因となっている。

4 実務・政策的な示唆

第2節で検討したように，のれんの減損損失はM&Aの性質に左右され，経営者の裁量が介入し，必ずしも適時的であるとは言えず，減損損失が株式市場にとってより有用な情報となるためには株式市場が気づいていない経済的減損の計上が望まれる。では，経営者の介入や適時的ではない計上意思決定はどうすれば緩和されるのだろうか。特に減損のみアプローチを求める会計基準を設定するということは，会計基準設定主体にとっては投資家に有用な情報を提供すること（relevance）と信頼性のある情報を提供すること（reliability）の間でバランスをとるという課題に直面するということである（Bens et al. 2011）。この問題に対処するにあたって，会計基準のみならず，企業を取り巻くさまざまな制度を整備していく必要があるかもしれない。以下では，企業および国レベルの要因がどのように経営者の裁量行使や適時的ではない意思決定を緩和するのかについて議論する。

デュー・デリジェンスは事後ののれんの減損損失計上を防ぐ重要なプロセスである。デュー・デリジェンスにはコストがかかる一方で，適切なデュー・デリジェンスを実施し適切なM&Aの対価を支払うことで事後ののれんの減損損失計上を防ぐことができる。

監査は会計処理の適切性を担保する最も重要な仕組みの1つである。また，取締役会の独立性や監査委員会の独立性・専門性などのコーポレート・ガバナ

ンスの強度や外部専門家による事業の価値評価も適切性を担保する重要な仕組みである。こうした仕組みを持つ企業は減損損失と経済的要因の関係性が強まり，より適時的な計上が行われる（たとえば，Kabir and Rahman 2016; Gietzmann and Wang 2020）。しかし，こうした仕組を持つ企業でも経営者の裁量行使を防ぐことは難しいことも研究では示されている。さらに，減損損失計上後に監査人が交代になったり（Ayres et al. 2019a），監査人が監査以外の業務からの報酬（非監査報酬）を多く受け取っていたりすると計上がされにくい傾向があるなど（Carcello et al. 2020），減損会計を取り巻く困難な状況が研究では示されている。

　株式市場による監視も経営者の裁量行使の低下や適時性の向上が期待される。米国では，証券アナリストの多い企業は減損損失を計上する可能性が高まる（Ayres et al. 2019b）。しかし，中国では米国とは逆に，証券アナリストの存在が市場からの業績などに対するプレッシャーとなり，証券アナリストの数が多くなるほど減損損失を計上しないという結果が観察されている（Han et al. 2021）。日本は米国とは異なる制度環境を持ち，訴訟制度・慣行も異なることから，こうした中国での研究にも注意を払う必要があるかもしれない。

　国レベルの制度は各経済主体の動機に影響を与えるため，減損損失の性質に影響を与える。多くの研究では法執行（enforcement）が重要な概念として分析の対象になっている。なお，日本は法執行の程度が高いとは言えない（Brown et al. 2014）。Glaum et al.（2018）では，法の執行の程度が高い国では経済的要因と減損損失の関連性が高まる一方で，法執行の程度の低い国ではその関係性が弱まることが発見されている。しかし，法執行の程度が高い国でも，経営者の交代や利益平準化を動機とする減損損失の計上が観察されるなど，減損損失を計上するという側面では必ずしも有効ではない。

　近年，投資家に有用な情報を提供するという観点から，のれんの事後的会計処理に関して情報開示（ディスクロージャー）を充実させるような動向がある。学術研究でも情報開示に関する分析が行われている。Iatridis et al.（2022）は，経営者による戦略等に関する説明の質が高い英国企業はのれんの減損損失の適時性が高いことを発見している。また，EU企業を中心としたIFRS適用国に関する研究では，IFRSで求められたのれんに関する情報開示基準の遵守度は各

国の株式市場の規模（Glaum et al. 2013）や腐敗度（Mazzi et al. 2018），企業文化（Glaum et al. 2013; Mazzi et al. 2018）によって異なることが観察されており，企業が事業を行う環境によって左右される。

以上で議論したように，のれんの減損損失計上・非計上はその妥当性を外部者が検証することが困難であり，経営者の裁量が介入する余地の多い会計処理である。情報利用者は計上（あるいは非計上）に対してその背景を注意深く読み取り，判断することが求められる。政策決定者はのれんの減損損失がより投資家等に有用な情報となるよう，会計基準以外にも情報の信頼性を高められるような政策を導入することが求められる。

◆参考文献

天野良明. 2018a.「IFRS任意適用とのれん減損の適時性」『経済論叢』192（2）: 65-89.

天野良明. 2018b.「IFRS任意適用とのれんの関連性」『経済論叢』192（1）: 77-101.

石井孝和. 2015.「のれん減損損失の計上要因と情報有用性に関する実証研究」博士学位論文（神戸大学）.

石井孝和. 2019.「企業取得の動機がのれん減損損失の計上に与える影響」『碩学舎ビジネス・ジャーナル』40.

越智悠暉. 2023.「経営者はのれんの減損の認識を回避するためにのれんの償却期間を設定するか？買収企業及び被買収企業が属する産業内の競争環境の視点から」『一橋商学論叢』18（2）: 2-13.

AbuGhazaleh, N.M., O.M. Al-Hares, and C. Roberts. 2011. Accounting discretion in goodwill impairments: UK evidence. *Journal of International Financial Management and Accounting* 22（3）: 165-204.

Accounting Standard Board of Japan（ASBJ）, European Financial Reporting Advisory Group and Organismo Italiano di Contabilità. 2014. Should goodwill still not be amortised? Accounting and disclosure for goodwill.
https://www.asb-j.jp/jp/wp-content/uploads/sites/4/discussion_20140722_e.pdf（2024年4月19日）

Amano, Y. 2020. Real effects of intangibles capitalization − empirical evidence from voluntary IFRS adoption in Japan. *Journal of International Accounting Research* 19（3）: 19-36.

André, P., A. Filip, and L. Paugam. 2016. Examining the patterns of goodwill impairments in Europe and the US. *Accounting in Europe* 13（3）: 329-352.

Ayres, D.R., J.L. Campbell, J.A. Chyz, and J.E. Shipman. 2019b. Do financial analysts compel firms to make accounting decisions? Evidence from goodwill impairments. *Review of Accounting Studies* 24: 1214-1251.

Ayres, D.R., T.L. Neal, L.C. Reid, and J.E. Shipman. 2019a. Auditing goodwill in the post‐amortization era: Challenges for auditors. *Contemporary Accounting Research* 36 (1): 82-107.

Banker, R.D., S. Basu, and D. Byzalov. 2017. Implications of impairment decisions and assets' cash-flow horizons for conservatism research. *The Accounting Review* 92 (2): 41-67.

Beatty, A., and J. Weber. 2006. Accounting discretion in fair value estimates: An examination of SFAS 142 goodwill impairments. *Journal of Accounting Research* 44 (2): 257-288.

Bens, D.A., W. Heltzer, and B. Segal. 2011. The information content of goodwill impairments and SFAS 142. *Journal of Accounting, Auditing and Finance* 26 (3): 527-555.

Brown, P., J. Preiato, and A. Tarca. 2014. Measuring country differences in enforcement of accounting standards: An audit and enforcement proxy. *Journal of Business Finance and Accounting* 41 (1-2): 1-52.

Carcello, J.V., T.L. Neal, L.C. Reid, and J.E. Shipman. 2020. Auditor independence and fair value accounting: An examination of nonaudit fees and goodwill impairments. *Contemporary Accounting Research* 37 (1): 189-217.

Carlin, T.M., and N. Finch. 2009. Discount rates in disarray: Evidence on flawed goodwill impairment testing. *Australian Accounting Review* 19 (4): 326-336.

Cavero Rubio, J.A., A. Amoros Martinez, and A. Collazo Mazon. 2021. Economic effects of goodwill accounting practices: systematic amortisation versus impairment test. *Spanish Journal of Finance and Accounting* 50 (2): 224-245.

Chalmers, K.G., J.M. Godfrey, and J.C. Webster. 2011. Does a goodwill impairment regime better reflect the underlying economic attributes of goodwill? *Accounting & Finance* 51 (3): 634-660.

Chen, L.H., J. Krishnan, and H. Sami. 2015. Goodwill impairment charges and analyst forecast properties. *Accounting Horizons* 29 (1): 141-169.

Darrough, M.N., L. Guler, and P. Wang. 2014. Goodwill impairment losses and CEO compensation. *Journal of Accounting, Auditing and Finance* 29 (4): 435-463.

Gietzmann, M., and Y. Wang. 2020. Goodwill valuations certified by independent experts: Bigger and cleaner impairments? *Journal of Business Finance and Accounting* 47 (1-2): 27-51.

Glaum, M., P. Schmidt, D. L. Street, and S. Vogel. 2013. Compliance with IFRS 3-and IAS 36-required disclosures across 17 European countries: Company-and country-level determinants. *Accounting and Business Research* 43 (3): 163-204.

Glaum, M., W.R. Landsman, and S. Wyrwa. 2018. Goodwill impairment: The effects of public enforcement and monitoring by institutional investors. *The Accounting Review* 93 (6): 149-180.

Godfrey, J.M., and P.S. Koh. 2009. Goodwill impairment as a reflection of investment opportunities. *Accounting and Finance* 49 (1): 117-140.

Gu, F., and B. Lev. 2011. Overpriced shares, ill-advised acquisitions, and goodwill impairment. *The Accounting Review* 86 (6): 1995-2022.

Han, H., J.J. Tang, and Q. Tang. 2021. Goodwill impairment, securities analysts, and information transparency. *European Accounting Review* 30 (4): 767-799.

Iatridis, G.E., K. Pappas, and M. Walker. 2022. Narrative disclosure quality and the timeliness of goodwill impairments. *The British Accounting Review* 54 (2): 100978.

Jarva, H. 2009. Do firms manage fair value estimates? An examination of SFAS 142 goodwill impairments. *Journal of Business Finance and Accounting* 36 (9-10): 1059-1086.

Kabir, H., and A. Rahman. 2016. The role of corporate governance in accounting discretion under IFRS: Goodwill impairment in Australia. *Journal of Contemporary Accounting and Economics* 12 (3): 290-308.

Kashiwazaki, R., S. Sato, and F. Takeda. 2019. Does IFRS adoption accelerate M&A? The consequences of different goodwill accounting in Japan. *International Advances in Economic Research* 25 (4): 399-415.

Kim, J.H., K. Fujiyama, and Y. Koga. 2024. The effect of voluntary international financial reporting standards adoption on information asymmetry in the stock market: Evidence from Japan. *Research in International Business and Finance* 69: 102250.

Knauer, T., and A. Wöhrmann. 2016. Market reaction to goodwill impairments. *European Accounting Review* 25 (3): 421-449.

Li, Z., P.K. Shroff, R. Venkataraman, and X. Zhang. 2011. Causes and consequences of goodwill impairment losses. *Review of Accounting Studies* 16: 745-778.

Li, K.K., and R.G. Sloan. 2017. Has goodwill accounting gone bad? *Review of Accounting Studies* 22: 964-1003.

Linsmeier, T.J., and E. Wheeler. 2021. The debate over subsequent accounting for goodwill. *Accounting Horizons* 35 (2): 107-128.

Marquardt, C., and E. Zur. 2015. The role of accounting quality in the M&A market. *Management Science* 61 (3): 604-623.

Mazzi, F., R. Slack, and I. Tsalavoutas. 2018. The effect of corruption and culture on mandatory disclosure compliance levels: Goodwill reporting in Europe. *Journal of International Accounting, Auditing and Taxation*, 31: 52-73.

Petersen, C., and T. Plenborg. 2010. How do firms implement impairment tests of goodwill? *Abacus* 46 (4): 419-446.

Potepa, J., and J. Thomas. 2023. Goodwill impairment after M&A: acquisition-level evidence. *Journal of Financial Reporting* 8 (2): 131-155.

Ramanna, K., and R.L. Watts. 2012. Evidence on the use of unverifiable estimates in required goodwill impairment. *Review of Accounting Studies* 17: 749-780.

Skaife, H.A., and D.D. Wangerin. 2013. Target financial reporting quality and M&A deals that go bust. *Contemporary Accounting Research* 30 (2): 719-749.

Wangerin, D. 2019. M&A due diligence, post-acquisition performance, and financial reporting for business combinations. *Contemporary Accounting Research* 36 (4): 2344-2378.

第 **6** 章

マクロ実証会計

吉永裕登　YUTO　YOSHINAGA

SUMMARY

　財務会計の主目的である投資家の意思決定有用性を追究するために，個別銘柄の投資判断における会計情報の有用性を探る研究は数多く蓄積されてきた。その一方で，個人法人を問わず分散投資を行う投資家の存在を踏まえると，市場インデックス連動型の投資意思決定に対する会計情報の意思決定有用性を追究することも重要であろう。

　そこで，本章では同時期における個別企業の会計情報を平均・合計などして集約（aggregate）した国レベルの会計情報と市場リターンとの関係に関する研究と，その背後にある考え方を紹介する。また，関連する先行研究で提示されているアナリスト推奨度を用いた市場インデックス連動型の投資戦略も紹介している。

1　分散投資を踏まえた意思決定有用性の再検討

　決算短信や有価証券報告書等で開示される財務会計情報の主な目的は，投資家の投資意思決定に役立つ情報を提供することにある。日本の財務会計の基礎にある前提や概念を体系化した『概念フレームワーク』[1]によれば，財務報告の主な目的は「投資家による企業成果の予測と企業価値の評価に役立つような，企業の財務状況の開示にある。」また，『概念フレームワーク』では会計情報が備えるべき最も重要な質的特性は「意思決定有用性」，すなわち，投資家が意思決定を下すにあたり必要な情報を提供する性質であることも明記されている。

1　https://www.asb-j.jp/jp/misc/begriff.html

82　Part 1　財務報告

　個別銘柄の投資判断における会計情報の意思決定有用性に関する示唆は，数多くの研究を通じて蓄積されてきた。現代の査読付きジャーナルにおける財務会計研究の主な研究手法はデータ分析（実証分析）であり，使われているデータの多くが「企業/年」，「企業/四半期」という単位で表現される企業レベルのデータである。企業レベルのデータを用いた市場研究では，主に個別銘柄の投資意思決定に関する示唆が得られる。たとえば，企業レベルのデータを用いて，会計利益と決算発表直後の株価変動の関係に関する分析を行う場合を想定しよう。両者の間に正の関係が観察された場合，投資家が会計利益の多寡に基づいて決算発表直後に個別銘柄の売買を行っていることが推察される。これは個別銘柄の投資意思決定に関する示唆にほかならない。

図表 6-1 日本の上場株式の 1 単元あたり金額（単位：円）

平均値	最小値	25%点	中央値	75%点	最大値
269,834	3,900	108,100	189,200	317,150	7,060,000

（注）図表内の値は2023年 8 月31日時点のものである。
（出所）日経NEEDS Financial Quest 2.0よりデータを取得の上，筆者作成

　分析を通じて得られる示唆を踏まえると，企業レベルのデータを用いた多くの市場研究の前提として，個別銘柄への投資意思決定がある。しかしながら，本当に日本の投資家は銘柄選択と資金配分という個別銘柄に関する投資意思決定を行っているのだろうか。まずは，東証プライム市場において海外投資家についで取引シェアが高い個人投資家について検討したい。日本の主要企業が上場している東証プライム市場における最低投資金額は**図表6-1**のとおり，中央値で見ても19万円弱である。というのも， 1 株から購入できる米国株と異なり，単元株制度が採用されている日本株では原則的な売買単位が 1 単元（2023年時点で 1 単元は100株）だからである[2]。投資を行う場合，集中投資よりも分散投資のほうがリターンを確保しつつリスクを抑えられる。うまくポートフォリオを組めば10銘柄程度でも分散投資の効果は働くが，19万円×10銘柄で190

2　厳密に言えば，単元未満株を購入できるサービスもある。ただ，一般に単元未満株に対する投資は個別株投資に比べて手数料が高い傾向がある。

万円が必要となる。その上で，日本の家計状況を調べてみよう。直近の金融資産を保有していない世帯を含む金融資産保有額の中央値は280万円，年間手取り収入（税引後）の中央値は380万円である[3]。家計調査によれば49歳以下では保有している預貯金より住宅ローン等の負債額のほうが大きい。日本における最低投資金額と家計状況を考慮すれば，一般的な家庭では自分で個別銘柄のポートフォリオを組んで分散投資を行える人は限定的であろう。

| 図表6-2 | NISA，つみたてNISAにおける投資信託ランキングトップ5 |

順位	SBI証券	楽天証券
1	eMAXIS Slim全世界株式(オール・カントリー)	eMAXIS Slim米国株式（S&P500）
2	eMAXIS Slim米国株式（S&P500）	eMAXIS Slim全世界株式(オール・カントリー)
3	SBI・V・S&P500インデックスファンド	楽天・全米株式インデックスファンド
4	SBI・V・全米株式インデックスファンド	eMAXIS Slim全世界株式（除く日本）
5	eMAXIS Slim先進国株式インデックス	eMAXIS Slim先進国株式インデックス

（注）SBI証券のランキングは「月間積立設定金額（つみたてNISA）」を，楽天証券のランキングは「NISAランキング（積立金額）」を参考にしている（いずれも2023年8月1日～8月31日のデータを使用）。
（出所）SBI証券，楽天証券のウェブサイトよりデータを取得の上，筆者作成

　そこで，近年の日本では少額からでも分散投資が可能な投資信託に注目が集まっている。日本証券業協会の資料[4]によれば，2023年に至るまで20～40代を中心として，最大で年40万円の投資が可能なつみたてNISA（Nippon Individual Savings Account）の口座開設数や新規買付額が増加していた。同資料によれば，2023年3月末において，つみたてNISAの口座開設者の89.9％が投資未経験者である。先の資料で示した家計の経済状況を考慮すれば，日本では経済的に余裕を持ちづらい40代までの若い世代がつみたてNISAを通じて投資していることが推測できる。彼らが主に投資しているのは，少額からでも

3　金融広報中央委員会による『「家計の金融行動に関する世論調査（令和4年）」』の「総世帯」のデータを参照している。https://www.shiruporuto.jp/public/document/container/yoron/sosetai/2022/

4　日本証券業協会『NISA口座開設・利用状況調査結果（2023年3月31日現在）について』を参考。https://www.jsda.or.jp/shiryoshitsu/toukei/files/nisajoukyou/nisaall.pdf

分散投資が可能な市場インデックス連動型の投資信託である。**図表6-2**では，SBI証券と楽天証券のウェブサイトから取得したNISAやつみたてNISAで人気の投資信託トップ5を示している。いずれの証券会社でも，人気の高い投資信託は米国や世界，先進国の株式を対象にした市場インデックス連動型の投資信託である。なお，NISAの新制度が開始した2024年時点でも，市場インデックス連動型の投資信託が人気である傾向は続いている。

インデックス投資を行うのは，投資未経験の若者だけではない。日本銀行は金融政策の一環としてTOPIX（Tokyo Stock Price Index：東証株価指数）連動型のETF（Exchange Traded Funds：上場投資信託）を購入しており，その時価は2023年3月末時点で53兆円を上回る[5]。日本の国民年金を運用しているGPIFは国内外の個別銘柄に投資しているものの，219兆円以上に上る運用資産の大半をインデックス連動型で運用している。10兆円が運用されている大学

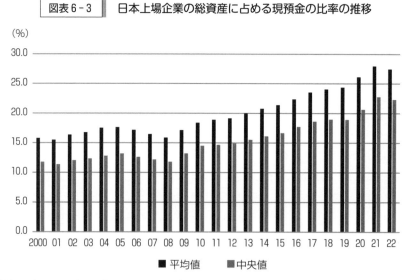

図表6-3　日本上場企業の総資産に占める現預金の比率の推移

（注）図表では同じ年に決算月を迎える一般事業会社の現金および預金の総資産に占める割合の平均値と中央値を図示している。
（出所）日経NEEDS Financial Quest 2.0よりデータを取得の上，筆者作成

5　https://www.boj.or.jp/about/account/zai2305a.htm

ファンドでも，65％がグローバル株式，35％がグローバル債券に基づくインデックスに連動するように運用されている[6]。

2022年に始まる世界的なインフレを踏まえると，今後はインデックス投資で運用する事業会社が増えても不思議ではない。日本の上場企業は国際的に現預金の保有比率がきわめて高いことが知られており（e.g., Pinkowitz et al. 2006），**図表6-3**で確認できるように世界金融危機以降，平均的な現預金比率は増加傾向にある。手元資金の一部を定期預金で運用している企業も少なくない。これは，消費税増税以外では長らく物価がほとんど変化しなかった日本において，銀行預金は手元資金を保全するための適切な手段だったからかもしれない。利息のつかない当座預金は金額にかかわらず全額保護される上，定期預金も預け先金融機関の破綻がなければ元本保証されるからである。しかし，2022年以降，国内外でインフレが加速したことで状況は変化しつつある。基本的に預金の元本保証とは「名目」の話であり，物価変動を考慮した「実質」の価値を保証してくれるものではない。物価が上昇する世界において，金利がほぼゼロの預金で大量の余剰資金を保有していれば，実質的に価値の毀損につながってしまう。今後，日本でもインフレが長期化すれば，インフレに伴う実質的な資産価値の減少を回避するために，流動性が高く預金より高いリターンの得られる市場インデックス連動型のETFや投資信託等を活用する事業会社が現れても不思議ではない。インフレ対策に関する論文をレビューしたArnold and Auer（2015）は，少なくとも5年等の長期で運用するならば，株式投資がインフレ対策になることを示唆する結果が大半の最近の研究で得られていることを報告している。

個人法人を問わず分散投資が広く行われている現状や上場企業の豊富な手元資金を考慮すれば，特に日本では市場インデックス連動型の投資意思決定における会計情報の有用性を追求することが重要である。財務会計の主目的である意思決定有用性を別の観点から追求するだけでなく，幅広い投資家に対する示唆も期待できるからである。

さて，市場インデックス連動型の運用を行う投資家にとって重要な情報とは，市場全体に影響する情報である。十分に分散されたポートフォリオを保有すれ

6　https://www.jst.go.jp/fund/dl/R3unyou.pdf

86 Part 1 財務報告

ば，企業固有のリスクは相殺され，市場リスクだけが残るからである。近年，財務会計の研究領域では，同時期における個別企業の会計情報を平均・合計などとして集約（aggregate）した国レベルの会計情報を使用する研究がある。国レベルの会計情報には一国の上場企業全体の情報が反映されるため，分散投資を行う投資家にとって重要な情報が含まれる可能性がある。そこで，本章では研究の背景にある理論としてリターンの要因分解について簡潔に説明しつつ，国レベルの会計情報と市場インデックスの関係に関する研究を紹介していく。読者が本章を通じて，分散投資における会計情報の活用可能性について示唆を得られれば幸いである。

2 リターンの要因分解

証券のリターンに関する分析では，背後の理論としてCampbell（1991）等によるリターンの要因分解が言及されることが多い。Campbell（1991）等では実現リターンを3つに分解しており，Sadka and Sadka（2009）では平易な表現を用いて次の式（6-1）で表現している（下付き文字だけ，筆者が少し修正している）。

$$R_t = E_{t-1}[R_t] + N_{CF} - N_R \qquad (6\text{-}1)$$

もし期中に投資家の予想を修正するニュースが発生しなければ，実現リターン（R_t）はリスクに応じて要求されている事前の期待リターン（$E_{t-1}[R_t]$）に収束する。しかし，現実の世界では毎日のように新しい情報が現れて投資家の予想は改訂され続けているため，期中の予想修正に基づく期待外リターンの影響も考慮しなければならない。式（6-1）ではこの期待外リターンを，キャッシュ・フロー情報によるもの（N_{CF}）と割引率情報によるもの（$-N_R$）に分解している。

貨幣の時間価値を考慮すれば，式（6-2）のように証券価格（P_t）はその証券を通じて将来に得られるキャッシュ・フローの割引現在価値合計で表現できる。式（6-2）から，「①分子の将来キャッシュ・フローの期待値（$E_t[CF_{t+k}]$）が修正される場合」，または「②分母の割引率（r_t）が修正される場合」に，証券価格が変動することが読み取れる。期中に将来キャッシュ・フロー $E_t[CF_{t+k}]$

が増えれば証券価格は上昇し，割引率 r_t が増えれば証券価格は下落する，ということである。そこで，式（6-1）では期待外リターンのうち①のキャッシュ・フロー情報で発生するものを N_{CF}，②の割引率情報で発生するものを $-N_R$ と表現している。

$$P_t = \sum_{k=1}^{\infty} \frac{E_t[CF_{t+k}]}{(1+r_t)^k} \qquad (6\text{-}2)$$

式（6-2）の割引率について，2つ補足を行いたい。1つは，式（6-1）の右辺第1項にある事前の期待リターンは割引率に等しいことである（$r_t = E_{t-1}[R_t]$）。これにより，割引率が修正されれば，翌期以降の事前の期待リターンも修正される。当期の割引率の変化は当期の実現リターンに負の影響を及ぼすだけでなく，事前の期待リターンの改訂を通じて翌期以降の実現リターンに正の影響を及ぼすのである。たとえば，当期に金利の引上げ等で割引率が0.5％高まった場合を考える。このとき，当期に割引率が引き上げられたことで，当期の実現リターンは期首時点で想定されていた事前の期待リターンよりも低い値になるだろう。しかし，翌期以降は当期に比べて事前の期待リターンが0.5％引き上げられた状態で開始するため，平均的には翌期の実現リターンは当期より0.5％高い値になることが予想されるのである。

割引率に関するもう1つの補足は，株価を評価する際の割引率である事前の期待リターン，つまり，株主資本コストの構成要素に関するものである。期待リターンは直接観察不可能な値であるため，さまざまな推定手法が考案されてきた。最も実務で利用されている方法はCAPM（Capital Asset Pricing Model）である[7]。CAPMでは，リスクフリーレートにベータとマーケットリスクプレミアムをかけあわせた値を加えて株主資本コストを推定する。ベータは市場リターンに対する個別証券のリターン（厳密には，リスクプレミアム）の感応度であるため，市場インデックスに投資するポートフォリオのベータは1となる。そこで，市場リターンに関する研究では，リスクフリーレートとマー

7　日本証券アナリスト協会によって2020年に実施された「資本コストと企業価値向上」に関するアンケートの調査結果によれば，「株主の資本コストは次のどの方法を用いて計算しているか」という質問に対して，CAPMと答えた比率が87.1％と最も高いことが報告されている。
https://www.saa.or.jp/standards/disclosure/capitalcost 1 /index.html

88　Part 1　財務報告

ケットリスクプレミアムの和が割引率として想定されている。後述する先行研究の中で，リスクフリーレートとなる金利やマーケットリスクプレミアムが登場するのは，これが原因である。

　次節では，国レベルの会計情報やアナリスト推奨度と，市場リターンの関係に関する研究を紹介する。一連の研究の背後にこの節で紹介したリターンの構成要素があることが，おわかりいただけるだろう。

3　アカデミック・エビデンス

（1）企業レベルと異なる国レベルの利益・リターン関係

　近年における国レベルの会計情報と市場リターンの関係に関する研究のきっかけとされるのが，Kothari et al.（2006）である。Kothari et al.（2006）は米国の1970年から2000年のデータを用いて，利益の変化と決算発表期間以降の株式リターンとの関係について企業レベルと国レベルの双方で分析している。

　彼らの主な分析結果は**図表6-4**にまとめている。まず，企業レベルでは，利益の変化とその企業の決算発表期間およびそれ以降の株式リターンとの間に有意に正の関係が観察されている。つまり，決算発表前に業績が好調な企業の銘柄を購入し，業績が悪化する企業の銘柄を売却していれば平均的には正のリターンを得られる上，決算発表後に同様の売買を行っていても平均的にはリターンを得られることが示唆されている（利益公表後ドリフト）。その一方で，国レベルの利益の変化と市場リターンの間にはこうした正の関係が観察されず，負の関係すら観察されることが報告されている。国レベルでは少なくとも正の利益・リターン関係が観察されないことはSadka and Sadka（2009）をはじめとして後の研究でも報告されており，Chen et al.（2015）では米国における国レベルの利益・リターン関係が時期によって変化していることが報告されている。いずれにせよ，国レベルにおける利益・リターン関係が有意に正として観察されない結果は先行研究で数多く観察されている。

　国レベルで正の利益・リターン関係が観察されない原因について，現在2つの仮説が提唱されている。1つはKothari et al.（2006）が提唱した仮説である。Kothari et al.（2006）の仮説とは，決算発表期間における国レベルの利益の変

図表6-4　利益・リターン関係の概要図

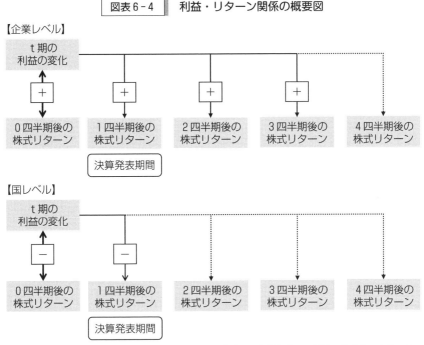

(注) 実線部分は関係性が統計的に有意であることを意味し，点線部分は関係性が統計的に有意でないことを意味する。
(出所) Kothari et al. (2006) のTable 4 を参考に筆者作成

化には，キャッシュ・フロー情報と割引率情報の両方が含まれるというものである（**図表6-5**を参照）。つまり，国レベルの利益が増加した場合，将来キャッシュ・フローが上方修正されて株価の上昇圧力が発生するが，同時に割引率の上方修正に伴う株価の下落圧力も発生する。2つの圧力が相殺されるため，国レベルの利益の変化と市場リターンの間に正の関係が観察されない，ということである。

これに対して，Sadka and Sadka (2009) は，国レベルの利益情報は利益公表期間より前に株価に反映されており，決算発表期間における新情報はないとする仮説を提唱している（**図表6-5**を参照）。もし国レベルの利益の変化に新情報がなければ，市場リターンには何の影響も及ばない。その上で，Sadka and Sadka (2009) では国レベルで負の利益・リターン関係が観察される原因

を，国レベルの利益の変化と事前の期待リターンの間に考えられる負の関係にあると論じている。国レベルの利益が増える好況時には投資家のリスク回避度が低下するため，マーケットリスクプレミアムが低下する。逆に，国レベルの利益が減少する不況時には投資家のリスク回避度が高まり，マーケットリスクプレミアムが上昇する。これが原因で，国レベルの利益の変化は事前の期待リターンを通じて実現市場リターンと負に関係することがある，というわけである。

図表6−5　各仮説で想定される国レベルの利益と市場リターンの構成要素との関係

	$E_{t-1}[R_t]$	N_{CF}	$-N_R$
Kothari et al. (2006)	なし	(+)	(+)
Sadka and Sadka (2009)	(−)	なし	なし

(注) 符号は各仮説で想定されている国レベルの利益の変化と市場リターンの構成要素の関係を示したものである。
(出所) Kothari et al.（2006）およびSadka and Sadka（2009）を参考に筆者作成

　Kothari et al.（2006）の仮説を支持する証拠として，国レベルの利益の変化が期待インフレ率やリスクフリーレート，マーケットリスクプレミアムの変化という割引率の変化の構成要素と正に関係していることが報告されている（Patatoukas 2014）。国レベルの利益が大きく増加している時期には期待インフレ率も高く，これを抑えるための金融引締めによってリスクフリーレートが高まるからである。日本では，国レベルの利益の変化とマーケットリスクプレミアムの変化の間にある正の関係が主な原因となり，国レベルの利益の変化と市場リターンの間に正の関係が観察されないことも報告されている（Yoshinaga 2016）。国レベルの利益の変化とマーケットリスクプレミアムの変化の間に見られる正の関係の背後には，リスクテイク行動があるかもしれない。実際，Heater et al.（2021）は国レベルの会計発生高（国レベルの利益の構成要素）が増加している時期にはM&A（Mergers and Acquisitions：合併・買収）が活発になっていることを報告している。
　Sadka and Sadka（2009）の仮説を支持する証拠として，国レベルの利益情報は決算発表期間以前の市場リターンと正に関係するという証拠が提示されて

いる（Ball et al. 2009, Sadka and Sadka 2009）。He and Hu（2014）は米国以外の28カ国の年次データを用いて，財務報告の透明性が高く，利益情報の予測可能性が高まるほど，国レベルの利益・リターン関係が負に近づくことを示している。Choi et al.（2016）は規模や業種ごとにサブサンプルを作成し，サブサンプルごとに利益情報や株式リターンを集約して利益・リターン関係を分析している。その結果，集約利益の予測可能性が高いサブサンプルほど，集約レベルの利益・リターン関係が負に近づく傾向が示されている。

　このようにKothari et al.（2006）およびSadka and Sadka（2009）の提唱した2つの仮説に基づいて，企業レベルと異なる国レベルの利益・リターン関係の原因について研究が進められている。ただ，いずれの仮説が正しいにせよ，現状で言えることは国レベルの利益の変化だけに基づいて決算発表期間に市場インデックス連動型の投資商品を売買したとしても，短期的にリターンを得られる保証はないことである。

（2）アナリスト予想を用いた市場インデックスの投資戦略

　先に言及したとおり，いわゆる「実績値」である国レベルの利益情報を活用してリターンを得るには工夫が必要である。その一方で，「予想値」とでも呼ぶべき国レベルのアナリスト推奨度を用いればリターンを得られることが先行研究では示唆されている。

　個別企業の投資意思決定を行う場合，アナリストの推奨度を参考にする方法がある。I/B/E/Sデータベースでは，強い売り推奨，売り推奨，ホールド，買い推奨，強い買い推奨という5段階に標準化されたアナリストの推奨度が銘柄ごとに収録されている。本来，これは個別銘柄の投資意思決定に活用するためのデータであるが，時期および国ごとに集約することで，その国の上場企業全体の推奨度，すなわち国レベルのアナリスト推奨度を計算できる。これを用いて市場インデックスの投資に活用しようとした研究がある。

　Howe et al.（2009）は1994年1月〜2006年8月における米国のデータを用いて，国レベルのアナリスト推奨度の変化が1四半期先の市場超過リターンを正に予測することを報告している。これは，アナリスト推奨度のデータを集約して国レベルのデータを作成すれば，短期的な市場インデックスの投資に活用で

きることを示唆している。Howe et al.（2009）は国レベルのアナリスト推奨度の変化が1四半期後の国レベルの利益の変化と正に関係することも報告している。以上の結果から，少なくとも米国では国レベルのアナリスト推奨度の変化にはキャッシュ・フロー情報が含まれているものの，十分に市場インデックスに反映されるまで3カ月ほどの時間がかかることが示唆されている。

　Berkman and Yang（2019）は1994年1月〜2015年6月における33カ国のデータを用いてHowe et al.（2009）の研究を拡張し，2つの国際分散投資戦略を検証している。彼らの検証した投資戦略は，どちらも月ごとに前月の国レベルのアナリスト推奨度が高い国のインデックスを買い建て，アナリスト推奨度が低い国のインデックスを売り建てる戦略である。1つ目の戦略は，国レベルのアナリスト推奨度の上位半分を買い建て，下位半分を売り建てる戦略である。この戦略ではアナリスト推奨度の大きさに応じてウェイトを付けている。2つ目の戦略は，国レベルのアナリスト推奨度の上位25％の国のインデックスを買い建て，下位25％の国のインデックスを売り建てる戦略である。この戦略では1つ目の戦略とは異なり，売買対象とするインデックスにウェイトを付けず，同額ずつ投資する。分析の結果，1つ目の戦略では月平均0.621％（年率換算7.71％）のリターン，2つ目の戦略では月平均で0.895％（年率換算11.28％）のリターンが得られており，いずれも統計的に有意にゼロと異なることが示されている。

　ただし，国レベルのアナリスト推奨度の投資への活用に対して実質的に警鐘を鳴らす研究もある。Billings et al.（2021）は1994年1月〜2014年12月における米国のアナリスト推奨度を用いた分析を通じて，アナリスト推奨度の変化と将来の市場リターンとの関係は安定しておらず，サンプル期間の取り方で変化することを報告している。これは，国レベルのアナリスト推奨度を用いた投資戦略が時間を通じて安定していないことを示唆している。

4　実務・政策的な示唆

　本章では国レベルの会計情報に関する市場研究を紹介し，その背後にある理論としてリターンの要因分解を紹介した。最後に，今回紹介した内容から得られる示唆を2つ示したい。

1つは，情報が証券価格に与える影響である。会計情報に限らず，なんらかの重要な情報が株価に及ぼす影響を考えるためには，本章で言及したリターンの要因分解が役に立つ。たとえば，ある上場企業がM&Aを実施すると発表した場合のその企業の株価への影響を考えてみよう。情報漏洩がなければ情報が事前の期待リターンに及ぼす影響はゼロと考えられるため，重要なのはM&Aの発表にキャッシュ・フロー情報または割引率情報が含まれるかどうかである。キャッシュ・フロー情報について考える場合，理論的にはM&Aを通じて企業が支払う金額と，M&Aを通じて企業が将来獲得すると期待できるキャッシュ・フローの割引現在価値を比較すればよい。前者が大きければ株価を引き上げる正のキャッシュ・フロー情報に，後者が大きければ株価を引き下げる負のキャッシュ・フロー情報となるからである。続いて，割引率情報について検討するために，M&Aによって企業のリスク（ベータ）が増加するかどうかを考える。たとえば，景気変動に伴う業績の変動が大きくなると予想される場合には株価を引き下げる正の割引率情報となり，逆に業績の安定につながると予想されれば株価を引き上げる負の割引率情報になる。もしM&Aの発表後に企業の予測どおりに株価が推移しない場合，投資家に十分に理解してもらえていない可能性がある。企業が株価の低下を望まず，かつ市場の判断が誤っていると考えるならば，公開可能な情報を用いて投資家と対話を重ねるべきである。

　もう1つの示唆は，国レベルのアナリスト推奨度を用いた投資戦略である。Billings et al.（2021）による批判にやや注意すべきだが，国レベルのアナリスト推奨度をうまく用いて市場インデックスの売買を行えば，高いリターンを獲得できる可能性がある。特に，Berkman and Yang（2019）の分析で使用されているMSCI社の市場インデックスに連動する投資信託やETFは，日本でも売買可能である。アナリスト推奨度のデータを大量に取得して運用に反映させるためには有料のデータベースがほぼ不可欠であるため，実行できるのは主に機関投資家であろうが，Berkman and Yang（2019）が分析している投資戦略は現実的に可能である。投資はあくまで自己責任だが，1つの指針になれば幸いである。

94　Part 1　財務報告

◆参考文献

Arnold, S., and Auer, B. R. 2015. What do scientists know about inflation hedging?. *The North American Journal of Economics and Finance* 34, 187-214.

Ball, R., Sadka, G., and Sadka, R. 2009. Aggregate earnings and asset prices. *Journal of Accounting Research* 47(5), 1097-1133.

Berkman, H., and Yang, W. 2019. Country-level analyst recommendations and international stock market returns. *Journal of Banking and Finance* 103, 1-17.

Billings, B. K., Keskek, S., and Pierce, S. 2021. The predictability of future aggregate earnings growth and the relation between aggregate analyst recommendation changes and future returns. *The Accounting Review* 96(1), 41-66.

Campbell, J. Y. 1991. A variance decomposition for stock returns. *The Economic Journal* 101(405), 157-179.

Chen, Y., Jiang, X., and Lee, B. S. 2015. Long-Term evidence on the effect of aggregate earnings on prices. *Financial Management* 44(2), 323-351.

Choi, J. H., Kalay, A., and Sadka, G. 2016. Earnings news, expected earnings, and aggregate stock returns. *Journal of Financial Markets* 29, 110-143.

He, W., and Hu, M. R. 2014. Aggregate earnings and market returns: International evidence. *Journal of Financial and Quantitative Analysis* 49(4), 879-901.

Heater, J. C., Nallareddy, S., and Venkatachalam, M. 2021. Aggregate accruals and market returns: The role of aggregate M&A activity. *Journal of Accounting and Economics* 72(2-3), 101432.

Howe, J. S., Unlu, E., and Yan, X. 2009. The predictive content of aggregate analyst recommendations. *Journal of Accounting Research* 47(3), 799-821.

Kothari, S. P., Lewellen, J., and Warner, J. B. 2006. Stock returns, aggregate earnings surprises, and behavioral finance. *Journal of Financial Economics* 79(3), 537-568

Patatoukas, P. N. 2014. Detecting news in aggregate accounting earnings: Implications for stock market valuation. *Review of Accounting Studies* 19, 134-160.

Pinkowitz, L., Stulz, R., and Williamson, R. 2006. Does the contribution of corporate cash holdings and dividends to firm value depend on governance? A cross-country analysis. *The Journal of Finance* 61(6), 2725-2751.

Sadka, G., and Sadka, R. 2009. Predictability and the earnings-returns relation. *Journal of Financial Economics* 94(1), 87-106.

Yoshinaga, Y. 2016. Market-Wide Cost of Capital Impacts on the Aggregate Earnings-Returns Relation: Evidence from Japan. *The Japanese Accounting Review* 6(2016), 95-122.

第 **7** 章

コーポレート・ガバナンスと外部監査人

福川裕徳　HIRONORI　FUKUKAWA

SUMMARY

　昨今，コーポレート・ガバナンスを担う主体と外部監査人とのコミュニケーションの重要性が強調されている。

　これまでの研究では，コーポレート・ガバナンスを担う主体の独立性，専門性，勤勉さ，多様性，懐疑心などのさまざまな属性が，監査報酬で測定される監査の質，外部監査人による非監査業務の提供，外部監査人とのコミュニケーションのあり方に影響を与えることが明らかとなっている。このことは，全体として，コーポレート・ガバナンスが有効であれば，高い質の監査が実現されることを意味している。

　コーポレート・ガバナンスを担う主体が，高い質の監査の実現に対して果たしている（果たすべき）役割を自覚することが重要である。

1 監査役等に求められる新たな役割：外部監査人の独立性の評価

　職業専門家たる監査人（本章では，以下，外部監査人あるいは単に監査人という）が行う財務諸表監査は，資本市場が円滑に機能するうえでのインフラとしての役割を果たしている。財務諸表に対する利用者の信頼を高めることを目的とする財務諸表監査の質は，それを実施する監査人だけでなく，投資家，企業，規制当局などすべてのステークホルダーにとっての関心事となっている。

　財務諸表監査の質を担保するうえで，企業のコーポレート・ガバナンスを担う主体（主に，日本の場合には監査役等[1]，アメリカの場合には監査委員会）と外部監査人との間のコミュニケーションが重要であることが認識されてきた。特に，アメリカでは，2000年代初頭に発生したエンロン事件やワールドコム事

96　Part 1　財務報告

件などを受け，コーポレート・ガバナンスや財務諸表監査をめぐる制度改革が行われた。その中で，財務諸表監査の有効性を高めるために監査委員会が果たすべき役割についての議論が活発化した。

　今日，財務諸表監査の実施プロセスにおいて求められる監査役等と外部監査人とのコミュニケーションについては，監査基準（たとえば，『監査基準報告書260』，『国際監査基準260』）において規定されている。ただし，これは外部監査人の視点からのコミュニケーションを規定したものであり，監査役等が外部監査人とどのようなコミュニケーションをとることが期待されるかを規定したものではない。

　しかし，最近になって，日本公認会計士協会が定める『倫理規則』の改正により，監査役等に新たな役割が求められることとなった。すべての公認会計士が遵守しなければならないこの『倫理規則』は，基本的に国際会計士倫理基準審議会（International Ethics Standards Board for Accountants; IESBA）が策定している『国際倫理規程』を内国化したものである。IESBAは，2021年，外部監査人の独立性を一層高めることを目的として，報酬および非保証業務に関する規定の改定を行った。この改定を反映すべく2022年に改正された『倫理規則』では，以下の2つの役割が監査役等に期待されている。

　まず第1に，監査報酬および監査以外の業務の報酬の両方に関して，外部監査人と監査役等との間のコミュニケーションを求める規定が新設された（410.22 A1項以降を参照）。そこでは，監査役等が，外部監査人の独立性を評価するにあたり，報酬の影響を検討するのに有用な情報を提供し，双方向での意見交換が行われることが期待されている。第2に，被監査会社が上場会社などの「社会的影響度の高い事業体（public interest entity）」である場合に，自己レビューという阻害要因（外部監査人自身が過去に行った判断または実施した活動の結果に依拠し，それらを適切に評価しない可能性）が生じる可能性のある非保証業務の提供を禁止するとともに（R600.16項），その禁止規定が適用

1　ここでは「監査役等」という用語を，日本公認会計士協会が定める『倫理規則』で定義された意味で用いている。そこでは，監査役等は，「監査役若しくは監査役会，監査等委員会又は監査委員会その他これらに準ずる者。事業体の戦略的方向性と説明責任を果たしているかどうかを監視する責任を有する者又は組織である「ガバナンスに責任を有する者」に該当する。」と定義されている。

されない業務であっても，それを提供するためには監査役等の「了解」（concurrence）を得なければならないとの規定（R600.22項）が設けられた。加えて，監査役等が了解するかどうかの判断に必要な情報を外部監査人が提供することも求められている。

　これらの規定はいずれも，監査役等による外部監査人の独立性の評価を適切に行うことを可能にするとの観点から設けられたものである。それでは，コーポレート・ガバナンス（を担う主体）と財務諸表監査（外部監査人）との関係について，監査研究においてはこれまでどのようなエビデンスが蓄積されているのであろうか。以下では，（1）コーポレート・ガバナンスの有効性と監査報酬の関係，（2）コーポレート・ガバナンスの有効性と非監査業務の関係，（3）コーポレート・ガバナンスを担う主体と外部監査人との間のコミュニケーションの帰結，の3つの観点から，アカデミック・エビデンスを整理する。

2　アカデミック・エビデンス

　コーポレート・ガバナンス（を担う主体）と財務諸表監査（外部監査人）との関係に関する研究は，特にアメリカにおいて，エンロン事件やワールドコム事件などの大きな粉飾事件を契機に行われることとなったコーポレート・ガバナンス改革および監査制度改革に関する議論に動機づけられて活発化した。以下では，2000年代以降，アメリカで行われた主要な研究を中心に取り上げることとする[2]。

（1）コーポレート・ガバナンスの有効性と監査報酬の関係

　今日，コーポレート・ガバナンスに期待される役割の1つに，財務諸表監査およびその実施主体である外部監査人の監視（oversight）がある。そこには，監査報酬の決定や非監査業務の同時提供の承認も含まれる。

　これまで多くの研究が，コーポレート・ガバナンス（監査委員会あるいは取締役会）の有効性と監査報酬の関係を取り上げてきた。そこでは，両者の関係

2　より幅広く，コーポレート・ガバナンスと財務報告の質の関係に関する2000年代初期までの研究をレビューしたものとしては，Cohen et al.（2004）を参照されたい。

について2つの考え方が示されている（**図表7-1を参照**）。

1つは，コーポレート・ガバナンスが有効であれば，高い質の監査を需要する。その結果，質の高い監査を実現するために監査労力は増大し，監査報酬は高くなるというデマンドサイドからの考え方である。ここで，監査報酬は監査の質を表すと考えられていることに注意が必要である（Francis 2004; DeFond and Zang 2014）[3]。もう1つは，コーポレート・ガバナンスが有効であることは，外部監査人にとっては統制環境が良好であることを意味する。これは監査リスクを構成する統制リスクが小さいことを意味することから，監査労力を少なくすることができ，結果として監査報酬は低くなるというサプライサイドからの考え方である。

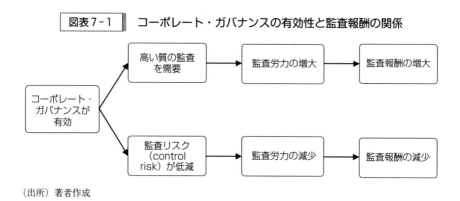

図表7-1　コーポレート・ガバナンスの有効性と監査報酬の関係

（出所）著者作成

これらの考え方のうち，ここでは前者のデマンドサイドからの考え方に立つ研究，つまりコーポレート・ガバナンスの有効性と監査報酬との間に正の関係を想定している研究を中心に紹介する[4]。

Carcello et al.（2002）は，取締役会の3つの属性（特徴），すなわち，独立性（外部取締役の割合で測定），勤勉さ（diligence）（取締役会の会議回数で測

---

[3] 実証研究において，監査の質がどのように定義・測定されているかについては，髙田（2024a, b）を参照されたい。
[4] サプライサイドからの考え方に立ち，コーポレート・ガバナンスの有効性と監査報酬の間に負の関係を想定した研究もある（たとえば，Bedard and Johnstone 2004）。

定），専門能力（他の企業で取締役に就いている数の平均で測定）と監査報酬との関係について検証した。その結果，これら3つの属性が監査報酬と正の関係にあることが示された。ただし，分析に，取締役会に関する3つの属性に加えて，監査委員会に関する3つの属性を変数として含めた場合，監査委員会に関する変数と監査報酬の間には有意な関係は見られなかった。なお，この研究では，分析対象企業が大企業（Fortune 1000企業）であること，分析対象期間が1992年-1993年であることに注意が必要である。

　Abbott et al.（2003a）は，2001年のデータを用いて，監査委員会の諸属性，すなわち，独立性（メンバー全員が外部の独立取締役であるか），財務専門能力（メンバーのうち少なくとも1人が財務専門能力を有しているか），会議の頻度（少なくとも年に4回の会議が開催されているか）と監査報酬との関係を検証し，正の関係があることを報告している。この結果は，Carcello et al.（2002）の結果とは異なっているが，その理由として，Abbott et al.（2003a）は，分析対象とした期間と企業が異なることを挙げている。すなわち，規制環境が変化し，監査委員会がより重要と認識されるようになったこと，および（Fortune 1000企業と比べて）監査委員会の実態に大きなばらつきがある，より小規模な企業も分析対象としたことで，結果の違いが生じたと考えられると説明している。

　これらに続く研究では，コーポレート・ガバナンスに関する諸属性を精緻化したり，他の属性・側面も分析に加えたり，国や特性の異なる企業を分析対象にしたりして，研究の拡張・深化が行われてきた。

　たとえば，Goodwin-Stewart and Kent（2006）は，オーストラリア企業を対象とした分析の結果，企業内で内部監査が利用されている程度が高いほど監査報酬が高いこと，および監査委員会の諸属性間には補完性があることを明らかにしている。Zaman et al.（2011）は，イギリスのFTSE350企業を対象として，2001年から2004年までのデータを用いて分析し，特により大規模な企業において，監査委員会の独立性，財務専門能力，勤勉さ，サイズと監査報酬（あるいは非監査報酬）との間に正の関係が見られることを報告している。他方，Ghafran and O'Sullivan（2017）は，同じくイギリスにおける2007年から2010年までの期間のFTSE350企業を対象として，財務専門能力に着目した分析を

行い，Zaman et al.（2011）とは異なる結果を報告している。すなわち，Ghafran and O'Sullivan（2017）は，財務専門能力を会計専門能力と非会計専門能力とに分け，後者と監査報酬との間に正の関係が見られること，および監査委員会の財務専門性の影響はより小規模なFTSE250企業においてのみ見られることを報告している。Ghafran and O'Sullivan（2017）は，これらの結果の違いを，財務専門能力の変数の定義の違いとサンプル期間の違いによるものと解釈している。

監査委員会の独立性の影響を深化させた研究としては，Chan et al.（2013）が挙げられる。Chan et al.（2013）は，監査委員会の独立メンバーの在任期間に着目し，在任期間が長くなると，監査委員会メンバーは自分自身で財務報告プロセスをモニターできるようになるため，監査労力を増大させる必要がなることから，監査報酬は低くなるとの仮説を展開し，それを支持する分析結果を得ている。

これまでに取り上げた研究のいくつかにおいては，分析対象とする企業の違いによって結果が異なる可能性が指摘されている。この点に関連して，特にファミリー企業に着目したのがSrinidhi et al.（2014）である。この研究では，全体としてファミリー企業の監査報酬は非ファミリー企業のそれと比べて低いが，ファミリー企業の中では，コーポレート・ガバナンスが強固なほど，監査報酬が高い（そして，利益の質が高い）ことが見出されている。

より最近になって，監査委員会の属性としてジェンダーに着目する研究も現れている（Lai, et al. 2017; Aldamen et al. 2018）。これらの研究は，取締役会あるいは監査委員会に女性メンバーがいれば，その有効性は高まり，より高い質の監査を求めることから監査報酬は高くなるとの仮説を支持する結果を示している。また，監査委員会メンバーと外部監査人との間にインターロック関係（interlocking relation）（複数の会社で監査委員会メンバーに重複があり，同時に同じ外部監査人に監査されている状態）がある場合には，監査委員会メンバーと外部監査人の両者において評判リスクが高くなることからより高い質の監査を需要することになり，監査報酬は高くなることを示した研究もある（Xiang and Lin 2023）。さらに，監査委員会が監査報酬の決定に与える影響は，監査委員会とCFOとの相対的な力関係によって異なることも明らかとなって

いる（Beck and Mauldin 2014）。

　以上のように多くの研究が，コーポレート・ガバナンスが有効であるほど監査報酬は高いという結果を示している。ただし，分析対象とする期間や企業あるいは分析で用いる変数の定義によって結果に違いが見られている。このことは，コーポレート・ガバナンスの有効性と監査報酬の関係を考察する際には，規制環境や企業特性を考慮に入れる必要があることを示唆している。

（2）コーポレート・ガバナンスの有効性と非監査業務の関係

　コーポレート・ガバナンスの有効性と外部監査人が提供する非監査業務との関係についての研究の嚆矢といえるのがAbbott et al.（2003b）である。監査業務と非監査業務が同時提供されれば，外部監査人にとっての経済的なレントは増大することからその独立性が損なわれる可能性がある。また，外部監査人の独立性が実際には損なわれなかったとしても，外部者にはそのように知覚される可能性がある。さらに，監査委員会にとってみれば，もし財務諸表の虚偽表示が生じれば，自らの評判を落とすとともに法的責任を問われることとなる。こうした議論に基づき，Abbott et al.（2003b）は，有効な監査委員会を有する企業では外部監査人に非監査業務を依頼しないとの仮説を導いている。具体的には，監査委員会が独立しており（監査委員会が独立取締役のみで構成されている），かつ少なくとも年に4回の会議を開催している場合に，監査報酬に対する非監査業務報酬の割合は低くなることを検証している。Abbott et al.（2003b）は，2001年のデータを用いて分析を行い，この仮説を支持する結果を得ている。

　監査委員会の有効性と外部監査人による非監査業務の提供との間の負の関係を見出したAbbott et al.（2003b）を，非監査業務の性質と非監査業務の開示規制の観点からさらに深化させたのがGaynor et al.（2006）である。彼らは，外部監査人によって提供される非監査業務が監査の質を改善させる性質のものであるかどうかによって，また，非監査業務報酬が開示されるかどうかによって，監査委員会の判断は異なると主張している。すなわち，非監査業務が監査の質を改善するものであれば，そうでないものと比べて，監査委員会は外部監査人による提供を認める可能性が高いであろうし，非監査業務報酬の開示が求

められれば，監査委員会は，その情報によって外部監査人の独立性に対する外部者の知覚に悪影響を及ぼすことを懸念して，外部監査人による非監査業務の提供を認めない可能性が高いであろうと考えた。Gaynor et al.（2006）は，100名の会社取締役を被験者とし，監査の質を改善する非監査業務であるかどうか（リスク・マネジメント・サービスか，人材サービスか）と非監査報酬の開示が求められるかどうか（公開会社か，非公開会社か）を操作した実験を行い，仮説を支持する結果を得ている。

これらの研究では，一般的には，コーポレート・ガバナンスが有効であれば，外部監査人に非監査業務の提供は依頼しないが，その判断は非監査業務の性質や規制環境にも影響されることを明らかにしている。

（3）コーポレート・ガバナンスを担う主体と外部監査人との間のコミュニケーションの帰結

近年，コーポレート・ガバナンスを担う主体と外部監査人との間のコミュニケーションを直接的に検討の対象とした研究が蓄積されつつある。ここでは，3つの実験研究を取り上げて，その内容を紹介することとする。なお，これら3つの研究結果は必ずしも整合していないことに注意が必要である。

1つ目の研究は，Fiolleau et al.（2019）である。この研究では，監査委員会の監視アプローチによって，外部監査人が監査委員会に対して提供する情報の詳しさが異なることが明らかにされた。ここで，監査委員会の監視アプローチとしては，関与（involvement）と質問態度（questioning）という2つの要因に着目している。53名の監査人を被験者として行われた実験では，関与は，監査委員会が会計上の問題を解決するプロセスに自ら積極的に関与するか（プロアクティブ），問題解決プロセス自体からは一歩離れた立場をとるか（リアクティブ）で操作されている。後者の場合，監査委員会は外部監査人を含めた他者により大きく依存することになる。また，質問態度は，監査委員会が外部監査人から問題提起をされなくとも多くの質問をするか（プロアクティブ），外部監査人からの問題提起がなければ質問をしないか（リアクティブ）で操作されている。実験の結果，監査委員会がリアクティブに関与し，プロアクティブな質問態度をとる場合に，外部監査人はより詳しい情報を監査委員会に対して

提供することが示された。また，監査委員会がプロアクティブに関与する場合には，質問態度の影響は見られなかった。

2つ目に取り上げるのは，監査委員会の懐疑心と権限（reward power）が監査人と監査委員会の間のコミュニケーションに与える影響を検証したKrishnamoorthy et al.（2023）である。この研究では，徹底的な質問をする高い懐疑心をもつ監査委員会は，積極的なモニタリングに従事し，より多くの情報を外部監査人から求めるとのシグナルを外部監査人に発する可能性が高く，その結果として，外部監査人は，より詳細，正確，率直，適時なコミュニケーションを監査委員会との間でとるとことが想定されている。また，法的な権限である外部監査人の選任および報酬額の決定について，監査委員会が経営者の介入を受けずに判断・決定している場合には，外部監査人は監査委員会に対してより多くの情報を提供すると考えられている。Krishnamoorthy et al.（2023）は，69名の監査人を被験者とする実験を行い，監査委員会の懐疑心が高ければ，また権限が強ければ，外部監査人は監査委員会に対してより多くの情報を適時に伝達するという結果を得ている。

3つ目の研究は，監査委員会の監視行動（oversight behavior）が外部監査人の職業的懐疑心に与える影響を検証したAghazadeh et al.（2023）である。ここでは，外部監査人は，監査委員会の監視行動をリスク要因と捉えることが想定されている（前掲図表7-1の下側（サプライサイド）の考え方）。Aghazadeh et al.（2023）は，監査委員会の監視行動としてその懐疑的態度とプロアクティブな行動に着目し，①監査委員会が懐疑的態度をとらなければ，外部監査人は懐疑心を高める，②監査委員会のプロアクティブな行動が外部監査人の懐疑心に与える影響は，監査委員会が懐疑的でない場合に大きくなる，という2つの仮説を導いている。127名の監査人を被験者とする実験を行った結果，仮説①は支持されたものの，仮説②は支持されなかった。

監査委員会の有効性が，外部監査人との間のコミュニケーションにどのような影響を与えるのかについて，未だ確定的なエビデンスは得られていない。監査委員会と外部監査人とのコミュニケーションの重要性がますます強調されている今日，コミュニケーションのあり方に影響する要因を特定するとともに，その帰結についてのエビデンスを蓄積することが必要であろう。

104 Part 1 財務報告

3 日本企業との関連性

コーポレート・ガバナンスを担う主体と外部監査人の関係について，日本企業を対象として行われた研究は多くない。ここでは，代表的な研究として，矢澤（2011）と佐久間（2020）について簡単に紹介する。

矢澤（2011）は，2004年3月期から2008年3月期（あるいは2006年3月期から2008年3月期）の上場会社を対象として，コーポレート・ガバナンスの状況と監査報酬の関係を検証している。その結果，取締役会に占める社外取締役の割合および取締役会人数に対する社外監査役の割合が監査報酬と正の関係にあることが示されている。この結果は，アメリカを中心に海外で行われた研究の結果と整合するものである。また，社外取締役，社外監査役をより厳しい基準である独立取締役，独立監査役と，そうでない取締役，監査役とに分けて行った分析では，独立取締役の割合および独立監査役の割合と監査報酬との間には正の関係が見られるのに対して，そうでない取締役の割合および監査役の割合と監査報酬との間に有意な関係は見られなかった。

他方，佐久間（2020）は，2014年に設けられた新たな組織形態である監査等委員会設置会社に着目し，この年に監査等委員会設置会社に移行した企業を対象として，コーポレート・ガバナンスの状況と監査報酬の関係が移行前後の期間で変化したかどうかを検討している。その結果，取締役の人数（監査等委員を除く）および取締役会における社外取締役の割合は，移行前後の全期間を通じて監査報酬と正の関係があるのに対して，監査役（委員）の人数は移行後にのみ監査報酬と正の関係にあることが明らかとなった。また，監査役会（監査等委員会）における社外監査役（委員）の割合は，移行後には監査報酬との間に負の関係が見られることも示されている。この最後の結果は，図表7-1の下側（サプライサイド）の考え方と整合するものとして興味深い。

4 実務・政策的な示唆

冒頭にも説明したとおり，現在，外部監査人の独立性を適切に評価することを可能にするとの観点から，監査役等と外部監査人との間の有効なコミュニケーションが求められるようになっている。そのコミュニケーションにおいて，

外部監査人が監査役等に対して提供することが求められている情報は多岐にわたっている。たとえば，監査報酬および監査以外の業務の報酬については，報酬額に加えて，それら報酬の水準によって生じる外部監査人の独立性に対する阻害要因が許容可能な水準にあるかどうか，許容可能な水準ではない場合には当該阻害要因を許容可能な水準に軽減するために外部監査人がとる対応策について適時に伝達することが求められている。また，監査役等が外部監査人による非保証業務の提供を了解するに際しては，外部監査人は，提供される業務の内容・範囲，報酬額とその根拠，独立性に対する阻害要因が許容可能な水準にあると判断した根拠などの情報を監査役等に提供することが求められている。

これまでに蓄積されたアカデミック・エビデンスは，高い質の監査を担保する報酬額を確保するのにコーポレート・ガバナンスが重要な役割を担っていることを示唆している。このことから，「外部監査人は監査報酬および非監査報酬の水準だけでなく，高い質の監査の達成を明示的に考慮して報酬がどのように決定されたのかを説明するべきである」（Cohen et al. 2007）との指摘がなされている。

『倫理規則』に準拠して監査役等と外部監査人とのコミュニケーションが行われる限り，外部監査人の独立性を含めた監査の質についての評価・判断を行うために監査役等が必要とする情報は，十分かつ適時に提供されるものと思われる。しかし，アカデミック・エビデンスは同時に，監査役等がこの評価・判断を適切に行うためには，監査役等自体が充たさなければならない要件（独立性，専門性，勤勉さ，多様性，懐疑心など）があることを示している。これらの要件が実質的に充たされなければ，いくら外部監査人とのコミュニケーションをとっても制度の意図するところは実現されないかもしれない。監査役等自らが，高い質の監査の実現に対する責任を有していることを自覚したうえで外部監査人と向き合うことが求められている。

◆参考文献

佐久間義浩. 2020.「コーポレート・ガバナンス改革と監査報酬」『會計』198(3): 73-86.

髙田知実. 2024a.「監査品質の定量的分析：監査研究者は何をどのように明らかにしてきたか（前編）」『会計・監査ジャーナル』36(1): 8-14.

髙田知実. 2024b.「監査品質の定量的分析：監査研究者は何をどのように明らかにしてきたか

（後編）」『会計・監査ジャーナル』36(2): 15-21.

矢澤憲一. 2011.「コーポレート・ガバナンス，監査報酬，利益管理の関連性」『会計プログレス』12: 28-44.

Abbott, L. J., S. Parker, G. F. Peters, and K. Raghunandan. 2003a. The association between audit committee characteristics and audit fees. *Auditing: A Journal of Practice and Theory* 22(2): 17-32.

Abbott, L. J., S. Parker, G. F. Peters, and K. Raghunandan. 2003b. An empirical investigation of audit fees, nonaudit fees, and audit committees. *Contemporary Accounting Research* 20 (2): 215-234.

Aghazadeh, S., Y. J. Kang, and M. Peytcheva. 2023. Auditors' scepticism in response to audit committee oversight behaviour. *Accounting and Finance* 63(2): 2013-2034.

Aldamen, H., J. Hollindale, and J. L. Ziegelmayer. 2018. Female audit committee members and their influence on audit fees. *Accounting and Finance* 58(1): 57-89.

Beck, M. J., and E. G. Mauldin. 2014. Who's really in charge? Audit committee versus CFO power and audit fees. *The Accounting Review* 89(6): 2057-2085.

Bedard, J. C., and K. M. Johnstone. 2004. Earnings manipulation risk, corporate governance risk, and auditors' planning and pricing decisions. *The Accounting Review* 79(2): 277-304.

Carcello, J. V., D. R. Hermanson, T. L. Neal, and R. A. Riley, Jr., 2002. Board characteristics and audit fees. *Contemporary Accounting Research* 19(3), 365-384.

Chan, A. M. Y., G. Liu, and J. Sun. 2013. Independent audit committee members' board tenure and audit fees. *Accounting and Finance* 53(4): 1129-1147.

Cohen, J., G. Krishnamoorthy, and A. Wright. 2004. The corporate governance mosaic and financial reporting quality. *Journal of Accounting Literature* 23: 87-152.

Cohen, J., L. M. Gaynor, G. Krishnamoorthy, and A. M. Wright. 2007. Auditor communications with the audit committee and the board of directors: Policy recommendations and opportunities for future research. *Accounting Horizons* 21(2): 165-187.

DeFond, M., and J. Zhang. 2014. A review of archival auditing research. *Journal of Accounting and Economics* 58(2-3): 275-326.

Fiolleau, K., K. Hoang, and B. Pomeroy. 2019. Auditors' communications with audit committees: The influence of the audit committee's oversight approach. *Auditing: A Journal of Practice and Theory* 38(2): 125-150.

Francis, J. R. 2004. What do we know about audit quality? *The British Accounting Review* 36(4): 345-368.

Gaynor, L. M., L. S. McDaniel, and T. L. Neal. 2006. The effects of joint provision and disclosure of nonaudit services on audit committee members' decisions and investors' preferences. *The Accounting Review* 81(4): 873-896.

Ghafran, C., and N. O'Sullivan. 2017. The impact of audit committee expertise on audit quality: Evidence from UK audit fees. *The British Accounting Review* 49(6): 578-593.

Goodwin-Stewart, J., and P. Kent. 2006. Relation between external audit fees, audit committee characteristics and internal audit. *Accounting and Finance* 46(3): 387-404.

Krishnamoorthy, G, A. Wright, and N. S. Wright. 2023. The impact of audit committee skepticism and reward power on auditor communications with the audit committee. *Behavioral Research in Accounting* 35(2): 93-110.

Lai, K. M. Y., B. Srinidhi, F. A. Gul, and J. S. L. Tsui. 2017. Board gender diversity, auditor fees, and auditor choice. *Contemporary Accounting Research* 34(3), 1681-1714.

Srinidhi, B. N., S. He, and M. Firth. 2014. The effect of governance on specialist auditor choice and audit fees in U.S. family firms. *The Accounting Review* 89(6): 2297-2329.

Xiang, R., and R. Lin. 2023. Audit committee-auditor interlocking and audit fees: evidence from China. *Applied Economics* DOI: 10.1080/00036846.2023.2288046

Zaman, M., M. Hudaib, and R. Haniffa. 2011. Corporate governance quality, audit fees and non-audit services fees. *Journal of Business Finance and Accounting* 38(1-2): 165-197.

108 Part 1 財務報告

第 **8** 章

監査上の主要な検討事項

日下勇歩　YUHO　KUSAKA

SUMMARY

　拡張された監査報告のモデルでは，監査の中で実際に何が行われているのかについての利用者の理解を促すことが期待されている。ただし，いくつかの先行研究からは，拡張された監査報告の情報が，利用者にとって新しい内容とはなりえていないことが示唆されている。他方で，拡張された監査報告の導入は，財務報告の質を改善する効果を有していることが確認されている。

　将来の研究課題として，利用者の意思決定に有用な情報を提供できているかどうかをより詳細に検討すること，また，監査上の主要な検討事項の導入が，財務諸表の作成者である経営者の意思決定に対しても影響を与えるかどうかをより多面的に検討することが重要になると，本章では説明している。

1 監査における情報提供機能の強化

　従来の監査報告のモデルは，財務諸表に重要な虚偽表示が含まれているかどうかという二値的な情報しか提供していない点，あるいは，企業間における説明の違いがほとんど見られないという点で批判されてきた（林 2019; IOSCO Technical Committee 2009; Lennox et al. 2023)[1]。これらの批判を受けて，基準設定主体は，より拡張された監査報告のモデルを構築することを試みてきた。拡張された監査報告のモデルにおいては，重要な虚偽表示のリスクが高い領域や，（会計上の見積りに対する監査など）重要な判断を実施した領域などを踏

1　従来の監査報告のモデルに対する批判は，林（2019）の序章やIOSCO Technical Committee（2009）の第3章においてより詳しく説明されている。

まえて，監査人は，監査においてとくに注意を払った事項を決定することを求められる（IAASB 2015, para.9）。日本の監査基準では，このような事項のことを「監査上の主要な検討事項」（監査基準，第四 報告基準・二・2（2））と呼ぶ。また，アメリカのPCAOB（Public Company Accounting Oversight Board）監査基準3101では，「Critical Audit Matters（以下，CAMとする）」（PCAOB 2017），国際監査基準701では「Key Audit Matters（以下，KAMとする）」（IAASB 2015）とそれぞれ呼ばれている。国際監査基準701によると，「監査上の主要な検討事項を伝達する目的は，実施された監査に関する透明性を高めることを通じて，監査報告書のコミュニケーション価値を向上させることである」（IAASB 2015, para. 2)[2]と説明されている。

　本章では，このような拡張された監査報告がどのような役割を果たしているのかについて，重要なエビデンスを紹介する。

2 拡張された監査報告がもたらす影響とその理論的背景

（1）拡張された監査報告が投資家の意思決定に利用される理論的背景

　ここでは，拡張された監査報告がもたらす情報が，なぜ利用者の意思決定にとって有用となりうるのかの理論的背景を整理する。

　株式市場の参加者を利用者として想定した場合，ある情報が意思決定に利用されるかどうかは，次の2つの基準から考察されることが多い（Barth et al. 2001; Lennox et al. 2023）。ひとつは，情報の内容そのものが利用者の意思決定に関連するものであるという基準であり，とくに，投資家の意思決定を想定する場合，株価と関連している会計情報は「価値関連性」を有しているといわれる（Barth et al. 2001; Lennox et al. 2023）。もうひとつは，公表されている他の情報によって，その情報の内容が推測されないことであり，この基準を満たす情報は「増分的な情報内容」を有しているといわれる（Barth et al. 2001;

2　原文では，「communicative value」（IAASB 2015, para. 2）という言葉が用いられており，「コミュニケーション価値」という訳は，林（2019）の第1章の内容（p. 25）を参考としている。なお，諸外国で適用されている制度の内容については，林（2019）と松本・町田・関口（2020）が詳細なレビューを行っているため，これらを参照されたい。

110　Part 1　財務報告

Lennox et al. 2023)[3]。以下では，この2つの基準をもとに，拡張された監査報告が，株式市場の参加者の意思決定に利用されているかを検討しているLennox et al.（2023）の説明を紹介する。

　Lennox et al.（2023）は，拡張された監査報告を通じて，株式市場の参加者は，重要な虚偽表示に関するリスク（Risk of Material Misstatement：以下，「RMM」とする）を把握することができると想定している。そして，RMMに関する情報は，2つの経路を通じて，株主市場の参加者の意思決定に影響を与える可能性があると説明している。1つは，RMMがあることを知った株式市場の参加者が，利益や純資産などの会計数値に対する信頼性を割り引いて評価することである。この場合，企業価値の推定における分母の割引率が大きくなると想定されている。もう1つは，RMMが，将来のキャッシュ・フローを予想する手がかりになることである。その例として，Lennox et al.（2023）は，潜在的な（発生する可能性がある）のれんの減損に関するRMMの開示から，将来のキャッシュ・フローが減少することを利用者は読み取る可能性があると説明している。以上のような考察から，Lennox et al.（2023）は，RMMが企業価値を推定する際に有用な情報を含んでいるため，価値関連性のある情報であると予想している。ただし，RMMに関する情報内容が他に公表されている情報からも推測できる場合には，増分的な情報内容を有していない可能性もあると説明している[4]。

　次節で紹介するが，先行研究では，拡張された監査報告の内容は，利用者の意思決定に関連するものであると想定されているが，「増分的な情報内容」で

3　Barth et al.（2001）は「とりわけ，より適時的な情報に会計情報が代替される場合に，会計情報は価値関連性を有するが，意思決定に有用とはなりえない」（p. 80）と説明している。

4　制度の主たる目的は，監査の透明性が向上することによって，監査報告書のコミュニケーション価値が増すことである。RMMを推測する手がかりとなる情報を入手することによって，利用者の意思決定が変わる可能性があるという説明は，Lennox et al.（2023）の予想であることに注意されたい。従来の監査報告では，重要な虚偽表示があるかどうかが二値的に伝達されていたため，無限定適正意見が表明された企業に対しては，重要な虚偽表示のリスクがどのくらいあるのかを利用者は推測することが困難であったと考えられる。他方で，拡張された監査報告では，無限定適正意見が表明された企業に対しても，「重要な虚偽表示に関するリスク」があるかどうかを推測する手がかりが伝達されている。Lennox et al.（2023）はこのような違いを意識して説明を行っていると，筆者は理解している。

あるかどうかは，しばしば実証的な問題として扱われている。

（2）拡張された監査報告が企業の情報開示や事業活動に影響を与えうる理論的背景

　いくつかの先行研究は，拡張された監査報告の導入が，企業の財務報告や情報開示（Gold et al. 2020; Fuller et al. 2021; Burke et al. 2023），事業活動上の意思決定（Bentley et al. 2021）に影響をもたらすと説明している。

　拡張された監査報告の導入により，「財務報告（情報開示）の質が改善する」ことの背景には「アカウンタビリティ」に関するメカニズムが存在する（Gold et al. 2020; Fuller et al. 2021）。Gold et al.（2020）は，拡張された監査報告において，特定の事項に監査人が言及すると，その事項に関連する財務諸表の領域に対する監査人や利用者からの監視が強まることを経営者は予想すると説明している。このような状況において，経営者はアカウンタビリティをより強く意識し，利益を大きく見せるような財務報告を控えるようになると，Gold et al.（2020）は予想している。Fuller et al.（2021）は，経営者がアカウンタビリティを十分に履行しているかを判断しているのは，監査委員会のメンバーであると想定している。そのため，拡張された監査報告において，監査人が企業について詳細に言及することに加えて，監査委員会のメンバーによる監視が強いことが，経営者がアカウンタビリティを強く意識する条件になると説明している。

　もう1つの影響は，拡張された監査報告の導入により，財務報告（情報開示）の対象になる事業活動そのものが変わることである。Bentley et al.（2021）は，拡張された監査報告は，経営者にさまざまなコストをもたらすと説明している。その例として，株主の利益のために，あるいは，経営者の私的な利益のために，社内に保持しておきたい情報を開示しなければならなくなること，そのような追加的な情報開示に対して時間や努力がさらに必要となることが挙げられている。Bentley et al.（2021）は，このようなコストの増大を回避するために，経営者は，情報開示や会計処理の方法を変更することを検討するだけではなく，企業の事業活動そのものを変えることを検討することがあると説明している。

112　Part 1　財務報告

　図表8-1は，ここまでの内容を整理したものである。先行研究では，拡張
された監査報告が，情報の利用者と作成者の意思決定のそれぞれに対して影響
を与えることが予想されている。以下では，この整理を踏まえて，拡張された
監査報告は「利用者の意思決定に資する情報を提供しているのか」，「作成者の
情報開示や財務報告，事業活動上の意思決定にどのような影響を与えているの
か」という2点に絞って，重要であると考えられるエビデンスを紹介する[5]。

図表8-1	拡張された監査報告が利用者と作成者に与える影響
利用者への影響	・拡張された監査報告によって，投資家の意思決定が改善される可能性がある。 ・Lennox et al. (2023) は，とくに，重要な虚偽表示のリスクを推測するのに役立つ情報が提供されることによって，投資家の意思決定が変わる可能性があると説明している。
作成者への影響	・監査人が特定の項目に対して言及することにより，利用者，監査人，あるいは監査委員会からの監視が強まることによって，経営者による財務報告や情報開示に影響が生じる。 ・財務報告や情報開示の対象となる事業活動に影響が生じうる。

（出所）筆者作成

3　アカデミック・エビデンス

(1) 利用者の意思決定に対して有用な情報になりうるのか？

①　株式市場の参加者

　Gutierrez et al. (2018) は，イギリスの大規模な公開会社に対して拡張され
た監査報告が導入されたことが，株式市場の参加者の意思決定にどのような影
響を与えているのかについて検証している。イギリスでは，ロンドン証券取引

5　本章では，米国企業を対象とした先行研究を説明する際には「CAM」を用い，国際監査基準が
　適用されている国を対象とした先行研究を説明する際には「KAM」もしくは「RMM」を用いてい
　る。また本章では，「利用者の意思決定に与える影響」と「作成者である企業（経営者）の財務報告
　や事業活動に与える影響」に限定して，主要な先行研究をレビューしている。ほかにどのような分
　野の先行研究があるのかについて関心のある読者は，佐久間（2021）を参照されたい。

所のプレミアム市場に上場している企業（LSE Main market premium listed companies）に対して，決算日が2013年9月30日以降となる決算において，拡張された監査報告（RMMの開示）が義務づけられている。Gutierrez et al.（2018）は，制度が導入された前後2年間（2011年9月から2015年9月）を対象に，拡張された監査報告が義務づけられた企業群と，義務づけられていない企業群を比較している。CAR（累積異常株式リターン）の絶対値と，異常株式取引量を用いた分析では，拡張された監査報告（RMMの開示）の情報内容が株式市場の参加者の意思決定に影響を与えているという頑健な証拠は得られていない。

　Lennox et al.（2023）は，Gutierrez et al.（2018）と同様に，ロンドン証券取引所のプレミアム市場に上場する企業を対象に，拡張された監査報告（RMMの開示）が導入された初年度と2年目の期間を対象として，株式市場の参加者の意思決定にどのような影響を与えているのかを分析している。Lennox et al.（2023）は，監査人が開示するRMMに関する情報が，増分的な情報内容を有していないと結論づけている。Lennox et al.（2023）は，RMMの開示に対して短期的な株式市場の反応が観察されないことを確認し，さらに，その原因を3つ予想している。1つめに，株式市場の参加者がRMMの情報を即座に織り込むことができていないことである。2つめに，RMMがそもそも株式市場の参加者にとって価値関連性のある情報ではないことである。3つめに，RMMが価値関連性のある情報であっても，株式市場の参加者がすでにその情報内容を知っているため，株式市場の反応が観察されないことである。

　1つめの予想を検証するために，Lennox et al.（2023）は，長期のイベント・ウィンドウを対象として，株式市場の反応が観察されるかを検証した。しかし，イベント・ウィンドウを長期にした場合であっても，予想を支持する証拠は得られなかった。

　2つめの予想を検証するために，Lennox et al.（2023）は，RMMに関する情報の価値関連性について分析した。分析の結果，開示されているRMMの個数が多いほど，1株当たりの利益と1株当たりの純資産の係数が有意に小さくなる（株価に対するこれらの変数の影響が小さくなる）ことを明らかにした。さらに，RMMの個数が多い企業ほど，ROAや営業活動によるキャッシュ・フ

ローで測定された企業業績の持続性が低いことを明らかにしている。これらの結果は，RMMには価値関連性があることを示唆している。そのため，2つめの予想とは整合しない。

3つめの予想を検証するために，Lennox et al.（2023）は，すでに他の情報源によって開示されているRMMと，拡張された監査報告によって新たに開示されたRMMをわけて，それぞれに対する株式市場の反応について検証した。分析の結果，すでに開示されたRMMに対しては株式市場の反応が観察されなかった。さらに，意外な結果として，新たに開示されたRMMに対しても，株式市場の反応が観察されないことが報告されている。

以上を踏まえて，Lennox et al.（2023）は，拡張された監査報告は，価値関連性のある情報を提供しているが，増分的な情報内容を有していないと説明している。

Gutierrez et al.（2018）やLennox et al.（2023）とは異なり，Klevak et al.（2023）は，アメリカ企業を対象として，拡張された監査報告が利用者の意思決定に影響を与えているという証拠を報告している。アメリカでは，大規模早期提出会社（Large Accelerated Filers）に対して，決算日が2019年6月30日以降となる決算において，拡張された監査報告（CAMの開示）が義務づけられている。Klevak et al.（2023）は，2019年7月から2020年3月までの期間に，大規模早期提出会社が公表した年次報告書（決算期は2019年）に含まれるCAMを対象に分析を行っている。Klevak et al.（2023）の興味深い点は，より多くのCAMが開示されている企業が，ビジネスリスクの高い企業として利用者（株主市場の参加者）から誤認（misinterpretation）されていると主張していることである。

制度が意図しているのは，CAMが監査リスク（あるいは，RMM）の高い事項を伝えることであると考えられるが，利用者は，CAMが事業活動上のリスク（ビジネスリスク）を伝達していると理解している可能性があるとKlevak et al.（2023）は主張している。そのため，CAMが多く開示されている企業に対して，企業の事業活動や業績の不確実性が高いと利用者は誤って評価してしまう可能性があると予想している。この予想と整合する結果として，Klevak et al.（2023）は，年次報告書におけるMD&Aやリスクの区分における企業の

情報開示の特徴をコントロールしたうえでも，CAMの長さや，CAMの個数の多さで測定したCAMの量が多い企業では，株式リターンの標準偏差が大きくなること，個々のアナリスト予想のバラつき（dispersion）が大きくなることを明らかにしている。

Burke et al.（2023）は，アメリカの大規模早期提出会社を対象として，予想外の分野でCAMが開示される場合に，株式市場が負の反応を示すことを明らかにしている。とくに，予想外の分野として収益認識に関するCAMが開示される場合に，負の反応がとりわけ生じていることを報告している。ただし，追加分析において，予想外のCAMがもたらす反応は，CAMの公表日と利益公表日が同じ企業のサブサンプルにおいて観察されることが明らかにされている。この結果について，Burke et al.（2023）は，他の重要な情報が開示されている場合に，投資家やアナリストからの注目が集まるため，CAMに対する反応が増えていると解釈している。

② 債 権 者

Porumb et al.（2021）は，イギリスのロンドン証券取引所のプレミアム市場に上場する企業が結ぶシンジケート・ローンを対象として，拡張された監査報告（RMMの開示）が債務契約の内容にどのような影響を与えるのかについて分析している。具体的には，制度が義務づけられた前後2年間を対象として，拡張された監査報告（RMMの開示）が義務づけられている企業群と，義務づけられていない企業群を比較している。分析の結果，拡張された監査報告が義務づけられた企業群では，そうではない企業群と比較して，シンジケート・ローンにおける利子率（loan spread）が減少し，借入期間（maturity）が長くなることを明らかにした。これらの結果は，拡張された監査報告が義務づけられたことによって，企業と債権者，あるいは，債権者間の情報の非対称性が緩和されたことを示唆している。さらに，拡張された監査報告が義務づけられている企業のみを対象に分析した場合には，監査委員会による報告書では言及されていないが，拡張された監査報告においては言及されているRMM（監査人に固有のRMM）の個数と利子率が正の関係にあるという結果が得られている。以上の結果は，拡張された監査報告が，債権者の意思決定に対して，価値

116　Part 1　財務報告

関連性のある情報を提供していることを示唆している。

　ここまでの先行研究の発見事項を整理すると，以下の**図表8-2**のように分類することができる。

図表8-2　拡張された監査報告が利用者の意思決定に与える影響

		情報利用者	
		株式市場の参加者	債権者
内容	（意図した） 監査リスク RMM	Gutierrez et al（2018）× Lennox et al.（2023）× Burke et al.（2023）○	Porumb et al.（2021）○
	（意図せざる） ビジネスリスク	Klevak et al.（2023）○	なし

（注）影響が確認されたものを○，されなかったものを×としている。
（出所）筆者作成

（2）作成者である経営者の意思決定に影響を与えるのか？

① 財務報告（情報開示）に与える影響

　以下では，拡張された監査報告が企業の財務報告や情報開示，事業活動に与える影響について検討した研究のエビデンスを整理する。

　Gold et al.（2020）は，実験を通じて，拡張された監査報告（KAMの開示）の導入が，経営者の財務報告に与える影響について分析している。監査報告書において，特定の事項がKAMとして言及されると，KAMに関連する財務諸表の領域に対する監査人や株主からの監視が強まることを予想する経営者は，アカウンタビリティをより強く意識することから，利益を大きく見せるような財務報告を控えるようになると予想している。また，KAMの中に企業固有の情報が含まれているほど情報の詳細さが高いと想定し，より詳細なKAMが開示されている場合に，経営者はアカウンタビリティをより強く意識すると予想している。

　Gold et al.（2020）は，前年度の監査報告書において，特定の事項がKAMとして言及されることによって，監査人と株主の監視の目が強まり，当年度の財務報告に関する経営者の意思決定に影響が生じると想定している。そのため，

①前年度の監査報告書にKAMが含まれている場合と，前年度の監査報告書に
KAMが含まれていない場合，および，②企業固有の情報に言及したKAMが
前年度の監査報告書に含まれている場合と，一般的な内容に言及したKAMが
前年度の監査報告書に含まれている場合のそれぞれにおいて，被験者が当年度
の財務報告において，利益を大きく見せるような会計処理を選択するかどうか
を実験を通じて検証している。被験者は，会計処理として，報告する減損損失
の金額を選択することができる。経理もしくは財務の部署の責任者（マネー
ジャー）143名がアンケート調査に参加している。

　Gold et al.（2020）の主要な発見事項は2つある。1つめに，前年度の監査
報告書にKAMが含まれている場合は，KAMが含まれていない場合に比べて，
被験者の選択する減損損失の金額が大きいことがわかった。2つめに，企業固
有の情報に言及したKAMが前年度の監査報告書に含まれている場合と，一般
的な内容に言及したKAMが含まれている場合を比較すると，被験者の報告す
る減損損失の金額に有意な差が存在しないことがわかった。さらに，一般的な
内容に言及したKAMが含まれている場合であっても，KAMが含まれていな
い場合に比べると，被験者の報告する減損損失の金額が大きいことを明らかに
している。これらの証拠は，拡張された監査報告の導入によって，利益を大き
く見せるような財務報告が減ることを示唆している。

　関連する研究として，Fuller et al.（2021）は，実験を通じて，拡張された
監査報告がより多くの企業固有の情報を含んだものであり，かつ，監査委員会
からの監視が強い場合に，会計上の見積りに関する情報を経営者がより自発的
に開示することを明らかにしている。145名がアンケート調査に参加しており，
その多くがCFOであると説明されている。Fuller et al.（2021）は，上記のど
ちらかの条件を満たすだけでは，経営者による開示が増えないことを踏まえて，
拡張された監査報告が財務報告（情報開示）に影響を与えるメカニズムにおい
て，経営者，監査人，そして，監査委員会の三者が重要なプレイヤーであると
説明している。

　Reid et al.（2019）は，イギリス企業を対象として，RMMの開示が義務づ
けられたことによって，財務報告の質が高くなったことを報告している。具体
的には，裁量的会計発生高の絶対値が小さくなること，アナリスト予想をちょ

うど達成もしくはわずかに上回るような利益の報告が減少していること，また，利益反応係数が増大していることを報告している。利益反応係数が改善しているという結果は，拡張された監査報告における情報が株式市場の参加者の意思決定に有用であることを示唆している。その反面，新しい監査報告の実務が導入されたことによる監査コスト（監査報酬や監査報告書の提出までの日数）の増大は観察されていない。以上を踏まえて，Reid et al.（2019）は，新しい監査報告の実務の導入が，監査コストを増大させることなく，財務報告の質を改善させていると説明している。

Burke et al.（2023）は，アメリカ企業を対象に，拡張された監査報告（CAMの開示）の導入が，企業の財務諸表注記の開示に与える影響について分析している[6]。Burke et al.（2023）は，監査人が特定の財務諸表注記をCAMの中で参照すると，経営者がその財務諸表注記の内容を変える可能性が高くなると予想している。当該研究は，CAMの中で参照されている3,790個の財務諸表注記をトリートメント群，CAMの中で参照されていない31,952個の財務諸表注記をコントロール群とし，CAMの制度が導入された前後の期間で比較している。分析の結果，財務諸表注記がCAMによって参照されると，脚注内の単語数が増大し，文章のスティッキネスが減少し，不確実性を意味する単語数が増えることが明らかとなった。この結果は予想と整合的である。

② 事業活動に与える影響

Bentley et al.（2021）は，拡張された監査報告（CAMの開示）が期待ギャップをもたらす可能性があると説明している。具体的には，CAMにおいて，監査人が，財務報告の背後にある企業の事業活動に言及しないことにより，開示された財務報告上の問題に比べて，（言及されていない）事業活動上の問題の重要性がより低いことが暗黙的に示唆されていると利用者が認識（誤認）する可能性があると，Bentley et al.（2021）は説明している。

Bentley et al.（2021）は，CAMの開示がある場合には，CAMの開示がない

6　Burke et al.（2023）は，拡張された監査報告の導入が，株式市場の参加者の意思決定に与える影響と，企業の情報開示に与える影響の両方について分析しており，本章では，それぞれを分けて説明している。

場合に比べて，事業活動の背後にある経済的なリスクを利用者が正常であると認識（誤認）する可能性が高くなるため，リスクを増やす活動に比べて，リスクを減らす活動を経営者が好ましいと思う程度がより下がると予想している。

Bentley et al.（2021）は，1年の借入契約（リスクが減る活動と想定）を結ぶことと，5年の借入契約（リスクが増える活動と想定）を結ぶことのそれぞれに対して，好ましいと思う程度を調査している。101名のExecutive MBAの学生を対象に分析を行った結果，CAMの開示がある場合のほうが，CAMの開示がない場合に比べて，「1年の借入契約」を好ましいと思う程度が低いことを明らかにした。さらに，経営の経験がより豊富である140名のマネージャーを対象に分析を行い，CAMの開示がある場合のほうが，CAMの開示がない場合に比較して，リスクを減らすこと（ヘッジすること）を目的として「デリバティブの契約を結ぶこと」を好ましいと思う程度が下がることを明らかにしている[7]。これらの結果を踏まえて，Bentley et al.（2021）は，CAMの開示が，事業活動上の意思決定に影響を与える可能性があると説明している。

ここまでの先行研究の主張を整理すると，拡張された監査報告が財務報告および事業活動に与える影響は，**図表8-3**のように整理される。

| 図表8-3 | 拡張された監査報告が財務報告および事業活動にもたらす影響 |

内容	財務報告等に与える影響	・財務報告の質が改善する。 ・経営者による追加的な説明/情報開示が増える。
	事業活動（取引）に与える影響	・リスクに関連する活動に対する経営者の選好に影響を与える。

（出所）筆者作成

4 実務・政策的な示唆

拡張された監査報告に関する研究は，始まったばかりの段階であると考えられる。そのため，ここでは，実務・政策的な示唆に触れつつも，どのような研

7　本章では，Bentley et al.（2021）の実験結果の一部を省略して説明している。Bentley et al.（2021）は，実験結果の一覧をAppendix Aにまとめているため，関心のある読者はこちらを参照されたい。

120　Part 1　財務報告

究機会が存在しうるかという点を中心に説明したい。

　いくつかの先行研究は，株式市場の参加者の意思決定に着目し，拡張された監査報告が増分的な情報内容を有していないことを示唆する証拠を得ている（Gutierrez et al. 2018; Lennox et al. 2023）。しかし，拡張された監査報告に情報価値が認められるかどうかを検討するためには，今後より詳細な分析が必要になると考えられる。たとえば，Klevak et al.（2023）は，CAMの個数だけではなく，CAMの文章の長さや，CAMの中で説明されている監査手続の数を測定することで，情報内容をより詳細にとらえる工夫を行っている。また，先行研究の多くは，制度が導入された直後の期間を分析対象としている。時間の経過とともに，制度に対する利用者の理解が深まると予想されるため，より長期の期間を対象とした分析も必要となる[8]。

　さらに，拡張された監査報告の情報価値の有無だけでなく，拡張された監査報告が利用者からどのように受け止められているのかという点についても，さらなる検討が必要である。Klevak et al.（2023）は，拡張された監査報告は，「監査リスク（あるいは，RMM）」ではなく，「ビジネスリスク」を伝達するものとして，投資家に解釈されている可能性があることを述べている。また，Bentley et al.（2021）は，拡張された監査報告が「期待ギャップ」をもたらしている可能性があると述べている。基準設定主体は，このような制度の意図とは異なる形で拡張された監査報告が利用されている可能性について関心を有しているはずである。たとえば，将来の研究機会として，監査リスクに関する箇所と，ビジネスリスクに関する箇所をそれぞれ定量化（分離）したうえで，それぞれの箇所が利用者の意思決定にどのような影響を与えているのかを分析することが求められるかもしれない。

　他方で，拡張された監査報告の内容を利用者がどのように解釈しているのかという問題と関連して，拡張された監査報告が経営者の意思決定（財務報告や情報開示，事業活動に関する意思決定）に与える影響を検討することも重要となる。

8　本章で紹介した先行研究の多くは，イギリスとアメリカを分析対象としたものである。国ごとに制度的背景が異なるため，ある国の企業を対象にして得られた証拠や示唆が，ただちに他の国の企業や制度に当てはまるとは限らない点に注意が必要である。

財務報告や情報開示の質が改善する（変わる）ことは，実験研究やアーカイバル・データを用いた研究において，ある程度一貫した証拠が得られている（Reid et al. 2019; Gold et al. 2020; Fuller et al. 2021; Burke et al. 2023）。これらの証拠は，拡張された監査報告の内容を通じて，「監査リスク（あるいは，RMM）」が高いと考えられる箇所に利用者が注目するため，経営者が財務報告を改善していることと整合的である。

これに対して，拡張された監査報告の内容を「ビジネスリスク」として利用者が認識していると経営者が予想するのであれば，事業活動に変化が生じる可能性が高くなるかもしれない（Bentley et al. 2021）。しかし，拡張された監査報告が企業の事業活動に与える影響は，まだ十分に明らかにされていない。Bentley et al.（2021）は，さまざまな事業活動に対して，拡張された監査報告がもたらす影響を明らかにすることを将来の研究課題として述べている。

監査上の主要な検討事項に関する分野においては，利用者の意思決定と，作成者の意思決定の双方の観点から，今後ますます証拠が蓄積されていくものと予想される。

◆参考文献

佐久間義浩. 2021.「監査上の主要な検討事項（KAM）に関連する文献レビューと日本におけるKAMの早期適用の状況」『經濟論叢（京都大学）』194(4): 1-19.

林隆敏編著. 2019.『監査報告の変革—欧州企業のKAM事例分析』中央経済社。

松本祥尚・町田祥弘・関口智和編著. 2020.『監査報告書論—KAMをめぐる日本および各国の対応』中央経済社。

Barth, M. E., W. H. Beaver, and W. R. Landsman. 2001. The relevance of the value relevance literature for financial accounting standard setting: another view. *Journal of Accounting and Economics* 31(1-3): 77-104.

Bentley, J. W., T. A. Lambert, and E. Wang. 2021. The effect of increased audit disclosure on managers' real operating decisions: Evidence from disclosing critical audit matters. *The Accounting Review* 96(1): 23-40.

Burke, J. J., R. Hoitash, U. Hoitash, and S. Xiao. 2023. The disclosure and consequences of U. S. critical audit matters. *The Accounting Review* 98(2): 59-95.

Fuller, S. H., J. R. Joe, and B. L. Luippold. 2021. The effect of auditor reporting choice and audit committee oversight on management financial disclosures. *The Accounting Review* 96(6): 239-274.

Gold, A., M. Heilmann, C. Pott, and J. Rematzki. 2020. Do key audit matters impact financial reporting behavior? *International Journal of Auditing* 24(2): 232-244.

Gutierrez, E., M. Minutti-Meza, K. W. Tatum, and M. Vulcheva. 2018. Consequences of adopting an expanded auditor's report in the United Kingdom. *Review of Accounting Studies* 23(4): 1543-1587.

Klevak, J., J. Livnat, D. Pei, and K. Suslava. 2023. Critical audit matters: Possible market misinterpretation. *Auditing: A Journal of Practice and Theory* 42(3): 45-70.

Lennox, C. S., J. J. Schmidt, and A. M. Thompson. 2023. Why are expanded audit reports not informative to investors? Evidence from the United Kingdom. *Review of Accounting Studies* 28(2): 497-532.

Porumb, V. A., Y. Zengin-Karaibrahimoglu, G. J. Lobo, R. Hooghiemstra, and D. De Waard. 2021. Expanded auditor's report disclosures and loan contracting. *Contemporary Accounting Research* 38(4): 3214-3253.

Reid, L. C., J. V. Carcello, C. Li, and T. L. Neal. 2019. Impact of auditor report changes on financial reporting quality and audit costs: Evidence from the United Kingdom. *Contemporary Accounting Research* 36(3): 1501-1539.

◆参考URL

International Auditing and Assurance Standards Board (IAASB). 2015. International Standard on Auditing (ISA) 701, Communicating Key Audit Matters in the Independent Auditor's Report. New York, N.Y.
　　Available at https://www.iaasb.org/publications/international-standard-auditing-isa-701-new-communicating-key-audit-matters-independent-auditors
　　(最終アクセス：2024年5月11日).

International Organization of Securities Commissions (IOSCO) Technical Committee. 2009. Auditor Communications, Consultation Report. Madrid.
　　Available at https://www.iosco.org/library/pubdocs/pdf/IOSCOPD303.pdf
　　(最終アクセス：2024年5月11日).

Public Company Accounting Oversight Board (PCAOB). 2017. Auditing Standard 3101, The Auditor's Report on an Audit of Financial Statements When the Auditor Expresses an Unqualified Opinion. Washington, DC.
　　Available at https://pcaobus.org/oversight/standards/auditing-standards/details/AS3101
　　(最終アクセス：2024年5月11日).

Part 2

ディスクロージャー

124　Part 2　ディスクロージャー

第 **9** 章

情報開示：四半期開示

藤谷涼佑　RYOSUKE　FUJITANI

SUMMARY

　ある情報開示実務を強制すべきであるかという議論はしばしば対立が生じる。対立するすべての利害関係者が納得できる形でこの議論を決着させるためには，どのようなエビデンスが必要となるのだろうか。

　本章では蓄積されているエビデンスと，強制的開示が正当化される条件とを関連づけるための枠組みを議論する。具体的な事例として，四半期開示に関連する議論とエビデンスに光を当て，その政策的含意を整理する。

　この整理を通じて，エビデンスから示唆される政策的な含意と限界を明確にし，強制的開示に関する議論の対立を軽減するための論点を提示する。

1　強制的開示に関する議論の対立

　企業の内部者が外部者に対して公的に情報を伝達する実務を企業の情報開示（corporate disclosure）と呼ぶ。情報開示は企業内外の人々にとって必要である，すなわちなんらかのベネフィットが存在しうるという点に異論がある人は少ないだろう。これに対して，開示実務の負の側面に光が当てられることもある。たとえば，四半期開示の非強制化に関連する議論が挙げられるだろう。2023年11月20日の通常国会にて，金融商品取引法の改正が可決された。これによって，金融商品取引法にて要請されてきた四半期報告書の開示が強制されなくなる[1]。改正の過程で議論されたのは，規制によって開示が負担になっているのではないか，社会総体として望ましい効果が得られていないのではないかと

1　改正の詳しい内容と経緯については，中野（2022）および金融庁（2023）を参照のこと。

いう点であった。

　なぜこのような議論の対立が生じるのだろうか。その理由をコストとベネフィットとの単純な対立構造として理解してしまうと，議論の背景にある重要な論点を見逃してしまう。開示制度のベネフィットの存在が示唆される証拠があったとしても，それをもってただちにその制度の正当性があると結論づけることはできない。また逆に，制度によってコストが生じているという証拠をもっても，その正当性が失われていると結論づけることもできない。重要なのは蓄積されているエビデンスが，開示が強制されることの正当性とどのように関わるのかという点である。

　情報開示のうち，制度として強制される開示実務を強制的開示（mandatory disclosure），経営者の自主的な取組みによってなされる開示実務を自発的開示（voluntary disclosure）と呼ぶ。自発的開示は経営者自身の意思決定によって行われるため，その戦略性について議論されることがあるものの，大きな政策的イシューとして捉えられることは比較的少ないだろう。これに対して，強制的開示についてはその制度としての妥当性の議論が激しく行われることがある。先に挙げた，四半期開示にかかる議論はこの強制的開示の正当性をめぐる議論として捉えられる。

　本章では，この強制的開示を正当化する条件に焦点を当てて，エビデンスのもつ政策的な含意を検討する。具体的には，四半期開示を事例として取り上げ，蓄積されているエビデンスの含意とその限界を整理する枠組みを議論する。この枠組みは次のような点で有用であると考えられる。第1に，エビデンスが示唆する政策的含意をより正確に理解することができる点である。ある1つのエビデンスをもって，開示制度を単純に肯定・否定することはあまり健全ではない。重要なのはそれが示唆するメカニズムであり，それを踏まえた政策的な含意の検討である。本章の枠組みは，この検討のプロセスにおいて有用であると考えられる。第2に，強制的開示をめぐる議論が対立しがちである理由を理解することができる点である。この理解によって，どのようなエビデンスが議論の対立の解決に資することができるのかを検討することができる。

126 Part 2 ディスクロージャー

2 アカデミック・エビデンス

(1) なぜ開示の強制が必要なのか[2]

　強制的開示が正当化される条件とはどのようなものだろうか。本章では，次の2点に注目する。第1に，ある情報開示が行われることで社会的厚生（social welfare，以下「厚生」）が改善するという条件である。端的に言えば，ここでいう厚生とは社会総体としてのベネフィットとコストの差として捉えられる。これには金銭的な尺度だけではなく，時間や努力といった非金銭的な尺度で測られるような経済的なベネフィットやコストが含まれる。つまり，情報開示によって厚生が改善されるということは，開示実務が行われることによって社会総体としてのベネフィットが増えたりコストが減少したりすることを意味する。これは翻って，その開示実務が行われないことは厚生を毀損することを意味する。すると，これを制度として強制することの正当性が生じるのである（**図表9-1**の(1)）。

　ただし，厚生の改善が見込まれる開示実務について，ただちにそれをすべて制度的に強制化すべきであるとは限らない。なぜなら，もしその開示実務によって経営者レベルのベネフィットがコストを上回るようであれば，制度的な強制がなされなかったとしても，彼/彼女らが自発的にその開示を行うからである。すると，制度的に強制されずともその開示実務が行われ，厚生が改善されるような望ましい状態が実現されるはずである。もしそうであれば，わざわざ制度を設定してその運営コストを規制主体等が負うことを正当化することができない。つまり，この第1の条件だけでは，開示実務が強制されることを正当化できない。

　第2に必要になるのが，厚生の改善が期待される開示実務について，それを経営者の自発性に委ねた場合に一部の経営者が非開示を選択するという条件である[3]。ここで想定されるのは，社会総体レベルと開示を行う当事者である経営者レベルでのベネフィット―コストの大小が一致しないという状況である。

2　学術的な文脈の概観は藤谷（2024）を，より厳密な議論についてはBall（2024）を参考のこと。

つまり，両者にとって望ましい開示行動が一致していないという条件である。

　このような不一致はなぜ生じるのだろうか。経営者の自発的開示は，彼/彼女らにとってのベネフィットとコストを比較してその開示の決定が行われる（図表9-1の(2)）。もしベネフィットがコストを上回っている場合には彼/彼女らにとって開示を行うことが望ましいため，自発的開示が行われる。これに対して，コストがベネフィットを上回った場合には，開示を行うことは自身に損失が生じることを意味するためこれを回避しようとするだろう。このような経営者レベルのベネフィット―コストは，社会総体レベルのベネフィット―コストと一致するとは限らない。もし，社会総体として望ましかったとしても，経営者にとって開示を行うことが割に合わない場合には，自発的にその実務を行うと想定することができなくなる。すると，ここに開示実務の強制が正当化される余地が存在しうるのである。

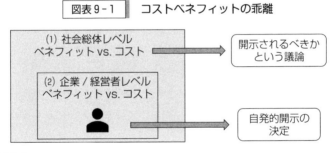

図表9-1　コストベネフィットの乖離

（出所）筆者作成

（2）整理の枠組み

　これら2つの条件は**図表9-2**のようにも説明することができる。列方向

3　より厳密にいうと，完全開示（unraveling result）が成り立たないという条件である（Scott and O'Brien（2019）第11章）。この完全開示とは，情報開示を行わないことが経営者自身の質についてのバッドニュースになるため，最終的にはすべての経営者が情報開示を行うことを示唆する定理である。これは経営者のインセンティブに委ねることで十分情報開示が行われうることを示唆しており，このような状況では制度による情報開示の強制は必要ない。

128　Part 2　ディスクロージャー

| 図表9-2 | 社会総体と経営者にとってのそれぞれのベネフィット |

(1) 社会総体でのベネフィットvs.コスト

		ベネフィット>コスト	ベネフィット<コスト
(2) 経営者にとってのベネフィットvs.コスト	ベネフィット>コスト	A 経営者：開示 規制：必要ない	C 経営者：開示 規制：開示の禁止？
	ベネフィット<コスト	B 経営者：非開示 規制：必要	D 経営者：非開示 規制：必要ない

（出所）筆者作成

（1）には社会総体レベルでのある情報開示実務のベネフィット―コストの大小を，行方向（2）には同じ開示実務の経営者レベルでのベネフィット―コストの大小を示している。このマトリクスでは社会総体と経営者の2つのレベルにおいて，ベネフィット―コストいずれが大きいのかによって，2×2の状況に分けている。

　4つの状況は次のとおりである。象限Aは社会総体と経営者の両者にとって開示を行うことが望ましいような状況を，象限Bは社会総体では開示が行われていることが望ましいものの，経営者にとっては開示を行うことが望ましくないような状況を示している。象限Cは社会総体としては開示されることが望ましくないものの，経営者にとっては開示を行うことが望ましいような状況を示し，象限Dは社会総体および経営者の両者にとって開示を行うことが望ましくないような状況を示す。

　経営者にとって開示が望ましい状況である象限AおよびCでは，経営者自身が開示を自発的に行うことが想定される。つづいて，情報開示が社会総体として望ましい状況である象限AおよびBでは，開示実務が行われるような状況を実現することが社会総体レベルで望ましい。これらのうち，事象Bにのみ開示実務が強制されることが正当化される。なぜなら，制度による強制がなされな

第9章　情報開示：四半期開示　129

ければ経営者による自発的な開示が望めないため，情報開示が行われないことによる厚生の悪化を容認することになるからである[4]。

　では具体的にどのような条件でこのような乖離が生じるのだろうか。理論研究では多くの知見が蓄積されている（たとえば，Beyer et al. 2010）。ひとつの例として，開示コストについて考えよう。ここで開示コストとは，情報開示を行うにあたって経営者が負うことになるコストを指す。開示コストは直接コスト（direct cost）と間接コスト（indirect cost）という2つの類型に分けられる。直接コストとは，開示情報を作成・普及する際に生じるコストを指す。たとえば，開示資料の作成に必要な情報システムや労働力への支出や機会費用などが含まれる。これに対して，間接コストとは，情報を開示することで間接的に負担することになるコストである。代表的な例として，開示した企業自身の競争力が削がれるような機密コスト（proprietary cost）が挙げられる。

　これらのコストを経営者が負担するような状況では，経営者レベルでは情報開示を行うコストがそのベネフィットを超えるような状況が生じうる。つまり，私的情報を開示するインセンティブがない経営者が存在する可能性がある。もし，その開示実務が社会総体レベルで望ましいものであるならば，この2つのレベルでの望ましさに乖離が生じるのである。開示コストによって経営者が自発的な情報開示を回避するような状況においては，これを制度的に強制することで厚生を改善することができる。

　ある開示実務について，これら2つの条件は満たされているのだろうか。これがその開示実務を強制すべきか否かという論点に答えるために必要な検証課題である。具体的には，開示実務の社会総体としての望ましさと，それに対する経営者の意思決定の両者の関係を検討する必要がある。学術的なエビデンスから政策的な含意を検討する際には，この2点に対する示唆を整理することが有用である。

4　なお，事象Cは社会総体として望ましくない開示実務について，経営者が自主的にその開示を行ってしまうような状況である。この場合，制度によって開示を禁止することが望ましく見えるが，現実にこのような制度を想定することは難しいだろう。また，事象Dについては制度としても経営者自身にとっても開示が望ましくないため，議論の俎上に上がらないことが想定される。

（3）エビデンス[5]

　以下では，この枠組みを用いて四半期開示制度に関するエビデンスを整理する。これらのエビデンスが，前節で挙げた2つの条件に関してどのような示唆を与えているのかを検討しその政策的含意を議論する。多くのレビューと同様に，**図表9-3**の分類に従ってこれらの研究を概観する[6]。

| 図表9-3 | 研究の分類と主たる観察対象 |

研究の分類	主たる観察対象
① 資本市場への影響	・四半期開示に対する株価反応 ・株価への情報の反映の速度 ・株価の情報量 ・開示情報の需要
② 経営者の行動への影響	・企業の投資行動 ・裁量的な支出の圧縮
③ 開示情報を作成・公表するコストへの影響	・企業価値減少の要因（間接的な証拠） ・インタビュー調査

（出所）筆者作成

① 資本市場への影響

　まず資本市場への影響に注目した研究群である。情報開示の役割の1つは，資本市場における情報の非対称性といった問題を軽減することにある。もし情報開示がこれらの問題を軽減できていれば，厚生が改善していることを示唆する証拠となりうるだろう，というアイデアである。四半期開示については，その高頻度な開示によってより多くの情報を伝達されているのかが検証されてきた。高頻度の情報開示は，①適時的な情報の提供や，②異なる情報源の情報内容を確認する機会の提供，③コーポレート・ガバナンス機構のモニタリング機能を強化することを通じて，企業におけるエージェンシー問題や情報の非対称性を軽減する効果があると考えられる（AICPA 1994）。株式市場への情報提

5　本節は，藤谷（2020a）の一部を加筆修正したものである。
6　より包括的で有用なレビューとして，Kajüter et al.（2022）；古賀（2022）；中野（2022）；藤谷（2020a; 2022）がある。

供に注目すると，高頻度の情報開示は投資家が利用可能な情報量を増加させることで株式市場の情報環境を改善することができると考えられる。

この考えと整合する実証的な証拠が蓄積されている。Butler et al.（2007）は，米国の株式市場において要請される報告頻度が，年次報告から半期報告，半期報告から四半期報告へと増加したタイミングを利用して，会計情報が株価に反映される速度が向上することを発見した。また，D'Adduzio et al.（Forthcoming）は報告頻度の増加によって，米国企業の株価がより長期的な情報を反映することを発見している。McMullin et al.（2019）は，IPT（intra-period timeliness）で測定した株式の情報量が重要事項の開示頻度（Form 8-K）の増加の後に改善していることを明らかにしている 。これらの発見は，高頻度の情報開示によって株式市場の効率性が改善することを示唆している。

またArif and De George（2020）は，情報開示の頻度が減少することで投資家の情報収集がどのように変化しているのかを検証している。その結果，情報開示の頻度が減少した企業に注目する投資家は，四半期開示が行われている米国の同業企業の情報開示を代替的な情報源として認識していることが明らかになった。またその米国企業の情報に対して過大に反応していることも明らかにしている。これは，たとえ米国企業の情報開示を参照したとしても，低頻度の情報開示によって失われている情報を完全には補完できていないという考えと整合する結果である。これらの証拠は，低頻度の情報開示では株式市場の情報環境が損なわれることを示唆している。

② 経営者の行動への影響

続いて，四半期開示を強制することで，経営者の意思決定が変化するのではないかという問いに取り組む研究群がある。これは，前節で議論したような資本市場における機能だけでは，四半期開示の経済効果を充分に議論できていないのではないかという問題意識が始点となっている。たとえば，より頻度の高い開示によって，経営者の意思決定が歪められているのであれば，これを強制化による社会厚生の毀損として捉えるべきではないかという考えである。

経営者の行動への経済的影響に関する2つの対立する議論がある。1つが短期主義仮説である。経営者に対して短期的な利益を改善するようなプレッ

132 Part 2 ディスクロージャー

シャーがかかると，投資プロジェクトの選択が短期的になり，経営者が長期投資を抑制するようになることが明らかにされてきた（e.g., Asker et al. 2015; Akbas et al. 2020）。これは短期主義の問題と呼ばれる。

短期主義の問題は，高頻度の情報開示によって助長されると議論されている。Gigler et al.（2014）は，報告頻度の増加が経営者の短期主義を助長することを示した。高頻度に開示される利益には，長期的な利益を生み出す投資に関する情報が反映されにくくなる。短期的な取引を行う投資家が存在する株式市場ではこの利益にもとづいて価格形成をするようになるため，株式市場の評価を考慮して投資の意思決定を行う経営者は，長期的な投資プロジェクトが価格形成に反映されにくくなることを踏まえて行動する。すなわち，報告頻度が増加すると経営者は長期的な利益を生み出す投資を控えるようになるのである。

いくつかの研究によって，彼らの理論的な予想と整合する証拠が蓄積されている[7]。Kraft et al.（2018）は，報告頻度の増加によって企業の投資が減少することを発見した。さらに，事後的な企業パフォーマンスが低下しており，長期的なプロジェクトを行っている企業ほど投資の減少幅が大きかったことから，報告頻度の増加は短期主義を助長し企業の投資行動を抑制すると結論づけている。他にも，報告頻度の増加によってR&D支出や広告費が裁量的に削減されており，また特許の数や引用件数が減少することが明らかにされている（Ernstberger et al. 2017; Fu et al. 2020）。

③ 開示情報を作成・公表するコストへの影響

最後に，四半期開示によって報告資料の作成や公表にかかる直接コストが増加するのではないかという議論がある。これには，報告資料を作成するための企業内の情報システムの整備や制度に従った形で決算資料を作成するためにかかる監査や内部統制の費用（compliance cost），また作成した報告資料を広く一般社会に普及するためのコスト（dissemination cost）が含まれる。もし，情報開示がより高頻度に行われるようになると，経営者が負担することになる

7　Kajüter et al.（2019）がシンガポールの制度的特徴を利用して，高頻度の情報開示によって企業の短期主義が生じたという結果が得られないことを報告している点を付記しておく。

情報開示のコストが増加すると考えられる。

Kajüter et al.（2019）が高頻度の情報開示の直接コストに焦点を当てている。彼らは，シンガポールの制度的特徴を利用して，高頻度の情報開示によって企業価値が減少したことを発見した。これを生じさせたチャネルとして，①株式の流動性の悪化を通じた経路，②経営者の短期主義を通じた経路，③直接コストの増加を通じた経路，のうち①および②の分析を試みている。分析によって，これらの経路では企業価値の減少を説明できないことがわかった。この結果を彼らは，③の高頻度の情報開示によって増加した直接コストの増加に伴って企業価値が減少したと解釈している。

これに対して，直接コストが経営者の開示の意思決定においてあまり重要な要素にならないという証拠も存在する。四半期開示が強制的開示から自発的開示に段階的に緩和されたオーストリアのプライムマーケットに上場している企業に対して，Bornemann et al.（2023）がインタビュー調査を行った。その結果，自発的開示のもとでの経営者の四半期開示の開示の意思決定に対して，直接コストが大きな影響を与えているわけではないことが明らかになった。

3 日本企業との関連性

これらの証拠は日本における四半期開示に関わる論点と強く関連する。本章の執筆時には四半期報告書の非強制化は既に決定しているが，東京証券取引所による四半期決算短信の要請は維持されるようである。この決算短信の開示の要請に関わる議論に対しても重要な示唆を与えるだろう。また，いずれ四半期報告書を強制化するという議論が再度なされる際に，注目すべき論点のヒントになるだろう。以下では，日本におけるエビデンスに注目して，その政策的含意を検討したい。

第1に，資本市場との関連に注目した研究として次の2つの研究群が挙げられる。1つが，四半期開示（主に決算短信）の有用性に注目した研究群である。これらの研究では，四半期開示に対して株価や取引量などが変化しているのかを検証して，その効果を明らかにしようとしている。いくつかの研究で，四半期開示の情報を株主が利用していることを支持する証拠が数多く提示されている（加賀谷ほか 2011; 音川 2002; 2004; 音川・森脇 2017）。これに対して，

Kubota and Takehara（2016）は四半期開示の強制化にはより複雑なメカニズムが存在しうることを議論している。彼らは，四半期開示が強制される以前の自発的な四半期のサマリー情報を用いることで，情報の非対称性が元々深刻ではなかった企業ほどより積極的な情報開示を行っていることを明らかにしている。また強制化されて以降にも，それらの企業ほどより詳細な情報開示を行っていることを示した。これらの結果は，四半期開示はそれ自体が資本市場における情報の問題を軽減するのではなく，企業のシグナリングを強化するというメカニズムが存在することを示唆している。もう1つが，四半期開示に対する投資家の需要に注目した首藤・杜（2023）である。彼らは，企業のGoogle 検索量指数を用いて，四半期開示が行われたタイミングで投資家が積極的に情報収集を行っていることを発見している。彼らはこの結果を，四半期開示情報に対する需要が高いことを示唆していると解釈している。

　第2に，経営者の投資行動に注目した研究として，次の2つの証拠が蓄積されている。1つの流れでは，開示頻度が多くなることで株式市場からの短期主義的なプレッシャーが強くなり，経営者が近視眼的になるという仮説を検証してきた。これに対して，高頻度な開示によって情報に関連する問題が軽減されることを通じて，むしろ非効率的な企業行動が抑制されるという経路にも注目されてきた。前者がKoga and Yamaguchi（2023）であり，後者が藤谷（2020b）である。Koga and Yamaguchi（2023）は日本における四半期開示の導入を利用して，企業の裁量的支出が減少していることを発見した。またこの効果は，社外からのプレッシャーが強い企業においてより強くなることも明らかにしている。これに対して，藤谷（2020b）は企業の設備投資が増加していること，またその効果が過小投資の問題やエージェンシー問題が生じうる企業においてより強くなっていることを発見した。

　第3に，日本において四半期開示と直接コストとの関連を検証した研究は，筆者の知る限りでは存在しない。ここでは，逸話的なエビデンスについて概観しておきたい。加賀谷ほか（2011）では四半期開示に関する実務家へのヒアリング調査の結果として，「日本における四半期情報開示制度が企業側にとって負担の大きいもの」（p. 15）であるという主張を紹介している。他にもいくつかの調査からも，経営者や経理担当者からの声として開示にかかる負担につい

ての議論がなされている（たとえば，東京証券取引所 2009）。これらの調査にもとづいて四半期開示を廃止すべきではないかという主張と結び付けがちであるが，経営者には開示の負担を強調するインセンティブがある点には注意が必要である。このようなインセンティブから，アンケート調査等には開示担当者である経営者の自己申告バイアス（self-reporting bias）が伴うため，十分なエビデンスになりえないと考えられる（Dichev et al. 2013; Ewens et al. 2024）。これらの逸話的エビデンスがどれほど支持されうるのか，より厳密な検証が待たれる状況にある。

4 実務・政策的な示唆

（1）四半期開示のケース[8]

　これらの証拠からどのような政策的含意を得ることができるだろうか。証拠を整理するうえで，第2節で議論した枠組みが有用である。社会総体レベルと経営者レベルでのベネフィットおよびコストに対して，四半期開示はどのような影響を与えると示唆されているだろうか。

　第1に，資本市場への影響に関する研究は，概ね四半期開示の正の側面を支持しているようである。まず，四半期開示は資本市場の情報環境を改善する効果がありそうである。高頻度の開示によって株価に織り込まれる情報量が多くなったり，株式の取引が円滑に行われるようになったりといったエビデンスがこの主張と整合する。つづいて，四半期開示に対する投資家の需要はある程度認められそうである。いずれの発見も，投資家から見た四半期開示のベネフィットがコストを上回っているという考えと整合する。ただし，これらの意見だけでは四半期開示によって社会総体レベルの厚生が改善していると結論づけることは難しい。

　第2に，経営者の行動への影響に注目するとどうだろうか。これまで，短期主義が助長されるケースと投資が促進されるケースの両方が明らかにされてきた。重要であるのが，四半期開示が自発的開示に切り替わった場合に生じうる

8　本節は，藤谷（2024）の一部を加筆修正したものである。

帰結である。第2節で議論したように，開示の意思決定が経営者の自主性に委ねられた場合，経営者が自身のコストとベネフィットを比較して開示の意思決定を行う。すると，株式市場からのプレッシャーが強い経営者は自発的に四半期開示を行い，エージェンシー問題が生じている経営者は開示を行わないことが想定される。つまり，短期主義が問題になりやすい経営者が四半期開示を継続し，四半期開示によって非効率的な資源配分が改善されうる経営者は開示を行わなくなる可能性が示唆される。短期主義の問題は依然として残り，資源配分の改善が期待される効果を抑制することになる。このような帰結は，四半期開示を自発性に委ねるという政策決定の目的と反するだろう。ただし，この議論は四半期開示によって社会総体としての厚生が改善されるという前提に立たなければならない。その意味で，現状の実証的証拠に対するありうる1つのメカニズムの解釈でしかなく，唯一支持されている解釈であるわけではない点には注意が必要である。

　第3に，四半期によって直接コストが増加したという発見について考えてみよう。この発見は，一見すれば，強制化の正当性を支持しないように見える。しかし，第2節でも見たように，直接コストは強制的開示の正当性をむしろ強化する要素としても議論されうる。直接コストの存在がただちに強制的開示の正当性を否定するわけではなく，その発見だけでは政策に対する含意は明確でない。より重要であるのは，この直接コストが開示のベネフィットに比して社会総体レベルで割に合わないのかどうかという問題である。現状では，この問題に対して明確な証拠があるとは言えない。上場企業が負担する規制コストが増加しているという証拠が蓄積されつつあるが，厚生への含意を持つ証拠が待たれる状況にある（e.g., Ewens et al. 2024; Trebbi and Zhang 2023）。

　これらの発見は，前掲図表9-1の枠組みを用いると次のようにまとめることができる。第1に，社会総体のベネフィットとして，①資本市場の機能の改善や，②それに伴った経営者の意思決定の質の向上，が示唆されてきた。これに対して，社会総体のコストとして①短期主義の誘発や，②開示コストの増加が挙げられてきた。第2に，経営者にとっては負担する開示コストが増加することが示唆されている。投資行動が積極的に行われることは明確な解釈を与えることが難しい。あえて述べておけば，エージェンシー問題が深刻である企業

においてその効果が顕著に観察されていることを踏まえると，四半期開示が経営者の意に沿わない帰結を生じさせている可能性を指摘できるだろう。この意味で，四半期開示は経営者にとっての負担感を生じさせていることが窺える発見だということもできるだろう。

　四半期開示には社会総体レベルと経営者レベルのベネフィット―コストに乖離が生じているようである。つまり，前掲図表9-2の少なくともA象限ではなく，B象限かD象限のいずれかである可能性が高いと考えられる。これら2つの象限は，規制の必要性の有無という点でその含意が大きく異なる。この2つの象限を分けるのが，社会総体としてのコストとベネフィットのいずれが大きいのかという点である。本章で概観してきたように，さまざまなメカニズムを経て，四半期開示はベネフィットとコストの両方を変化させることが知られている。しかし，総体としてどちらが大きいのかを判断することは困難である。

　強制的な四半期開示が正当化されうるのかという問いに対して，現状の実証的な証拠から決定的な結論を得ることは難しい。その理由は，蓄積されている証拠の限界に求められる。これらの証拠は政策決定において有益であることは否定の，四半期開示を強制すべきかという問題への十分な応答ができていないのである。期待されるのは，B象限とD象限のいずれが四半期開示をより正確に描写できるのかというエビデンスの蓄積である。今後のさらなるエビデンスの蓄積が望まれる[9]。

（2）より広い示唆

　本章の議論は四半期開示に限らず，多くの情報開示の制度に関する論点と関連しうる。強制化の是非が論点となっている開示実務について，関連するエビデンスを整理する際には第2節の議論を適用すればいい。つまり，①その開示実務によって社会総体としての厚生を改善すること，②経営者の自発性に委ねた場合に開示が行われない，という2つの条件と対照しその開示実務の強制化の正当性について検討すればよいのである。

9　社会厚生レベルのベネフィット-コストの検証には実証上の困難がある。この問題と解決策については，Ball（2024）やBreuer et al.（2024）の議論を参照のこと。

またこの強制化の条件は，情報開示に関連する議論がしばしば対立を生む理由の１つを示唆している。開示の強制化が検討される場合には，社会総体としての望ましさと経営者にとっての望ましさが一致していないという認識が存在する可能性がある。言い換えれば，この不一致が存在しないのであれば，制度として強制化する正当性を検討することの重要性は認められない。この不一致が，利害関係者間の論争や対立を生じさせているかもしれない。この対立をより多くの人が納得できる形で制度に織り込むためには，エビデンスが示唆するメカニズムをより説得的に議論する必要があるだろう。本章で議論してきたような図式は，情報開示に関わる理解の一部にすぎないが，対立しうる議論を冷静に見つめる視点になりうるだろう。

◆参考文献

音川和久. 2002.「四半期財務報告と株式市場の流動性」『國民經濟雜誌』186(2), 71-82.

音川和久. 2004.「四半期財務報告と出来高反応」『國民經濟雜誌』189(3), 65-77.

音川和久・森脇敏雄. 2017.「決算発表時刻と株価反応―日中取引データを用いた実証分析」『JSDA キャピタルマーケットフォーラム』65-88.

加賀谷哲之・中野貴之・松本祥尚・町田祥弘. 2011.「四半期情報開示制度の評価と改善方向」RIETI Discussion Paper Series 11-J-017.

金融庁. 2023.「金融商品取引法等の一部を改正する法律案 説明資料」https://www.fsa.go.jp/common/diet/211/01/setsumei.pdf

古賀裕也. 2022.「四半期開示の経済的帰結に関する先行研究のレビュー」『企業会計』74(9), 1207-1218.

首藤昭信・杜雪菲. 2023.「四半期情報の開示と投資家の情報処理」『會計』204(2), 183-196.

東京証券取引所. 2009.「四半期開示に関する上場会社の意識・実態調査結果の概要」https://www.jpx.co.jp/equities/improvements/general/tvdivq0000004x31-att/joujou_gaiyou.pdf

中野貴之. 2022.「四半期開示制度に関する実証研究の証拠」『會計』202 (2), 142-156.

藤谷涼佑. 2020a.「情報開示頻度の経済的影響: 四半期情報開示の政策評価の視点から」『証券アナリストジャーナル』58(9), 15-24.

藤谷涼佑. 2020b.「情報開示頻度のリアル・エフェクト: 企業投資に注目した四半期報告の政策評価」『経営財務研究』40, 2-23.

藤谷涼佑. 2022.「四半期開示見直しの議論をめぐって」『証券アナリストジャーナル』60(3), 76-86.

藤谷涼佑. 2024.「四半期開示見直しの議論をめぐって」『會計』205(1), 14-24.

Akbas, F., C. Jiang, and P. D. Koch. 2020. Insider investment horizon. *Journal of Finance* 75 (3), 1579-1627.

American Institute of Certified Public Accountants (AICPA). 1994. Improving business reporting- a customer focus: Meeting the information needs of investors and creditors: *Comprehensive Report.*

Asker, J., J. Farre-Mensa, and A. Ljungqvist. 2015. Corporate investment and stock market listing: A puzzle?. *Review of Financial Studies* 28(2), 342-390.

Arif, S., and E. T. De George. 2020. The dark side of low financial reporting frequency: Investors' reliance on alternative sources of earnings news and excessive information spillovers. *The Accounting Review* 95(6), 23-49.

Ball, R. 2024. By what criteria do we evaluate accounting? Some thoughts on economic welfare and the archival literature. Journal of Accounting Research, 62(1), 7-54.

Beyer, A., D. A. Cohen, T. Z. Lys, and B. R. Walther. 2010. The financial reporting environment: Review of the recent literature. *Journal of Accounting and Economics* 50(2-3), 296-343.

Bornemann, T., A. L. Moosmann, and Z. Novotny-Farkas. 2023. The consequences of abandoning the quarterly reporting mandate in the prime market segment. *European Accounting Review* 1-34.

Breuer, M., E. Labro, H. Sapra, and A. A. Zakolyukina. 2024. Bridging theory and empirical research in accounting. *Chicago Booth Research Paper* (26-04).

Butler, M., A. Kraft, and I. S. Weiss. 2007. The effect of reporting frequency on the timeliness of earnings: The cases of voluntary and mandatory interim reports. *Journal of Accounting and Economics* 43(2-3), 181-217.

D'Adduzio, J., D. S. Koo, S. Ramalingegowda, and Y. Yu. Forthcoming. Does more frequent financial reporting bring the future forward?. *Accounting Horizons,* in Press.

Dichev, I. D., J. R. Graham, C. R. Harvey, and S. Rajgopal. 2013. Earnings quality: Evidence from the field. *Journal of Accounting and Economics* 56(2-3), 1-33.

Ernstberger, J., B. Link, M. Stich, and O. Vogler. 2017. The real effects of mandatory quarterly reporting. *The Accounting Review* 92(5), 33-60.

Ewens, M., K. Xiao, and T. Xu. 2024. Regulatory costs of being public: Evidence from bunching estimation. *Journal of Financial Economics* 153, 103775.

Fu, R., A. Kraft, X. Tian, H. Zhang, and L. Zuo. 2020. Financial reporting frequency and corporate innovation. *Journal of Law and Economics* 63(3), 501-530.

Gigler, F., C. Kanodia, H. Sapra, and R. Venugopalan. 2014. How frequent financial reporting can cause managerial short-termism: An analysis of the costs and benefits of increasing reporting frequency. *Journal of Accounting Research* 52(2), 357-387.

Kajüter, P., F. Klassmann, and M. Nienhaus. 2019. The effect of mandatory quarterly reporting on firm value. *The Accounting Review* 94(3), 251-277.

Kajüter, P., A. Lessenich, M. Nienhaus, and F. van Gemmern. 2022. Consequences of interim reporting: A literature review and future research directions. *European Accounting Review* 31(1), 209-239.

Koga, Y., and T. Yamaguchi. 2023. Does mandatory quarterly reporting induce managerial myopic behavior? Evidence from Japan. *Finance Research Letters* 56, 104142.

Kraft, A. G., R. Vashishtha, and M. Venkatachalam. 2018. Frequent financial reporting and managerial myopia. *The Accounting Review* 93(2), 249-275.

Kubota, K., and H. Takehara. 2016. Information asymmetry and quarterly disclosure decisions by firms: Evidence from the Tokyo Stock Exchange. *International Review of Finance* 16(1), 127-159.

McMullin, J. L., B. P. Miller, and B. J. Twedt. 2019. Increased mandated disclosure frequency and price formation: Evidence from the 8-K expansion regulation. *Review of Accounting Studies* 24, 1-33.

Scott, W. R., and P. O'Brien. 2019. *Financial Accounting Theory*, 8th Edition. (太田康広・椎葉淳・西谷順平訳. 2022.『新版 財務会計の理論と実証』中央経済社)

Trebbi, F., M. B. Zhang, and M. Simkovic. 2023. The cost of regulatory compliance in the United States. Working Paper.

第 **10** 章

株主資本コスト

髙須悠介　YUSUKE　TAKASU

SUMMARY

　資本コストはファイナンス理論における重要概念である。一方で，資本コスト，特にその構成要素である株主資本コストは観察不可能であり，なんらかの手法を用いて推定せざるをえない。そのため，多くの先行研究が株主資本コストの推定手法を提案し，提案手法間での比較が行われてきた。

　本章ではそのなかでも代表的な３つの推計手法（ファクターモデル，企業特性モデル，インプライド株主資本コスト）の特徴を紹介し，手法間の比較結果に関するエビデンスを紹介する。ただし，これら研究蓄積の一方で，「正しい」株主資本コストの推計手法に関する意見の一致は見られておらず，だからこそどのように資本コストを推計し，どのくらいの水準であると考えているかを明らかにして企業・投資家間の対話に活かすべきであることを指摘する。

---

1 資本コスト意識の高まり

　株主や銀行といった資金提供者は資金提供の見返り（リターン）を求めている。このリターンは資金提供者が期待しているリターン（期待リターン）や企業に対して要求しているリターン（要求リターン）と解釈されるが，企業側から見れば資金調達に伴って生じるコストであり，一般に資本コストと呼ばれる。

　財務分析のテキストをみれば資本コストは必ず解説されており，ファイナンス理論の根幹をなすといっても過言ではないが，日本の経済社会において資本コストが意識され，バズワード化したのはここ10年ほどのように思われる。**図表10-1**は日本経済新聞朝刊および各社有価証券報告書の「事業の状況」を対象として「資本コスト」を単語検索し，ヒットした記事数および企業数を集計

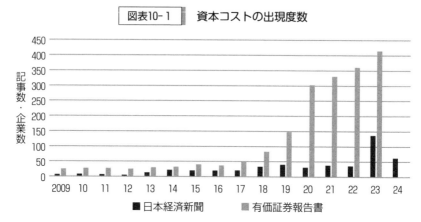

図表10-1　資本コストの出現度数

(注) いずれも「資本コスト」の出現数をカウントしている。図中の日本経済新聞は日経テレコンより朝刊を記事検索，有価証券報告書はeolより各社の有価証券報告書の2【事業の概況】を全文検索し，集計している。各年1月1日から12月31日までの日本経済新聞朝刊および同期間を決算期末とする有価証券報告書を当該年の集計値としている（ただし，2024年は3月末時点までの日本経済新聞のみを集計している）。
(出所) 筆者作成

したものである。これを見てわかるとおり，近年，日本経済新聞や有価証券報告書における「資本コスト」というワードの登場頻度が増加している。特に有価証券報告書の記載内容で見ると2018年以降，日本経済新聞の記事については2023年以降急増している。こうした流れを生みだしたきっかけの1つは2014年に公開された経済産業省の「持続的成長への競争力とインセンティブ～企業と投資家の望ましい関係構築～」プロジェクトの最終報告書（通称，伊藤レポート）であろう。同レポートは会計上での（株主）資本コストともいえるROE（株主資本利益率）の目標水準を8％と明示したことによってその後に資本コストに関する議論を加速させたといえる。

　実効的なコーポレートガバナンスの実現に向けて東京証券取引所によって公表されたコーポレートガバナンスコードもまた一因であろう。同コードは2015年に公表され，2018年，2021年にその改訂が行われているが，2018年の改訂において「経営戦略や経営計画の策定・公表に当たっては，自社の資本コストを的確に把握し，（中略）株主に分かりやすい言葉・論理で明確に説明を行うべきである」（原則5－2）としている。

最後に東京証券取引所による2023年3月の「資本コストや株価を意識した経営の実現に向けた対応等に関するお願いについて」（以下，要請）が挙げられる。同要請では上場企業の企業価値向上の実現に向けて資本コストや資本収益性の把握，改善に向けた方針や取組みを投資者にわかりやすく開示することが求められている。

このように資本コストというワードは近年急激にその存在感を増しており，資本コストに関して理解を深めることは学術の枠に収まらず，実務家にとっても重要な関心事であるといえそうである。資本コストは，負債コスト（他人資本コスト）と株主資本コストをその資本額に応じて加重平均した加重平均資本コスト（WACC）によって表現することが多い。このWACCの算定には負債コストと株主資本コストの把握が必要であり，前者は（企業関係者であれば実際の負債契約などから）比較的容易に把握することができる一方で，後者は明示的なものではなく推計せざるをえない。そのため，株主資本コストの推計にあたっては多くの学術的な議論が蓄積されてきた。本章では資本コストのなかでもその構成要素である株主資本コストに注目し，その推計に関する理論的な背景や重要なエビデンスを紹介する。ただし，紙幅の都合から具体的な推計手順についてはそのつど紹介する参考文献を参照いただきたい。

2 アカデミック・エビデンス

（1）株価の構成要素としての株主資本コストと期待リターン

具体的なアカデミック・エビデンスを紹介する前にその準備段階として株主資本コストに関連する理論的な背景を確認する。

まずは株価の理論モデルである配当割引モデルから始めよう。ファイナンスのテキストを一度でも読んだことのある読者であれば，以下の式を見たことがあるはずである。

$$P_t = \frac{D_{t+1}}{1+r} + \frac{D_{t+2}}{(1+r)^2} + \frac{D_{t+3}}{(1+r)^3} + \cdots = \sum_{i=1}^{\infty} \frac{D_{t+i}}{(1+r)^i}$$

この式は現在の株価（現在を t 時点としてその株価（Price）であるため P_t と表記）が将来の配当金（ t + i 時点の配当（Dividends）であるため D_{t+i} と

144 Part 2 ディスクロージャー

表記）を株主資本コスト r で割り引いた[1]現在価値合計として表現できること
を意味している。ここから，投資家の配当水準に対する期待を高めること（分
子の増加）や，投資家の認識するリスク水準（とそれに見合った株主資本コス
ト）を引き下げること（分子の減少）が株価を高めるには必要であるといえる。
非常にシンプルなこの関係性は直感的であり理解も容易であろう。

一方で，配当水準に対する期待や株主資本コストが変化しなくても，理論的
には株価が変動しうることは見落とされがちなように思われる。**図表10-2**の
例1は現時点から1年後に0円，2年後に100円の配当が期待される株式[2]の株
価と株式リターンの推移をまとめている。表から，現時点から1年後にかけて
期待される配当水準や株主資本コストに変化がなくても株価は上昇している。
これは現時点では2年後の100円の現在価値が株価であったのに対して，1年

| 図表10-2 | 株主資本コストと期待リターン，期待外リターン |

例1：1年後に0円の配当，2年後に100円の配当を受け取ることが期待される株式			
株主資本コスト5％	現時点	1年後	2年後
配当	－	0	100
株価	$\frac{100}{(1+0.05)^2} \approx 90.7$	$\frac{100}{(1+0.05)} \approx 95.2$	0
株式リターン	－	$\frac{95.2-90.7}{90.7} \approx 5\%$	$\frac{0-95.2+100}{95.2} \approx 5\%$

例2：1年後に0円の配当，2年後に100円の配当を受け取ることが期待されていたが，2年目の途中に配当の期待が110円に改訂された株式			
株主資本コスト5％	現時点	1年後	2年後（期待改訂後）
配当	－	0	110
株価	$\frac{100}{(1+0.05)^2} \approx 90.7$	$\frac{100}{(1+0.05)} \approx 95.2$	0
株式リターン	－	$\frac{95.2-90.7}{90.7} \approx 5\%$	$\frac{0-95.2+110}{95.2} \approx 15.5\%$

（出所）筆者作成

---

1 割引率は時間を通じて一定と仮定している。
2 2年目の配当支払い後に企業は解散価値ゼロ，つまり株主への残余財産の分配はなく解散するも
 のと仮定している。

第10章　株主資本コスト　145

後時点ではその時点から1年後（当初の2年後）の100円の現在価値が株価となっているためである。この期間の株式リターンは5％，2年後についても計算するとやはり5％であり，株主資本コストに一致している。つまり，現時点における期待配当や株主資本コスト，それらを踏まえた株価がついた株式への投資からは毎年株主資本コストと同水準の株式リターンが期待される。それゆえ株主資本コストと期待リターンは同義に扱われることが多いのである。

　ただし，2年間にもわたって企業の配当水準や株主資本コストに関する投資家の認識・期待が変化しないということは考えにくいであろう。図表10-2の例2では2年目の途中で配当の期待が100円から110円に改訂されたケースを扱っている。このとき，2年後の株式リターンはキャピタル・ロス95.2円[3]と配当110円の合計である14.8円を1年後時点の株価95.2円で割った15.5％となる。このとき，実現株式リターン（15.5％）は元々の期待リターン（5％）に加え，期待改訂に伴って生じた期待外リターン[4]（10.5％）から構成されていると見ることができる。

　以上で紹介した株価の理論を背景として以下で紹介する種々の株主資本コストの推計手法が開発されてきた。以下ではまず種々の推計手法について紹介し，その後に推計手法間での評価について紹介する。

（2）過去の実現株式リターン

　もっとも単純な推計方法は株主資本コストを推計したい企業の過去の実現株式リターンの平均値を用いることであろう。この方法は単純であるものの，理論的な根拠は存在する。つまり，実現株式リターンの構成要素である期待外リターンはときにプラス，ときにマイナスとなるランダムなリターンであると考えられるため平均すれば期待外リターンは時系列で相殺され，平均実現株式リ

3　1年後時点で95.2円の価値のある株式が2年後の配当後には無価値になることによる値下がり損を意味する。

4　投資家の期待が変わったことによって生じるリターンなのになぜ期待外リターンと呼ぶのか，疑問に思った読者もいるかもしれない。ここでいう期待リターンの期待とはリターンを計測する期間の最初の時点における予想を意味しており，事前の期待と呼ぶこともできる。一方で期待外リターンの期待外とは事前の段階では予想されておらず，リターンの計測期間中の事象によって生じていることを意味しており，事後の期待改訂である。

ターン＝平均期待リターンが成立しうる。実際，Graham and Harvey（2001）は米国のCFO，芹田・花枝（2020）は日本企業の財務担当者を対象としたサーベイを行い，それぞれ回答者の約39%，約18%が過去の平均株式リターンから株主資本コストをいつも（always）もしくはほぼいつも（almost always）推定していると明らかにしている。ただし，平均値を計算する期間が短ければ期待外リターンが相殺されるほどデータを集めることが難しく，期間を長くすれば期待外リターンの相殺は期待されるものの，長期にわたって期待リターンが一定でなければ得られた平均値が期待リターンを捉えているとは考えにくいなど，欠点も少なからず存在する。

（3）ファクターモデル

　投資家は分散投資を行うことによって株式投資のリスクの一部から逃れることが可能である。これは株価変動リスクを企業固有要因（ヒット商品の創出，特許取得，事故など，アンシステマティック・リスクと呼ばれる）とそれ以外（マクロ景気変動，為替変動など，システマティック・リスクと呼ばれる）に分けて考えたとき，前者は複数銘柄への分散投資によって株価変動の相殺が期待されるためであり，企業固有要因による株価変動は分散投資を行う投資家にとってリスクとみなされない。そのため，システマティックなリスク・ファクターに注目し，リスク・リターン関係から投資家の要求するリターン水準（期待リターン，株主資本コスト）を決定するモデルを一般にファクターモデルと呼ぶ。

　ファクターモデルでは，特定のリスク・ファクターについての当該株式のリスクの大きさ（ファクター・ローディング，後述のCAPMではβに相当）とそのリスクの大きさ1単位に対するリスク・プレミアム（後述のCAPMでは市場リスク・プレミアムに相当）の積によって当該株式のリスク・プレミアムを求める。なお，リスク・プレミアムとはそのリスクを負担することによって，リスクを負担しない場合に求めるリターン（リスクフリーレート，実務的には国債金利などで測定）に上乗せして投資家が要求するリターンを意味する。

　実務にもっとも広く浸透しているファクターモデルは資本資産価格モデル（CAPM）であろう。Sharpe（1964），Lintner（1965），Mossin（1966）によっ

て発表されたCAPMでは証券市場全体の変動に対する当該株式の感応度である市場リスク（βで測定される）を投資家が分散投資によって回避できない唯一のシステマティック・リスクと捉え，株主資本コストを推計する（**図表10-3**）。

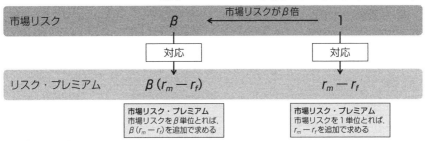

（出所）筆者作成

　CAPMは市場リスクを唯一のシステマティックなリスク・ファクターとみなしているため，シングル・ファクターモデルと呼ばれる。また多くのテキストがCAPMを紹介しており，実務家へのサーベイ調査からもその使用率は他の手法を上回っている（Graham and Harvey 2001；芹田・花枝 2020；日本証券アナリスト協会 2020）。一方で，古くからCAPMに基づく期待リターンと実現株式リターンの当てはまりの悪さが指摘されており（Black et al. 1972），継続的なファクターモデルの開発が進められている。特にシステマティック・リスクを市場リスクに限定せずに複数のシステマティックなリスク・ファクターを考慮したマルチファクターモデルがその中心となっており，代表的なモデルとして，市場リスクに企業規模ファクターとバリューファクターを加えた3ファクターモデル（Fama and French 1993），さらにモメンタム[5]ファクター

5　モメンタム（momentum）とは「勢い」を意味しており，過去の株価動向を反映するファクターを意味する。

148　Part 2　ディスクロージャー

を加えた4ファクターモデル（Carhart 1997），3ファクターモデルに収益性ファクターと投資ファクターを加えた5ファクターモデル（Fama and French 2015）などが挙げられる。これら以外にも様々なファクターモデルが公表されているがモデルの優劣に関して統一的な結論には至っておらず，ファクターモデルの決定版は存在していない。

　具体的な推計手法については上記論文の他に日本企業を対象とした太田ほか（2012），Kubota and Takehara（2018）を参照されたい。

（4）企業特性モデル

　近年，過去のデータから利益率やPBRといった企業特性とその後の実現リターンの関係性を回帰推定し，得られた回帰モデルに現在の企業特性を代入することで期待リターンを推計する手法に関する研究が進められている（Lewellen 2015；Lyle and Wang 2015；Green et al. 2017；Penman and Zhu 2022）。Lee et al.（2021）はこの手法を "characteristic-based" と呼んでおり，ここでは企業特性モデルと呼ぶことにする。

　企業特性モデルの概要を理解するために，**図表10- 4** は企業特性モデルの推計手法を簡潔にまとめている。上述のように実現リターンは期待リターンと期待外リターンから構成されており，事前の企業特性から予測される実現リターンは期待リターンと一致すると考えられる。なぜならば，期待外リターンはその定義から事前には予測できず[6]，もし予測できるのであれば，それを踏まえた株式の価格づけが市場で行われるはずである。たとえば，事前の企業特性からプラスの期待外リターンが予測できるのであれば，その株式は期待リターン（＝要求リターン，株主資本コスト）を超えるリターンが期待できるため[7]，投資家からすると割安であり，買い注文が殺到し，株価が上昇するはずである。その結果，企業特性から予測される期待外リターンの獲得チャンスが消滅する

6　脚注4を参照。
7　期待外リターンを期待できるという表現は矛盾している。リスクに見合うリターン水準を要求リターンや株主資本コストと定義し，①要求リターンと②株価がリスクに見合う適正水準から乖離しているために事前に予測できる追加的なリターンの合計が期待リターンであると定義するほうがすっきりするかもしれない。この点は後述のモデルの評価でも触れている。

まで株価が上昇し，結局は企業特性から期待外リターンを予測することは不可能になるはずである。

　企業特性モデルはLyle and Wang（2015）のように理論的に特定された2つの企業特性（PBRの逆数である簿価時価比率とROE）に注目する研究がある一方で，Green et al.（2017）は94もの企業特性を取り上げており，何を企業特性とするかに自由度がある。しかしながら，そういった多種の企業特性を当初取り扱っている研究であっても，その分析のなかで実際にはごく少数（2～3個）の企業特性によって十分に実現リターンにフィットする期待リターンの推計値が得られることが報告されている。

図表10-4　企業特性モデルの推定イメージ

①2000年から2022年までのパネルデータ（複数企業の複数年度からなるデータセット）を使って以下の回帰式を推定する。

$$Return_{it} = \alpha + \beta X_{it} + \varepsilon_{it}$$

$Return_{it}$は企業 i の t 時点から将来12か月間の株式リターン，X_{it}は企業 i の t 時点の企業特性（企業規模，収益性，など）

②得られた推定係数（$\hat{\alpha}$と$\hat{\beta}$）と2023年の個々の企業の企業特性データ（X_{it}）を使って回帰モデルからの予測値を計算する。

$$\widehat{Return}_{it} = \hat{\alpha} + \hat{\beta} X_{it}$$

③得られた予測値（$\widehat{Return}_{it}$）を企業 i の2023年時点の期待リターン（＝株主資本コスト）とみなす。

（出所）筆者作成

　企業特性モデルの具体的な推計手法については，上記論文のほかに日本企業を対象とした小野・村宮（2017）を参照されたい。

（5）インプライド株主資本コスト

　ここまで紹介してきた推計手法はいずれも実現リターンから株主資本コスト（期待リターン）を推計する手法であったのに対し，株価を用いる手法もまた存在する。まずは具体例から見ていこう。さきほどの配当割引モデルに「翌期以降の配当は一定率 g で永続的に成長する」という仮定を追加すると，これも

またテキストで頻出のゴードン・モデル（配当の定率成長モデル，図表10-5左側）が導出される。

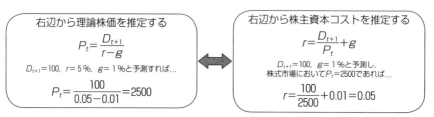

図表10-5　株式価値評価モデルとインプライド株主資本コスト

（出所）筆者作成

　このモデルによれば現在の株価（P_t）は翌期の配当（D_{t+1}）と株主資本コスト（r），配当の永続成長率（g）によって表現することができる。株式価値評価の際には右辺の3要素（翌期の配当，株主資本コスト，配当成長率）を予想することによって理論株価を求めることが一般的な評価プロセスであろう。これに対し，翌期の配当と配当成長率に加え，株主資本コストの代わりに現在の株価をモデルに代入すると，株主資本コストの推計値を得ることができる（図表10-5右側）。これは株価モデルを前提として現在の株価に組み込まれている株主資本コストをモデルから逆算するため，インプライド株主資本コスト（implied cost of equity capital）と呼ばれる。

　インプライド株主資本コストは学術研究においても広く活用されているが，近年の学術研究における使用状況としては，配当割引モデルよりも会計利益に注目した残余利益モデル（Gebhardt et al. 2001；Claus and Thomas 2001）や異常利益成長モデル（Ohlson and Juettner-Nauroth 2005；Easton 2004）といった価値評価モデルを前提としたインプライド株主資本コストの推計が一般的であるように思われる。なお，具体的な推計手法については後藤・北川（2010）などを参照されたい。

　インプライド株主資本コストを推定するには，具体例のように株価の理論モデルを特定し，いくつもの仮定[8]を置く必要がある。仮定を置かなければ冒頭の配当割引モデルからわかるように無限に企業の配当を予測しなければならず，

第10章　株主資本コスト　151

インプライド株主資本コストの推計は不可能となる。株式価値評価実務において，将来のある時点までキャッシュフローを予測し，それ以降の価値は端末価値として推計するDCF法は一般的ではあるものの，類似の仮定の上で生み出されたインプライド株主資本コストはどの程度の妥当性を有するのか実証的な評価に委ねられるべきであろう。

（6）モデルの評価

　同じ概念に対して複数の推定手法が提案されているのであれば，それを評価するのが研究の常である。

　株主資本コストの推計値の評価としてよく用いられる方法は，当期の株主資本コストと翌期の実現リターンを比較する方法である。冒頭にも説明したように，株主資本コストは投資家からみた期待リターンであり，株式市場で株式が合理的に値づけされているのであれば，事後的にノイズ（期待外リターン）はあれども平均的に期待は実現すると予想される。Chattopadhyay et al.（2022）は米国企業に限らず日本を含む29の国・地域を対象として，ファクターモデル，企業特性モデル，インプライド株主資本コストそれぞれに基づく期待リターン（株主資本コスト）を各企業について推計し，実現リターンとの関係性を分析している。その結果，企業特性モデルに基づく推計値がほぼすべての国・地域において実現リターンと期待どおりの正の相関を有していることを報告している。一方で，インプライド株主資本コストについては一部の国・地域においてのみ正の相関が確認され，ファクターモデルに至っては多くの国・地域で理論的予測とは反対に負の相関を示すことが明らかにされている。このことから，実現リターンとの関係からは企業特性モデルに基づく推計値が株主資本コストとしての望ましい性質を有しているといえそうである。

　Lee et al.（2021）は米国企業を対象として各推計手法ごとに株主資本コストを推計する際に生じる測定誤差に注目して比較検討を行っている。技術的な側面は省略して彼らの結論をまとめれば，①インプライド株主資本コストは同一

8　たとえば，配当や利益の将来趨勢として産業平均に回帰する，株主資本コストが一定である，株式市場は企業の株価を過大評価も過小評価もしていない，などが挙げられる。

152　Part 2　ディスクロージャー

企業内における時系列での株主資本コストの変化を把握する上で有益であること，②企業特性モデルは同一時点における企業間での株主資本コストの違いを把握する上で有益であること，③ファクターモデルはいずれの観点から見ても測定誤差が大きく信頼性に乏しいこと，が明らかにされている。なお，彼らの検証では各推計手法から得られた株主資本コストの水準の正しさ自体は検証対象となっていないことに注意されたい[9]。

　Chattopadhyay et al.（2022）とLee et al.（2021）を踏まえると，企業特性モデルが相対的にメリットを有しているように思われる。しかしながら，企業特性モデルによって推計された株主資本コストはサーベイから得られた実際に実務家が回答している期待リターンや株主資本コストと比べて高い傾向にあることに注意が必要かもしれない。たとえば，企業特性モデルに基づく推計値について，Lewellen（2015）による米国企業の1974年から2013年までの期待リターンの平均値は約15%，Penman and Zhu（2022）による米国企業の1981年から2012年までの期待リターンの平均値は約17%である。一方で，Adam et al.（2021）は米国市場を対象として過去に行われたいくつかのサーベイの結果をまとめており，実施時期などにばらつきはあるものの各サーベイにおける回答者の平均期待リターンが5〜10%程度であることを明らかにしている。期待外リターンは企業特性から予測できないという前提は先述のように株式市場でそのように価格付けが行われているという仮定に基づいているが，実際にはこの仮定が成立している保証はない。仮定が成立しない場合，企業特性モデルに基づく推計値には少なからず期待外リターンが含まれており[10]，株主資本コストとは異なることが十分に考えられる。

　Chattopadhyay et al.（2022）とLee et al.（2021）で否定的な結論が得られているファクターモデルについて，Dessaint et al.（2021）はさらに興味深い事実を報告している。彼らの研究によると，米国企業によるM&Aにおいて被買

9　たとえば，A社とB社の本来の株主資本コストが8%と10%であり，ある推計手法からA社の株主資本コストが10%，B社の株主資本コストが12%と得られたとき，各社の株主資本コストの推計値は正しくないが，A社の株主資本コストがB社よりも低いことを確認することは可能である。

10　リスク・リターン関係に基づかずに予測できるリターンはアノマリーと呼ばれる。期待リターンの代替的な定義については脚注4を参照。

収企業のCAPMに基づく β が低い（高い）ほど，M&A発表に伴う買収企業の株式リターン（≒M&Aに対する株式市場の評価）が低い（高い）傾向にある。彼らはこの理由として，図表10-6に示すように①CAPMに基づく証券市場線（β とCAPMに基づく資本コストの関係性を表す直線）に比べ，縦軸の資本コストを実際の実現リターンで捉えた証券市場線（β と実現リターンに基づく資本コストの関係性を表す直線）[11]の傾きが緩やかであることを示す過去の研究（Black et al. 1972）を背景として，②被買収企業のバリュエーションにおいて，株式市場で想定されている資本コスト水準よりもCAPMに基づき β が低い（高い）企業に過小（過大）な資本コストを割り当ててしまい，被買収企業の価値を過大（過小）評価してM&Aを実行している可能性を指摘している。彼らはこれをCAPMが資本支出予算に広く用いられることのリアルエフェクトと呼んでいる。

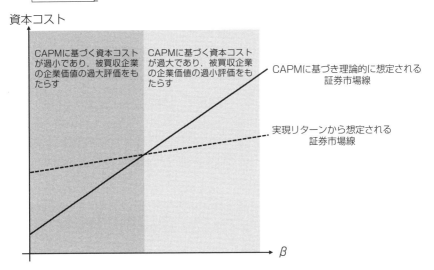

図表10-6　CAPMに基づく証券市場線と実データに基づく証券市場線

(出所) Dessaint et al. (2021) に基づき筆者作成

11　ここでは実現リターンが平均的に株主資本コストを反映しているとみなし，β と株主資本コストの関係性を実現リターンに基づいて描画している。

154　Part 2　ディスクロージャー

3 日本企業との関連性

　日本においても各株主資本コストの推計手法の特性について検証が進められている。小野・村宮（2017）は日本企業を対象としてファクターモデル，企業特性モデル，インプライド株主資本コストの，それぞれに基づく株主資本コストを分析している。その分析から，企業特性モデルおよびインプライド株主資本コストが将来実現リターンとの関係性からは有効であり，特に企業特性モデルは理論的な予測（実現リターンと期待リターンは平均的に一致する）に近いことを報告している。加えて，小野ほか（2022）はPenman and Zhu（2022）などで注目されている会計原則とリスクの関係[12]に基づいた新たなファクターモデルを提案し，日本の株式市場でうまく機能する可能性があることを明らかにしている。

　企業特性モデルに基づく期待リターンの水準についても米国と同様の傾向が観察されている。小野・村宮（2017）の推計によれば1983年から2014年までの企業特性モデルに基づく期待リターンは約15％である一方で，柳（2022）によれば国内外の機関投資家に対して日本株に期待する株主資本コストについて継続的にサーベイを行ったところ，2012年から2022年までの平均的な要求水準は6.8％〜8.0％であることが判明している。もちろん分析時点の違いやサーベイの結果が真の株主資本コストを表している保証はないものの，このような乖離があることもまた把握しておくべきであろう。

　最後に，日本証券アナリスト協会が2020年に証券アナリスト有資格者向けに行ったサーベイ（日本証券アナリスト協会 2020）から，資本コスト水準の把握にCAPMを用いていると回答している割合は87.1％であり，資本コストの測定にCAPMが広く浸透しているように思われる[13]。このことは，Dessaint et al.（2021）の指摘するCAPMのリアルエフェクトが日本市場においても生じている可能性があることを示唆する。

12　たとえば，不確実性の高い研究開発投資の即時費用化や事業リスクから解放されるまでの収益認識の遅延など。

13　当該サーベイは証券アナリスト有資格者を対象としており，ファイナンス・リテラシーが相当程度高い回答者であるため，当然ながら回答者バイアスは存在していると思われる。

第10章　株主資本コスト　**155**

4 実務・政策的な示唆

本章の読者のなかには「株主資本コストはどのように推定するべきか」という問いに対する答えを求めている読者もいるかもしれない。しかしながら総評すると，その質問に対して単一の特定の手法を用いるべきだとする結論は学術的には出ていないといえるだろう。近年の実証研究においても，いずれか1つの尺度に信頼が置かれているわけではなく，複数の尺度を用いて総合的な判断が行われることも多いように思われる。

さらにCAPMに基づくミスプライシングを指摘している先述のDessaint et al.（2021）ですら，シンプルさと理論的な基礎をもつCAPMから株主資本コストを考え始めることが現実的であろうと述べている。ただし，彼らはβが低い（高い）場合には資本コストを過小評価（過大評価）しうることを踏まえ，Levi and Welch（2017）が提案する方法に従って（特定の値に近づくように）βを修正すること，その上で複数の株主資本コスト推計手法を用いた評価結果を勘案し，企業価値を1つの値（ポイント）ではなく幅（レンジ）で評価することを提案している。

「いろんな方法で計算して総合的に判断してください」という結論は，示唆のようで読者にすべてを丸投げしてしまっている感は否めない。せめてもの判断の参考になればとの思いで，若干のデータと筆者の見解を紹介したい。

図表10-7は日本の上場企業を対象としてLevi and Welch（2017）に従って過去1年間の日次ベースでCAPMのβを推計して得られた2024年3月末時点の株主資本コストの分布（黒色の棒グラフ）を示している。低βであるほど株主資本コストは低水準になるが，グラフから見てわかるように株主資本コストが3％を下回っている企業が少なからず存在していることがわかる。一方で日本証券業協会の2024年3月29日付の格付けマトリクス表によると，日本格付研究所の格付けに基づく残存年数20年の公社債の平均複利利回りは2.1%（AAA格），2.2%（AA格），2.9%（A格）である。そもそも長期の公社債を発行しているのは地方自治体や政府系団体，インフラ系企業といった安定的な発行体が多く，この公社債利回りは比較的信用力の高い発行体に対する債券投資家の要求リターン水準であるといえる。株式は公社債に比べリスクが高く，倒産しな

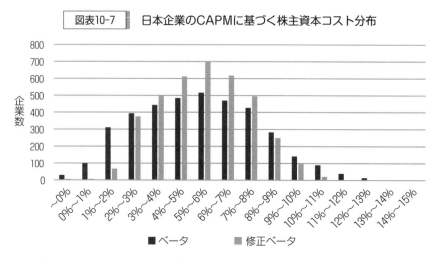

図表10-7　日本企業のCAPMに基づく株主資本コスト分布

（注）2024年3月末時点において東京証券取引所に上場している企業を対象として，2023年4月から2024年3月までの日次株式リターンと同期間のTOPIXの日次リターン，10年物国債の日次利回りからβを推定している。株主資本コストの推定については，2024年3月末時点の10年物国債利回り0.75％をリスクフリーレート，期待市場リターンを8％としている。修正βはLevi and Welch（2017）に従い本文中で紹介した方法を用いて修正している。
（出所）国債利回りは財務省ホームページ，その他のデータはEikonから収集し，筆者作成

い限り永遠の満期をもつとみなすのであれば，株主資本コストが優良発行体の公社債利回りを下回るとは考えにくい。そのため，少なくとも株主資本コストが3％を下回る場合には，筆者の私見ではあるが過小な推定値だと考えている。

　ちなみにLevi and Welch（2017）は以下の式でβを修正することを提案しており，その修正を適用した結果が図表10-7の灰色の棒グラフである。修正前のベータに比べれば極端に株主資本コストが低い企業は減少しているものの，それでもやはり株主資本コストが3％を下回っている企業は少なくない。株主資本コストの推計値に疑念が生じるのであればやはり他の手法の活用も視野に入れる必要があるだろう。

＜Levi and Welch（2017）の修正β＞

$$修正ベータ = 0.65 \times ベータ + 0.35 \times TARGET$$

なお，TARGETは時価総額に基づき大規模企業に0.9，中規模企業に0.7，小規模企業に0.5を割り当てている[14]。

　また3％は絶対的な基準ではなく，Dessaint et al.（2021）を踏まえれば，

推定された株主資本コスト4％であったとしても過小評価は起きているかもしれないし，逆に10％であっても過大評価されているかもしれない。真実の株主資本コストがわからないのであれば，やはり可能な限り多面的に株主資本コストを評価するべきだろう。

　繰り返しになるが，真の資本コストは存在したとしても，だれもが納得する推計手法は存在しないのである。複数の推定手法が存在し，それぞれに長所・短所が存在するため，複数の手法で継続的に計測・把握することが重要だと筆者は考えている。真の資本コストがわからないからこそ，自社はどのように資本コストを推計し，どのくらいの水準であると考えているかを明らかにして投資家との対話に活かすべきであろう。

　根拠のない数値の言い合いは何も生み出さない。筆者は「なぜその方法を選んだのかを説得的に説明できるのであればリサーチデザインは自由である」と学生に説明するが，これは資本コストの議論にも当てはまるだろう。どういった論理に基づいてどのように推定したかを説明できるのであれば，説明された相手はその論理に矛盾があればそれを指摘し，なければ相手の説明を受け入れなければならない。企業と投資家が対等な立場でコミュニケーションをとるためにも互いに説明責任を果たす必要がある。異なる手法で資本コストを計測する限り，企業と投資家がそれぞれ考える資本コストの差異は収斂するとは限らないのであれば，なおさら資本コストに関するコミュニケーションを促進すべきである。

◆参考文献

太田浩司・斉藤哲朗・吉野貴晶・川井文哉. 2012.「CAPM，Fama-French 3ファクターモデル，Carhart 4ファクターモデルによる資本コストの推定方法について」『関西大学商学論集』57（2）:1-24.

小野慎一郎・村宮克彦. 2017.「クリーンサープラス関係を利用した時間的に変動する期待リターンの推計」『証券アナリストジャーナル』55（10）:70-81.

小野慎一郎・椎葉淳・村宮克彦. 2022.「会計原則と期待リターン」『証券アナリストジャーナル』60（10）:55-66.

後藤雅敏・北川教央. 2010.「資本コストの推計」桜井久勝編『企業価値評価の実証分析―モ

14　Levi and Welch（2017）は米国企業を対象として時価総額に基づき三分位に分割している。

デルと会計情報の有用性検証』中央経済社.

芹田敏夫・花枝英樹. 2020. 「投資決定」日本証券経済研究所編『日本のコーポレートファイ
ナンス—サーベイデータによる分析』白桃書房.

日本証券アナリスト協会. 2020. 『「資本コストと企業価値向上」に関するアンケート調査結果』.

柳良平. 2022. 「日本企業の価値創造に係る資本市場の視座の変遷～グローバル投資家サーベ
イ時系列分析（2007 - 2022）～」『月刊資本市場』（443）:42-53.

Adam, K., D. Matveev, and S. Nagel. 2021. Do survey expectations of stock returns reflect
risk adjustments? *Journal of Monetary Economics* 117:723-740.

Black, F., M. C. Jensen, and M. Scholes. 1972. The capital asset pricing model: Some
empirical tests. In *Studies in the Theory of Capital Markets*, edited by M. C. Jensen. New
York: Praeger, 79-121.

Carhart, M. M. 1997. On persistence in mutual fund performance. *The Journal of Finance* 52
(1):57-82.

Chattopadhyay, A., M. R. Lyle, and C. C. Y. Wang. 2022. Expected stock returns worldwide:
A log-linear present-value approach. *The Accounting Review* 97 (2):107-133.

Claus, J., and J. Thomas. 2001. Equity premia as low as three percent? Evidence from
analysts' earnings forecasts for domestic and international stock markets. *The Journal of
Finance* 56 (5):1629-1666.

Dessaint, O., J. Olivier, C. A. Otto, and D. Thesmar. 2021. CAPM-based company (mis)
valuations. *The Review of Financial Studies* 34 (1):1-66.

Easton, P. D. 2004. PE Ratios, PEG ratios, and estimating the implied expected rate of
return on equity capital. *The Accounting Review* 79 (1):73-95.

Fama, E. F., and K. R. French. 1993. Common risk factors in the returns on stocks and
bonds. *Journal of Financial Economics* 33 (1):3-56.

Fama, E. F., and K. R. French. 2015. A five-factor asset pricing model. *Journal of Financial
Economics* 116 (1):1-22.

Gebhardt, W. R., C. M. C. Lee, and B. Swaminathan. 2001. Toward an implied cost of capital.
Journal of Accounting Research 39 (1):135-176.

Graham, J. R., and C. R. Harvey. 2001. The theory and practice of corporate finance:
evidence from the field. *Journal of Financial Economics* 60 (2):187-243.

Green, J., J. R. M. Hand, and X. F. Zhang. 2017. The characteristics that provide independent
information about average U.S. monthly stock returns. *The Review of Financial Studies*
30 (12):4389-4436.

Kubota, K., and H. Takehara. 2018. Does the Fama and French five-factor model work well
in Japan? *International Review of Finance* 18 (1):137-146.

Lee, C. M. C., E. C. So, and C. C. Y. Wang. 2021. Evaluating firm-level expected-return
proxies: Implications for estimating treatment effects. *The Review of Financial Studies* 34
(4):1907-1951.

Levi, Y., and I. Welch. 2017. Best practice for cost-of-capital estimates. *Journal of Financial
and Quantitative Analysis* 52 (2):427-463.

Lewellen, J. 2015. The cross-section of expected stock returns. *Critical Finance Review* 4 (1):1-44.

Lintner, J. 1965. The valuation of risk assets and the selection of risky investments in stock portfolios and capital budgets. *The Review of Economics and Statistics* 47 (1):13-37.

Lyle, M. R., and C. C. Y. Wang. 2015. The cross section of expected holding period returns and their dynamics: A present value approach. *Journal of Financial Economics* 116 (3):505-525.

Mossin, J. 1966. Equilibrium in a capital asset market. *Econometrica* 34 (4):768-783.

Ohlson, J. A., and B. E. Juettner-Nauroth. 2005. Expected eps and eps growth as determinants of value. *Review of Accounting Studies* 10 (2):349-365.

Penman, S., and J. Zhu. 2022. An accounting-based asset pricing model and a fundamental factor. *Journal of Accounting and Economics* 73 (2):101476.

Sharpe, W. F. 1964. Capital asset prices: A theory of market equilibrium under conditions of risk. *The Journal of Finance* 19 (3):425-442.

第 11 章

経営者予想

石田惣平　SOUHEI ISHIDA

SUMMARY

　経営者予想は，企業の内部者である経営者が作成する自社の業績見通しであり，企業外部者にとって重要な情報源となっている。とりわけ，日本では東京証券取引所の要請により経営者予想の開示が実質的に強制されている側面があることから，欧米諸国に比べるとその重要性は高いと考えられる。一方で，近年，経営者予想の開示制度は柔軟化しており，予想を非開示にする企業も増えつつある。

　本章の狙いは，日本における経営者予想の開示制度とその傾向を整理したうえで，経営者予想の特性に及ぼす要因とそれがもたらす帰結について重要なエビデンスを紹介し，実務的・政策的な示唆を得ることにある。

1　日本における経営者予想

　経営者予想（management forecast）は，企業の内部者である経営者が作成する自社の業績見通しであり，企業外部者にとって重要な情報源となっている。本章では，日本における経営者予想の開示制度とその傾向を整理したうえで，経営者予想の特性に及ぼす要因とそれがもたらす帰結について重要なエビデンスを紹介する。

　経営者予想は日本では業績予想と呼ばれることが多く，その起源は東京証券取引所内の記者クラブ（兜倶楽部）が業績予想の開示を要請していたことに遡ることができる。当時，業績予想の開示は，決算発表時の共通質問事項の1つと位置づけられていた。東京証券取引所（1982）によれば，1980年3月期における決算発表においては90.7%が売上高，90.8%が経常利益，90.7%が当期純利

益，79.5％が1株当たり当期純利益についての次期の予想を開示していたという。その後，全国の証券取引所を組織する全国証券取引所協議会が主導し，決算短信の見直しが行われ，決算短信上で将来の企業業績に関する予想値が開示されるという今日の姿になった。

　日本の経営者予想の開示制度にはいくつかの特徴がある。1つは，その開示が実質的に強制されている（effectively mandated）点である。企業が行う情報開示は，法律で定められた情報開示である強制開示（mandatory disclosure）と企業が自主的に行う自発的開示（voluntary disclosure）に分けられる。米国では，経営者予想は法的拘束力のない任意開示であり，その公表は各企業の裁量にゆだねられている。1997年から2009年までの米国の上場企業をサンプルとしたKwak et al.（2012）によれば，経営者予想を開示した企業はサンプルの41.4％であることが報告されている。一方で，日本の経営者予想は米国と同じように自発的開示であるものの，東京証券取引所が売上高，営業利益，経常利益，当期純利益，1株当たり当期純利益に関する次期の予想を決算短信上で開示することを推奨している。また，業績予想を開示しない場合は，東京証券取引所に対して事前相談と理由の開示を行う必要がある。そのため，日本の経営者予想は強制開示に近い特性がある。

　もう1つは，ポイント予想の開示が求められている点である。経営者予想として次期の予想を開示するにあたっては，「○○○○円」のように具体的な数値を示すポイント形式の予想と「○○○○円から●●●●円」のようにレンジ形式の予想を示す場合がある。米国においては，多くの場合，レンジ形式で予想の開示が行われている。先に紹介したKwak et al.（2012）によれば，経営者予想を開示している企業のうち72.7％がレンジ形式での予想を行っていることが報告されている。これに対して，日本では東京証券取引所がポイント形式による予想の開示を求めており，レンジ形式の予想の開示はポイント形式による予想の開示がかえって投資家に誤解を与えるおそれがある場合に限定されている。それゆえ，日本では実質的にポイント形式の予想の開示が求められているといえる。

　ただし，2012年3月に「業績予想開示に関する実務上の取扱いについて」が公表されて以降，経営者予想の運用は一部柔軟化されている。具体的には，将

来予測情報の開示は従来のポイント形式に限定されるものではなく，レンジ形式や文章による説明を採用することも認められるようになった。加えて，東京証券取引所への事前相談なしに経営者予想を非開示することも可能となっている。しかし，日本では未だに多くの企業が経営者予想を開示しており，かつポイント形式での予想を行っている。**図表11-1**は日本企業の経営者予想の開示傾向を示したものである。新型コロナウイルス感染症の影響により2020年3月期の決算発表においては57.0%の企業が経営者予想の開示を見送ったものの，ほかの期間については9割以上の企業が経営者予想を公表している。また，予想を公表している企業のほとんどがポイント形式の予想を開示していることが確認できる。

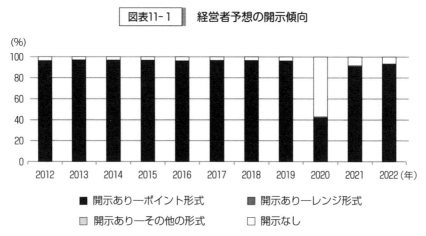

図表11-1　経営者予想の開示傾向

（出所）東京証券取引所の「決算発表状況の修正結果について」（2012年3月期～2022年3月期）を基に筆者作成。

2　アカデミック・エビデンス

(1) 経営者予想の特性に及ぼす要因

　学術研究においては，経営者が公表した予想値が事後的に判明する実績値とどの程度乖離をしているのかに基づいて経営者予想の特性を定量化している。

第11章 経営者予想 **163**

具体的には，予想値が実績値よりも高ければ楽観的（optimistic），低ければ悲観的（pessimistic）と定義される[1]。また，予想値と実績値の乖離が小さい場合には，その予想値は正確である（accurate）と解される。ここでは，それぞれの特性に影響を及ぼす要因について整理する。

① 経営者のインセンティブ

経営者予想が楽観的になるのか，それとも悲観的になるのについては，予想を公表する経営者のインセンティブが大きく関連していることが知られている。すなわち，楽観的な予想を公表することによって経営者が被るコストより受け取るベネフィットのほうが大きければ，経営者は楽観的な予想を開示することになる。他方，悲観的な予想を開示することのベネフィットがコストを上回るのであれば，経営者は悲観的な予想を公表すると考えられる。とりわけ，Rogers and Stocken（2005）は次の4つの要因が経営者のインセンティブを形成していると指摘している。

1つ目は株主代表訴訟である。株主代表訴訟を起こされた場合，経営者は高額な賠償責任を負う可能性がある。そのため，訴訟の引き金になりかねないような行動はなるべく行わないと予想される。将来志向情報についていえば，将来の見込みについて悲観的な情報を差し控えた場合に訴訟リスクが高くなることがこれまでの研究によって報告されている（Francis et al. 1994）。したがって，訴訟リスクが高い状況下において，経営者が悲観的な将来情報を有しているのであれば，経営者予想を通じてその情報を開示すると考えられる。これにより，悲観的な情報を開示しなかったために訴えられる可能性を減らすことができる。

2つ目は内部者取引である。経営者は，投資家をミスリードするような情報を意図的に開示し，その結果生じた株価のミスプライスを利用して利益を得ることができる。特に，経営者は保有する自社株を売却しようとする際には楽観的な予想を公表することで株価を吊り上げ，自社株を購入しようとする場合に

---

1 実績値に比べて予想値が高い場合には上方にバイアスがかけられている（upward biased），低い場合には下方にバイアスがかけられている（downward biased）と呼ぶこともある。本章では，これらの言葉を状況に応じて使い分けているが，意味するところは同じである。

は悲観的な予想を開示することで株価を下落させることによって利益を得ることができるため，自社株の売買を実施する直前にはバイアスのかかった予想を開示する可能性がある。

　3つ目は財務的困窮である。企業外部者をミスリードするような予想を公表するインセンティブは，企業の財務的健全性によっても変化すると考えられる。企業業績が大幅に悪化した場合，その責任を問われて経営者は交代させられる可能性がある。他方，そうした状況において楽観的な予想を開示すると，企業が回復する見込みがあることを外部に知らしめることができ，結果として自身が交代させられる可能性を引き下げることができるかもしれない。そのため，財務的困窮状態にあるような企業の経営者ほど楽観的な予想を開示するインセンティブを有しているといえる。

　4つ目は競争環境である。競争相手が少ない産業はそうでない産業に比べて収益性が高い傾向にあるが，それゆえに新規参入を試みる企業が多くなる。かりに新規参入が増えれば，既存企業の収益性は低下してしまうおそれがあるため，既存企業は悲観的な予想を公表することによって，新規参入をしようとする企業を食い止めようとする可能性がある。

　Rogers and Stocken（2005）は米国企業を対象として，これらのインセンティブが経営者予想に影響を及ぼすかどうかを検証している。検証の結果，訴訟リスクが高い企業ほど悲観的な予想を公表すること，また企業外部者が経営者予想の信頼性を適切に評価できないような状況においては経営者予想の悲観性が緩和されることを報告している。さらに，経営者予想の信頼性を外部者からは評価できない状況において，内部者取引，財務的困窮，競争環境という要因が経営者予想に影響を与えることを発見している。

② 経営者の特性

　経営者予想がどれだけ正確であるか，あるいはどれだけバイアスのかかったものであるかについては，経営者の特性に依存するところも大きい。Bamber et al.（2010）は，経営者のキャリア，年齢，軍隊経験，教育水準によって予想の正確度が変化するかを分析している。法務経験のある経営者ほど，訴訟リスクに敏感になるために悲観的な予想を開示する傾向にあるかもしれない。また，

年齢の高くなるにつれて，保守的な傾向が強まることから，高齢の経営者ほど悲観的な予想を発表すると考えられる。軍隊経験がある場合にも保守的な思考が強くなるため，そうした経営者は悲観的な予想を開示する傾向が強いかもしれない。さらに，MBAのような高度な教育を受けている経営者ほどさまざまな知識を有しているため，正確度の高い予想を公表する可能性が高い。Bamber et al.（2010）は米国企業をサンプルとして，これらの予測と整合的な検証結果を発見している。

　経営者の能力と経営者予想の正確度の関係性を分析した研究も存在する。経営能力が高い経営者は，情報処理能力が高く，それだけ将来業績に関して正確な予測を行える可能がある。Baik et al.（2011）はニュース記事の引用数，総資産利益率，Demerjian et al.（2012）が考案した経営者能力（managerial ability）の3つの尺度を経営者の能力として，経営者予想の正確度との関連性を検証している。米国企業をサンプルとして検証を行ったところ，これら3つの尺度すべてが経営者予想の正確度と正の関係にあることが確認されている。すなわち，能力の高い経営者ほど正確度の高い予想を開示する傾向があるといえる。

　経営者の性別に注目した研究も存在する。女性経営者は女性であるがゆえに男性経営者よりもメディアや同僚からの監視の目にさらされていることが多い。実際にGupta et al.（2018）は，女性経営者は男性経営者に比べて平均的に解任される可能性が高いことを報告している。そのため，女性経営者は在任期間中になるべく自身の評判を高めるような行動をとるインセンティブを有している。先にも紹介したように，経営能力と経営者予想の正確度は強く関連しているため（Baik et al. 2011），女性経営者は正確な予想を公表することによって自身の能力の高さを示し，ひいては高い評判を得ることができるかもしれない。Francoeur et al.（2022）は米国企業をサンプルとして，女性経営者ほど正確度の高い予想を公表することを報告している。

③　コーポレートガバナンス

　経営者は自身の利益を得るために戦略的に経営者予想を開示するインセンティブを有している。アカデミアでは，こうした経営者の機会主義的な行動を

166　Part 2　ディスクロージャー

抑制するメカニズムの探索も行われている。Karamanou and Vafeas（2005）は取締役会と監査委員会という2つのガバナンス・メカニズムに注目し，これらのメカニズムが効果的に機能する場合，経営者予想の正確度が高まるのかどうかを検証している。分析の結果，社外取締役の比率が高い取締役会を有する企業ほど正確な予想を公表する一方で，役員持株比率が高い企業ほど予想の正確度が低下することが確認されている。社外取締役は社内取締役に比べて経営者の影響力から独立しており，彼女ら／彼らの意向に従うインセンティブが小さい。そのため，経営者が予想に対して意図的にバイアスをかけようとするのを抑制できると考えられる。また，企業内部者である役員が非常に多くの株式を保有すると，経営者に対する規律づけが弱まるため，経営者は自身に都合のよい予想の開示を行うようになると考えられる。

（2）経営者予想がもたらす帰結

　企業外部者はなんらかの意思決定を行う際，さまざまな情報を参照することになるが，その中でも経営者予想はきわめて重要な情報源であるとことがこれまでに多くの研究で指摘されている。これは，経営者予想が企業外部者に比べて多くの情報を有する経営者が作成すること，および将来志向情報（forward-looking information）であることに起因する。ここでは，経営者予想がどのような帰結をもたらすのかについて，アナリスト予想，株価反応，銀行借入の側面から整理する。

①　アナリスト予想

　アナリストは，証券会社や資産運用会社などに属し，調査対象企業について調査，分析，評価を行う専門家である[2]。アナリストは企業が公表する情報だけでなく，経営陣へのインタビューなどを通じて調査対象企業の分析を実施し，株式や債券の評価を行っている。また，分析の結果は調査対象企業の業績予測

2　アナリストは，セルサイド・アナリストとバイサイド・アナリストに区分される。前者は証券会社，後者は銀行や資産運用会社に属する。一般に業績予測や投資推奨などの情報がレポートの形で外部に公表されるのはセルサイド・アナリストのもののみであることから，学術研究で研究の対象とされているのはセルサイド・アナリストが中心となっている。

や投資推奨を付したレポートとして公開されることになる。このようにアナリストのレポートに収録される業績予測はアナリスト予想と呼ばれ，投資家の重要な情報源の1つとなっている。

　他方，アナリスト予想は経営者予想に影響を受けることも指摘されている。米国企業を対象に分析を行ったHassell et al.（1988）では，経営者予想がその公表直前に開示されたアナリスト予想に比べて高ければ（低ければ），経営者予想公表後に公表される新たなアナリスト予想は上方に（下方に）改訂されることが示されている。また，アナリストが業績予測を行う際にどれだけ経営者予想を重視するかは，過去の経営者予想の正確度に依存することも知られている。Williams（1996）はこの点を検証した研究である。彼女は米国企業をサンプルに，アナリストは自身の予想とは乖離する経営者予想が公表されると，経営者予想に近づけるように自身の予想を改訂すること，およびそうした傾向は過去の経営者予想が正確であればあるほど強くなることを報告している。

②　株価反応

　株式市場における経営者予想の有用性を検証する際，学術研究ではイベント・スタディという研究手法が用いられてきた。イベント・スタディとは，ある情報の公表というイベントの発生に対して，株価や出来高がどの程度変化したのかを調査する手法である。かりにその情報の公表に対して株価や出来高が変化しているのであれば，投資家はその情報を用いて株式の売買を行っていることを意味するため，その情報には有用な情報内容が含まれると結論づけられる。

　米国における初期の研究では，経営者予想の公表に対して株価が反応していることが観察されている（Patell 1976）。また，出来高についての検証も行われており，経営者予想が公表されると，出来高が増加することが示されている（Nichols et al. 1979）。公表された経営者予想がグッド・ニュースなのか，バッド・ニュースなのかを区分して，株価反応を検証した研究も存在する。Waymire（1984）はアナリストのコンセンサス予想に比べて経営者予想が高ければグッド・ニュース，低ければバッド・ニュースと識別し，グッド・ニュースとバッド・ニュースに対して株価がどのように反応するかを検証している。

米国企業をサンプルとしたところ，グッド・ニュースには株価は正の反応を示し，バッド・ニュースに対しては負の反応をみせることを発見している。

また，近年の研究によれば，投資家が経営者予想を投資判断に活用するか否かは，過去の予想の正確度に左右されることが報告されている。投資家は経営者がこれまで開示してきた予想の正確度を観察することができ，それに基づいて経営者の将来予測能力を評価することができる。かりに過去に正確度の高い予想を公表しているのであれば，その経営者の将来予測能力と判断し，投資家は新たに公表される予想を投資材料に用いると考えられる。Hutton and Stocketn（2021）は，過去に正確な予想を開示している経営者は新たに公表する予想の正確度も高いこと，また過去の経営者予想値の正確度が高い場合には新たに公表される予想に対して株価は強く反応することを発見している。

③ 融資契約

投資家は企業が公表する公開情報にしかアクセスできないため，経営者予想のような企業内部者による将来予測を活用して意思決定を行うことは想像に難くないだろう。他方，銀行は融資先企業への行員の派遣や経営者との面会を通じて，融資先企業が公表していない情報を取得することができるため，銀行にとって経営者予想の有用性は低下する可能性がある。

Hsieh et al.（2019）は，融資契約における経営者予想の有用性を検証している。彼女ら／彼らは，銀行は融資先企業の私的情報にアクセスできるものの，すべての情報を入手できるわけではないため，経営者予想は銀行が借り手の潜在的な債務履行能力を評価する際に役立つと指摘している。米国企業を対象に分析を行ったところ，アナリストのコンセンサス予想よりも高い経営者予想を公表した企業はより低い金利で借入れを行えること，借入れの際に担保を求められにくくなること，シンジケートローンにおいて参加行数が多くなることを発見している。また，正確度の低い経営者予想を公表している企業についてはこうした有利な契約は締結されにくくなることを発見している。

3 日本企業との関連性

先では主に米国企業をサンプルとしたエビデンスを紹介してきたが，日本企

業を対象とした研究もこれまで数多く実施されてきた。ここでは，日本企業をサンプルとした研究を紹介する。

(1) 日本企業の経営者予想の特徴

まず，日本企業の経営者予想にどのようなバイアスがかけられているのか，そうしたバイアスがどのような要因によって決定づけられているのかを先行研究を踏まえて整理する。**図表11-2**は，日本の株式市場に上場している企業（3月決算企業かつ非金融業）を対象として，楽観的な予想を公表した企業の割合を時系列で示したものである。ここでは米国の研究に従い，当期純利益に関する予想値がその実績値に比べて高い場合に，経営者予想が楽観的であったものと定義している。

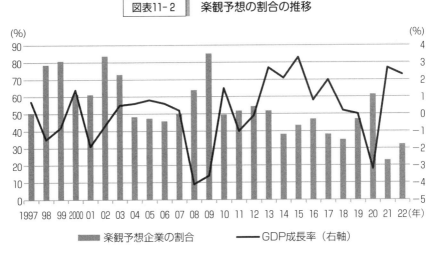

図表11-2　楽観予想の割合の推移

(出所) 筆者作成

図表11-2からは，年ごとに楽観予想の割合にばらつきがあることが窺える。たとえば，2009年には82.6%の企業が楽観的な予想を開示しているのに対して，2021年にはその割合は25.3%まで低下している。日本企業をサンプルとしたOta（2006）においても，経営者予想の楽観性は時系列でばらつきがあること

が観察されており，特に景気が拡大する時期には経営者予想は悲観的になり，景気が衰退しているときには楽観的になることが明らかとなっている。図表11-2の調査期間においても，GDP成長率が高い期間においては悲観的予想の割合が多くなるのに対して，GDP成長率が低い時期には楽観的予想の割合が多くなっていることが確認できる。楽観予想企業の割合とGDP成長率との間の相関をとると，相関係数の値は－0.67となっており，強い負の相関がある。

また，図表11-2の分析対象期間においては，54.7%の企業が楽観的な予想を行っている。このことは，平均的にみれば日本企業の経営者は予想に上方のバイアスをかける傾向があることを意味する。このような傾向が観察されるのは，日本の制度的要因が起因している可能性がある（Iwasaki et al. 2023）。冒頭でも説明したとおり，日本では決算短信上で経営者予想の開示が行われている。当然ながら決算短信には当期の実績値も記載されるため，当期の実績値が次期の予想値のベンチマークとして機能している側面がある。たとえば，当期の実績値を下回るような次期の予想値が公表されると，市場からバッド・ニュースと受け取られかねない。それゆえ，次期の業績が当期の実績値を下回ることが見込まれる場合においても，経営者はあえてそれを上回る予想を開示するかもしれない。

Iwasaki et al. (2023) は，経営者が当期の実績値を上回るよう次期の予想値を裁量的に調整しているかを検証している。具体的には，予想イノベーション（＝（当期純利益の次期の予想値－当期純利益の実績値）÷期首総資産）の分布を示し，分布の0付近で非連続性が生じるかを検証している。かりに0をわずかに下回る企業群に比べて上回る企業群の企業数が多いのであれば，経営者は当期の実績値をベンチマークとして認識し，それを上回るように次期の予想値を調整していると考えられる。図表11-3は，予想イノベーションの分布を示したものである。予想イノベーションの分布は0付近で非連続性が存在することが確認できる。このことは，次期の業績が当期の実績値を下回ることが見込まれる場合においても，経営者はあえてそれを上回る予想を開示していることを示唆している。

日本の訴訟リスクが欧米諸国に比べて低いことも，楽観的な予想を開示するインセンティブを形成していると考えられる（Iwasaki et al. 2023）。これまで

図表11-3　予想イノベーションの分布

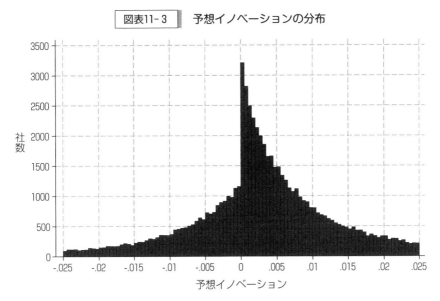

(出所) 筆者作成

の研究から、将来の見込みについて悲観的な情報を差し控えた場合に訴訟リスクが高くなることが観察されている (Francis et al. 1994)。それゆえ、訴訟リスクが高い状況下では経営者は悲観的な予想を開示するインセンティブを持つと考えられるが (Rogers and Stocken 2005)、欧米諸国と比べると日本の訴訟リスクは低いため (Ginsburg and Hoetker 2006)、日本企業の経営者は悲観的な予想を公表するインセンティブをあまり持っていないと考えられる。そのため、平均的にみれば楽観的な予想が観察される傾向が強くなるのかもしれない。

ただし、経営者が楽観的な予想を開示するかは企業間でばらつきがあることも明らかとなっている。Kato et al. (2009) はRogers and Stocken (2005) 同様、企業の財務健全性が予想の楽観性に影響を与えることを発見している。また、企業規模や役員持株比率が予想の楽観性と関連していることを報告している。彼らはこうした結果が得られた理由として評判コスト (reputation costs) を挙げている。バイアスのかかった予想を公表すると、投資家からの信頼を失う可能性があるため、経営者は予想にバイアスをかけることに慎重になる。特に、規模の大きい企業や役員持株比率が低い企業は株式市場からの規律にさらされ

ており，投資家からの信頼を失うことで生じるコストが大きいため，楽観的な予想の開示に慎重になると指摘している。

　また，経営者の特性が予想の正確度に影響を与えていることも報告されている。石田（2020）は，経営者の在任期間と経営者予想の正確度との間には逆U字の関係があることを発見している。経営者は就任して一定期間までは自社を取り巻く経営環境や社内にあるさまざまな経営資源に関する知識の収集に努めるため，在任期間が長くなるにつれ予想の正確度が高くなる一方で，一定期間を過ぎると自身に都合のよいような取締役を選任する機会が多くなり，規律が働かなくなるため，経営者には正確な予想を公表するインセンティブがなくなり，結果として予想の正確度が低下すると考えられる。さらに，Ishida et al. (2021) はBaik et al. (2011) 同様，能力の高い経営者ほど正確度の高い予想を公表することを発見している。

（2）日本における経営者予想の帰結

　続いて，日本企業を対象に経営者予想がもたらす帰結を分析した研究を整理する。米国と同じように，日本においても資本市場において経営者予想が利用されているのかについて関心が寄せられてきた。奈良・野間（2024）は日本企業をサンプルとしてHassell et al. (1988) と同様の分析を実施している。検証の結果，経営者予想がその公表直前に開示されたアナリスト予想に比べて高いほど，経営者予想公表後に公表される新たなアナリスト予想は上方に改訂されることが観察されている。また興味深いことに，Hassell et al. (1988) では自由度修正済み決定係数は0.073であったのに対して，奈良・野間（2024）では0.512と非常に高い値を示している。検証期間などの違いもあり単純な比較を行うことはできないものの，日本では米国に比べてアナリストが経営者予想を重視していると考えられる。

　Kato et al. (2009) は予想イノベーションと予想公表日前後の累積異常リターン（＝予想公表日前後における市場調整済みリターンの累積値）との関係性を分析することを通じて，経営者予想の公表に対して株式市場がどのように反応しているかを検証している。かりに予想イノベーションと予想公表日前後の累積異常リターンとの間に正の関係が確認されるのであれば，当期の実績値

第11章　経営者予想　173

に比べて高い（低い）次期の予想値が公表されると株価は正（負）の反応を示すこと，すなわち投資家が経営者予想を投資判断に用いていることを意味する。検証の結果，予想イノベーションと予想公表日前後の累積異常リターンとの間には統計的に有意な正の関係が存在することが明らかとなっている。

　債券市場を対象として経営者予想の有効性を検証した研究も存在する。Kitagawa and Shuto（2019）は社債を発行した企業をサンプルとして，社債の発行前に公表された経営者予想の予想イノベーションと社債発行時の利回りスプレッド（＝社債利回り−社債と同じ満期の国債利回り）との関係性を調査している。当期の実績値を上回る次期の予想を開示した企業，すなわち予想イノベーションが正である企業ほど利回りスプレッドが低いのであれば，投資家は社債を購入する際に経営者予想を活用していると考えられる。分析の結果，予想イノベーションが正である企業はそうでない企業に比べて利回りスプレッドが低いことを発見している。

　これらのエビデンスは日本の資本市場においても経営者予想が重要な情報源になっていることを示している。ただし，先に見たように日本の経営者は予想値に上方のバイアスをかけるインセンティブを持っている。このことを踏まえると，投資家がこの種のバイアスを適切に調整できているのかという疑問が残る。Iwasaki et al.（2023）は，次期の業績が当期の実績値を下回ることが見込まれる状況において，経営者が当期の実績値を上回るよう次期の予想値を調整した場合に，株価がこの調整された予想値に対してどのように反応するかを検証している。分析の結果，株価は調整された予想値に対しても正の反応を示すことが確認されている。このことは，投資家は経営者予想に含まれるバイアスを正しく把握することができず，短期的にミスリードさせられていることを示している。

4　実務・政策的な示唆

　本章では，日本における経営者予想の制度と開示傾向を整理し，経営者予想の特性に及ぼす要因とそれがもたらす帰結について重要なエビデンスを紹介した。本章で紹介したアカデミック・エビデンスから得られる実務・政策的な示唆は大きく３つある。

第1に，経営者予想は企業外部者にとって重要な情報源となっている。経営者予想は企業外部者に比べて多くの情報を有する経営者が作成するものであり，かつ将来志向情報を含んでいる。それゆえ，企業外部者にとって経営者予想はきわめて重要な情報源だと考えられる。実際，アナリストはアナリスト予想を作成する際に経営者予想を参照していること（奈良・野間 2024; Hassell et al. 1988），経営者予想の公表に対して株価は一定の反応を見せていることがこれまでの研究から確認されている（Kato et al. 2009; Nichols et al. 1979; Patell 1976; Waymire 1984）。また，企業の内部情報に比較的アクセスがしやすい銀行でさえ，融資条件を決定する際に経営者予想を活用していることがわかっている（Hsieh et al. 2019）。近年，日本では経営者予想の開示制度が柔軟化しており，予想を非開示にする企業も増えている。このような状況が加速すると情報環境が悪化し，企業外部者の意思決定が非効率になりかねない。政策立案者は経営者予想開示の柔軟化がもたらす帰結を精査する必要があるかもしれない。

第2に，経営者予想には少なからずバイアスがかけられている。経営者予想が企業外部者の意思決定に影響を及ぼすことを踏まえると，当然ながら経営者は自身に都合のよい結果を導くために経営者予想を戦略的に開示する可能性がある。実際，本章で紹介したエビデンスに基づけば，経営者はコストとベネフィットを比較考慮したうえで，経営者予想の戦略的な開示を行っていることが示されている（Rogers and Stocken 2005）。また，日本に関して言えば，制度上の特徴から経営者予想には上方のバイアスがかけられる傾向にある。日本では決算短信上で次期の予想値と当期の実績値が同時に開示されるため，次期の業績が当期の実績値を下回ることが見込まれる場合においても，経営者はあえてそれを上回る予想を開示するインセンティブを有している（Iwasaki et al. 2023）。企業外部者はこうした経営者のインセンティブや制度上の特徴を把握し，経営者予想にどのようなバイアスがかけられているかを正しく理解する必要があろう。

第3に，経営者予想に繰り返しバイアスがかけられるとその信頼性は低下しうる。日本企業をサンプルとした研究からは，投資家は経営者予想に含まれるバイアスを適切に把握できず，短期的にはミスリードさせられていることが確認されている（Iwasaki et al. 2023）。ただし，こうした戦略的な予想の開示が

第11章　経営者予想　175

何度も通用するかは定かではない。米国企業を対象とした研究においては，繰り返し経営者予想にバイアスがかかると，新たに開示される予想の信頼性が低下し，アナリストや投資家は経営者予想を意思決定に使用しなくなることが報告されている（Hutton and Stocketn 2021; Williams 1996）。日本では特にほとんどの企業が経営者予想を開示しているため，企業外部者は当該企業が過去にどんな予想の開示を行ったかを追跡することができる。このように考えると，経営者が自身の利益のために経営者予想にバイアスをかけると，中長期的には市場からの信頼を失い，結果的に経営者予想が機能しなくなってしまう可能性がある。戦略的な予想の開示を行うにあたっては，経営者は市場が学習しうることを理解する必要があると考えられる。

◆参考文献

石田惣平. 2020.「経営者の在任期間と業績予想の正確度」『会計プログレス』（21）：63-79.

東京証券取引所. 1982.「証券市場における業績予想の概況」『証券』34（396）：31-36.

奈良沙織・野間幹晴. 2024.『業績予想の実証分析：企業行動とアナリストを中心に』中央経済社.

Baik, B.O.K., D.B.Farber, and S.A.M. Lee. 2011. CEO Ability and management earnings forecasts. *Contemporary Accounting Research* 28（5）: 1645-1668.

Bamber, L.S., J.Jiang, and I.Y. Wang. 2010. What's my style? The influence of top managers on voluntary corporate financial disclosure. *The Accounting Review* 85（4）: 1131-1162.

Demerjian, P., B.Lev, and S. McVay. 2012. Quantifying managerial ability: A new measure and validity tests. *Management Science* 58（7）: 1229-1248.

Francis, J., D.Philbrick, and K.Schipper. 1994. Shareholder litigation and corporate disclosures. *Journal of Accounting Research* 32（2）: 137-164.

Francoeur, C., Y.Li, Z.Singer, and J.Zhang. 2022. Earnings forecasts of female CEOs: quality and consequences. *Review of Accounting Studies* 28: 1721-1764.

Ginsburg, T., and G.Hoetker. 2006. The unreluctant litigant? An empirical analysis of Japan's turn to litigation. *The Journal of Legal Studies* 35（1）: 31-59.

Gupta, V.K., S.C.Mortal, S.Silveri, M.Sun., and D.B. Turban, 2018. You're fired! Gender disparities in CEO dismissal. *Journal of Management* 46（4）: 560-582.

Hassell, J.M., R.H.Jennings, and D.J.Lasser. 1988. Management earnings forecasts: Their usefulness as a source of firm-specific information to security analysts. *Journal of Financial Research* 11（4）: 303-319.

Hsieh, T.S., B.Y.Song, R.R.Wang, and X.Wang. 2019. Management earnings forecasts and bank loan contracting. *Journal of Business Finance & Accounting* 46（5-6）: 712-738.

Hutton, A.P., and P.C.Stocken. 2021. Prior forecasting accuracy and investor reaction to management earnings forecasts. *Journal of Financial Reporting* 6 (1): 87-107.

Ishida, S., T.Kochiyama, and A.Shuto. 2021. Are more able managers good future tellers? Learning from Japan. *Journal of Accounting and Public Policy* 40 (4): 106815.

Iwasaki, T., N.Kitagawa, and A.Shuto. 2023. Managerial discretion over initial earnings forecasts. *Pacific-Basin Finance Journal* 77: 101892.

Karamanou, I., and N.Vafeas. 2005. The association between corporate boards, audit committees, and management earnings forecasts: An empirical analysis. *Journal of Accounting Research* 43 (3): 453-486.

Kato, K., D.J.Skinner, and M.Kunimura. 2009. Management forecasts in Japan: An empirical study of forecasts that are effectively mandated. *The Accounting Review* 84 (5): 1575-1606.

Kitagawa, N., and A.Shuto. 2019. Management earnings forecasts and the cost of debt. *Journal of Accounting, Auditing and Finance* 36 (3): 585-612.

Kwak, B., B.T.Ro, and I.Suk. 2012. The composition of top management with general counsel and voluntary information disclosure. *Journal of Accounting and Economics* 54 (1): 19-41.

Nichols, D.R., J.J.Tsay, and P.D.Larkin. 1979. Investor trading responses to differing characteristics of voluntarily disclosed earnings forecasts. *The Accounting Review* 54 (1): 376-382.

Ota, K. 2006. Determinants of bias in management earnings forecasts empirical evidence from Japan, in: Gregoriou, G.N., Gaber, M. (Eds.) , *International Accounting: Standards, Regulations, and Financial Reporting*. Burlington, MA, Elsevier Press: 267-294.

Patell, J.M. 1976. Corporate forecasts of earnings per share and stock price behavior: empirical test. *Journal of Accounting Research* 14 (1): 140-155.

Rogers, J.L., and P.C.Stocken. 2005. Credibility of management forecasts. *The Accounting Review* 80 (4): 1233-1260.

Waymire, G. 1984. Additional evidence on the information content of management earnings forecasts. *Journal of Accounting Research* 22 (2): 703-718.

Williams, P.A. 1996. The relation between a prior earnings forecast by management and analyst response to a current management forecast. *The Accounting Review* 71 (1): 103-115.

第 **12** 章

統合報告

調 勇二 YUJI SHIRABE

> **SUMMARY**
>
> 　統合報告は，財務情報と非財務情報を統合して価値創造プロセスを説明する報告書であり，財務資本の提供者に対して組織の長期的な価値創造能力を評価するために必要な情報を提供するものである。
>
> 　統合報告がどのような経済的影響を及ぼすのかを，（1）資本市場に及ぼす影響と（2）企業自身に及ぼす影響に大別してアカデミック・エビデンスが整理・紹介されている。これにより，統合報告によって資本コストが低減するというコンセンサスは得られていないこと，アナリスト予想や市場流動性といった情報の非対称性と関連する観点ではポジティブな影響を示唆する証拠が一定程度蓄積されていること，統合報告が企業内部の報告プロセスや内部意思決定を改善する可能性があること，が明らかにされている。
>
> 　実務・政策的な観点からは，日本企業の統合報告の質の向上を図る必要があること，統合報告の導入に際して資本コストの低減のみを追求するのではなく，企業内部や企業行動の改善も視野に入れて取り組むことで，統合報告のベネフィットを最大化できる可能性が高まることが示唆される。

1　統合報告の広まりと役立ち

　企業報告のあり方が変化する中で統合報告が注目を集めている。国際統合報告評議会（International Integrated Reporting Council，以下IIRC）[1]が2013年に公表した国際統合報告フレームワーク（International Integrated Reporting

---

1　IIRCとサステナビリティ会計基準委員会（SASB）は，2021年6月にValue Reporting Foundation（VRF）に統合された。その後，VRFは2022年8月にInternational Financial Reporting Standards Foundation（IFRSF）に統合されている。

Framework、以下IIRF）によれば、統合報告は、企業の財務情報と非財務情報を統合して価値創造プロセスを説明する報告書であり、財務資本の提供者に対して組織の長期的な価値創造能力を評価するために必要な情報を提供するものである (IIRC 2013)[2]。IIRFにおいて言及された統合報告の狙いを要約すると、統合報告は財務資本の提供者が利用可能な情報の質を改善しより効率的な資本配分を促進するのみならず、長期にわたる価値創造に資するような意思決定や行動を支援することも狙いとしている（IIRC 2013）。

　このような狙いを持つとされる統合報告を、日本ではどれだけの企業が実施して統合報告書を外部に公表しているのだろうか。**図表12-1**は国内上場企業における統合報告書公表企業数の推移を示している。図表12-1からは、2013年前後から統合報告書公表企業数が顕著に増加していることが見てとれる。IIRFの策定・公表が1つの契機となってより多くの国内上場企業が統合報告書の作成・公表を始めたことが窺える。2023年には943社の上場企業が統合報告書を公表するまでに至った。2023年末時点における国内上場企業数が3,933社であることを踏まえると、国内上場企業のうち概ね4社に1社は統合報告書を公表していることになる。つまり、統合報告はもはやごく一部の企業のみが

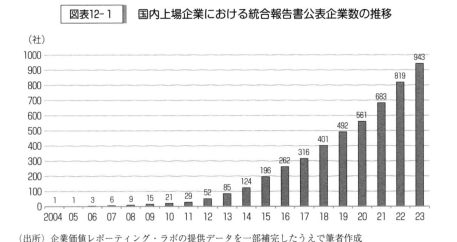

図表12-1　国内上場企業における統合報告書公表企業数の推移

（出所）企業価値レポーティング・ラボの提供データを一部補完したうえで筆者作成

2　IIRFは2021年1月に改訂版が公表されている。

取り組むものではなく，新しい形の企業報告として一般的になりつつあるといえよう。

　統合報告はなぜこれほど多くの企業に受け入れられ，浸透しつつあるのだろうか。多くの企業が統合報告に取り組む理由として，非財務情報の重要性の高まりと短期志向に対する批判があげられる。前者については，企業価値の評価を含む投資意思決定において，財務情報だけでなく，環境，社会，ガバナンス（ESG）などの非財務情報がより重要な役割を担いつつある。しかしながら，従前の環境報告やCSR報告などに代表される，独立したサステナビリティ報告に対して，機関投資家は事業戦略やリスクと結びついておらず，財務上の重要性を評価するのに十分な情報を提供していないとの認識を有していた（European Sustainable Investment Forum（Eurosif）and Association of Chartered Certified Accountants（ACCA）2013）。このような背景のもとで，多くの投資家が，企業による財務情報と非財務情報を組み合わせた統合報告モデルの構築を評価している（ACCA 2013）。また，非財務情報に関する追加的な開示によって，貸借対照表に表されない，人的資本やブランド，評判といった無形資産の価値に関する情報を投資家に対して提供することができると考えられている（Serafeim 2015）。統合報告では，これら非財務情報を財務情報と統合して価値創造プロセスを包括的に説明するため，投資家にとって有用であると考えられる。これらを裏づけるように，統合報告導入企業は世界的に増加してきた（KPMG 2022）。

　後者については，企業の短期的な業績を重視するあまり，長期的な価値創造が軽視されてきたとの批判がなされてきた。2008年の世界金融危機以降，短期的な投資リターンの最大化を主な目的とする短期的な投資家は，経営者の短期主義を助長し，企業の長期的な価値創造を阻害しているとして批判されてきた（Barton and Wiseman 2014; Kay 2012）。上述したように，統合報告は企業の長期的な価値創造に資するような意思決定や行動を支援することを狙いとしている。Eccles and Krzus（2010）はこの点に注目して，統合報告が短期的な利益追求ではなく，持続的な価値創造を重視する経営への転換を促すと述べている。

　このように，統合報告は非財務情報の重要性の高まりと短期志向に対する批

判を背景に多くの関心を集めてきた。それでは，統合報告はその狙いどおり，財務情報と非財務情報を統合して価値創造プロセスを説明することによって，外部者が利用可能な情報の質を改善しているのだろうか。あるいは，統合報告の実践を通じて企業の短期志向は抑制され，より長期的な価値創造を重視した行動が選択されているのだろうか。統合報告という新しい形態の企業報告は，作成者である企業，そして利用者である投資家などの外部者の双方にとって追加的な負担を生じさせている。企業は統合報告の導入およびその後の継続のために，報告実務に携わる従業員の人件費やシステム構築費用，社外の専門家によるコンサルティングにかかる費用といった直接的な報告コストを負担する必要がある。他方，投資家をはじめとした統合報告の外部利用者もまた，定型化されておらず，多くの情報が含まれる統合報告書の分析にリソースを割く必要があるだろう。このように直接的なコストに限定したとしても，統合報告の導入に伴って少なくないコスト負担が生じていると考えられる。その追加的なコスト負担に見合ったベネフィットが生じているのかを判断するための一助として，統合報告によってどのような影響や変化が生じているのかを，経験的証拠に基づいて確かめる必要があるだろう。

　本章ではこのような問題意識のもと，主として統合報告によって生じる経済的影響に焦点を合わせて，統合報告に関する学術的な研究から得られた知見やそこから得られる実務的・政策的な示唆について紹介する。むろん，統合報告に関しては，統合報告導入の決定要因や統合報告実施企業の特性，統合報告書の内容や質，統合報告の保証など，多岐にわたる論点が存在する。ただ，本書の特性上，本章では，これらについては取り上げない。統合報告に関する先行研究をより網羅的に把握したい読者は，Hossain et al.（2023），Velte（2022），Vitolla et al.（2019）といった統合報告に関する近年の文献レビュー論文や，書籍であればde Villiers et al.（2020）を参照してほしい。日本語文献であれば，統合報告の事例が豊富に掲載されている古賀ほか（2015）や，IIRFに関する主要な論点をカバーする古庄ほか（2018）が参考になるだろう。

2　アカデミック・エビデンス

　統合報告の導入によってどのような経済的影響が生じるのかをアカデミック・エビデンスから紐解くにあたり，どの対象に対して，どのような経路でその影響が生じうるのかを考えてみよう。**図表12-2**は企業による統合報告の導入が経済的影響を及ぼす対象と経路を表す概略図である。

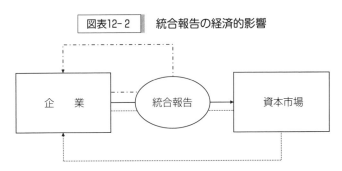

図表12-2　統合報告の経済的影響

(出所)　筆者作成

　直線で示される第1の経路は，企業による統合報告が資本市場に対して影響を与えることを表している。統合報告実施企業が外部に公表する統合報告書は，財務資本提供者を主たる利用者として想定しているため，先行研究の多くが資本市場における統合報告の影響を検証してきた。具体的には，資本コスト，アナリスト予想，情報の非対称性，投資家特性，市場評価などに注目して，統合報告の導入や統合報告の質との関連性を分析している。

　破線で示される第2の経路は，統合報告が資本市場を介して企業自身に対して影響を及ぼすことを表している。それに対して，一点鎖線で示される第3の経路は，統合報告が企業内部において直接的な影響を及ぼすことを表している。これらはいずれも，統合報告によって企業の行動や組織に変化が生じることを想定しているが，統合報告に起因するその変化が資本市場を経由して生じるかどうかという点で異なる。前者の例としては，統合報告の導入によってESGへの取組みに対する投資家のエンゲージメントが高まり，結果として企業がより投資家の視点に立ったESG活動に注力するといったことが考えられる。後者に

ついては，統合報告の導入によって社内に統合思考が浸透することにより，部門評価や人事評価においてより長期的で，多様な価値創造を織り込んだ評価基準が採用されるといったことが考えられる。ただ，統合報告実施企業が統合報告書を公表している場合，統合報告が第2の経路と第3の経路のいずれを通じて影響を及ぼしているのかを明確に識別することは容易ではないだろう。

そこで本稿では，統合報告によって生じる経済的影響を，資本市場に対する影響と企業内部や企業行動に及ぼす影響に大別してアカデミック・エビデンスを概観する[3]。

（1）統合報告が資本市場に及ぼす影響

① 資本コスト

資本市場における企業報告の影響のうち特に関心の高いものとして，資本コストの低減効果があげられる。財務情報の開示や財務報告は，理論的には推定リスクの低減や情報の非対称性の緩和，リスク・シェアリングの改善，投資家のモニタリング・コストの削減などを通じて，資本コストを低下させることが知られている。近年増加しつつある非財務報告に関する研究流列もまた，これらを援用して資本コストに対する影響を検証していると見なすこともできる。

統合報告と資本コストの関係については既に多くの先行研究が存在する。統合報告に関する代表的な実証研究の1つであるBarth et al.（2017）は，上場企業による統合報告が義務化された南アフリカにおいて，統合報告の質と企業価値の関連性を検証している。IIRCは，統合報告の目的として，外部の資本提供者に対する情報の改善と，長期的な内部意思決定の支援という2つをあげている（IIRC 2013）。著者らは，統合報告の質と企業価値の間に存在する経路として，外部の財務資本提供者に対する情報に関連する資本市場経路と，内部意思決定に関連するリアル・エフェクト経路の2つを想定して，統合報告の目的が達成されているかの検証を試みている。具体的には，企業価値を市場流動性，資本コスト，期待将来キャッシュ・フローという3つの構成要素に分解し，

3　本節で取り上げるもののほかに，統合報告が資本市場に及ぼす影響については，エージェンシー・コスト（Obeng et al. 2021）や，価値関連性（Baboukardos and Rimmel 2016），投資家構成（Serafeim 2015）といった多角的な視点から検証がなされている。

統合報告の質と各構成要素との関連性を分析している。統合報告の質については、アーンスト・アンド・ヤング社（EY社）が実施したEY Excellence in Integrated Reporting Awardsにおいて付与された統合報告書の評価結果に基づいて測定されている。2011年〜2014年にかけてヨハネスブルグ証券取引所上場企業を対象にした分析の結果、統合報告の質と株主資本コストとの間に統計的に有意な関係は観察されないことが報告されている。他方、著者らは統合報告の質と市場流動性、期待将来キャッシュ・フローの間に正の相関を見出している。これらの分析結果から、統合報告は外部資本提供者の利用可能な情報の改善と内部意思決定の改善を通じて、企業価値に正の影響を与えると結論している。

Zhou et al.（2017）は、Barth et al.（2017）と同様にヨハネスブルグ証券取引所上場企業群をサンプルとして、統合報告の質の違いが資本市場においてどのような影響を及ぼすのかを検証している。著者らは、統合報告の質を2012年に公表されたIIRFのプロトタイプとの整合性の水準によって測定している[4]。2009年〜2012年にかけてヨハネスブルグ証券取引所上場企業を対象にした分析の結果、統合報告の質の高さが株主資本コストの低下と関連しており、特にアナリスト・カバレッジの低い企業において統合報告の質が高いほど株主資本コストが低い傾向にあることが観察されている。統合報告がアナリスト予想に対して及ぼす影響についても検証されており、この点については次項で議論する。

このように、南アフリカという単一の国の上場企業を対象にした重複するサンプルを用いた研究であっても、統合報告と資本コストの関係に関して一貫した結果は得られていない。さらに、これらの研究は、統合報告が義務化されている南アフリカという単一の国の上場企業を対象にしており、そこで得られた知見がどれだけ外的妥当性を有するのか、つまり異なる環境下にある企業に対してその知見を一般化できるのかは定かではない。

そこで、より広範な企業群を分析対象とする研究について見てみよう。統合報告と資本コストの関連性について、複数の国に属する企業を含むサンプルを

4　Zhou et al.（2017）は、EY社による統合報告書の評価が高いほど測定された統合報告の質が高いことを確認している。

用いて検証する研究も存在する。たとえば，Vitolla et al.（2020）はIIRCウェブサイトの「Leading Practices」と「<IR>Reporters」のセクションから入手した，統合報告書を公表している国際企業116社のサンプルを用いて，両者の関連性を検証している。著者らは，統合報告の質と株主資本コストの間には有意な負の相関があり，質の高い統合報告は株主資本コストを低下させるという仮説を支持されたことを報告している。情報の非対称性の低減と長期投資家の誘致がその要因であるとしているものの，それを裏づける証拠は提示されていない。

　より最近の研究では，統合報告の導入や統合報告を自発的に導入する企業の特性が，資本市場においてどのような影響をもたらすのかを，より広範な企業を含む国際データを用いて検証されている。Hsiao et al.（2022）は，IIRFの採用を表明した企業（IIRF採用企業）とIIRF採用企業とマッチングして抽出されたIIRF非採用企業をサンプルとして，IIRFの自発的採用の決定要因分析と資本市場における経済的影響に関する分析を行っている。分析の結果，IIRFの自発的採用の有無が株主資本コストに対して影響を及ぼすことを示唆する結果は観察されていない。

　国際データを用いた研究においても，統合報告と株主資本コストの関連性に関する一貫した証拠は提供されていない。したがって，アカデミック・エビデンスに基づけば，強制的か自発的かにかかわらず統合報告が資本コストを低下させるというコンセンサスは得られていないといえる[5]。

②　アナリスト予想，市場流動性

　先行研究では，アナリスト予想や市場流動性に着目して，統合報告が資本市場に及ぼす影響について検証するものも存在する。これらの研究は，統合報告が投資意思決定に有用な情報を投資家に対して提供しているのであれば，統合報告は情報の非対称性を緩和するという仮説に基づいて，その検証を試みてい

5　限定的ではあるものの，統合報告の負債コストに対する影響を検証する研究も存在する。これらの研究ではいずれも，統合報告の導入あるいは質の高い統合報告がより低い負債コストと関連することを示す結果が得られている（Gerwanski 2020; Muttakin et al. 2020; Raimo et al. 2022）。統合報告は株式投資家よりもむしろ債権者にとって有用な情報を提供しているのかもしれない。

る。

　たとえば，すでに紹介したBarth et al.（2017）とZhou et al.（2017）はアナリスト予想についても分析している。Barth et al.（2017）は，期待将来キャッシュ・フローへの影響を細分化して分析する中で，統合報告の質とアナリスト予想精度（analyst forecast accuracy）の間に統計的に有意な関係は観察されないとしている。一方，統合報告の質が高いほど市場流動性は高いことが報告されている。逆に，Zhou et al.（2017）は，統合報告の質が高いほど，アナリスト予想誤差（analyst forecast error）やアナリスト予想のばらつき（analyst forecast dispersion）が小さいことを報告している。

　同様に，ヨハネスブルグ証券取引所上場企業を対象に統合報告のアナリスト予想への影響を検証するBernardi and Stark（2018）は，統合報告の義務化によってESG情報の開示レベルとアナリスト予想精度の関係が強まったことを明らかにしている。また，Zúñiga et al.（2020）は，第三者機関が開発したSustainability Disclosure Transparency Indexを統合報告の質の代理変数として用いて，統合報告の質が市場流動性とアナリスト予想に及ぼす影響を検証している。市場流動性はビッド・アスク・スプレッド，アナリスト予想尺度についてはアナリスト予想誤差で測定されている。分析の結果，統合報告の質が高いほど，市場流動性が高まり，アナリスト予想誤差が縮小することを示唆する結果が得られている。

　アナリスト予想や市場流動性に関するアカデミック・エビデンスを概観すると，必ずしも一貫していないものの，統合報告がこれらに対してポジティブな影響を及ぼすことを示唆する経験的証拠の蓄積は一定程度進んでいるように思われる。統合報告によって追加的に提供される包括的な情報が企業固有の価値創造プロセスや戦略，リスクなどに対する投資家の理解を助け，経営者と投資家の間，あるいは投資家間に存在する情報の非対称性が緩和されるのかもしれない。

（2）統合報告が企業内部・企業行動に及ぼす影響

　先述したように，統合報告は財務資本提供者が利用可能な情報の質を改善するだけでなく，企業内部の意思決定を改善することも期待されている。実際に

統合報告によって内部意思決定が改善されているのかを確かめるために，統合報告実施企業の内部者に対する半構造化インタビューに基づく研究や事例研究が行われている。Stubbs and Higgins（2014）は豪州の統合報告早期導入企業が統合報告プロセス管理のために用いる内部メカニズムを調査し，統合報告が企業内部の報告プロセスや組織構造を変革しているかを検証している。具体的には，豪州における15社の統合報告実施企業に所属する計23人のサステナビリティ・マネジャー，財務マネジャー，コミュニケーション・マネジャーを対象に，半構造化インタビューを実施している。分析の結果，統合報告は企業内部の報告プロセスや組織構造に変化をもたらしているが，これらの変化は変革的というよりは漸進的であることが示されている。企業は機能横断的なチーム，サステナビリティ委員会，マテリアリティ分析のようなメカニズムを用いて統合報告プロセスを管理していることが明らかにされている。

また，Mio et al.（2016）はイタリアの保険会社を対象に，マネジメント・コントロール・システム（management control system，以下MCS）を強化するために，統合報告の原則を社内でどのように導入したかを検証している。これまで見てきたように，統合報告に関する研究の多くは，企業外部に対する情報提供という側面に注目しており，統合報告の内部的な影響を理解する上でギャップが残されていた。著者らは，内部統合報告に取り組むイタリアの保険会社であるGenerali社を対象とする事例研究を行っている。具体的には，同社の従業員20名との半構造化インタビューの実施，内部統合報告ワーキンググループの観察，内部統合報告書や業績測定に関する社内文書の分析を行い，内部統合報告がMCSに与えた影響を検証している。分析の結果，内部統合報告の実施によって戦略や組織文化との関連性の向上，非財務指標の活用の増加，因果関係の理解の向上という点で同社のMCSが漸進的に改善されたことが示されている。

統合報告情報が社内の意思決定プロセス，特に事業投資の意思決定にどのような影響を与えるかを実験によって検証した研究も存在する。Esch et al.（2019）は，予算管理を担当する経験豊富な従業員や管理職を対象とした，シナリオベースのオンライン実験を行った。実験の結果，統合報告情報を追加的に提供された被験者は他の被験者と比較して，より持続可能なプロジェクトに

より多くの資金を割り当てたことが示されている。著者らはこの結果に基づいて，財務情報と非財務情報の統合は，意思決定がもたらす長期的な影響の包括的な理解を促すことで意思決定の質を高めると結論づけている。

統合報告が企業内部に及ぼす影響に関するアカデミック・エビデンスからは，統合報告が企業内部の報告プロセスやMCS，意思決定を改善する可能性が示唆されている。統合報告の実施を通じて，統合報告の狙いの1つである長期的な内部意思決定の支援は達成されうると考えられる。

3 日本企業との関連性

読者のなかには，日本企業をおいて統合報告がどのような経済的影響をもたらしているかに関心のある人も少なからずいるだろう。ここでは，日本企業を対象として統合報告の経済的影響を検証した研究を見ていこう。

Nakajima and Inaba（2021）は，日本企業による統合報告の自発的な公表に対する株式市場の反応をイベント・スタディの手法を用いて分析している。分析の結果，特に2015年および2019年において株式市場が統合報告書の自発的公表に対してポジティブに反応することが示されている。また，CSR報告書の公表と比較すると統合報告書の自発的公表に対して株式市場がより強く反応することが明らかにされており，投資家が統合報告によって提供される包括的かつ統合的な情報を評価することを示唆している。

日本企業における統合報告導入の企業内部への影響についても検証されている。Hosoda（2021 2022）は統合報告を導入した企業の統合報告担当者に対する半構造化インタビューおよび電子メールでのやり取りを通じて収集したデータに基づいて，企業のMCSや社内メカニズムに及ぼす影響を検証している。一連の研究の結果，統合報告の導入によってフォーマル・コントロール・システムが段階的に変化していること（Hosoda 2021），統合報告書の内容を中期的な企業戦略や経営計画に落とし込むために財務・非財務KPIの活用が促進され，開示情報の信頼性が確保されたこと（Hosoda 2022）が明らかにされている。

また，実体的利益調整の観点から統合報告の影響を検証した研究がShirabe and Nakano（2022）である。著者らは日本の上場企業を対象に，統合報告の

188　Part 2　ディスクロージャー

導入が企業の実体的利益調整を抑制するかを検証している。実体的利益調整とは，real earnings managementやreal activities manipulationとも呼ばれ，「少なくとも一部の利害関係者に，通常の業務過程で特定の財務報告目標が達成されたと誤解させたいという経営者の願望を動機とする，通常の業務慣行からの逸脱」（Roychowdhury 2006, p.337）と定義される。分析に際しては，2004年から2017年を分析対象期間として，異常営業キャッシュ・フロー，異常生産コスト，異常裁量的支出といった尺度を用いて実体的利益調整を捉えている。分析の結果，統合報告の導入が実体的利益調整の減少と関連することが明らかにされている。くわえて，統合報告の実施経験が長い企業ほど，より実体的利益調整が行われなくなることが示されている。これらの結果は，統合報告が企業の近視眼的な行動を抑制する，漸進的な改善プロセスとなることを示唆している。

　このように，日本企業における統合報告の経済的影響に関するアカデミック・エビデンスからは，統合報告が資本市場と企業内部・企業行動の双方に対して影響を及ぼしうることが示唆されている。ただ，日本企業が公表する統合報告書は，IIRFとの整合性や記載内容の質といった面で諸外国の企業の統合報告書に劣後する（Arul et al. 2021; Eccles et al. 2019）ことが指摘されており，統合報告書の内容や質をリサーチ・デザインに組み込んだ統合報告の経済的影響に関する研究の蓄積が待たれるところである。

4　実務・政策的な示唆

　本章では，統合報告の経済的影響に着目して，その影響を資本市場と企業内部や企業行動に大別して，関連するアカデミック・エビデンスを紹介した。本節では，本章で紹介したアカデミック・エビデンスから得られる実務的・政策的な示唆について議論する。

　学術研究から得られた知見を踏まえると，第1に日本企業の実務家や政策立案者は統合報告の質の向上に努める必要があると考えられる。統合報告と資本コストの関係性については一貫した研究結果が得られていないものの，統合報告の「質」の高さが市場流動性の向上やアナリスト予想精度の改善と関連することを示す研究が複数存在する。日本企業の統合報告書の質が諸外国と比べて

見劣りするとの指摘もあることから，IIRFとの整合性を高め，統合報告書の記載内容の充実化を図ることが肝要だと言えるだろう。

　第2に，資本コストの低減を主たる目的とした統合報告の導入には慎重になる必要があると考えられる。これまで見てきたように，統合報告の導入によって資本コストが低減するかは今もって定かではない。それにもかかわらず，「統合報告を導入すれば資本コストが下がる」と安易に考え，統合報告書の記載内容や質に配慮せず，いたずらに統合報告を導入してしまうと，目的が達成されることなく統合報告導入のコスト負担のみが増加することになりかねない。特に，統合報告の導入に伴う社内体制の整備や，社内における統合思考の浸透を図るための取組みを十分に行わず，統合報告書の作成の大部分を外部に委託すると，統合報告の導入による組織の変化や意思決定・行動の改善といった，企業内部へのポジティブな効果を享受することも難しいだろう。近年，資本コストを意識した企業経営の重要性が指摘されているが，統合報告の導入に際しては資本コストの低下のみを追求するのではなく，企業内部や企業行動の改善も視野に入れて，統合報告に係る報告プロセスやMCSの整備や改善を図ることで，統合報告のベネフィットを最大化できる可能性が高まると考えられる。

◆参考文献
古賀智敏（責任編集），池田公司（編著）．2015.『統合報告革命―ベスト・プラクティス企業の事例分析』．税務経理協会．

古庄修（編著）．2018.『国際統合報告論―市場の変化・制度の形成・企業の対応』．同文舘出版．

Arul, R., de V. Charl, and R. Dimes. 2021. Insights from narrative disclosures regarding integrated thinking in integrated reports in South Africa and Japan. *Meditari Accountancy Research* 29 (4), 720-739.

Association of Chartered Certified Accountants (ACCA). 2013. *Understanding Investors: Directions for Corporate Reporting.* Association of Chartered Certified Accountants (ACCA).

Baboukardos, D., and G. Rimmel. 2016. Value relevance of accounting information under an integrated reporting approach: A research note. *Journal of Accounting and Public Policy* 35 (4), 437-452.

Barth, M. E., S. F. Cahan, L. Chen, and E. R. Venter. 2017. The economic consequences associated with integrated report quality: Capital market and real effects. *Accounting, Organizations and Society* 62, 43-64.

Barton, D., and M. Wiseman. 2014. Focusing capital on the long term. *Harvard Business Review* 92 (1/2), 18.

Bernardi, C., and A. W. Stark. 2018. Environmental, social and governance disclosure, integrated reporting, and the accuracy of analyst forecasts. *The British Accounting Review* 50 (1), 16-31.

de Villiers, C., P.-C. Hsiao, and W. Maroun. 2020. *The Routledge Handbook of Integrated Reporting.* Routledge.

Eccles, R. G., and M. P. Krzus. 2010. *One Report: Integrated Reporting for a Sustainable Strategy.* John Wiley & Sons.

Eccles, R. G., M. P. Krzus, and C. Solano. 2019. A comparative analysis of integrated reporting in ten countries. In *Working Paper.*

Esch, M., B. Schnellbächer, and A. Wald. 2019. Does integrated reporting information influence internal decision making? An experimental study of investment behavior. *Business Strategy and the Environment* 28 (4), 599-610.

European Sustainable Investment Forum; The Association of Chartered Certified Accountants. 2013. *What Do Investors Expect from Non-Financial Reporting?* The European Sustainable Investment Forum; The Association of Chartered Certified Accountants.

Gerwanski, J. 2020. Does it pay off? Integrated reporting and cost of debt: European evidence. *Corporate Social Responsibility and Environmental Management* 27 (5), 2299-2319.

Hosoda, M. 2021. Integrated reporting and changes in management control systems in large Japanese companies. *Corporate Governance: The International Journal of Business in Society* 21 (3), 397-409.

Hosoda, M. 2022. Adoption of integrated reporting and changes to internal mechanisms in Japanese companies. *Corporate Social Responsibility and Environmental Management* 29 (2), 421-434.

Hossain, A., S. Bose, and A. Shamsuddin. 2023. Diffusion of integrated reporting, insights and potential avenues for future research. *Accounting and Finance* 63 (2), 2503-2555.

Hsiao, K. P.-C., C. de Villiers, and T. Scott. 2022. Is voluntary International Integrated Reporting Framework adoption a step on the sustainability road and does adoption matter to capital markets? *Meditari Accountancy Research* 30 (3), 786-818.

International Integrated Reporting Council (IIRC). 2013. *The International Integrated Reporting Framework.* International Integrated Reporting Council (IIRC).

Kay, J. 2012. *The Kay Review of UK Equity Markets and Long-Term Decision Making: Final Report.*

KPMG. 2022. *Big shifts, small steps: Survey of Sustainability Reporting 2022.* KPMG International.

Mio, C., F. Marco, and R. Pauluzzo. 2016. Internal application of IR principles: Generali's Internal Integrated Reporting. *Journal of Cleaner Production* 139 (15), 204-218.

Muttakin, M. B., D. Mihret, T. T. Lemma, and A. Khan. 2020. Integrated reporting, financial reporting quality and cost of debt. *International Journal of Accounting and Information Management* 28 (3), 517-534.

Nakajima, Y., and Y. Inaba. 2021. Stock market reactions to voluntary integrated reporting. *Journal of Financial Reporting and Accounting* 20 (3/4), 516-541.

Obeng, V. A., K. Ahmed, and S. F. Cahan. 2021. Integrated Reporting and Agency Costs: International Evidence from Voluntary Adopters. *European Accounting Review* 30 (4), 645-674.

Raimo, N., A. Caragnano, M. Mariani, and F. Vitolla. 2022. Integrated reporting quality and cost of debt financing. *Journal of Applied Accounting Research* 23 (1), 122-138.

Roychowdhury, S. 2006. Earnings management through real activities manipulation. *Journal of Accounting and Economics* 42 (3), 335-370.

Serafeim, G. 2015. Integrated reporting and investor clientele. *Journal of Applied Corporate Finance* 27 (2), 34-51.

Shirabe, Y., and M. Nakano. 2022. Does integrated reporting affect real activities manipulation? *Sustainability: Science Practice and Policy* 14 (17), 11110.

Stubbs, W., and C. Higgins. 2014. Integrated reporting and internal mechanisms of change. *Accounting, Auditing and Accountability Journal* 27 (7), 1068-1089.

Velte, P. 2022. Archival research on integrated reporting: A systematic review of main drivers and the impact of integrated reporting on firm value. *Journal of Management and Governance* 26 (3), 997-1061.

Vitolla, F., N. Raimo, and M. Rubino. 2019. Appreciations, criticisms, determinants, and effects of integrated reporting: A systematic literature review. *Corporate Social Responsibility and Environmental Management* 26 (2), 518-528.

Vitolla, F., A. Salvi, N. Raimo, F. Petruzzella, and M. Rubino. 2020. The impact on the cost of equity capital in the effects of integrated reporting quality. *Business Strategy and the Environment* 29 (2), 519-529.

Zhou, S., R. Simnett, and W. Green. 2017. Does integrated reporting matter to the capital market? *Abacus* 53 (1), 94-132.

Zúñiga, F., R. Pincheira, J. Walker, and M. Turner. 2020. The effect of integrated reporting quality on market liquidity and analyst forecast error. *Accounting Research Journal* 33 (4/5), 635-650.

第 **13** 章

ＥＳＧ

石田惣平　SOUHEI　ISHIDA

SUMMARY

　2006年に責任投資原則が策定されたことに端を発して，ESGという言葉が投資家と経営者双方から注目を集めるようになった。また，そのような関心の高まりを背景に，ESG投資やESG経営がもたらす効果に関して数多くの研究がなされてきた。しかし，実務界においてアカデミアが発見したエビデンスが十分に知れ渡っているとは言い難い。

　本章の狙いは，投資家と経営者が特に関心を寄せているであろう①ESGデータ・ESGスコアの信頼性，②ESG投資の有効性，③ESG経営がもたらす帰結に関して重要なエビデンスを紹介し，実務界と学術界のギャップを埋めることにある。

1　ESGの高まり

　ESGとは，Environmental（環境），Social（社会），Governance（ガバナンス）の頭文字をあわせた言葉である。この言葉がはじめて登場したのは，2004年に国連グローバル・コンパクトで公表された"Who Cares Wins"という報告書だといわれている。当時，国連グローバル・コンパクトのチェアマンであったコフィー・アナン国連事務総長は，グローバル化の進展に伴って顕在化したさまざまな社会課題を解決するための策を探っていた。しかし，国家や国際機関だけではこうした課題のすべてに対応できないと考え，民間セクター，その中でも金融機関に協力を呼びかけた。具体的には，投融資の意思決定においてESG要素を反映させることで，間接的に企業の行動を変容させ，ひいては社会課題の解決を促進させようとしたのである。この考えを取りまとめたのが先に紹介した"Who Cares Wins"であり，その中で提唱されたのがESG投資

である。

　その後,この流れを受けて2006年に責任投資原則（Principles for Responsible Investment：PRI）が策定され,ESGという言葉が世に広まった。PRIは,投資家の意思決定プロセスにESGにかかる課題を受託者責任の範囲内で反映させるべきとした世界共通のガイドライン的な性格を持っている。**図表13-1**はPRIに賛同した団体数の推移を示している。賛同団体数は2006年には63団体であったのが,2015年9月に国連がSDGs（Sustainable Development Goals）を採択し,11月にはCOP21でパリ協定が採択されると,その数は急速的に増加し,2023年には5,155団体となっている。日本に関しては,2014年までは賛同団体数が24団体と低迷していたが,2015年に年金積立金管理運用独立行政法人（Government Pension Investment Fund：GPIF）がPRIへ署名をすると,その数は大幅に伸び,2023年には126団体まで広がりを見せている。

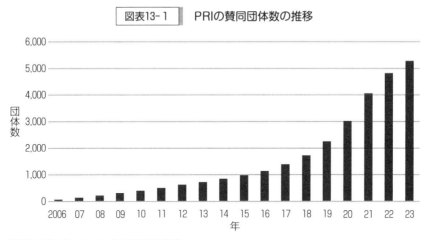

図表13-1　PRIの賛同団体数の推移

（出所）PRIのホームページを基に筆者作成

　実際に,ESG投資は世界的に増加している。**図表13-2**は,GSIA（Global Sustainable Investment Alliance）が米国,日本,カナダ,オーストラリア,ニュージランド,欧州の6カ国・地域におけるESG投資の運用残高を集計したものである[1]。2014年には18.2兆ドルであった運用残高は,2020年には35.3兆ドルまで増加している。年平均成長率に換算すると,12%と非常にペースが速い

ことが確認できる。国・地域ごとのESG投資の運用残高をみると，2020年時点では米国が17.1兆ドルと最も多く，ついで欧州12.0兆ドル，日本2.9兆ドルとなっている。日本の運用残高は米国や欧州に比べるとまだ少ないものの，年平均成長率は173％と突出して高い水準にある。さらに，6カ国・地域における2020年時点の総運用残高額に対してESG投資の運用残高は36％に及ぶことが報告されており，ESG投資はニッチな運用方法ではないことがわかる。

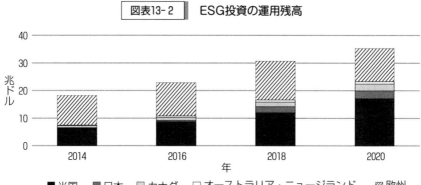

図表13-2　ESG投資の運用残高

（出所）GSIAのホームページを基に筆者作成

　ESGという言葉が投資家コミュニティの中で急速に広がり，投資家が実際の投資判断においてESG要素を組み入れるようになると，資金の受け手である企業もその観点を考慮して情報開示や企業経営を行うようになった。KPMGが2022年に公表した"Big shifts, small steps"によると，世界売上高ランキング上位250社のうちESG課題を中心にサステナビリティ情報の開示を行っていた企業は1999年には35％にとどまっていたものの，2022年には96％にまで上昇していることが報告されている。また，生命保険協会が日本の上場企業を対象に行った「企業価値向上に向けた取り組みに関するアンケート」によれば，取締役会の議題として重点的に取り上げたいテーマにESG・SDGsへの取組みをあ

1　GSIAの集計ではインパクト投資の運用残高なども含まれているため，図表13-2は厳密なESG投資の運用残高を表しているわけではない。ただし，インパクト投資などの割合は非常に小さいことから，ESG投資の運用残高の傾向をおおむね捉えていると考えられる。

第13章　ＥＳＧ　195

げている企業が2020年時点では29％であったのに対して，2022年には55％まで上昇していることが示されている。

　このように投資家と企業の双方において関心を集めてきたESGであるが，その要素を投資判断や企業経営に織り込むにあたっては課題も残されている。たとえば，投資家からはESGデータやESGスコアが信頼に足るものなのか，ESG要素を投資判断に組み込むことで超過リターンが得られるのかといった質問を受けることがある。他方，企業経営者からはESG要素を考慮することで企業価値が増加するのかといった声をしばしば耳にする。そこで本章では，これらの問いに対して重要なエビデンスを紹介する。

2　アカデミック・エビデンス

（1）ESGデータの信頼性

　投資家がESG要素を投資プロセスに織り込むにあたっては，ESGデータの収集が不可欠となる。しかし，企業によるESG関連情報の開示は始まったばかりであり，かつその開示基準も統一されているわけではないため[2]，投資家がESGデータを収集するには大きなコストがかかる。そこで，データ・プロバイダーがさまざまな方法でESGデータを収集し，供給を行い始めた。また，これらのデータを用いて企業のESG活動をスコアリングするESG評価機関が現れた。ここでは，ESGデータとESGスコアの信頼性に関するアカデミック・エビデンスを整理する。

2　近年，ESG関連情報の開示基準を統一する動きが加速している。2021年6月には，統合報告書のフレームワークを開発していたIIRC（International Integrated Reporting Council）とサステナビリティ情報の開示基準を作成していたSASB（Sustainability Accounting Standards Board）が合併し，VRF（Value Reporting Foundation）が設立された。さらに，11月にはIFRS財団がサステナビリティ情報開示の国際基準の策定を行うISSB（International Sustainability Standards Board）を設立し，そのうえで2022年1月に気候変動情報の開示基準の作成を行っていたCDSB（Climate Disclosure Standards Board）を，8月にはVRFを統合した。ISSBは，国際的な議論やパブリックコメントを得て，2023年6月にサステナビリティ開示基準であるIFRS S1とIFRS S2を公表している。

① ESGデータの信頼性

データ・プロバイダーが提供するESGデータには，①公開情報に基づくもの，②アンケート調査に基づくもの，③データ・プロバイダーが推定したもの，の3つが存在する。公開情報やアンケート調査は企業が申告した値であるため，その信頼性は比較的高いといえる。他方，データ・プロバイダーによる推定値はどういったモデルに基づいて推定が行われるのかによってその信頼性は大きく変わりうる。ここではGHG（Green House Gas）排出量に関して，公開情報に基づく排出量とデータ・プロバイダーの推定値との比較を行ったAswani et al.（2024）を紹介し，推定値の特性について見ていくことにする。

Aswani et al.（2024）はTrucostが提供するGHG排出量データを用いて，企業が開示する排出量とデータ・プロバイダーの推定値との差異を調査している[3]。排出量データは，財務報告書（年次報告書や規制当局への提出書類），サステナビリティレポート，CDP（Carbon Disclosure Project），環境保護庁への届出書類，企業のウェブサイトやその他の公開情報などから収集されている。ただし，データを収集できない場合についてはEEIO（Environmentally Extended Input-Output）モデルに基づいてセクターごとの排出係数を推定し，個別企業の活動量に排出係数を乗じることで排出量を推計している。

図表13-3は，Trucostのデータベースに収録されている企業数の推移を示している[4]。図中のFull Sampleはデータベースに収録されている企業数，Disclosedは公開情報から排出量を収集できた企業数，Estimatedは公開情報から排出量が取得できないためデータ・プロバイダーがその値を推定した企業数である。2016年以降，データベースに収録されている企業数が急速に増加している。これは，Trucostが排出量を推定する対象企業を拡大したためだと考えられる。なお，Aswani et al.（2024）が分析に用いたサンプルでは71.5%の企業にデータ・プロバイダーの推定値が割り当てられていたことが報告されている。

3　Trucostは2000年にイギリスで設立されたデータ・プロバイダーであり，2016年にはS&P Globalの一部門となっている。Trucostのデータベースには15,000社以上の上場企業の環境データが収録されており，収録企業の時価総額は世界の上場企業の時価総額の約99%に相当する。日本ではGPIFがTrucostにポートフォリオの気候関連のリスクおよび機会の分析を委託し，「ESG活動報告」において分析結果を開示している。

4　ここではScope 1 の排出量に関するAswani et al.（2024）の検証結果を紹介する。

> 図表13-3　Trucostデータベースに収録されている米国企業数の推移

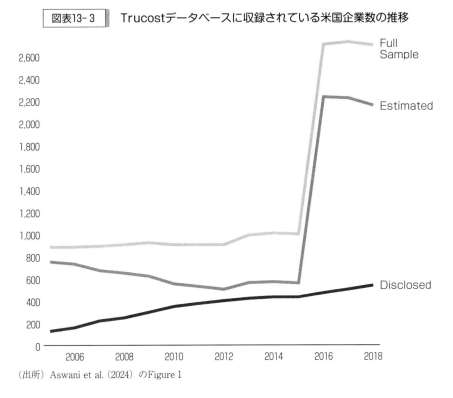

（出所）Aswani et al.（2024）のFigure 1

　図表13-4は，排出量と企業規模の関係を図示したものである。ここで，排出量は年間CO_2排出量の自然対数値，企業規模は売上高の自然対数値である。図表13-4から，排出量と企業規模との間には正の相関があることが確認できる。相関係数を算出したところ，0.70と高い値を示していた。またAswani et al.（2024）では，企業規模と排出量の推定値との相関は開示情報から取得された排出量との相関よりも高いことが報告されている。具体的には，排出量の推定値との相関係数は0.73，開示情報から取得された排出量との相関係数は0.25であった。

　Aswani et al.（2024）はデータ・プロバイダーの推定値と公開情報の排出量との間にシステマティックな差があるのかについても検証している。分析の結果，データ・プロバイダーの推定値のほうが企業が公開している排出量よりも統計的に有意に高いことが観察されている[5]。さらに，Trucostのデータベース

に収録されている排出量は,企業規模だけでなく,売上高成長率や有形固定資産額との間に強い相関があり,これらが排出量の推定値の主要なドライバーとなっている可能性を指摘している。

図表13-4　GHG排出量と企業規模

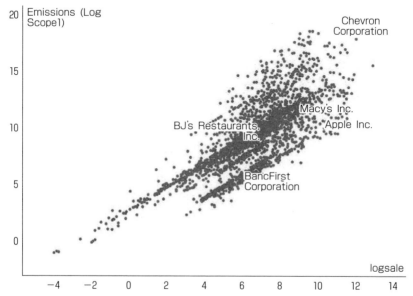

（出所）Aswani et al.（2024）のFigure 2

以上のように,データ・プロバイダーの推定値にはバイアスが含まれている可能性がある。特に,そうしたバイアスが企業規模や売上高成長率といった企業のファンダメンタルズによってもたらされている点には注意が必要である。これらのファンダメンタルズは株式リターンと密接に関連している。それゆえ,

---

5　Scope 1 の排出量についてはTrucostの推定値のほうが企業が公開している排出量よりも高い傾向を示しているが,Scope 2・3 の排出量に関しては企業が公開している排出量に比べてTrucostの推定値のほうが低いことが確認されている。このようにScope 1 とScope 2・3 とでは推定値に異なったバイアスがかけられていることには注意が必要であるが,いずれにせよ推定値にはシステマティックなバイアスが生じているといえる。

排出量の推定値が株式リターンと強い相関を有していたとしても，実際には排出量の推定値に反映された企業のファンダメンタルズがそうした相関を生み出しているかもしれない[6]。かりにこうしたバイアスが含まれていることを投資家が見過ごしてしまうと，投資判断が大きく歪んでしまうおそれがある。

② ESGスコアの信頼性

　ESG評価機関には大小さまざまなものが存在するが，グローバルに事業を展開しているものを整理すると**図表13-5**のとおりである。ESG評価機関の先駆者は1983年にフランスで創業したVigeo Eirisであるが，2019年にMoody'sの買収された。また，1988年には米国でKLD（Kinder, Lydenberg, and Domini）が設立されたが，2009年にRiskMetricsに買収され，2010年にはMSCIがRiskMetricsを買収している。このように，ESG評価機関では買収・統合が頻繁に繰り返されている。

　図表13-5からは，ESGスコアの評価手法は各社で異なっていることがわかる。ESG評価機関が異なる評価手法を用いることは企業のESG活動を多面的に捉えることができるという点でメリットがある。ただし，各スコアが大きく乖離してしまう場合にはデメリットも生じうる。たとえば，ある企業に対してまったく異なるスコアが複数開示されている場合，投資家はどのスコアを基に企業のESG活動を評価してよいのか判断が難しくなるだろう。また，ESG活動に取り組もうとする企業のインセンティブを低下させる可能性もある。ESG評価機関から高い評価を得ることは企業にとってESG活動に積極的に取り組むインセンティブの１つになっていると考えられるが，複数の評価機関から異なる評価を受けるとそのインセンティブが低下して，結果的にESG活動が過少になるおそれもある。

　では，各評価機関が公表するESGスコアにはどの程度乖離が存在するのだろうか。Berg et al.（2022）は，KLD（KL），Sustainalytics（SA），Moody's（MO），

6　Aswani et al.（2024）は排出量と株式リターンとの相関を調査している。検証の結果，企業が開示した排出量を使用した場合には株式リターンとの間で相関が存在することを発見できなかった一方で，データ・プロバイダーが推定した排出量を用いた場合には株式リターンとの間で統計的に有意な相関が生じることを報告している。

200　Part 2　ディスクロージャー

図表13-5		代表的なESG評価機関			
評価機関	名称	評価項目	スコア	格付け	対象企業
MSCI	MSCI ESG Ratings	業種ごとに毎年選定する35のキーイシュー(E(13), S(16), G(6))	0～10	7段階 AAA～CCC	約8,500社
FTSE Russell	FTSE Russell ESG Ratings	14のESGテーマ(E(5), S(5), G(4)), 総計300問以上の調査項目	0～5	―	約8,000社
Refinitiv	ESGC score	10のカテゴリースコア(E(3), S(4), G(3))と不祥事スコア, 450以上のデータポイント	0～1	12段階 D^-～A^+	10,000社以上
S&P Global	CSA	3つのディメンション(E, S, G)があり, 質問およびウェイトは業種ごとに異なる	0～100	―	13,000社以上
Moody's	ESG Score	38のクライテリア(E(13), S(19), G(8), 一部重複あり)	0～100	―	約5,000社
Sustainalytics	ESG Risk Ratings	業種ごとに特定されたマテリアルESGイシュー(3-10個程度)とそれらに紐づく評価指標群	0～100	―	16,000社以上
Bloomberg	ESG Disclosure Score	ESGの各項目の情報開示量	0～100	―	約15,000社

（出所）各社のホームページを基に筆者作成

S&P Global（SP）, Refinitiv（RE）, MSCI（MS）の6つの代表的なESG評価機関の2014年のESGスコアを用いて, この点を検証している[7]。**図表13-6**は, 各評価機関のESGスコアの相関係数をまとめたものである。ここで, Eは環境

7　2014年を分析対象年としているのは, この年が最も多くのサンプル数を確保できたためである。なお, Berg et al.（2022）は2017年についても同様の分析を行っており, 検証結果の頑健性を確かめている。

スコア，Sは社会スコア，Gはガバナンス・スコアであり，ESGはこれらのスコアを統合した総合スコアである。総合スコアについてみてみると，相関係数の平均値は0.54であり，各評価機関のスコアには一定の乖離があることが窺える。項目別にみると，環境スコアの相関係数の平均値が0.53と最も高く，ガバナンス・スコアの平均値が0.30と最も低い。また，KLDとMSCIのスコアは，総合スコアと項目別スコアの両方で他の評価機関との相関が低いことが確認できる。

図表13-6	各ESG評価機関が公表しているスコアの相関係数

	KL SA	KL MO	KL SP	KL RE	KL MS	SA MO	SA SP	SA RE	SA MS	MO SP	MO RE	MO MS	SP RE	SP MS	RE MS	Average
ESG	0.53	0.49	0.44	0.42	0.53	0.71	0.67	0.67	0.46	0.7	0.69	0.42	0.62	0.38	0.38	0.54
E	0.59	0.55	0.54	0.54	0.37	0.68	0.66	0.64	0.37	0.73	0.66	0.35	0.7	0.29	0.23	0.53
S	0.31	0.33	0.21	0.22	0.41	0.58	0.55	0.55	0.27	0.68	0.66	0.28	0.65	0.26	0.27	0.42
G	0.02	0.01	-0.01	-0.05	0.16	0.54	0.51	0.49	0.16	0.76	0.76	0.14	0.79	0.11	0.07	0.30

（出所）Berg et al.（2022）のTable II

　Berg et al.（2022）はまた，評価機関ごとでESGスコアに差異が生じる要因についても検証を行っている。評価機関ごとでESGスコアに差異が生じる理由には次の3つの要因が考えられる。第1に，評価範囲（Scope）である。ESGスコアを算出する際，ある評価機関では労働慣行を評価項目にしているが，別の評価機関では評価項目としていないかもしれない。第2に，測定方法（Measurement）である。労働慣行を評価項目としていたとしても，ある機関では離職率で評価している場合もあれば，裁判件数で評価していることもあるため，結果的にESGスコアに差が生じている可能性もある。第3に，ウェイト（Weight）である。労働慣行を評価する際，離職率と裁判件数を同じウェイトで評価している評価機関もあれば，異なるウェイトで評価している機関も存在するだろう。

　図表13-7は，評価範囲，測定方法，ウェイトのいずれの要因が総合スコアの乖離をもたらしたのかを検証したものである。全評価機関ペアを平均すると，総合スコアの乖離のうち56％が測定方法，38％が評価範囲，6％がウェイトによって生じていることがわかる。ただし，個々のペアについては検証結果にば

らつきがある。たとえば，KLDとMSCIのペアについては，測定方法による乖離は17%にすぎないが，評価範囲による乖離は81%に及んでいる。この結果は，2つの評価機関が同じデータ・プロバイダーから提供されたデータを用いているが，異なる項目を基に評価を行っている可能性を示している。他方，SustainalyticsとRefinitivのペアに関しては，ウェイトによる乖離が22%と高いのに対して，評価範囲による乖離は12%と低い。SustainalyticsとRefinitivは同じような評価項目に基づいて評価を行っているが，異なったウェイト付けを行っているのかもしれない。

図表13-7	評価機関ごとでESGスコアに差異がうまれる要因

	KL SA	KL MO	KL SP	KL RE	KL MS	SA MO	SA SP	SA RE	SA MS	MO SP	MO RE	MO MS	SP RE	SP MS	RE MS	Average
Scope	18%	31%	20%	22%	81%	20%	22%	12%	68%	41%	19%	66%	23%	59%	68%	38%
Measurement	69%	59%	68%	63%	17%	64%	70%	66%	30%	56%	79%	41%	74%	52%	38%	56%
Weight	13%	10%	11%	15%	3%	16%	8%	22%	2%	3%	2%	-6%	3%	-10%	-7%	6%

（出所）Berg et al.（2022）のTable VIII

　ここまで見てきたように，ESGスコアは評価機関ごとに相当程度の乖離が存在しており，また乖離が生じる要因も評価機関ごとに異なる。こうした事実は，ESGスコアそのものが無意味であることを意味するものではないが，投資家がESGスコアを用いる際には十分に注意する必要があるといえる。投資家は各評価機関が公表するESGスコアにどのような特性があるのかを適切に理解し，目的に応じてそれらを調整することが求められる。

（2）ESG投資・経営がもたらす効果

　投資家と企業はともにESG要素を投資判断や企業経営に反映させることによってもたらされる効果に強い関心を寄せている。ここでは，ESG投資やESG経営がもたらす効果についてアカデミック・エビデンスを整理する。

①　ESG投資の効果

　ESG投資が超過リターンを生み出すのかに関して数多くの研究が行われている。市場が効率的であるとするならば，公表された情報はすぐに資産価格に反

映されるため超過リターンを生むことはない（Fama 1970）。これはESG投資についても同様である。すなわち，市場が効率的であるならば，データ・プロバイダーやESG評価機関が生産したESG関連情報はすぐさま証券価格に反映されるため，結果的に投資家は超過リターンを得ることができないと考えられる。それどころか，投資対象を選定する際，ESG要素を考慮することによってポートフォリオから特定の企業が除外されると，十分な分散効果が得られなくなり，結果的に負の超過リターンを生み出す可能性もある（Pedersen et al. 2021）。では，現実には超過リターンは得られていないのだろうか。

Halbritter and Dorfleitner（2015）は，ASSET4[8]，Bloomberg，KLDの3つの評価機関のESGスコアを用いて，ESG投資の有効性を検証している。具体的には，ESGスコアの上位20%に区分される企業群と下位20%に区分される企業群でポートフォリオを作成し，各ポートフォリオのアルファ（リスク調整済み超過リターン）の差が統計的に有意であるかを検証している。かりに2つのポートフォリオのアルファの差が有意な正の値を取るのであれば，ESGスコアが低い企業群で構成されるポートフォリオを売り（ショート），スコアが高い企業群で構成されるポートフォリオを買う（ロング），すなわちロング・ショート戦略を取ることで超過リターンが得られるといえる。検証の結果，どの評価機関のESGスコアを用いても，2つのポートフォリオのアルファに有意な差は認められなかった。

ESG投資の有効性を検証した論文をサーベイしている研究も存在する。Atz et al.（2023）は2015年から2020年までに公表された1,141本の査読付き論文と27本のメタ・レビューをサーベイしている[9]。ESG投資の効果を検証した97本の論文を調査したところ，ESG投資によって超過リターンが得られるといったポジティブな効果が観察されているのはわずか38%であることが明らかとなっている。また，13%の論文がネガティブな効果を観察しており，残りの49%はESG投資の効果は中立的あるいはミックスであることを報告している。証券別にESG投資の効果を見ると，株式については38%の論文がポジティブな効果を

8　ASSET4は2009年にThomson Reutersに買収されている。さらに，2018年にはThomson ReutersからASSET4を含む金融情報部門が切り出され，Refinitivが設立されている。なお，Refinitivも2019年にロンドン証券取引所の傘下に入っている。

観察しており，14%はネガティブな効果を示している。債券に関しては33%の研究がポジティブ，12%がネガティブな効果を報告している。これらの分析結果は，ESG投資は平均的には超過リターンを生まない可能性があることを示唆している。

　他方，Khan et al.（2016）は企業ごとに財務パフォーマンスに影響を与える可能性の高いESG課題（マテリアリティ）を特定し，重要なESG課題に対して適切な対応をしている企業に投資をすることで超過リターンを獲得できると主張している。投資家はデータ・プロバイダーやESG評価機関からESG関連情報を入手することはできるものの，投資対象となっている企業にとってどのESG課題が財務パフォーマンスに大きな影響を与えるのかについては把握できていない。こうした影響は，事後的にそれが実現し，会計利益に反映されることで初めて投資家に観察可能となる。それゆえ，事前にマテリアリティを特定し，それを考慮したポートフォリオを構築することができれば，超過リターンを獲得できると考えられる。

　Khan et al.（2016）はSASBが公表したマテリアリティに関する業界別ガイダンスを用いて業界ごとにマテリアリティを特定し，KLDが提供するESGスコアの項目ごとの得点をマテリアリティで重み付けすることによって，各企業のマテリアリティを考慮に入れたESGスコア（マテリアル指標）を算出している[10]。そして，マテリアル指標の変化を企業規模や総資産利益率などの変化に回帰して残差を抽出し，残差の上位10%に区分される企業群と下位10%に区分される企業群でポートフォリオを作成して，各ポートフォリオのアルファの差が有意であるかを検証している。検証の結果，2つのポートフォリオのアル

9　その他にもESG投資の効果に関する研究論文をレビューしたものとしてFriede et al.（2015）がある。Friede et al.（2015）はESG要素とCFP（Corporate Financial Performance）との関係を検証した論文のサーベイを実施している。1970年から2015年の間に公表された約2,200本の論文を調査したところ，9割以上の研究においてESG要素とCFPの間には非負の関係があること，5〜6割の研究において正の関係が観察されていることを報告している。ただし，Friede et al.（2015）が取り扱った論文は被説明変数として投資リターンに焦点を当てたものだけでなく，会計上の収益率や成長性などを扱った論文も含まれている。このことから，必ずしもESG投資の効果をサーベイしたものであるとはいえない。

10　Khan（2019）は42カ国のグローバル・データを用いることによって，米国企業のみを対象としているKhan et al.（2016）の検証結果を拡張している。

ファの差は3〜8％ポイントであり，かつ統計的に有意であることが確認されている。この結果は，2つのポートフォリオをそれぞれロングとショートのポジションで保有することで，年率3〜8％の超過リターンが獲得できることを示している。

　ただし，Khan et al.（2016）の分析結果には注意が必要である。先にも指摘したように，ESGスコアは評価機関ごとで乖離が存在しており，どのスコアを用いるかによって分析結果が変わる可能性がある（Berg et al. 2022）。それゆえ，KLD以外のESGスコアを用いた場合に分析結果が再現できるかどうかは明らかではない。また，Khan et al.（2016）が実施した分析プロセスにはいくつもの恣意性が入り込む余地がある。たとえば，ESGスコアの項目ごとの得点をSASBが公表した業界ごとのマテリアリティで重みづけする際，それらを対応させる必要があるがどのように対応させているかについては明らかでなく，研究者の裁量に委ねられている。実際，Berchicci and King（2022）が448の代替的なモデルを使用して分析を再現したところ，代替的なモデルから得られた分析結果の98％はKhan et al.（2016）が報告している結果よりも良好ではなかったことを示している[11]。

　以上のように，これまでの研究からはESG要素を投資判断に組み込むことで超過リターンが得られるといった一貫した結果は得られていない。むしろどちらかといえば超過リターンは獲得できないことを示す研究が多い。また，企業ごとに重要なESG課題を特定し，ポートフォリオの構築においてそれを加味することで超過リターンが得られると主張する研究も存在するものの，その信頼性についても疑問が投げかけられている。

②　ESG経営の効果

　ESG経営は企業の将来キャッシュフローの増加をもたらすとともに，資本コストを低減させることで企業価値を増加させる可能性がある。たとえば，ESG

11　Ahn et al.（2024）はまた，Khan et al.（2016）が算出したマテリアル指標の変化は企業のファンダメンタルズを捉えており，それゆえマテリアル指標の変化が大きい企業群からなるポートフォリオほど超過リターンが高くなる可能性を指摘している。実際，収益性や成長性をコントロールすると超過リターンが得られなくなることを報告している。

への取組みは従業員のモチベーションを高めるだけでなく，消費者の購買意欲を増加させることを通じて，企業の将来キャッシュフローを増加させうる（Edmans 2012; Glavas and Kelley 2014）。他方，ESG要素を投資判断に組み入れる投資家が増えると，ESG活動に積極的な企業の証券は多くの投資家によって保有されるようになり，個々の投資家のリスク負担が低減する。その結果，これらの企業に対する要求収益率が低くなり，企業の資本コストは低下するかもしれない（Heinkel et al. 2001）。

　一方で，ESG経営は企業価値を減少させる可能性もある。経営者はしばし株主の富よりも自身の利益を優先する行動を取る場合がある。たとえば，大企業の経営者のほうがメディアへの露出頻度が高く，社会的な認知度が高まるため，株主の富を毀損するおそれがあったとしても経営者は大規模な企業買収を行うことが指摘されている（Shleifer and Vishny 1997）。とりわけ，ESG活動は大きなコストがかかる一方で，経営者自身の社会的名声を高めるため，経営者は株主を犠牲にしてでもESG活動に注力する可能性がある（Masulis and Reza 2015）。かりにこうした目的でESG活動が実施されているのであれば，企業価値は低下するだろう。

　このようにESG経営と企業価値との間には相反する予測が成り立つものの，これまでの研究からは両者には正の関係が存在する可能性があることが示されている。先に紹介したAtz et al.（2023）はESG経営の効果を検証した141本の論文を調査したところ，ESG経営によって企業価値が増加するといったポジティブな効果が観察されているものは60%に及ぶことを示している。一方で，ESG経営がネガティブな効果をもたらすことを報告している研究はわずか6%であり，残りの34%はESG経営の効果は中立的あるいはミックスであることを報告している。

　ただし，ESG経営と企業価値の間に正の関係が観察されたからといって，ESG経営が企業価値を増加させるとは断定できない点には注意すべきである。たとえば，企業価値が高い企業は資金に余裕があり，それゆえESG活動に積極的に取り組んでいるのかもしれない。つまり，逆の因果関係も成立してしまう可能性が存在するのである。こうした問題に対処するために，Dimson et al.（2015）は機関投資家によるエンゲージメントとその後の企業価値の変化に注

目し，因果関係の特定を試みている。検証の結果，機関投資家がESG要素に関するエンゲージメントを実施した後に企業のESG活動が改善した場合，当該企業の株式リターンが高まることを発見している。

回帰不連続デザイン（Regression Discontinuity Design：RDD）という手法を用いて，ESG活動と企業価値との因果関係の特定を試みている研究も存在する。RDDとは，ある観察可能な変数Xが既知の閾値を超えた場合にサンプルに何らかの介入が行われるという状況に注目し，その閾値をわずかに超えた企業群と下回った企業群との変数Yを比較することで，介入の平均な効果（Local Average Treatment Effect：LATE）を測定する手法である。閾値付近に存在する企業群は同じ特性を有していると考えられるため，閾値付近で変数Yに大きな乖離が存在する場合，その乖離は介入がもたらした効果だと考えられる。

Flammer（2015）はESGに関する株主提案に注目し，株主提案が僅差で可決された企業群と否決された企業群とで議案投票日の異常リターンに差が生じているかを検証している。検証の結果，ESGに関する株主提案が僅差で可決された企業のほうが僅差で否決された企業よりも異常リターンが高いことが明らかとなっている。これらの分析結果は，ESGへの取組みが企業価値を増加させる可能性があることを示唆している。

③ 日本企業との関連性

海外ではESGに関する研究が盛んに行われてきたが，日本においてはその数が限られている。ここではわずかではあるが，日本企業をサンプルとした研究を紹介する。なお，ESGデータやESGスコアに内在する問題は日本も海外も本質的には変わらないと考えられるゆえ，ESG投資とESG経営の効果について検証した研究を中心に整理する[12]。

日本企業を対象にESG投資の効果を検証した研究には，湯山ほか（2019）がある。彼らはBloombergが提供するESGスコアを用いて，ESG要素を投資判断

---

12 白須・湯山（2021）は日本企業を対象として，Bloomberg，FTSE Russell，MSCI，Thomson Reutersの４つのESG評価機関が提供するESGスコアの相関関係を検証している。相関係数の平均値は0.51であり，各評価機関のスコアには一定の乖離が存在することが明らかとなっている。この検証結果は，Berg et al.（2022）と整合的である。

に織り込むことで超過リターンを獲得できるかを検証している。具体的には，ESGスコアの上位25%に区分される企業群と下位25%に区分される企業群でポートフォリオを作成し，各ポートフォリオのアルファを比較している。検証の結果，分析対象期間よってはアルファが獲得できる場合もあるが，その結果は頑健なものではなく，全体的には超過リターンは得られなかったと結論づけている。この分析結果は，Atz et al.（2023）とおおむね整合的である。ただし，湯山ほか（2019）が用いたBloombergのESGスコアは企業のESGへの取組みを評価したものではなく，ESG関連情報の開示量をとらえたものであることには注意が必要である。

　ESG経営の効果を分析した研究としては，奥泉ほか（2023）やChen et al.（2024）がある。奥泉ほか（2023）は日本の代表的なESG株価指数であるMSCIジャパンESGセレクト・リーダーズ指数（以下，MSCI ESG指数）の銘柄入替えが，入替え銘柄の株価に与える影響について検証している。MSCI ESG指数は定期的な銘柄の入替えが行われており，MSCI ESG指数に新規採用されるためには積極的なESG活動を実施している必要がある。それゆえ，銘柄入替えは企業のESG活動について追加的な情報を提供しているといえる。分析の結果，新規採用銘柄については銘柄入替えの公表日に株価が有意に上昇しているのに対して，除外銘柄に関しては株価が有意に下落していることが明らかとなっている。このことはESGへの積極的な取組みが企業価値を増加させる可能性を示している。

　Chen et al.（2024）はAIを用いて既存のESGスコアよりも網羅性の高い独自のESGスコアを作成し，企業のESGへの取組みが企業価値に与える影響を分析している。具体的には，自然言語処理技術を用いて有価証券報告書の中から企業のESGへの取組みに関連する語彙を抽出し，それらを統一的な方法で数値化することによって独自のESGスコアを作成している。そして，このAIに基づくESGスコアと企業価値との関係を検証している。分析の結果，彼らの作成したESGスコアは日本の上場企業の98%以上を網羅していること，Thomson Reutersが提供するESGスコアとの相関係数は0.36から0.53程度であったこと，ESGスコアが高い企業ほど企業価値が高いことがわかっている。奥泉他（2023）やChen et al.（2024）の発見事項はAtz et al.（2023）のサーベイ調査

の結果と整合的である。

4 実務・政策的な示唆

　本章では，ESG投資やESG経営の有効性に関して重要なエビデンスを紹介した。また，企業のESG活動を可視化するために提供されているESGデータやESGスコアの信頼性についても議論した。本章で紹介したアカデミック・エビデンスから得られる実務的・政策的な示唆は大きく3つある。

　第1に，企業のESGへの取組みは企業価値を増加させうる。企業経営者からはESG要素を考慮することで企業価値は増加するのかといった疑問をしばしば耳にする。先行研究からはESG経営と企業価値との間には正の関係が存在することが観察されている（Atz et al. 2023）。また単なる相関の検証だけでなく，因果関係に焦点を当てた検証も実施されており，ESGへの積極的な取組みが企業価値を増加させることが示されている（Dimson et al. 2015）；Flammer 2015）。さらに，日本企業をサンプルとした研究においても同様の検証結果が観察されている（奥泉ほか 2023; Chen et al. 2024）。これらのエビデンスに基づけば，株式市場は企業のESG活動をポジティブに評価しており，それゆえ積極的なESG活動は企業価値を増加させる可能性があると考えられる。

　第2に，投資家はESG要素を投資判断に用いることによって超過リターンを獲得できるとは限らない。超過リターンが得られるかは，投資家が投資判断にESG要素を考慮するかを決めるうえで重要な判断材料となる。しかし，先行研究からはESG要素を投資プロセスに組み込んだからといって必ずしも超過リターンを獲得できるわけではないことが示されている（湯山ほか 2019; Atz et al. 2023; Halbritter and Dorfleitner 2015）。また，企業ごとに重要なESG課題を特定し，ポートフォリオの構築においてそれを加味することで超過リターンが得られると主張する研究も存在するものの（Khan 2019; Khan et al. 2016），その信頼性については疑問が投げかけられている（Ahn et al. 2024; Berchicci and King 2022）。少なくとも多くの投資家にとってアクセスが容易であるESGデータやESGスコアを用いては超過リターンを獲得するのは困難であるといえる。

　第3に，ESGデータやESGスコアには多くの課題が残されている。ESGデー

タやESGスコアは投資家と企業双方が利用するため，相当程度の信頼性が求められる。しかし，先行研究からはESGデータ，とりわけデータ・プロバイダーの推計値にはシステマティックなバイアスが含まれていることが示されている（Aswani et al. 2024）。また，ESGスコアは評価機関ごとに相当程度の乖離が存在しており，乖離が生じる要因も評価機関ごとに異なることが報告されている（Berg et al. 2022）。それゆえ，情報利用者はESGデータやESGスコアの特性を理解し，必要があれば適切に調整することが求められるが，データの生成プロセスが曖昧であるため，現状このような対応をとることは困難であるといえる。今後は，データ・プロバイダーや評価機関側にデータの生成プロセス等の情報開示が求められるかもしれない。

◆参考文献

奥泉正樹・加藤政仁・砂川伸幸. 2023.「ESG株価指数の銘柄入れ替えと株価の動向：MSCIジャパンESGセレクト・リーダーズ指数の採用と除外における株価の動向」『証券アナリストジャーナル』12：94-105.

白須洋子・湯山智教. 2021.「評価機関のESGスコアの特性は何か?：主要4ESGスコアの独自性・類似性の比較から」『証券アナリストジャーナル』9：68-80.

湯山智教・白須洋子・森平爽一郎. 2019.「ESG開示スコアとパフォーマンス」『証券アナリストジャーナル』10：72-83.

Ahn, B.H., P.N.Patatoukas, and G.S.Skiadopoulos. 2024. Material ESG alpha: A fundamentals-based perspective. *The Accounting Review* 99 (4): 1-27.

Aswani, J., A.Raghunandan, and S.Rajgopal. 2024. Are carbon emissions associated with stock returns? *Review of Finance* 28 (1): 75-106.

Atz, U., T.Van Holt, Z.Z.Liu, and C.C.Bruno. 2023. Does sustainability generate better financial performance? review, meta-analysis, and propositions. *Journal of Sustainable Finance and Investment* 13 (1): 802-825.

Berchicci, L., and A.A.King. 2022. Corporate sustainability: A model uncertainty analysis of materiality. *Journal of Financial Reporting* 7 (2): 43-74.

Berg, F., J.F.Kölbel, and R.Rigobon. 2022. Aggregate confusion: The divergence of ESG ratings. *Review of Finance* 26 (6): 1315-1344.

Chen, Z., K.Sugiyama, K.Tasaka, T.Kito, and Y.Yasuda. 2024. Impact of environmental, social and governance initiatives on firm value: Analysis using AI-based ESG scores for Japanese listed firms. *Research in International Business and Finance* 70 (Part A): 102303.

Dimson, E., O.Karakaş, and X.Li. 2015. Active ownership. *Review of Financial Studies* 28 (12): 3225-3268.

Edmans, A. 2012. The link between job satisfaction and firm value, with implications for corporate social responsibility. *Academy of Management Perspectives* 26 (4): 1-19.

Fama, E.F. 1970. Efficient capital markets: A review of theory and empirical work. *The Journal of Finance* 25 (2): 383-417.

Flammer, C. 2015. Does corporate social responsibility lead to superior financial performance? A regression discontinuity approach. *Management Science* 61 (11): 2549-2568.

Friede, G., T.Busch, and A.Bassen. 2015. ESG and financial performance: aggregated evidence from more than 2000 empirical studies. *Journal of Sustainable Finance and Investment* 5 (4): 210-233.

Glavas, A., and K.Kelley. 2014. The effects of perceived corporate social responsibility on employee attitudes. *Business Ethics Quarterly* 24 (2): 165-202.

Halbritter, G., and G.Dorfleitner. 2015. The wages of social responsibility — where are they? A critical review of ESG investing. *Review of Financial Economics* 26: 25-35.

Heinkel, R., A.Kraus, and J.Zechner. 2001. The effect of green investment on corporate behavior. *The Journal of Financial and Quantitative Analysis* 36 (4): 431-449.

Khan, M. 2019. Corporate governance, ESG, and stock returns around the world. *Financial Analysts Journal* 75 (4): 103-123.

Khan, M., G.Serafeim, and A.Yoon. 2016. Corporate sustainability: First evidence on materiality. *The Accounting Review* 91 (6): 1697-1724.

Masulis, R.W., and S.W.Reza. 2015. Agency problems of corporate philanthropy. *Review of Financial Studies* 28 (2): 592-636.

Pedersen, L.H., S.Fitzgibbons, and L.Pomorski. 2021. Responsible investing: The ESG-efficient frontier. *Journal of Financial Economics* 142 (2): 572-597.

Shleifer, A., and R.W.Vishny. 1997. A survey of corporate governance. *The Journal of Finance* 52 (2): 737-783.

212　Part 2　ディスクロージャー

第 **14** 章

サステナビリティ開示

加賀谷哲之　TETSUYUKI　KAGAYA

SUMMARY

　本章の狙いは，サステナビリティ開示をめぐる研究の現状を整理したうえで，それらの政策面，企業実務面に対する示唆を提示するとともに，今後の研究で検討すべき点をまとめることにある。

　近年，環境・社会などのサステナビリティをめぐる課題が深刻化する中で，それらが企業やそれを取り巻く利害関係者にいかに影響を与えるのか，またそれらの説明責任を企業に求めることで，それが企業の将来業績や環境・社会に対するインパクトにどのような影響を与えるのかについて，関心が高まっている。

　本章では，それらの現状を整理したうえで，今後実施すべき将来に向けた研究アジェンダは何かなどを整理する。

1　はじめに

　本章の狙いは，サステナビリティ開示をめぐる研究の現状を整理したうえで，それらから獲得できるだろう示唆を抽出するとともに，政策面，企業実務面でより豊かな示唆を得るために進展させるべき研究課題を提示することにある。

　近年，サステナビリティ課題が経済や社会，環境に与える影響がより深刻化しつつあることが指摘されている。たとえば，Dixson-Declève et al.（2022）には，ローマクラブ，ノルウェー経営大学，ポツダム気候影響研究所，ストックホルム・レジリエント・センターなど世界有数の科学者から構成される国際イニシアティブ"Earth for All"による研究成果がまとめられている。これによれば，気候変動，バイオケミカル・フロー，未開拓森林比率，生物多様性，資源循環などの観点ですでに地球は限界値を超えており，早急な対応が求めら

れることを指摘している。特に経済の中核を担う企業が主体的に取り組むことへの期待が急速に高まっている。以下の3点は，こうした期待を象徴した動きと考えることができる。

第1に，国連を中心として地球規模の課題への対応について，より企業に主体的な取組みを促す姿勢が鮮明になっている点である。国連は「一層高い生活水準，完全雇用並びに経済的及び社会的な進歩及び発展の条件を促進する」（国連憲章第55条）ことを意識し，かねてより環境・社会課題への主体的な対応を各国・地域に促してきた。2000年からはMillenium Development Goals（MDGs）を掲げ，政府やNGOを中心として環境や人権をめぐる課題解決に取り組んできたものの，十分に解決を促すことができなかった。この反省から2015年よりスタートしたSustainability Development Goals（SDGs）では，経済の中核を担う企業の主体的な取組みを促すことがより意識されている。すでに2005年に国連事務総長であったコフィー・アナン氏の提唱で，設立された国連責任投資原則（PRI）により，投資コミュニティーでより環境・社会課題を意識した投資活動を促進する動きを進めていたが，SDGsの公表にあたっては，企業が意識すべき目標やターゲットを含めるなどより企業の取組みを促している点に特徴がある。

第2に，EUが，環境・社会課題への解決への取組みで世界をけん引している点である。1997年に公表されたアムステルダム条約を受けて，EUにおける雇用政策や市民権の強化など社会政策の強化を促進する動きが進展している。2000年にはCSRに関するグリーンペーパー，2002年にマルチステークホルダー・フォーラムなどの基盤が整備され，2006年には欧州において企業による持続的開発に向けての優先順位や目標を明示するなど他地域に先駆けて，企業に対する環境・社会課題への解決に向けた取組みを促進させている。2011年にはEUにおけるCSRストラテジーが更新され，その後のEUにおけるサステイナブル・ファイナンスのアクション・プランに結び付いている。

第3に，環境・社会課題について，域外適用など国境や地域を越えた法律適用が実施され始めている点である。英国現代奴隷法，米国OFAC規制，欧州RoHS指令，欧州REACH規制など自社がかかわる資本拠出先，取引先，サプライチェーンなどに対して，環境・社会課題の低減のために，国や地域のボー

ダーを越えるかたちで法令が適用されたり，あるいはそのボーダーを越えた法
訴訟が頻発している。これに伴い，企業サイドに対するサステナビリティ課題
の対応などが求められるようになっている。

　サステナビリティ課題に対する主体的な対応が求められる中で，各社がそれ
にどれほど真摯に取り組んでいるかを示すサステナビリティ開示が合わせて議
論されるようになっている。本章では，そうしたサステナビリティ開示におけ
る特徴や史的展開を整理するとともに，これまでの研究蓄積にて確認できてい
る点や，そこから確認できる政策面，実務面での示唆と今後実施すべき将来研
究課題について提示する。

2　サステナビリティ開示制度の特徴と変遷

（1）サステナビリティ開示の特徴

　財務情報の開示は，主に資金提供者に対して，企業が自ら預かった資金が適
切に活用されているか説明責任を果たすために実施されるものと位置づけるこ
とができる。これに対して，サステナビリティ情報の開示は，企業が環境・社
会など企業に関わるさまざまな利害関係者に対して，どのような影響を与えて
いるかを確認し，その説明責任を果たすことで，環境・社会課題などの解決を
促し，環境・社会の持続可能性と企業の持続可能性の両立を促進させることを
狙いとしている。

　財務開示とサステナビリティ開示は，その狙いが異なるがゆえに，実際に開
示される情報は異なる特徴を持つ。たとえば，財務開示では主に資金提供者を
対象に，企業の財政状態や経営成績を，主に貨幣単位で表示される。これに対
して，サステナビリティ開示では，企業が手掛ける事業の内容や展開する地域
に応じて，求められる情報開示の内容が異なってくる。たとえば，鉄鋼会社で
は温暖化ガス排出量など，建設会社でいえばエネルギー効率や環境負荷を意識
した材料の活用や資源の循環利用，アパレル会社でいえばサプライチェーンに
おけるビジネスと人権など，セクターによって説明責任が求められるアジェン
ダが異なってくる。アジェンダが異なってくれば，関係するステークホルダー
の幅やタイプ，求められる情報の測定単位・尺度などもさまざまとなる。

第14章　サステナビリティ開示　215

このため，サステナビリティ開示では，すべての企業に"One size fits all"で情報開示を求めると，ある企業にとっては不要な情報の作成・開示が要求されるだけではなく，情報を求めるステークホルダーに対して必要な情報が提供されない事態になりかねない。こうした事態を回避するために，サステナビリティ開示では，以下の3点が重要となる。

第1に，さまざまなサステナビリティ情報が，企業にとってどれほど重要かを判断するマテリアリティーをどのような考え方に基づいて整理するかである。大きく言えば，将来財務業績などの企業のサステナビリティに重きを置く「シングル・マテリアリティ」の立場をとるのか，企業のみならず，環境・社会のサステナビリティにも目配りをする「ダブル・マテリアリティ」をとるのかによって，情報開示のあり方は異なってくる。またどちらの立場をとるにせよ，マテリアリティをどのように識別するかは，当該企業が手掛ける事業や展開する地域によって異なる。

第2に，サステナビリティ情報の開示にあたっては，環境・社会課題が，いかに事業機会やリスクに影響を与えるか，またそれらに対してガバナンス・リスク管理・戦略・指標・目標をいかに設置するかを意識する必要がある。企業ごとに重要となるサステナビリティ課題が同じになるかが定かではなく，またその影響は長期的な時間軸で顕在化されることから，経営としていかに体制を整備しているかを説明することが重要となる。

第3に，サステナビリティ開示にあたっては，現状についての報告を行うだけではなく，シナリオ分析など，将来の不確実性にどのように対峙するかも併せて開示していく必要がある点である。とりわけ気候変動などの変化に応じて，どのような影響がありうるか，物理的リスクや移行リスクなどを見込みながら，シナリオに基づきどのように対応するかを戦略などに織り込んでおく必要がある。

（2）自発的開示から国際的統合化・収斂化へ

サステナビリティ開示においては，上述したとおり，"One size fits all"での対応が必ずしも望ましい経済的帰結を生み出すとは限らない。一方で，各社のサステナビリティ課題への対応を情報利用者が確認するためには，関係者が

共通言語でコミュニケーションするための基盤となるガイドラインや基準などが必要となる。このため，"One size fits all"に結び付きやすい強制開示ではなく，民間セクターの情報開示専門機関が作成したガイドラインや基準に基づく自発的開示が，サステナビリティ情報の拡充のドライバーとしての役割を果たした。1997年に設立されたGlobal Reporting Initiatives（GRI），2010年に設立されたInternational Integrated Reporting Council（IIRC），2011年に米国で設立されたSustainability Accounting Standards Board（SASB）がこうした役割を担っていった。GRIは，国連環境計画や環境責任経済連合などがその設立に大きく寄与したことからも推測できるように，環境・社会に与える影響を強く意識した開示フレームワークを公表しているのに対して，IIRCやSASBは資本市場の投資家にとって有用となるサステナビリティ情報の開示にフォーカスを当てている点でその立ち位置が異なる点には留意が必要である。

　こうした中で，気候変動に関連した開示については，2000年に設立されたCDP（Carbon Disclosure Project），2007年に設立されたCarbon Disclosure Standards Board（CDSB）など投資家を中心とした情報利用者のための情報開示の拡充に尽力していった。これらは，その後，米国の金融安定理事会（FRB）のマーク・カーニー議長が中心になって2015年に設立されたTask Force on Climate Financial-related Disclosure（TCFD）における取組みへと結実していった。TCFDによって2017年に公表されたTCFDガイドラインは，その後さまざまな企業や組織に採用され，広く世界の企業における気候変動開示の基盤となっていった。TCFDに構築された気候変動開示の基本的な考え方や内容は，サステナビリティ開示の国際的統合化・収斂化をけん引するInternational Sustainability Standard Board（ISSB）などに引き継がれていった。

　2020年9月には，SASB，IIRC，CDP，CDSB，GRIが共同宣言を発表し，会計情報とサステナビリティ情報を統合した開示フレームワークをグローバルに統合化・収斂化していく取組みを推進していくことを表明するとともに，そうした国際的統合化・収斂化のキープレイヤーであるIFRS財団，欧州委員会，世界経済フォーラムに積極的に関与していく立場を明らかにしている。その後，2021年6月にはSASBとIIRCが統合され，Value Reporting Forum（VRF）が

設立されることとなった。さらに，VRFは2022年 8 月にはCDSBとともに
IFRS財団が設立したISSBに統合され，それぞれの機関における蓄積の多くが，
実質的に国際的に比較可能で一貫したサステナビリティ開示基準の策定に反映
されつつある。2024年 5 月現在，ISSBはサステナビリティ開示の基本的なフ
レームワークのほか，気候変動をめぐる非財務情報の開示基準を公表している。
また今後 2 年以内に，生物多様性と人的資本の開示基準の設定を目指している。

　この一方で，欧州ではかねてより環境，社会課題などに関連した非財務情報
開示の拡充が進展している。2014年に公表された非財務報告指令（Non-
Financial Reporting Directive）では，従業員が500名以上の大企業に対して，
環境・社会などに関連する情報開示を求めている。同指令が必ずしも上場企業
を対象としていないのは，投資家向けの情報開示にとどまらず，環境・社会に
大きな影響を与える規模の大きな企業に関心のあるマルチ・ステークホルダー
を対象とした開示であることを象徴している。さらに2023年には企業サステナ
ビリティ報告指令（Company Sustainability Reporting Directive; CSRD）では，
大企業のみならず，中小企業もそれに関連する欧州サステナビリティ報告基準
（European Sustainability Reporting Standards）に従うことを要求している。
欧州企業にとどまらず，欧州で事業を展開するその他地域の企業にもその適用
が求められる。NDRDを引き継ぎ，マルチ・ステークホルダーを対象とした開
示基準である。

　日本ではコーポレートガバナンス改革の一環として，非財務情報の開示が進
展している。2014年に公表された「持続的成長への競争力とインセンティブ～
企業と投資家の望ましい関係構築～」（伊藤レポート）を契機に，非財務情報
の自発的開示の拡充が進展している。2017年に公表された「価値協創ガイダン
ス」がそれを後押ししている。

　図表14-1にはそれぞれの非財務情報開示機関によるフレームワークを図示
している。

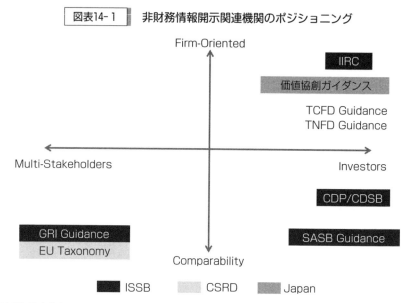

図表14-1 非財務情報開示関連機関のポジショニング

(出所) 筆者作成

（3）サステナビリティ開示のフレームワークの特徴

　サステナビリティ開示の国際的統合化・収斂化の進展にあたって，1つの基盤としての考え方となっているのが，TCFDの提示するガバナンス，戦略，リスク管理，指標・目標に基づく開示である。サステナビリティ開示にあたっては，自社にとって何が重要な環境・社会課題なのかなどを識別し，戦略やリスク管理にそれらをいかに織り込んでいるのか，それをいかに定点観測していくかなどを決定し，取締役会やその他経営体制などのガバナンスを通じて，その進捗を監督し，外部ステークホルダーに開示していくことが求められる。

　サステナビリティ課題の多くは，各社のコンテクストに合わせて取組みを決め，かつ中・長期的な時間軸で取組みを進めていく必要がある。前者においては，自社にとって重要なサステナビリティが何であるのか，識別するためのマテリアリティ分析が不可欠となる。また後者の中・長期的な時間軸での取組みを進めていくためには，サステナビリティ課題の進捗や変化に関わるいくつかのシナリオを描いたうえで，その影響を分析するとともに，それに対する取組

みを検討するシナリオ分析なども必要となる。そうしたシナリオとともに，その備えとしてサステナビリティ課題を取締役会や経営体制でいかに監視しているか，戦略やリスク管理にどれほど織り込んでいるかといった点もあわせて開示することで，サステナビリティ課題が当該企業に与える影響など情報利用者が分析・評価するための基盤を構築することが求められているのである。

3 アカデミック・エビデンス

（1）ステークホルダー資本主義と株主優先主義の相克

　サステナビリティ課題に対する企業の積極的な関与に一石を投じたのは，米国の経営者から構成されたビジネスラウンド・テーブルによる2019年8月に公表した企業パーパスに関するステートメントである。米国では，それまで株主価値に重きを置いた企業経営が志向することで，経済や社会の発展に寄与するという考え方が主流であったのに対して，同ステートメントでは，株主のみならず，顧客，従業員，サプライヤー，地域社会，環境などにも目配りをした経営を行うことを強調しているのである。これを契機に，株主優先主義からステークホルダー資本主義への移行をめぐり喧しい議論が展開されていったのである（Bebchuk and Tallarita 2020; Henderson 2020）。

　Friedman（1962）は，経営者は社会的なルールを守りつつ，自らの報酬を最大化する取組みを実践することで，株主と社会にとっての価値を最大化できることを示唆し，株主利益最大化を企業の目的とする考え方が広くビジネス・コミュニティーに広がっていった。しかしながら，近年では，株主価値を最大化することが，必ずしも社会的厚生を高めるとは限らない可能性があることが示されており，いかにそれらを両立させるかが企業社会にとっても重要な課題の1つとなりつつあるのである（Hart and Zingales 2017）。

　しかしながら，それらを整理するためには，株主や債券保有者など金融市場でサステナビリティ課題への対応やその開示がどのように評価されているかを確認する必要がある。ここでは，先行研究の整理を通じて，その評価の現状と課題について整理していくことにしたい。

（2）サステナビリティ開示研究の現状と課題

　会計学の領域においても，CSRやESG，サステナビリティというテーマの研究は過去数十年にわたって数多く蓄積されている。ここでは，Clark et al. (2015)，Christensen et al.（2021）の2つのレビュー論文をベースに，サステナビリティ課題に対する各社の取組みがどのような経済的影響を与えるかについて実証研究を整理する。

　たとえば，Clark et al.（2015）では，CSRやESG，サステナビリティをタイトルに含む200ほどのQuality Journalをレビューし，株価や将来業績，資本コストに与える影響について検討を行っている。当該研究に基づけば，優れたESGと株価（80%），将来業績（88%），資本コスト（90%）に関連性があることを確認している。ただし，当該研究では，必ずしもそれらが因果関係を示すわけではなく，相関関係であり，株価，将来業績，資本コストなどで優良な成績を上げている企業であるからこそ，資源などの観点で余裕があり，CSRやサステナビリティに熱心に取り組むことができている可能性もある。

　またChristensen et al.（2021）では，CSRやサステナビリティをテーマとして過去に実施された26,652本の論文の中からTopジャーナルに掲載された380本をとりまとめたうえで，CSRやサステナビリティ開示が強制開示された場合にどのような経済的影響を及ぼすかということに関連した研究を包括的にレビューしている。同研究では，CSRやサステナビリティ開示の多くが，自発的開示であったことに注目して，まずどのような企業がCSRやサステナビリティに関連する開示に積極的であったかを整理している。この結果，企業のファンダメンタルズ（企業規模，株主所有構造（分散度，海外投資家比率等），コーポレートガバナンス構造，経営者属性），事業特性・外部イベント（アルコール・たばこ・軍需産業，自然災害や不正等）などが影響していることを示している。

　さらに同研究では，CSRやサステナビリティ開示が，①資本市場効果（株価，将来業績，資本コストやビッド・アスク・スプレッド等），②債券保有者・融資者評価，③アナリストやメディアへの効果，④顧客，従業員，社会全般などへの評価）などに与える影響を検討した研究をレビューしている。これらがポ

ジティブな効果をもたらすという検証結果が数多く提示されている一方で，CSR，サステナビリティ開示の多くが自発的開示であることもあるがゆえに，CSR，サステナビリティ開示の効果のみを経営者のインセンティブや事業特性など他の要素と識別して分析することが困難であるなど，さらなる証拠の蓄積が必要である点も指摘している。

　企業が展開する事業の特性や地域によって，重要となるサステナビリティ課題は異なるうえ，サステナビリティ課題が顕在化する時間軸は中長期であることが多い。このため，下記のような課題に直面しやすいことが想定される。

　第1に，CSRやサステナビリティ情報そのものにフォーカスを当てるよりは，むしろ開示の有無などにフォーカスしているケースが多い点である。そもそもCSRやサステナビリティに関わる情報が標準化しているとは限らないことから，アーカイバルデータに足る数のデータを収集することは容易ではない。このため，先行研究では開示の有無など，同じ条件で集められる変数にフォーカスする傾向がある。また各社のサステナビリティの内容を分析する場合も，ESG評価機関などが提供する総合スコアに依拠するケースが多い。しかし，ESG評価機関が提供するスコアは必ずしも評価機関ごとに一貫しているとは限らないことも確認されており（Berg et al. 2022），活用しているデータが，十分に利用者が求めるCSRやサステナビリティ情報を反映しているかは留意する必要がある。

　第2に，CSRやサステナビリティ課題が実際にどのような影響を与えるかは，将来事象に依拠することから，それがどのような影響を与えるのかについて有識者や利害関係者などの主要なステークホルダーに対するインタビュー調査や投資家などの評価などに基づくケースが多い。直接的な影響を測定できている場合でも，自然災害や不正などの緊急事態に着目しているケースがほとんどであり，実際にサステナビリティ課題が企業にどのような経済的影響をもたらすのかについては十分に検討できているとは言い難い。

　第3に，サステナビリティ課題への対応について，その方針・体制や構造などのみにフォーカスする傾向がある点である。方針・体制や構造などは相対的にデータが収集しやすく，分析の対象になりやすい。一方で，方針・体制や構造があるからといって，効果的なサステナビリティ活動が実践されるとは限ら

ないそのサステナビリティ課題への取組みのプロセスが改善されているかどうかがより重要となる可能性がある。

4 示唆と展望

先行研究に基づけば，サステナビリティ課題やその対応に関する企業の情報開示は，投資家や債権者，顧客，従業員，情報媒介者（アナリスト・メディア），政府・非営利団体などさまざまなステークホルダーに影響を与える可能性があることを示唆している。一方で，それらの研究成果はデータ面での制約などを受けている可能性もあり，①サステナビリティ情報内容の評価，②サステナビリティ課題やその対応が企業に与える影響の測定，③コーポレートガバナンスがサステナビリティ課題に与える影響の３点については，なお検討の余地があることが確認されている。

しかしながら，それぞれの対象についての研究面での挑戦は徐々に進展しつつある。たとえば，サステナビリティ情報の内容については，SASBが公表する業種別の定義に基づきマテリアリティの有無を識別し，それらを活用することが多い。たとえば，情報に基づくポートフォリオ構築を通じて超過リターンが獲得できる可能性がある（Khan et al. 2016），あるいはマテリアリティ情報には株価の同期性（Stock price synchronicity）を抑制する効果がある（Grewal et al. 2020），マテリアリティ情報を活用したアクティビストによる重要な提案には企業価値上昇効果がある（Grewal et al. 2016）などを示している。一方で，利益率や成長性などを考慮した場合には，SASBの提示するマテリアリティに基づくポートフォリオを組んだ場合でも，超過リターン効果などは消滅することなどを示す研究もあり，なおマテリアリティをどのように評価するかという点には留意が必要である（Ahn et al. 2024）。

またサステナビリティ課題が企業に与える影響については，実際の因果経路を意識した分析が求められる。サステナビリティ課題それぞれが企業のファンダメンタルズにどのような影響を与えるかについては，実際に蓄積されつつある自然環境データと経済データを結び付ける形で蓄積されつつある。たとえば，Downey et al.（2023）では，1990-2016年までの建設業の雇用データと米国における気象データを結び付け，降雨量の変化に応じてどれほど建設会社が支払

うべき費用が変動するかについて分析している。またPankratz et al.（2023）では，1995-2019年の93カ国17,000社のデータを収集し，暑熱の程度が企業の業績やアナリスト予測，株式リターンへの影響を検討している。同研究によれば，暑熱へのエクスポージャーが高い場合に，企業業績が低迷するものの，必ずしもアナリスト予測や株式リターンはそれに伴って変化していないことを示している。気象データや経済データの蓄積が進展する中で，気候変動などが企業それぞれに与える影響の分析ができる環境が整備されつつあるのである。こうした分析にあたっては，単に数値間の相関関係のみを分析・検証するのではなく，どのような経路で気候変動が企業業績や価値に影響を与えるかといった因果関係の想定が不可欠である（図表14-2）。

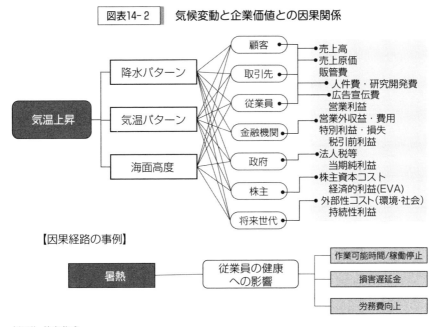

(出所) 筆者作成

　さらにコーポレートガバナンス構造のみではなく，そのプロセスについて分析することも重要である。サステナビリティ課題の多くが中長期的な時間軸での解決が求められることから，そのプロセスで何が行われているかなどを含め

224 Part 2 ディスクロージャー

た分析が不可欠である。たとえば，Dimson et al.（2015）では，サステナビリティ課題をめぐるアクティブオーナーと企業との対話・エンゲージメントの内容分析がもたらした影響を検討している。こうしたサステナビリティ課題への取組みプロセスを通じて，いかに財務や社会・環境へのインパクトが変化しているかを分析・検討していくことが今後重要になってくると考える。

　近年，サステナビリティ開示の国際的統合化・収斂化が進展し，また日本でも環境省を中心に「気候変動適応情報プラットフォーム」（A-PLAT）など気候変動などの影響をめぐるデータベースも整備されるなど，企業によるサステナビリティ課題への取組みや開示を分析するための基盤が整備されつつある。サステナビリティ開示研究の深化を通じて，企業のサステナビリティの向上を通じた企業価値創造を実践する企業が日本で増えていくことを期待している。

◆参考文献

Ahn, B.H., P.N.Patatoukas, and G.S.Skiadopoulos. 2024. Material ESG Alpha : A Fundamentals-Based Perspective. *The Accounting Review* 99(4) : 1 - 27.

Bebchuk, L.A. and R.Tallarita, 2020. The illusory promise of stakeholder governance. *Cornell Law Review.* 106 : 91-178.

Berg, F., J.F.Koelbel, and R.Rigobon. 2022. Aggregate confusion: The divergence of ESG ratings. *Review of Finance* 26(6) : 1315 - 1344.

Christensen, H.B., L.Hail, and C.Leuz. 2021. Mandatory CSR and sustainability reporting: Economic analysis and literature review. *Review of Accounting Studies* 26(3) : 1176 - 1248.

Clark, G.L., A.Feiner, and M.Viehs. 2015. From the stockholder to the stakeholder: How sustainability can drive financial outperformance. Available at SSRN 2508281.

Dimson, E., O.Karakaş, and X.Li. 2015. Active ownership. *The Review of Financial Studies* 28(12) : 3225 - 3268.

Dixson-Declève, S., O.Gaffney, J.Ghosh, J.Randers, J.Rockström, and P.E.Stoknes. 2022. *Earth for All: A survival guide for humanity.* new society Publishers.

Downey, M., N.Lind, and J.G.Shrader. 2023. Adjusting to rain before it falls. *Management science* 69(12) : 7399 - 7422.

Friedman, M. 1962. *Capitalism and Freedom: The Relation Between Economic Freedom and Political Freedom.* Capitalism and Freedom : 7 - 17.

Grewal, J., G.Serafeim, and A.Yoon. 2016. Shareholder activism on sustainability issues. Available at SSRN 2805512.

Grewal, J. and G.Serafeim. 2020. Research on corporate sustainability: *Review and directions for future research.* Foundations and Trends® in Accounting 14(2) : 73 - 127.

Hart, O. and L.Zingales. 2017. Companies should maximize shareholder welfare not market value. *ECGI-Finance Working Paper* 521 : 1 - 35.

Henderson, R., 2021. Reimagining capitalism in a World on fire: Shortlisted for the FT & McKinsey business book of the year award 2020. Penguin uK.（高遠裕子訳. 2020.『資本主義の再構築—公正で持続可能な世界をどう実現するか』日本経済新聞出版

Khan, M., G.Serafeim, and A.Yoon. 2016. Corporate sustainability: First evidence on materiality. *The accounting review* 91(6)：1697 - 1724.

Pankratz, N., R.Bauer, and J.Derwall. 2023. Climate change, firm performance, and *investor surprises. Management science* 69(12)：7352 - 7398.

第 **15** 章

テキスト情報の有用性

金 鉉玉 HYONOK KIM

SUMMARY

　企業が開示する情報の中には多くのテキスト情報が含まれている。自然言語処理の発展を背景に，テキスト情報の有用性に関する解析が国内外で精力的に実施されている。これらの研究は，大量のテキスト情報からトーン（センチメント），可読性（リーダビリティ），類似性などの属性を抽出し，企業のファンダメンタルおよびさまざまなステークホルダーの解釈との関連を分析しながら，その有用性を探ってきている。

　今後，深層学習をベースとした大規模言語モデルの登場により，テキスト情報に関する研究はより高度化されることが予想される。

1 概 説

　企業の内部と外部ではその保有する情報に格差がある，すなわち情報の非対称性が存在する。この情報の非対称性は，たとえば，優良な企業に投資しようとした結果，そうではない企業に投資することになる逆選択の問題やモラルハザードといった非効率性の問題を引き起こす（Akerlof 1970）ことから，ディスクロージャー制度は情報の非対称性の低減を主な目的として導入されている。そして，その制度の下で開示される情報には財務情報だけではなく，多くの記述情報（以下，テキスト情報）が含まれている。たとえば，Dyer et al.（2017）では，重要な法定開示資料の1つである米国の10-Kにおいて，テキスト情報（Figure 2 のBusiness and Property Descriptionや MD&A[1]など）の開示量が，財務情報（Figure 2 のFinancial Statements）と同程度，あるいはそれを上回ることが報告されている。これは，日本の有価証券報告書においても同じく観

察されていることである（矢澤ほか 2022a，図表 4 ）。

これらのテキスト情報は，企業価値評価のインプットとなる財務情報の生成に関する情報としてその解釈だけではなく，企業の外部とのコミュニケーション手段として，企業行動の理解に役立つと考えられる（Li 2010a）。近年の，人間が使う言葉（自然言語）をコンピュータで処理するための技術である自然言語処理（Natural Language Processing，以下NLP）の目覚ましい発展を背景に，テキスト情報の有用性の解析が国内外で精力的に行われている。たとえば，テキスト情報を分析した論文が会計研究のトップジャーナル[2]に掲載された件数は，2010〜2013年の平均 6 件（ 1 年当たり）から2018〜2021年の平均32件（ 1 年当たり）へと大幅に増加している（Bochkay et al. 2023）[3]。

そこで本章では，10-K（有価証券報告書）やearnings announcement（決算短信）およびconference call script（決算説明会の文字起こし）などの大量のテキスト情報を対象とした実証分析が示したアカデミック・エビデンスを紹介し，そこから得られる実務的なインプリケーションについて考察することとする[4]。

2 アカデミック・エビデンス

ここでは，テキスト情報の属性として，トーン（センチメント），可読性（リーダビリティ），類似性およびトピック抽出を取り上げ，代表的な研究とその発見事項について紹介する。

1　10-KにおけるManagement's Discussion and Analysis of Financial Condition and Results of Operations。有価証券報告書における経営者による財政状態，経営成績およびキャッシュ・フローの状況の分析。

2　The Accounting Review, Journal of Accounting Research, Journal of Accounting and Economics, Contemporary Accounting Research, Review of Accounting Studies, Accounting, Organizations and Society, and the accounting track of Management Scienceの 7 誌。

3　金（2023）も1981年から2022年までのより長い期間を分析した結果，テキスト情報を扱った研究の増加を報告している。

4　海外における研究については，Li（2010a）やLoughran and McDonald（2016）およびBochkay et al.（2023）でより包括的にレビューされている。

228　Part 2　ディスクロージャー

（1）トーン（センチメント）

　テキスト情報がポジティブなのかネガティブなのかを識別することをトーン（センチメント）分析という。これには大きく，辞書（Dictionary）アプローチと機械学習（Machine Learning）アプローチの2つが存在する。

①　辞書（Dictionary）アプローチ

　辞書アプローチは，事前に整理された極性辞書（Dictionary）に基づき，テキスト情報のトーンを定義する方法である。Harvard-IV-4は先行研究で多く用いられてきた極性辞書である[5]。たとえば，Tetlock et al.（2008）は特定企業に関連した新聞記事の中にHarvard-IV-4に含まれているネガティブワードを識別し，その数が総ワード数に占める割合で記事のトーンを定義した。そして，記事のトーンがネガティブであるほど企業業績が低いこと，さらにこのネガティブなトーンにマーケットが反応することを報告している。

　Harvard-IV-4は，社会学と心理学の研究で幅広く使われてきたもので，その歴史は古く，何よりもすでに確立されている極性辞書であるためテキスト情報の解析にすぐ利用できる利点がある。しかし，Loughran and McDonald（2011）は同辞書に含まれるネガティブワードのうち約75%は，財務報告上では必ずしもネガティブな意味を持たないことを指摘した[6]。その上で，財務報告に特化した極性辞書を作成し公開している（以下，LMリスト）[7]。そして，10-K発行後の株式リターンと相関があるのはLMリストに基づいて推定したトーンであることを見せている[8]。

　このLMリストは，その後のテキスト情報のトーン分析で多く用いられるよ

5　この辞書は次のウェブサイトから確認できる。https://inquirer.sites.fas.harvard.edu/homecat.htm（2024年3月31日最終アクセス）。なお，同辞書はPositiveやNegativeのほかにStrongやWeakなどの極性を持つワードも整理されている。

6　たとえば，Harvard-IV-4でネガティブワードとして掲載されている"cost"，"liability"，"tax"などは財務報告上では必ずしもネガティブな意味ではなく，"crude"や"cancer"も単に石油や医薬品業界を表す場合が多い（Loughran and McDonald 2011）。

7　このリストは次のWebサイトから確認できる。https://sraf.nd.edu/loughranmcdonald-master-dictionary/（2024年3月31日最終アクセス）。なお，同辞書は毎年更新されている。

うになっている。たとえば，Huang et al.（2014b）は，業績ターゲット（1期前の業績やアナリスト予想）をかろうじて達成した場合などに，決算発表資料（earnings press）のトーンが異常にポジティブになることを発見し，企業が投資家の認識をミスリードする目的で戦略的にテキストのトーンを調整する可能性を指摘した[9]。

② 機械学習（Machin Learning）アプローチ

辞書アプローチは，すでに確立されたリストに基づいてトーンを計算するので分析者の主観が入りづらく，大量のテキスト情報も分析可能であるとの利点がある。しかし，このアプローチはテキストの文脈を考慮できない弱点がある。この点に配慮したのが機械学習（Machin-Learning）を使ったアプローチである。

たとえば，Li（2010b）は10-KのMD&Aに含まれる将来の見通しに関する記述（Forward-looking statements，以下，FLS）[10]のトーンを測るために，ランダムに抽出した30,000文で作成されたトレーニングデータ[11]をもとに，Naïve Bayseアルゴリズムを使ってテキスト情報のトーンを推定している。Naïve Bayseアルゴリズムとは教師あり（すなわち，トレーニングデータあり）機械学習の一種で，トレーニングデータの学習に基づき，テスト文が分類されうる

8　同じ極性を持つワードでも10-Kに使われる頻度が同じではない。そこで，極性辞書内のすべてのワードが同じ重みを持っていると想定してトーンを測る方法（均等重み付け）のほかに，使用頻度を考慮してトーンを測るTF-IDF（Term Frequency-Inverse Document Frequency）などの重み付け法が用いられることがある（Loughran and McDonald 2011）。

9　Huang et al.（2014b）では，LMリストに基づいて計算したトーン（（ポジティブワード－ネガティブワード）/総ワード数）のうち，成長可能性や事業の複雑性などの企業のファンダメンタルを反映する部分を除いた部分（具体的には，トーンを従属変数，企業属性変数を独立変数とした回帰式の残差）を，異常にポジティブなトーンとして定義している。

10　Li（2010b）は"will,""should,""can,""could,"などの特定ワードを含む文をFLSとして定義している。

11　トレーニングデータはミシガン大学の英語を母語とする優秀な（財務会計成績がトップクラスあるいはCPA資格あり）学生15名のリサーチアシスタントにテキスト情報のトーンを分類させる方法で作成されている。さらに，データの一部（training set，訓練データ）をまず分析して，残る部分（testing set，テストデータ）で分析の性能テストを行うことで分析の妥当性を検証する手法である交差検証（cross validation）などを通じて，機械学習を使って推定したトーンの有効性確認も実施している。

230　Part 2　ディスクロージャー

最も確率の高いカテゴリーを出力してくれる。Li（2010b）はこの手法で測定したFLSのトーンがポジティブであるほど将来業績も高いことを発見している。Huang et al.（2014a）も同じくアナリストレポートのトーンをNaïve Bayseアルゴリズムを使って推定し，それがポジティブ（ネガティブ）であるほど株式リターンが高い（低い）ことを報告している[12]。

（2）可読性（リーダビリティ）

情報利用者の情報処理コストへの影響の観点から，テキスト情報のトーンと同じように注目されてきたのが，その読みやすさ，すなわち可読性（リーダビリティ）である。可読性の定量化についてはいくつかの指標が開発されている。

①　Gunning Fog Index

あるテキストが読みやすいかどうかは個人の知的水準が影響することから，平均的な知性を持つ人がテキストを1回読んで理解するために必要な正式な教育年数を示すGunning Fog Index（以下，GFI）[13]をテキスト情報の可読性の指標として用いる研究が多い。たとえば，Li（2008）はGFIを使って10-Kの可読性を測定し，当期の業績がよいほど読みやすくなるが，その好業績が一時的である場合には読みにくくなること（投資家の情報処理コストを高めて来年度の業績低迷を隠す経営者の意図によって）を発見している。さらに，Miller（2010）はGFIに基づいて測定した可読性指標が高いほど（すなわち，読みにくいほど）株式の取引量が減ることを明らかにしている[14]。Lehavy et al.（2011）も10-Kの可読性が低い企業ほど，アナリストレポートの情報がより

12　Henry and Leone（2016）では，Harvard-IV-4などの一般的な極性辞書に比べてLMリストなどの企業開示に特化した極性辞書を用いたほうがテキスト情報のトーンをより正確に捉えることが示されている。さらに，ワードの極性を均等に重み付ける方法はそうでない方法（たとえば，TF-IDF）と同程度有用であることも示されている。

13　Fog＝（一文あたりワード数＋複雑なワードの割合）×0.4。複雑なワードは3音節以上のワードを示す。この指数が高いほど，テキストを理解するのに長い教育年数が必要，すなわち読みにくいことを意味する。

重要であることを指摘している。

② テキストのサイズ

財務報告においては専門的な用語はなるべく使わない"Plain English"が強調されているため，GFIの可読性測定への利用は有用な方法といえる。しかし，Loughran and McDonald（2014）は，"corporation"や"management"などの財務報告で多く用いられるワードは，GFI上では複雑なワード（すなわち，3音節以上のワード）であっても，ほとんどの投資家は理解できるビジネスワードであると指摘した[15]。そして，テキストが多いほど情報利用者の情報処理コストが高くなることから10-Kファイルのサイズを可読性の指標として利用し，10-Kのサイズが大きくなるほど（すなわち，可読性が低くなるほど），その後の株式リターンの変動性が高く，アナリスト予想のばらつきも大きいことを示している。また同じ理由で10-Kの長さ（ワード数の自然対数）を可読性の指標として用いる研究も存在する（Li 2008; Miller 2010）。

③ Bog-index

Bonsall et al.（2017）は，平易な言葉で説明しようとするほど文が長くなる可能性があるとし，テキストのサイズを可読性の指標として使うことの問題点を指摘している。そして"Plain English"の要素をすべて捉えたBog-index（平均的な文の長さや単語の複雑さおよび馴染みやすさをすべて考慮して計算され，たとえば，受動動詞や略語および専門用語等が少ない短い文ほど読みやすいと評価される）を提案し，可読性の指標の中でもこれが将来の株式市場のボラティリティと最も関連することを見せている。

14　なお，これは主に小規模投資家の取引活動（株価が50ドル以下の場合には取引額が5,000ドル以下，株価が50ドル超100ドル以下の場合には取引額が株価×100ドル以下の取引）の減少がその理由であることも合わせて報告されている（Miller 2010）。

15　実際，Li（2008）が分析対象とした10-KのGFIは19.2であり，19年以上（すなわち，修士課程以上）の正規教育を受けた人のみが理解できるレベルとなっている。

232　Part 2　ディスクロージャー

（3）類似性

　テキスト情報が企業のファンダメンタルの変化を反映するかどうかは，その有用性評価において重要な論点である。先行研究は，ベクトル空間モデル（Vector Space Model, 以下VSM）などの文書間の類似度を用いることでこれにチャレンジしている。VSMはワードを多次元空間にベクトル化（ワードデータを数値データに変換すること）して配置し，それらの距離を測ることで文書間の類似度を測る手法として開発され，インターネット検索エンジンにもよく用いられてきたのである。**図表15- 1**はVSMによるテキスト情報の類似度の簡単な測定例である。

| 図表15- 1 | VSMによるテキストの類似度の測定例 |

	an	apple	ate	I	last	like	night	walking
I like an apple（s1）	1	1	0	1	0	1	0	0
I ate an apple last night（s2）	1	1	1	1	1	0	1	0
I like walking（s3）	0	0	0	1	0	1	0	1

（出所）筆者作成

　これらの文間の類似度は図表15- 1で表現されたベクトル間の角度で計算されることから，コサイン類似度（cosine similarity）とも呼ばれる[16]。この指標は基本的に0から1の間の値で計算され，1に近いほど文が似ていることを示す。たとえば，s1とs2，s1とs3，そしてs2とs3のコサイン類似度は，それぞれ約0.61（$3/(2×\sqrt{6})$），約0.58（$2/(2×\sqrt{3})$），約0.24（$1/(\sqrt{6}×\sqrt{3})$）であり，s1とs2，そしてs1とs3が類似していることになる。Brown and Tucker（2011）はこの手法を用いてMD&Aの経年の類似性を推定し，経済変化を大きく経験した企業はそうでない企業よりMD&Aがより変化していることを明らかにした。

　ワードの連続，すなわちフレーズを用いて類似性を計測する研究も存在する。たとえば，Dyer et al.（2017）は前年度の10-Kで使用された8ワードで構成さ

16　n次元のワード（w）で構成されるベクトルxとyのコサイン類似度は次の式で計算される。

$$\cos(x,y) = \sum_{w=1}^{n} x_w y_w \Big/ \sqrt{\sum_{w=1}^{n} x_w^2} \sqrt{\sum_{w=1}^{n} y_w^2}$$

第15章　テキスト情報の有用性　233

れたフレーズが今年度の10-Kにどれほど使われているか（論文ではStikinessとして定義されている）でテキスト情報の類似性を表現している。

（4）トピック抽出

テキスト情報がどのような内容に触れているかも，その情報内容を把握するにあたって重要な点であるだろう。これに取り組んだ研究がいくつか存在する。たとえば，Campbell et al.（2014）は潜在的ディリクレ配分法（Latent Dirichlet Allocation，以下，LDA）を使って，10-KのRisk factorsで開示されるリスク情報のキーワードを抽出し，企業がより直面しているリスクカテゴリの説明に紙面を多く割いていることを明らかにした。また，Dyer et al.（2017）は，LDAを用いた分析を通じて，「公正価値」，「内部統制」，「リスク要因」の３つのトピックが1996年から2013年にかけた10-Kの変化を大きく説明していることを明らかにしている[17]。

LDAは文書内でワードが同時に出現する確率を使ってトピックを抽出する，教師なし（すなわち，トレーニングデータなし）の機械学習モデルで，トピックモデルとしても呼ばれる。LDAには人間が抽出する場合と比べられないほど大量のテキスト情報を扱える利点がある一方で，その分類がブラックボックス化されることから，その予測性能（perplexity）やトピックを人間が解釈しやすいかどうか（coherence）など，抽出されたトピックの質評価が同時に実施されることが多い。

3　日本企業との関連性

日本でもテキスト情報を分析する研究が増えている。ここでは，前節のカテゴリーに従い日本での実証研究を紹介する。

（1）トーン（センチメント）

加藤・五島（2020）は，MD&Aのトーンを計測し[18]，それが翌期の業績（ROA）と正の関係にあることを報告している。また，矢澤ほか（2022b）も

17　LDAを使って不正報告を予測するトピックの抽出を試みた研究も存在する（Bao et al. 2020）。

MD&Aのトーンが4期先までの業績と正の関係にある（ただし，その係数は低下していく）こと，MD&Aに加えて対処すべき課題のトーンも将来業績と関係があることを明らかにした。一方，金ほか（2022）はテキスト情報のトーンに変化が生じる状況に注目し，その1つに経営者交代がある可能性を指摘している。具体的には経営者が交代した企業はそうではない企業に比べてテキスト情報のトーンがポジティブになることを示している。これらの研究はいずれもLMリストを日本語に訳した極性辞書を使ってテキストのトーンを計測しているが（辞書アプローチ），金融ドメインに特化した日本語の極性辞書（Ito et al. 2018)[19]やそれを用いた研究も発表されている（田中ほか 2022）。

（2）可読性（リーダビリティ）

　日本語のテキスト情報の可読性を分析した研究は，日本語研究において開発された可読性指標を用いているものが多い。たとえば，廣瀬ほか（2017）は柴崎・玉岡（2010）の指標[20]を用いて，MD&Aの可読性が年々改善されていることを報告している。また，矢澤ほか（2021）は李（2016）で提案された日本語の難易度を測る指標[21]を使って，廣瀬ほか（2017）と同様の傾向を発見している。なお，矢澤ほか（2021）で示されたMD&Aの可読性は，平均的には，上級後半，すなわち高度に専門的な文章に関しても不自由なく理解でき，日本語のあらゆるテキストに対して困難を感じないレベルよりも若干難しい。一方，テキストのサイズを可読性の代理変数として用いた研究も存在する。たとえば，廣瀬ほか（2017）はMD&Aの総文字数の自然対数を使って，それが将来業績と負の関係にあることを報告している。

18　加藤・五島（2020）はMD&Aのトーンは，同時点で入手可能な情報と経営者による将来見通しによって決定されると想定し，同時点で入手可能な情報（株式リターンや業績および規模など）をトーンに回帰して得られた残差として定義した補正済トーンが将来業績予測に役立つとしている。

19　この辞書は次のウェブサイトから確認できる。https://sites.google.com/socsim.org/izumi-lab/tools/金融専門極性辞書（2024年3月31日最終アクセス）

20　Y＝−0.145×文章の総文字数に対する平仮名の割合＋0.587×1文の平均述語数＋14.016。Yは学年であり，その値が小さいほど（平仮名が多く述語は少ないほど）可読性が高くなる。

21　X＝−0.056×平均文長＋−0.126漢語率＋−0.042×和語率＋−0.14×動詞率＋−0.044×助詞率＋11.724。Xは可読性スコアであり，その値が高いほど（文が短く漢語や和語を使わないほど，また動詞と助詞が少ないほど）可読性が高くなる。

（3） 類 似 性

　田中ほか（2022）はコサイン類似度を用いた分析から，2020年3月決算企業から適用された事業等のリスクの開示制度変更[22]がテキスト情報を変化させていることを見せている。また，矢澤ほか（2021）は前年度に使われた8ワードから構成されるフレーズが今年度にもどれほど用いられるかでテキスト情報の類似性を測定し，コーポレートガバナンスの状況や事業等のリスクに比べてMD&Aの類似性が最も低いことを明らかにしている。また，金ほか（2022）は，経営者交替がテキスト情報の内容変化をもたらす1つの要因となっていることも指摘している。

（4） トピック抽出

　LDAに基づき日本企業の開示するテキスト情報のトピックを抽出した研究としては，中野ほか（2022）と田中ほか（2022）が存在する。中野ほか（2022）はMD&Aから「市況・受注・販売状況」，「経営戦略等」，「事業・セグメント別業績等説明」，「財務諸表作成上の見積・基礎等説明」の4つのトピックを抽出している。田中ほか（2022）もLDAを使って事業等のリスクのトピックを抽出し，前述の開示制度変更がトピック数の増加および分散化に影響したことを明らかにしている。

４　実務・政策的な示唆

　テキスト情報を分析した多くの先行研究は，それを読み解くことで企業の将来業績の予測に役立つなど，その有用性を示す証拠を提示している。さらに，これらの研究は大量のテキスト情報を実証的に検証していることから，たとえそれが個別のケースに当てはまらない場合においても，情報作成者および情報利用者の両方において参照すべき有用な情報となりうる。

　もちろん，企業の開示書類（特に法定開示書類）には，定型文（boilerplate）

22　「企業内容等の開示に関する内閣府令」の改正案（2018年11月2日）。有価証券報告書の事業等のリスクにおいて，リスクの顕在化する可能性の程度や時期，リスクの事業へ与える影響の内容，リスクへの対応策の説明が求められた。

が使われる場合があり，これが多くなるとテキスト情報の有用性が損なわれるかもしれない。しかし，先行研究は企業の実態を表す具体的で適切な開示は，情報作成者や利用者の両方にとって有益であることを示している。たとえば，Hope et al.（2016）は，企業のリスクエクスポージャーを反映する具体的なリスク要因が開示されている企業ほど，マーケットの反応が高く，アナリストも適切なリスク評価が可能となることを見せている。Hail et al.（2021）も外国為替リスクに関して事前により透明性の高い開示を行っている企業は，そうでない企業に比べて当該リスクが顕在化した際の情報の非対称性が大幅に低いことを示す証拠を提示している。

このようにテキスト情報に注目する研究は，大量のテキスト情報から分析に有用な情報を抽出した上で，企業のファンダメンタルおよびさまざまなステークホルダーの解釈との関連を分析してきた。今後は深層学習（Deep learning）をベースとした大規模言語モデル（Large Language Model，以下LLM）の登場により，テキスト情報の解析もより高度化されることが予想されている（Bockhay et al. 2023）[23]。

最後に，テキスト分析の手順を簡単に紹介する。まず，分析に必要なテキストを含むpdfやhtmlを入手し，そこからテキストデータを抽出する[24]。そこから，テキスト分析に不要な情報（たとえば，htmlタグや非テキストおよび特殊記号など）を削除するクリーニングを行うが，ときにはこれに多くの労力が必要な場合がある。続いて，テキストデータの処理における基本的な単位であるトークン（ワードや文章など）に分割したり（tokenization）基本形に戻す（Stemming or lemmatization）必要がある。ワード間でスペースのない日本語の場合は茶筌（ChaSen）やMeCabなどを使った形態素解析（テキストデータから形態素に分割し，それぞれの品詞などを判別する作業）が多く実施されている[25]。その後，必要に応じて分析に用いない語（stop words，たとえば"the"

---

[23] いくつかの研究がすでに発表され，たとえば，Huang et al.（2023）はトーンを測定するためにgoogleのBERT（Bidirectional Encoder Representations from Transformers）アルゴリズムを応用したFin-BERTを開発しており，Brown et al.（2024）もConvolutional Neural Networkを用いてMD&Aに含まれるFLSを抽出した研究を発表している。

[24] あるいはXBRLから必要なテキストを入手することも1つの方法である。また，machine-readableではないpdfは，Optical character recognition（OCR）処理が必要な場合がある。

や"a"などの冠詞など）を削除したり，一定のワード数に満たない文書は除いたりする（filtering）。その後，第２節で示したテキスト属性を測定することになる。これらは，perlやpythonといったプログラム言語を使って実施することができるが，コードなどさまざまな分析ソースもインターネットを通じて共有されている[26]。

　このようにNLPの発達によりテキスト情報の解析の壁は確実に低くなりつつある。だからこそ，Bochkay et al.（2023）も指摘するように，その利用における規約をより一層強く意識する必要があると感じる。たとえば，ウェブサイトから情報を取得するスクレイピングにおいては，Robots Exclusion Protocol（URLの末尾に/robots.txtを追記して確認）を遵守することが求められる。この点を意識しながらテキスト情報の解析をぜひ一度試して欲しい。

◆参考文献

加藤大輔・五島圭一. 2020.「有価証券報告書のテキスト分析：経営者による将来見通しの開示と将来業績」日本銀行金融研究所Discussion Paper No.2020-J-16.

金鉉玉. 2023.「テキストマイニングからみる会計研究の動向」『會計』204（3）, 284-295.

金鉉玉・矢澤憲一・伊藤健顕. 2022.「経営者交代が記述情報の変化に与える影響—有価証券報告書における記述情報を用いて—」『会計プログレス』23, 284-295.

柴崎秀子・玉岡賀津雄. 2010.「国語科教科書を基にした小・中学校の文章難易学年判定式の構築」『日本教育工学会論文誌』33（4）, 449-458.

田中研人・木村遥介・中田和秀・井上光太郎. 2022.「企業の情報開示と株式の市場流動性」『証券アナリストジャーナル』60（10）, 36-48.

中野貴之・五十嵐未来・湯浅大地. 2022.「M&A情報における「トピック」の分析」『証券アナリストジャーナル』60（10）, 27-35.

廣瀬喜貴・平井裕久・新井康平. 2017.「M&A情報の可読性が将来業績に及ぼす影響：テキストマイニングによる分析」『経営分析研究』33, 87-101.

矢澤憲一・伊藤健顕・金鉉玉. 2021.「テキストマイニングを用いたM&A，リスク，ガバナンス情報の分析」『青山経営論集』56（1）, 61-84.

---

[25]　形態素解析には辞書が必要であるが，IPAdic（IPA辞書）やUniDICがよく使われる。また，NEologdも合わせて使うことで，複数の形態素に分割されるような固有表現や新語もより正確に形態素解析が可能となる。なお，これらは財務報告において用いられる固有表現まではカバーしない可能性があるため，独自に作成した財務報告用の辞書も追加した上で形態素解析を実施する場合もある（矢澤ほか2021；金ほか2022；中野ほか2022）。

[26]　プログラムを直接書くことなくテキストマイニングを実施したい場合は，KH-Coderというプログラムも有用である。

矢澤憲一・金鉉玉・伊藤健顕. 2022a.「テキストマイニングで解き明かす有報の60年」『企業会計』74(2), 27-37.

矢澤憲一・金鉉玉・伊藤健顕. 2022b.「財務報告研究におけるテキスト分析」『証券アナリストジャーナル』60(8), 52-61.

李在鎬. 2016.「日本語教育のための文章難易度に関する研究」『早稲田日本語教育学』21, 1-16.

Akerlof, G. A. 1970. The market for "lemons": Quality uncertainty and the market mechanism. *Quarterly Journal of Economics* 84, 488-500.

Bao, Y., B. Ke, B. Li, Y. J. Yu, and J. Zhang. 2020. Detecting accounting fraud in publicly traded U.S. firms using a machine learning approach. *Journal of Accounting Research* 58 (1), 199-235.

Bochkay, K., S. V. Brown, A. J. Leone, and J. W. Tucker. 2023. Textual analysis in accounting: What's next? *Contemporary Accounting Research* 40(2), 765-805.

Bonsall, S. B., A. J. Leone, B. P. Miller, and K. Rennekamp. 2017. A plain English measure of financial reporting readability. *Journal of Accounting and Economics* 63(2), 329-357.

Brown, S. V., and J. W. Tucker. 2011. Large-sample evidence on firms' year-over-year MD&A modifications. *Journal of Accounting Research* 49(2), 309-346.

Brown, S. V., L. A. Hinson, and J. W. Tucker. 2024. Financial statement adequacy and firms' MD&A disclosures. *Contemporary Accounting Research* 41(1), 126-162.

Campbell, J. L., H. Chen, D. S. Dhaliwal, H. Lu, and L. B. Steele. 2014. The information content of mandatory risk factor disclosures in corporate filings. *Review of Accounting Studies* 19, 396-455.

Dyer, T., M. Lang, and L. Stice-Lawrence. 2017. The evolution of 10-K textual disclosure: Evidence from latent dirichlet allocation. *Journal of Accounting and Economics* 64(2-3), 221-245.

Hail, L., M. Muhn, and D. Oesch. 2021. Do risk disclosures matter when it counts? Evidence from the Swiss Franc shock. *Journal of Accounting Research* 59(1), 283-330.

Henry, E., and A. J. Leone. 2016. Measuring qualitative information in capital markets research: Comparison of alternative methodologies to measure disclosure tone. *The Accounting Review* 91(1), 153-178.

Hope, O. K., D. Hu, and H. Lu. 2016. The benefits of specific risk-factor disclosures. *Review of Accounting Studies* 21, 1005-1045.

Huang, A., A. Zang, and R. Zheng. 2014a. Evidence on the information content of text in analyst reports. *The Accounting Review* 89(6), 2151-2180.

Huang, X., S. H. Teoh, and Y. Zhang. 2014b. Tone management. *The Accounting Review* 89 (3), 1083-1113.

Huang, A., H. Wang, and Y. Yang. 2023. FinBERT: A large language model for extracting information from financial text. *Contemporary Accounting Research* 40(2), 806-841.

Ito T., H. Sakaji, K. Tsubouchi, and K. Izumo, T. Yamashita. 2018. Text-visualizing neural network model: Understanding online financial textual data. In: Phung D., V. Tseng, G.

Webb, B. Ho, M. Ganji, L. Rashidi. (eds) Advances in Knowledge Discovery and Data Mining. PAKDD 2018. Lecture Notes in Computer Science, Springer, 10939, pp 247-259.

Lehavy, R., F. Li, and K. Merkley. 2011. The effect of annual report readability on analyst following and the properties of their earnings forecasts. *The Accounting Review* 86(3), 1087-1115.

Li, F. 2008. Annual report readability, current earnings, and earnings persistence. *Journal of Accounting and Economics* 45(2-3), 221-247.

Li, F. 2010a. Textual analysis of corporate disclosures: A survey of the literature. *Journal of Accounting Literature* 29, 143-165.

Li, F. 2010b. The information content of forward-looking statements in corporate filings—A naive Bayesian machine learning approach. *Journal of Accounting Research* 48(5), 1049-1102.

Loughran, T., and B. McDonald. 2011. When is a liability not a liability? Textual analysis, dictionaries, and 10-Ks. *Journal of Finance* 66(1), 35-65.

Loughran, T., and B. McDonald. 2014. Measuring readability in financial disclosures. *Journal of Finance* 69(4), 1643-1671.

Loughran, T., and B. McDonald. 2016. Textual analysis in accounting and finance: A survey. *Journal of Accounting Research* 54(4), 1187-1230.

Miller, B. P. 2010. The effects of reporting complexity on small and large investor trading. *The Accounting Review* 85(6), 2107-2143.

Tetlock, P. C., M. Saar-Tsechansky, and S. Macskassy. 2008. More than words: Quantifying language to measure firms' fundamentals. *Journal of Finance* 63(3), 49-68.

Part **3**

非財務・関連トピック

242　Part 3　非財務・関連トピック

第 **16** 章

株主アクティビズム・議決権行使

岩田聖徳　KIYONORI　IWATA

SUMMARY

　本章では，株主アクティビズムの手法，担い手，財務・IRとの関係，日本における論点についてエビデンスを概観する。

　米国での研究結果は，アクティビズムや株主権の行使・強化が株主価値に資することを示唆する。特に，ヘッジファンドや，パッシブを含む機関投資家によるガバナンスの有効性が確認されている。情報の非対称を収益機会とするアクティビストの脅威は，投資先企業による情報開示を促進する。他方，株主総会の文脈では投資先企業による恣意的な情報開示が問題となる。

　日本を対象とした研究からは，①米国式アクティビズムがもっぱら株主還元を促進すること，②法的に強力な株主権が論点となること，③ガバナンス改革により機関投資家の反対姿勢が強まっていることが示唆される。

1　株主アクティビズム・議決権行使の隆盛

　株主アクティビズム（Shareholder Activism）は，「企業の経営陣や運営に不満を有する投資家が，支配権の移転を伴わない形で変革を促すよう試みること（Gillan and Starks 2007, p.55, 筆者訳）」を指す用語である。この定義に基づけば，投資先企業に対する株主の私的な対話・エンゲージメントや株主総会での議決権行使・株主提案（株主による議案の提案），アクティビスト・キャンペーンなど，さまざまな行為が株主アクティビズムの一形態と捉えられる。近年の日本の上場会社をめぐってはさまざまな環境変化が生じているが，その1つとして株主アクティビズムの隆盛が挙げられるだろう。象徴的な事実とし

て，株主提案の対象となった上場会社の数は右肩上がりに伸びており，2022年には100社を超えている（**図表16-1**）。周知のとおり，近年では上場会社のコーポレート・ガバナンスのあり方をめぐって種々の制度改革が行われてきた。そうした潮流が日本企業の変革への期待感を醸成し，株主提案の活発化につながったのかもしれない。

　財務会計，ディスクロージャー，IRといった論点に携わる実務家にとって，株主アクティビズムは関連の深い論点である。本章では，株主アクティビズムに関する理論的背景やエビデンスを紹介し，財務・非財務報告やIRの観点から得られる示唆を議論する。

図表16-1　定時株主総会で株主提案を受けた上場会社数の推移

（出所）日経NEEDS企業基本データを基に筆者作成

2　アカデミック・エビデンス

(1) 株主アクティビズムの理論的役割

　株主が投資先企業の経営に介入するのは，投資先の企業価値を高めリターンを得るためである。その理論的根拠として一般に引用されるのが，エージェンシー問題（e.g. Jensen and Meckling 1976）である。すなわち，多数の小口株主による分散所有に特徴づけられる現代の株式会社では，経営者が私的な利益を優先した経営判断を行ったとしても，それによる企業価値の減少分を少数株主に負担させることができるという構造上の問題がある。そうした問題に対処

244　Part 3　非財務・関連トピック

する種々の仕組みが一般にコーポレート・ガバナンスと呼ばれるものであり，株主による経営介入はその一形態として位置づけられる（e.g. Hart 1995）。

　ただし，エージェンシー問題が存在すれば，ただちに株主アクティビズムが役割を持つわけではない。株主は，報酬設計のような事前の契約によってエージェンシー問題に対処できるかもしれない。あるいは，株主は単に「株式を売却する」だけで自身の利益を守れるかもしれない。Admati and Pfleiderer（2009）は，大株主の株式売却による株価下落の脅威も有効なガバナンスとして機能しうることを理論的に示している。また，取締役による監督など，株主アクティビズム以外のガバナンスの手段も存在する。理論的には，明示的な契約や他のガバナンス手段によってエージェンシー問題を抑制しきれない場合に，株主アクティビズムの相対的重要性が高まると考えられる（e.g. Hart 1995）。特に平時の株主は取締役会に経営を任せている存在であるため，重要なガバナンス上の不満が生じた場合にのみ介入を行うと考えられる（Easterbrook and Fischel 1983）。

（2）株主アクティビズムの手法に関するエビデンス

　アクティビズムにはさまざまな方法がある。経営陣との私的な対話に始まり，株主総会での議決権行使や，少数株主権としての株主提案，最も敵対的な手法として委任状争奪戦が挙げられる。特に株主ガバナンスが早期に隆盛を極めた米国では，各手法に係る株主権の強化・制限をめぐって議論が交わされた。以下では，特に注目を浴びた論点として，取締役の選任議案，株主提案，プロキシーアクセスに関する研究群を概観する。日本とは制度上の相違点も多いが，アクティビズムの効果を検討する上で有用な研究も多い。

　まずは，取締役の選任について。米国における取締役選任の原則はplurality voting（得票数の多い順に可決）であり，委任状争奪戦などで取締役候補者数が定款上の取締役人数を上回らない限り，得票数が1票でも可決される無競争投票（uncontested election）となる。既存のエビデンスは，無競争投票における議決権行使もエージェンシー問題の緩和に寄与することを示唆する。Cai et al.（2009）は，米国企業の取締役選任議案に対する棄権票（反対票の代わり）が業績・ガバナンスの観点で劣位にある企業で投じられやすいこと，棄権

票の増加は事後的なガバナンスの改善につながることを報告している。

　株主提案については，まず関連する制度の説明が必要である。米国では，支配権競争や会社と対立する提案については，株主側の費用負担で別個の委任状勧誘資料を作成し会社側と決議を争うのが原則とされてきた（松中 2016）。Fos（2017）は，委任状争奪戦が平均して6.5%の正の株価反応を示すことや，委任状争奪戦の直前期に企業が投資や現金を減らし，株主還元を増やす反応をしていることを示唆する分析結果を報告している。

　SEC規則Rule14a-8に基づく株主提案は，会社側の委任状勧誘資料に株主の提案事項を記載できる制度である。委任状勧誘のコストを会社に負担させられるローコストな提案手法である反面，委任状争奪戦との役割分担から内容が厳しく制限されており，多くが法的拘束力のない勧告的提案として決議される。とはいえ，現状の実証研究は，株主提案の可決による経済的影響の存在を支持している。Ertimur et al.（2010）は，賛成多数で可決された勧告的提案の内容を取締役会が実行する傾向にあると報告している。経済的帰結についても，Flammer and Bansal（2017）は，長期インセンティブに関する株主提案が可決された企業で，株価・業績の改善や，イノベーションおよびステークホルダーに対する長期投資の増加が見られることを報告している。他方，Gantchev and Giannetti（2021）は，提案数の多い（Top10）活動的な個人株主による提案が偶然多くの賛成を得て実施された場合に株主価値が毀損されることを報告し，株主提案決議における十分な情報に基づく投票（informed voting）の重要性を指摘している。

　旧来の委任状勧誘の方法に対して，プロキシーアクセスは，株主が提案する取締役候補者を会社の委任状勧誘資料に記載するよう求める仕組みを指す。同制度をめぐっては米国で激しい議論があり，2000年代のSEC規則改正およびそれに伴う裁判を経て，付属定款の定めによればプロキシーアクセスを容認するとの方向で落ち着いた（吉行 2015）。2010年の制度改正に着目したCohn et al.（2016）では，プロキシーアクセスに関する株主権を強める（弱める）動向が生じたときに正（負）の株価反応が観察されたことから，同制度は株主利益に資すると論じている。前述のエビデンスをまとめると，議決権行使は平均的には経営改善を促しており，プロキシーアクセスのような株主権強化も株主価

値に資すると考えられる。なお，SECは2021年に定めたRule14a-19で，取締役選任に係る委任状争奪戦については両陣営が互いの提案する全候補者を記載したUniversal Proxy Cardを株主に配布するよう義務づけたが，同制度はあくまで両陣営による委任状勧誘を前提に，株主が両陣営から任意の候補者を組み合わせて投票できるようにするものである。

　議決権特有の論点も検討されている。政治学の文献では，1票の影響力が小さい場合，有権者が投票参加の動機を有さないという問題が指摘される（Riker and Ordeshook 1968）。株主総会を対象としたZachariadis et al.（2020）は，構造推定（Structural equation）の手法を用いて，フリーライダー効果（多数派の投票不参加）と負け犬効果（少数派の投票不参加）を推定し，一部の議案では決議結果が逆転している可能性があると報告している。また，戦略的投票（自身の選好と異なる投票を戦略的に行うこと）も理論的に想定しうる。Bar-Isaac and Shapiro（2020）は，大株主が投資先に関する正確な情報を持たない場合，議決権の一部を行使しないほうが合理的となる状況があることを理論的に示している。

　近年では，私的な対話やエンゲージメントについて非公開データを利用した分析も行われている。Becht et al.（2023）は機関投資家のデータを入手し，株主総会が近くなるとエンゲージメントの回数が増える，反対票を投じた投資先ではコンタクトの回数や議事録におけるネガティブな文言が多い，エンゲージメントが行われた日には売買取引量が変化する，反対票は後の株式売却につながりやすい，といった傾向を報告している。

（3）株主の行動原理とアクティビズムの関係に関するエビデンス

　株主アクティビズムが企業価値向上に寄与しうるとしても，実際に株主が行動を起こす動機を有するか否かは別の論点である。小口株主は会社への影響力がほとんどなく，ガバナンスに対して合理的に無関心であると考えられる。

　そうした理論的観点からは，「そもそもどのような株主がアクティビズムを通じた経営介入の動機を持つのか」という疑問が生じる。先行研究でとりわけ注目されてきた投資家種別は，ヘッジファンドと機関投資家である。Brav et al.（2008）は，ヘッジファンドが業績連動報酬や集中投資といった観点で強力

なインセンティブを持つ点に着目し，ヘッジファンド投資が投資先の株価リターンや業績の改善に寄与していることを報告している。同ファンドをめぐっては短期主義との批判も根強いが，Bebchuk et al.（2015）はヘッジファンド投資による長期リターンもプラスであると報告している。同種の研究では，米国の大量保有報告書にあたるForm 13Dからアクティビストの保有を特定し，その後の投資先企業の株価リターンや経営行動を分析する手法が用いられる。先行研究は平均的なヘッジファンド・アクティビズムの有効性を示唆するが，上場会社のガバナンス一般に有効な万能薬と考えるのは早計である。ヘッジファンドによるガバナンスの限界は，彼らのターゲットがよほど収益機会の大きな一部の会社に限られる点にある（Bebchuk et al. 2017）。

　機関投資家も，強力なインセンティブを持つ主体として位置づけられてきた。23カ国を対象としたAggarwal et al.（2011）は，機関投資家による株式保有がガバナンス（取締役会・監査・買収防衛策・報酬・オーナーシップ）や企業価値に対して正の影響を与えていると結論づけている。他方，機関投資家と運用資金の提供者の間にも，エージェンシー問題は懸念される。Cvijanović et al.（2016）は，グループを通じて運用報酬の授受がある投資先について，ミューチュアルファンドによる株主提案への賛成（i.e., 会社への反対）傾向が弱くなることを報告している。

　機関投資家の中でも特に，パッシブ投資家は分散投資のため個社の経営改善から得られる利益が小さく，理論的にはフリーライドの問題が懸念される（Bebchuk et al. 2017）。たとえば，投資先Y社の株式がファンドA，Bのポートフォリオにおいてそれぞれ1％，2％のウェイトを占めている場合，ファンドAはZ社に経営介入を行う動機を有さない。Y社の企業価値向上は，相対的に競合のファンドBに有利となるためである。

　他方，現状のエビデンスは，パッシブ投資家によるモニタリングの有効性も平均的には支持している。米国で存在感を増すミューチュアルファンドを分析対象としたAppel et al.（2016）は，パッシブ・ファンドの保有が取締役会の独立性向上や買収防衛策の撤廃を促進しているとする結果を報告している。Iliev and Lowry（2015）は，ミューチュアルファンドの25％超が議決権行使助言会社のInstitutional Shareholder Services Inc.（ISS）の推奨意見に従って

248　Part 3　非財務・関連トピック

機械的に投票している一方，その他のファンドは独自の分析・基準に基づいた投票を行い，超過リターンを得ていることを報告している。Brav et al.（2024）は，委任状争奪戦においてパッシブ・ファンドがアクティブと比べて10%程度賛成票を投じやすいとされるが，事前にパッシブの反対意向を受けて取り下げられた（決議に至らなかった）委任状争奪戦における事前投票結果やビッグ3と呼ばれる投資家の影響を調整すると，その差は大きく縮まると報告している。また，パッシブ・ファンドが委任状争奪戦に関するSEC提出書類をアクティブ・ファンドよりも頻繁に閲覧していることも報告されている。

　関連して，議決権行使助言会社の役割についても学術研究がなされている。議決権行使助言会社の意義は，機関投資家による議案の調査コストの節約である。一方で，Malenko and Malenko（2019）は，推奨意見の質が低い場合，推奨意見への過度の依存により機関投資家による情報生産活動が阻害されることや，助言会社の市場支配力低下・投資家の投票結果に対する訴訟リスクの増加などを意図した政策が企業価値にネガティブな影響を及ぼしうることを理論的に示している。助言会社の経済的な影響力は大きく，その動向や政策決定に関するエビデンスの蓄積は重要である。Malenko and Shen（2016）は，ISSの反対推奨意見がSay-on-Pay（役員報酬に対する株主の投票権）関連の株主提案の賛成率を25%下落させるほどのインパクトを有していることを実証分析により示している。

（4）ディスクロージャー・IRの質とアクティビズム

　これまで広義の株主アクティビズムの実態や帰結に関する経験的証拠を概観したが，ディスクロージャーやIRとの関係についてもアカデミック・エビデンスが存在する。

　既存のエビデンスは，アクティビストの脅威が投資先企業による情報開示を促進することを示唆する。Bourveau and Schoenfeld（2017）は，情報開示が一般に投資家の買いを促すポジティブな行動である一方，市場のミスプライシングを利用して利益を得るアクティビストにとっては収益機会の減少につながると論じている。すなわち，アクティビストの介入を避けたい企業は積極的に情報開示を行うのが合理的である。この議論と整合するように，同論文ではア

クティビストのターゲットとなりそうな企業で業績予想の開示が行われやすいこと，そうした追加の情報開示がアクティビスト・キャンペーンの発生確率を下げていることを報告している。関連して，Chapman et al.（2022）はIRに対する資源投入が大きい（IR担当役員がカンファレンスコールに出席している）企業において，敵対的なアクティビスト・キャンペーンやCEOの交代が生じにくいと報告している。

　他方，株主総会で決議を争う状況では，投資先企業の経営者が恣意的な情報開示などにより投票結果を歪めていることを示唆する証拠もある。DeAngelo（1988）は，取締役選任に係る委任状争奪戦において，現任の経営者が利益を大きく見せる会計処理を行うことを示唆する結果を得ている。Dimitrov and Jain（2011）は，株主総会直前期の株価リターンが高く，経営者が総会前にポジティブな情報を公表していると論じている。会計情報以外にも，総会参考資料をWeb・紙面両方で配布した企業では個人株主の投票率・賛成率が高い傾向にあると報告した研究もある（Lee and Souther 2020）。これらの実証研究からは，会社側が戦略的な開示・制度設計によって投票結果を有利に誘導できることが示唆される。

　まとめると，情報の非対称を収益の源泉とするアクティビストの脅威は，会社側の対応策としての情報開示を引き出す。実際に，追加の情報開示やIRはアクティビスト・キャンペーンの回避に役立っている。一方，株主総会で決議を争うという文脈では，会社側が恣意的な情報開示・投票制度設計を行っていることを示唆するエビデンスも存在する。

（5）エビデンスを吟味する

　これまで株主アクティビズムをめぐる実証分析の結果を概観したが，アクティビズムに関する観察データを用いた分析には限界も多い点に注意を要する。

　議決権行使などの手法は，アクティビズムの一連のプロセスにおける一形態にすぎない。一般に株主アクティビズムは，ローコストな穏健的手法から始まり，徐々に株主提案などの敵対的手法に進んでいく（Gantchev 2013）。ある手法が企業行動に影響を与えているという結果が得られたとしても，それが当該手法自体によるものか，他の手法と組み合わせた効果であるのかを峻別する

のは容易でない。

　また，アクティビズムに関する変数は他のガバナンス手段と代替的ないし補完的な関係にある。たとえば，反対率は株主の反対意見というよりも，利害関係者全般の反感を買うような会社の行動（不適切な経営判断，不正など）の現れと捉えられるかもしれない。その場合，「反対投票」が経営行動にもたらす純粋な影響を分析することは難しい。

　因果推論上の問題に対処する1つの方法として，株主提案に関する研究では回帰不連続デザイン（Regression Discontinuity Design; RDD）が利用されてきた（e.g. Flammer and Bansal 2017）。可決要件（例：過半数）の閾値付近の企業では可決・否決以外の特性が類似していると想定し，「ぎりぎり可決」企業と「ぎりぎり否決」企業のアウトカムを比較すれば，株主提案の可決による純粋な効果が測定できる，と考えるものである（**図表16-2**）。

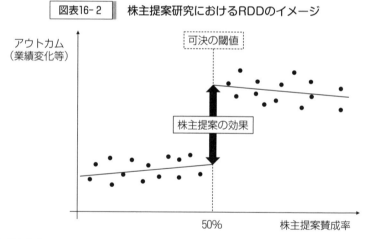

図表16-2　株主提案研究におけるRDDのイメージ

(出所) 筆者作成

　こうした手法は有用であるが，その応用にあたっては注意も必要である。Bach and Metzger（2019）は可決/否決の閾値付近で賛成率自体の分布に断絶があり，会社側の意見が可決されるよう誘導されている可能性を指摘している。特定の企業によるそうした裁量行動が存在する場合，「閾値付近では可決/否決

企業どちらも特性が類似する」という想定が成り立たず，RDDを利用した因果推論は不適切であるということになる。

3 日本企業との関連性

（1）ステークホルダー志向の日本企業と米国式アクティビスト

　日本企業を対象としたアクティビズム研究は，First wave（2000年代，村上ファンド等の台頭）とSecond wave（後述のコーポレート・ガバナンス改革以降）にそれぞれ着目したものが存在する。First waveの研究は，ステークホルダーとの長期的関係を志向する日本の企業文化において，米国式アクティビズムがいかなる帰結をもたらすのかに関心を寄せていた。Hamao and Matos（2018）は同時期のアクティビストによる大量保有を起点として，短期・長期ともに株価リターンがポジティブであることを報告している。またそうしたリターンの反応は，敵対的なファンドによる保有においてのみ有意な影響が観察されると報告している。くわえて，アクティビズム前後で売上やROAは減少傾向にあるが，配当・自社株買いは増加傾向にあることを報告している。Buchanan et al.（2020）は，2007年（リーマンショック直前）の日本企業に対するアクティビスト・キャンペーンに着目し，同時期には増配以外の経営改善がほとんど確認できず，むしろROAや時価総額等の指標はアクティビズム後に減少していることを報告し，米国式アクティビストは日本のステークホルダー志向に馴染まないのではないかと論じている。First waveの研究からは，アクティビストが売上増などの経営改善というよりも株主還元に専ら影響を与えていたことが示唆される。株価への影響については，リーマンショックの扱いを含め慎重に解釈する必要があるだろう。Second waveの研究は，コーポレート・ガバナンス改革の節で紹介する。

（2）日本の"強力"な株主権

　日本では安定株主等による株主ガバナンスの機能不全が指摘されていたが，株主権という観点では米国よりも強力であるという議論が存在する（Goto 2014）。たとえば，日本の会社法における取締役の選解任はmajority votingを

原則とするため，無競争投票の論点は生じない。剰余金の処分についても，米国において取締役会決議事項となるところ，日本では原則として株主総会決議事項である。

　株主提案についても，米国SEC規則Rule 14a-8で委任状勧誘資料からの除外が認められる提案種別の多く（取締役の選解任や配当など）は日本の会社法のもとで決議が可能である。日本の株主は，米国においては委任状争奪戦で争われるようなテーマについて，会社側の費用負担で決議を求めることができる状況にあるといえる。Yeh（2017）は日本の株主提案権の強さに着目し，大株主による提案がポジティブな株価反応に結びついていると報告している。また，取締役選任については低業績が，剰余金処分については好業績・成長機会の欠如が株主提案の提出の決定要因となることを報告している。

　なお，株主提案の限界に関するGantchev and Giannetti（2021）等の発見は，日本企業に関しても重要な示唆を持つ。同論文は質の悪い提案が偶然実施された場合に株主価値が毀損されると報告しているが，米国では可決された株主提案を取締役会判断で棄却しうる点で一定の歯止めが効く。むしろ，株主にとってローコストかつ法的拘束力のある日本の株主提案でこそ，この問題が顕著となる可能性がある点には注意が必要であろう。

（3）コーポレート・ガバナンス改革とアクティビズム

　2013年頃からの日本の環境変化として，コーポレート・ガバナンス改革が挙げられる。アクティビズムという観点では2014年に公表された「『責任ある機関投資家』の諸原則≪日本版スチュワードシップ・コード≫～投資と対話を通じて企業の持続的成長を促すために～」が関連の深い改革であろう。同コードは英国スチュワードシップ・コードに倣ったものであるが，その背景は大きく異なると考えられている。Goto（2019）は，英国コードの目的が金融危機への反省から機関投資家の長期志向を促し過剰なリスクテイクを抑止することにあったのに対し，日本版スチュワードシップ・コードの目的は上場会社が株主利益を重視するよう国内機関投資家からの働きかけを促すことにあったと指摘している。

　そうした背景と整合するように，日本版スチュワードシップ・コードに関す

る実証研究は，同コードを契機とした機関投資家の投資先に対する反対姿勢の強まりを示唆する。Tsukioka（2020）では，2014年のスチュワードシップ・コード導入に伴い，コード受入れを表明した信託銀行・保険会社が（投資先と融資関係がない場合に限り）低ROE企業の代表者への反対率を高めたことを示唆する分析結果を報告している。また，同コードの2017年改訂では機関投資家による議決権行使結果を投資先企業・議案毎に個別開示することを求める原則が追加された。岩田（2021）は，当時の代表的な議決権行使基準と想定される「社外取締役2名未満」基準に抵触する企業のうち，機関投資家による個別開示の対象となった投資先企業では，開示後に代表者への反対率がより顕著に増加したことを報告している。

　また，前述のガバナンス改革はアクティビズムのSecond waveと結びつく。Miyachi and Takeda（2021）は，同時期のアクティビスト・キャンペーンが，First waveと同様にROAの減少，ペイアウトの増加と関係していることを報告している。一方，First waveと異なり，必ずしも収益性の悪い割安株がターゲットとされているわけでもないと報告している。日本でのアクティビスト投資は，Second waveにおいても株主還元への影響が主であり，ファンダメンタル改善に関する強力なエビデンスは現状得られていないといえよう。

④　実務・政策的な示唆

　最後に，本章の内容を簡潔にまとめ，実務・政策的な示唆を議論する。

　第一に，株主アクティビズムが早期に隆盛を極めた米国のエビデンスは，株主権を活用した経営介入が平均的に株主価値にポジティブな影響を与えていることを示唆する。また，プロキシーアクセスをめぐる実証分析からは，強力な株主権の有効性が示唆される。ただし，質の悪い株主提案が株主価値を毀損するなどの問題も指摘されている。そうした問題は，株主権に厳しい制限を課す米国よりも，強力な株主権に特徴づけられる日本の環境においてより顕著となる可能性がある点に注意が必要であろう。

　第二に，経済主体ごとに異質なインセンティブの問題が存在する。売却圧力や強力な株主権が背後にあるといっても，小口株主にはフリーライダーの問題が生じてしまう。アクティビストは強力なインセンティブを持つが，対象は極

めて収益機会が大きい会社に限られる。機関投資家はプレゼンスの大きいモニタリングの主体であるが，分散投資家ゆえにアクティビストほどの資源投入は期待できず，投資先に過剰に賛成票を投じる誘因も存在しうる。議決権行使助言会社は分散投資家の分析コストの削減に寄与するが，推奨意見の質が担保されなければ機関投資家による自主的な情報生産活動を阻害する。ガバナンスを促進する上では，それぞれの主体の行動原理に関する理論・エビデンスを踏まえた対策が必要である。たとえば，理論的にインセンティブの欠如が懸念されるパッシブ投資家も投資先のガバナンス改善に一定程度寄与しているという証拠などは注目に値する。

　第三に，アクティビストの脅威は会社側の対応策としての情報開示を促す。実際に，追加的な情報開示やIRエンゲージメントがアクティビストの介入を予防する上で有効であるとする証拠も得られている。一方で，会社と株主が株主総会で決議結果を争うという文脈では，会社側が恣意的な情報開示や投票プロセスの設計によって有利に投票結果を誘導していることを示唆するエビデンスがある点に注意が必要である。

　第四に，株主アクティビズムをめぐる日本特有の論点が3点指摘できる。1つ目は，日本における米国式アクティビズムの輸入である。少なくともFirst wave，Second waveに関する先行研究によれば，株主還元の増加を除き，米国式アクティビストが日本企業の経営改善に結びついたとする強いエビデンスは得られていない。2つ目は，米国と比べて強力といわれる株主権の影響である。特に，可決されれば法的拘束力を持つ株主提案は，投資先に対して一定程度の改善圧力を有していることがエビデンスから示唆される。3つ目は，コーポレート・ガバナンス改革が果たす役割である。先行研究は，日本版スチュワードシップ・コードによる機関投資家側の受託者責任・開示に関する制度改革が，投資先に対する機関投資家の反対姿勢を強めたとする見解と整合的な結果を得ている。

◆参考文献

岩田聖徳. 2021. 「機関投資家による議決権行使結果の個別開示と社外取締役の選任」『経営財務研究』41(1・2)：2-20。

松中学. 2016.「アメリカにおける株主提案権制度」(一般社団法人　比較法研究センター. 2016.『株主提案権の在り方に関する会社法上の論点の調査研究業務報告書』47-60.)

吉行幾真. 2015.「株主提案権とプロキシー・アクセス」『私法』2015(77)：254-259.

Admati, A. R., and P. Pfleiderer. 2009. The "Wall Street Walk" as a form of shareholder activism. *Review of Financial Studies* 22 (7): 2645-2685.

Aggarwal, R., I. Erel, M. Ferreira, and P. Matos. 2011. Does governance travel around the world? evidence from institutional investors. *Journal of Financial Economics* 100 (1): 154-181.

Apple, I. R., T. A. Gormley, and D. B. keim. 2016. Passive investors, not passive owners. *Journal of Financial Economics* 121 (1): 111-141.

Bach, L., and D. Metzger. 2019. How close are close shareholder votes? *The Review of Financial Studies* 32 (8): 3183-3214.

Bar-Isaac, H., and J. Shapiro. 2020. Blockholder voting. *Journal of Financial Economics* 136 (3): 695-717.

Bebchuk, L. A., A. Brav, and W. Jiang. 2015. The long-term effects of hedge fund activism. *Columbia Law Review* 115 (5): 1085-1155.

Bebchuk, L. A., A. Cohen, and S. Hirst. 2017. The agency problems of institutional investors. *Journal of Economic Perspectives* 31 (3): 89-112.

Becht, M., J. R. Franks, and H. F. Wagner. 2023. The benefits of access: evidence from private meetings with portfolio firms. *European Corporate Governance Institute-Finance Working Paper* 751.

Bourveau, T., and J. Schoenfeld. 2017. Shareholder activisti and voluntary disclosure. *Review of Accounting Studies* 22: 1307-1339.

Brav, A., W. Jiang, T. Li, and J. Pinnington. 2024. Shareholder monitoring through voting: new evidence from proxy contests. *The Review of Financial Studies* 37 (2): 591-638.

Brav, A., W. Jiang, F. Partnoy, and R. Thomas. 2008. Hedge fund activism, corporate governance, and firm performance. *The Journal of Finance* 63 (4): 1729-1775.

Buchanan, J., D. H. Chai, and S. Deakin. 2020. Unexpected corporate outcomes from hedge fund activism in Japan. *Socio-Economic Review* 18 (1): 31-52.

Cai, J., Garner, J. L., and R. A. Walkling. 2009. Electing directors. *The Journal of Finance* 64 (5): 2389-2421.

Chapman, K. L., G. S Miller, J. J. Neilson, and H. D. White. 2022. Investor relations, engagement, and shareholder activism. *The Accounting Review* 97 (2): 77-106.

Cohn, J. B., S. L. Gillan, and J. C. Hartzell. 2016. On enhancing shareholder control: A (Dodd-) Frank assessment of proxy access. *The Journal of Finance* 71 (4): 1623-1668.

Cvijanović, D., A. Dasgupta, and K. E. Zachariadis. 2016. Ties that bind: how business connections affect mutual fund activism. *The Journal of Finance* 71 (6): 2933-2966.

DeAngelo, L. E. 1988. Managerial competition, information costs, and corporate governance: the use of accounting performance measures in proxy contests. *Journal of Accounting and Economics* 10 (1): 3-36.

Dimitrov, V., and P. C. Jain. 2011. It's showtime: do managers report better news before annual shareholder meetings? *Journal of Accounting Research* 49 (5): 1193-1221.

Easterbrook, F. H., and D. R. Fischel. 1983. Voting in corporate law. *The Journal of Law and Economics* 26 (2): 395-427.

Ertimur, Y., F. Ferri, and S. R. Stubben. 2010. Board of directors' responsiveness to shareholders: Evidence from shareholder proposals. *Journal of Corporate Finance* 16 (1): 53-72.

Flammer, C., and P. Bansal. 2017. Does a long-term orientation create value? evidence from a regression discontinuity. *Strategic Management Journal* 38 (9): 1827-1847.

Fos, V. 2017. The disciplinary effects of proxy contests. *Management Science* 63 (3): 655-671.

Gantchev, N. 2013. The costs of shareholder activism: evidence from a sequential decision model. *Journal of Financial Economics* 107 (3): 610-631.

Gantchev, N., and M. Giannetti. 2021. The costs and benefits of shareholder democracy: gadflies and low-cost activism. *The Review of Financial Studies* 34 (12): 5629-5675.

Gillan, S.L., and Starks, L. T. 2007. The evolution of shareholder activism in the United States. *Journal of Applied Corporate Finance* 19 (1): 55-73.

Goto, G. 2014. Legally strong shareholders of Japan. *Michigan Journal of Private Equity and Venture Capital Law* 3: 125-164.

Goto, G. 2019. The logic and limits of stewardship codes: the case of Japan. *Berkeley Business Law Journal* 15 (2): 366-408.

Hamao, Y., and P. Matos. 2018. US-style investor activism in Japan: the first ten years?. *Journal of the Japanese and International Economies* 48: 29-54.

Hart, O. 1995. Corporate governance: some theory and implications. *The Economic Journal* 105 (430): 678-689.

Iliev, P., and M. Lowry. 2015. Are mutual funds active voters? *The Review of Financial Studies* 28 (2): 446-485.

Jensen, M., and W. H. Meckling. 1976. Theory of the firm: managerial behavior, agency costs and ownership structure. *Journal of Financial Economics* 3 (4): 305-360.

Lee, C., and M. E. Souther. 2020. Managerial reliance on the retail shareholder vote: evidence from proxy delivery methods. *Management Science* 66 (4): 1717-1736.

Malenko, A., and N. Malenko. 2019. Proxy advisory firms: the economics of selling information to voters. *The Journal of Finance* 74 (5): 2441-2490.

Malenko, N., and Y. Shen. 2016. The role of proxy advisory firms: evidence from a regression-discontinuity design. *The Review of Financial Studies* 29 (12): 3394-3427.

Miyachi, H., and F. Takeda. 2021. Hedge fund activism in Japan under the stewardship and corporate governance codes. *International Advances in Economic Research* 27: 119-130.

Riker, W. H., and P. C. Ordeshook. 1968. A theory of the calculus of voting. *American Political Science Review* 62 (1): 25-42.

Tsukioka, Y. 2020. The impact of Japan's stewardship code on shareholder voting. *International Review of Economics and Finance* 67: 148-162.

Yeh, T. M. 2017. Determinants and consequences of shareholder proposals: the cases of board election, charter amendment, and profit disposal. *Journal of Corporate Finance* 45: 245-261.

Zachariadis, K. E., D. Cvijanovic, M. Groen-Xu. 2020. Free-riders and underdogs: participation in corporate voting. *European Corporate Governance Institute – Finance Working Paper* 649.

258　Part 3　非財務・関連トピック

第 **17** 章

コーポレート・ガバナンス

野間幹晴　MIKIHARU　NOMA

SUMMARY

　本章では，企業はガバナンスシステムに従うという観点から，日本企業がリスクテイクに消極的である要因について論じる。コーポレートガバナンスだけでなく，さまざまな制度が企業に影響を与える。

　本章では，日本企業がリスク回避的である要因として，内部負債としての退職給付に係る負債があることを指摘する。他の先進国では支払い保証制度が存在するのに対して，日本には支払い保証制度が存在しない。このため，企業は倒産手続に入ったとしても，企業年金の支払い義務を負う。日本企業の経営者は，人的組織体の代表であるという特徴を持つため，債権者としての従業員の利害を重視して，リスク回避的になる。

1　ガバナンスシステム

（1）国家レベルと企業レベルのガバナンスシステム

　本章では，企業はガバナンスシステムに従うという視点から，日本企業がリスク回避的である要因について論じる。各国企業の企業行動には，さまざまな制度が影響を与える。本章では海外企業，とりわけ米国企業と対比することで，日本企業の特徴を浮き彫りにし，その特徴はガバナンスシステムと関連していることを論じる。そのうえで，企業価値を向上するためには，企業レベルでの価値向上に向けた取組みだけでなく，ガバナンスシステムの改革も必要となることという示唆を導出する。

　ガバナンスシステムとは，企業価値に影響を与える制度である。Shleifer

and Vishny（1997）では，コーポレートガバナンスとは企業への資金提供者が投資に対するリターンを保証する方法であると定義している。ガバナンスシステムは，企業のコーポレートガバナンスだけでなく国家レベルにおける企業の統治制度を包含する。この点において，ガバナンスシステムは，Shleifer and Vishny（1997）によるコーポレートガバナンスの定義よりも広義である。

　各国の制度が異なるため，国家間で企業行動が異なる。たとえば，金融市場や上場制度，倒産制度，解雇規制，会計制度やディスクロージャー制度などであり，国家レベルにおける企業のガバナンスシステムと呼ぶことができる。これには，コーポレートガバナンス・コードやスチュワードシップ・コードに加えて，証券取引所が上場企業に対して求めるルールや要請なども含まれる。一方，各企業が導入した機関設計や社外役員制度，経営者の報酬制度などによっても，同じ国の企業でもその行動が異なる。これらは，企業レベルにおけるコーポレートガバナンスである。国家レベルにおける企業の統治制度と企業レベルにおけるコーポレートガバナンスは，完全に独立した関係ではない。

（2）「３年連続赤字でも９割は退陣しない」

　ガバナンスシステムの相違が企業行動に与える事例の１つとして，赤字企業について取り上げる。

　2010年に，『コーポレート・ガバナンス　経営者の交代と報酬はどうあるべきか』という書籍が出版された（久保 2010）。久保（2010）では，経営者交代と報酬制度，株主還元，雇用などさまざまな分野の先行研究を踏まえたうえで，日本企業のあり方について有益かつ示唆に富む議論している。とりわけ，興味深いのは久保（2010）の帯に記載された「３年連続赤字でも９割は退陣しない!?」という文言である[1]。この帯を読んだ日本の企業人は，「３年も赤字が続くのに，経営者は交代しないの？」，「３年連続で赤字が続いているならば，さすがに経営者は交代すべきだ」ということを考えるのではないだろうか。

1　書籍の帯は，著者の意向だけで決定されるのではない。書籍の訴求点を読者にわかりやすく伝えることを意図して，編集者の助言や意向も反映される。私見では「３年連続赤字でも９割は退陣しない!?」という帯には編集者の意向が強く働いた結果であり，著者は日米における赤字企業の比率の違いを理解している。

260　Part 3　非財務・関連トピック

　この帯には,「上場企業は赤字に陥るべきではない」, あるいは黒字, より厳密にはキャッシュ・フローよりも利益に対する意識の強さが色濃く反映されている。図表17-1は, 1980年から2012年におけるアメリカの上場企業で, 各年に当期純損失を計上した企業の比率を報告している（Floyd, Li and Skinner 2015）。図表17-1から, アメリカ企業の赤字企業の比率について, 次の3つが明らかになる。第1に, 赤字企業が増加傾向にあることである。1980年時点では当期純損失を報告した米国企業は18.2%にしかすぎなかったが, 2012年には46.0%にまで増加したことが確認される。第2に, 経済的なショックが発生すると, 赤字企業は増加するということである。ITバブルが崩壊した2002年には赤字企業の比率は56.7%に, リーマンショックが発生した2008年には52.2%もの企業が赤字に陥っている。第3に, 経済ショックが発生したときに限らず, 赤字企業の比率は高いということである。Floyd, Li and Skinner（2015）による分析対象期間で赤字企業の比率が最も小さい1980年でも, 18.2%の企業が赤字である。分析対象の33年間を通じた, 赤字企業の平均比率は41.0%に達している。

　赤字企業の比率から, アメリカの資本市場では赤字を計上することに対することが容認されるガバナンスシステムが機能していることが示唆される。一方, 日本の資本市場では, 赤字を受容するガバナンスシステムが機能していないのである。アメリカで赤字企業が多い一方で, 日本では少ない1つの理由は, 社債市場における債権者保護制度が脆弱であることがあげられる[2]。これもガバナンスシステムが企業に影響を与えるということの証左の1つである。

2　社債の債権者保護制度が脆弱であるというのは, 事実上, 社債がローンに劣後していることを指している。担保提供制限条項（ネガティブ・プレッジ条項）は, 他の債務に担保が設定される場合には当該債務にも担保を設定しなければならないという制約を債務者に課す。担保提供制限条項の目的は, それが付与される債務の弁済順位が他の債務より低くなることを防ぎ, 債権者を保護することにある。アメリカでは, 多くの社債に担保提供制限条項が付与されており, ローンを含む債務全体を対象とすることが一般的となっている。日本でも, 1996年に財務制限条項の自由化前までは, ローンを含む国内債務を対象とした担保提供制限条項を社債に付与することが義務づけられていた。しかし, 現在ではほぼ全ての社債に付与される担保提供制限条項の対象範囲が社債間に限定されている。これに対して, 日本でもシンジケートローンでは, 社債とローンを含むすべての債務を対象とする担保提供制限条項が一般的であり, 銀行取引約定書で追加の担保設定も認められている。詳細については, 吉川・磯部（2010）参照。

第17章　コーポレート・ガバナンス　261

図表17-1	アメリカ企業で当期純損失を計上した企業の比率

年	比率	年	比率	年	比率
1980年	18.2%	1991年	39.9%	2002年	56.7%
1981年	22.9%	1992年	38.0%	2003年	49.9%
1982年	30.1%	1993年	37.3%	2004年	44.4%
1983年	30.7%	1994年	33.8%	2005年	44.2%
1984年	31.4%	1995年	37.5%	2006年	43.2%
1985年	37.3%	1996年	39.3%	2007年	45.2%
1986年	38.8%	1997年	41.3%	2008年	52.2%
1987年	38.1%	1998年	44.9%	2009年	50.7%
1988年	37.1%	1999年	48.5%	2010年	42.6%
1989年	39.0%	2000年	53.3%	2011年	42.8%
1990年	38.8%	2001年	59.3%	2012年	46.0%

（出所）Floyd, Li and Skinner（2015），p.311より筆者作成

2　アカデミック・エビデンス

(1) リスクテイクの国際比較

　企業価値向上をめぐる日本企業の1つの論点は，リスクテイクに消極的であるという点である。一般的に，ハイリスク・ハイリターン，ローリスク・ローリターンという原則が成立する。リスク回避に消極的な企業がもたらすリターンも小さくなる。

　図表17-2は，38カ国を対象としてリスクテイクを国際比較したAcharya, Amihud and Litov（2011）の結果を示している。Acharya, Amihud and Litov（2011）は，2つの指標でリスクテイクを測定している。

　1つは，キャッシュ・フロー・ボラティリティである。具体的には，EBITDA（Earnings before Interest, Taxes, Depreciation and Amortization：利払い・税金・償却前利益）を総資産で割ったROAを算出している。そのうえで，少なくとも8年間のデータが揃う企業のROAの標準偏差を計算し，そこから各国・各年・各産業のROAの中央値を控除し，産業調整を行ったキャッシュ・フロー・ボラティリティを計測している。キャッシュ・フロー・ボラ

ティリティが大きいことは，キャッシュ・フローの変動が大きく，リスクの高い投資行動の帰結だといえる。一方，キャッシュ・フロー・ボラティリティが小さければ，安定的なキャッシュ・フローを創出し，リスクの低い投資行動の結果だといえる。

いま1つは，国内M&Aに占める同一産業に属す企業のM&Aの比率である。異なる産業の企業によるM&Aは多角化に伴いリスクが分散され，リスクは小さくなる。一方，同一産業でのM&Aではリスクが高くなる。

図表17-2で示すように，キャッシュ・フロー・ボラティリティについて調査した結果，日本のROAの標準偏差は2.2%であり，リスクテイクが最も低いことが確認された。リスクテイクが高かったのはオーストラリア，カナダ，ア

| 図表17-2 | リスクテイクの国際比較 |

国名	リスク（キャッシュ・フローの標準偏差）	同一産業内でのM&Aの比率（%）	国名	リスク（キャッシュ・フローの標準偏差）	同一産業内でのM&Aの比率（%）
アルゼンチン	0.058	55.33	マレーシア	0.066	25.27
オーストラリア	0.121	61.72	メキシコ	0.049	62.59
オーストリア	0.036	64.52	オランダ	0.059	57.80
ベルギー	0.043	57.54	ニュージーランド	0.073	57.73
ブラジル	0.070	70.26	ノルウェー	0.079	58.94
カナダ	0.094	61.37	ペルー	0.058	68.63
チリ	0.033	61.84	フィリピン	0.080	56.00
デンマーク	0.049	56.47	ポルトガル	0.036	65.31
フィンランド	0.054	54.60	シンガポール	0.064	32.19
フランス	0.045	59.79	南アフリカ共和国	0.061	49.84
ドイツ	0.057	55.31	韓国	0.051	32.48
ギリシャ	0.043	47.22	スペイン	0.040	64.08
香港	0.064	34.11	スウェーデン	0.067	58.53
インド	0.051	57.87	スイス	0.046	57.67
インドネシア	-	60.53	台湾	-	44.90
アイルランド	-	63.59	タイ	0.065	43.95
イスラエル	0.075	45.45	トルコ	0.097	50.00
イタリア	0.038	53.31	イギリス	0.071	58.61
日本	0.022	46.80	アメリカ	0.088	59.07

（出所）Acharya, Amihud and Litov（2011），p.155より筆者作成

メリカ、イギリスなどの国々で、それぞれ12.1%、9.4%、8.8%、7.1%である。

　同一産業内のM&Aの比率についても、日本では46.8%と相対的に低い。これに対して、アメリカではM&Aのうち59.1%が同一産業間の企業によるものであり、イギリスでも58.6%である。つまり、日本では産業が異なる企業によるM&Aが中心的であり、多角化を志向しているといえる。

　Acharya, Amihud and Litov（2011）より、2つの点から日本企業がリスクテイクに消極的であることが明らかになった。1つはキャッシュ・フロー・ボラティリティで測定すると、日本企業は最もリスクテイクに消極的であることである。いま1つは、日本では同一産業内のM&Aの比率も小さく、異なる産業間でのM&Aが多いということである。

（2）経営者はリスク回避的

　そもそも経営者は、リスク回避的である。日本企業に限ったことではなく、どの国の経営者もリスク回避的である。このため、株主と経営者の間に利害対立が発生する。あるいは株主と経営者は、インセンティブが異なるともいえる。このことを理論的に説明したのがエージェンシー理論である（Jensen and Meckling 1976）。

　Jensen and Meckling（1976）は、2つのエージェンシー・コストを指摘した。1つは、所有と経営の分離を前提とした企業で、経営者と株主との利害対立による株式のエージェンシー・コストである。いま1つは、株主と債権者との利害対立に起因する負債のエージェンシー・コストである。プリンシパルである株主とエージェントである株主との間は、インセンティブが異なる。同様に、株主と債権者の間でインセンティブが異なる。このため、エージェンシー・コストが発生する。

　経営者は、株主価値向上のために努力に付随するすべてのコストを負担する。しかし、経営者は努力に対する報酬としてリターンの一部しか得ることができない。このため、経営者と株主の間でエージェンシー・コストが発生する。また、経営者の富は、株主が保有する富よりも分散されていない。経営者の富の多くは、企業を経営することによって得られる報酬である。経営者は資産を自身が経営している企業に集中投資している、といいかえることもできる。これ

に対して，株主は多くの企業，すなわち株式に同時に投資することができる。つまり，株主は分散投資を行うことができる。株主が分散投資を行うのに対して，経営者は集中投資を行っているため，リスクに対する選好が異なる。株主と経営者のインセンティブが異なることを説明するために，価値向上が期待される高リスクな投資を考えたい。株主にとって，企業（株式）はポートフォリオを構成する1銘柄である。企業が高いリスクの投資を行った結果，倒産したとしても，富の一部が毀損するだけである。したがって，価値向上が期待されるのであれば，たとえ高リスクであっても投資の実行が望ましい，と株主は考える。一方，経営者は価値向上が期待されても，リスクが高ければ投資しない。リスクが高い投資を実行した結果，企業が倒産すると，集中投資を行っている経営者の富はゼロになる。かつ，経営者としての評価も低下する。

（3）株式ベースの報酬による価値向上

　株主と経営者のインセンティブは異なる。こうしたエージェンシー問題を緩和するために，経営者に株式やストック・オプションなどの株式ベースの報酬が付与される。株式ベースの報酬によって，経営者と株主のエージェンシー問題が緩和され，株主価値が向上することが確認されている。

　Coles, Daniel and Naveen（2006）は，経営者に対する株式報酬と，投資や資本構成との間に因果関係があることを明らかにしている。経営者にストック・オプションが付与された企業では，研究開発への投資が相対的に増加し，有形資産への投資が減少し，事業の専業化が進み，レバレッジが高くなるなど，よりリスクの高い経営が実施されることを示している。

　Low（2009）は，経営者に対する株式ベースの報酬によって，企業はリスクテイクに積極的になり，それが株主の富に影響を与えることを示している。1990年代に，デラウェア州で買収防衛策が強化されたことに伴い，経営者はリスクテイクに消極的になった。こうした傾向は，経営者報酬に占める株式ベースの報酬が低い企業で，顕著であった。また，リスクテイクに消極的になったことで，株主価値が毀損された。言い換えると，株式ベースの報酬が導入によって，経営者と株主の利害が一致するのである。

（4）内部負債

　株式ベースの報酬によって，経営者のインセンティブが株主と一致するように
なり，経営者は株主価値向上に向けて行動するようになる。一方，経営者の
インセンティブが債権者と一致することにつながる，内部負債と呼ばれる報酬
も存在する。

　内部負債とは，未積立の確定給付年金や繰延報酬など，企業に対する経営者
や従業員の債権である。企業の観点に立つと，内部負債は債務である
（Anantharaman, Fang and Gong 2014，野間 2020）。従来の経営者報酬をめぐ
る研究では，株式ベースの報酬だけが議論の俎上に載せられてきた。すなわち，
株式やストック・オプションなどのように，経営者と株主の利害を一致させる
報酬制度が議論されてきた。

　しかし実際には，負債の特徴をもつ報酬制度もある。たとえば，経営者が将
来，受け取る企業年金である。確定給付企業年金は，企業が経営者や従業員に
対して支払い義務がある。未積立の確定給付企業年金は，貸借対照表に退職給
付に係る負債として計上される。しかし，企業が破産すると，債権者である経
営者や従業員に対して企業年金が支払われる保証はない。同じことは，繰延報
酬にも該当する。業績連動報酬の一環として，当期純利益に連動して経営者の
ボーナスの金額が決定されることがある。ただし，ボーナスの金額が決定した
からといって，ただちに全額が支払われるわけではなく，複数年にわたって支
払われることがある。

　たとえば，メジャーリーグの大谷翔平選手は，ロサンゼルス・ドジャーズ
（以下，ドジャーズ）に移籍した際に契約金の97%を契約満了後10年間に後払
いにすることにした。これは，繰延報酬の1つある。メジャーリーグの契約の
慣習も大谷選手の契約の全容についても，筆者はその詳細を知る立場にないが，
仮に繰延報酬が保全されていないと仮定しよう。繰延報酬を受け取るまでに，
ドジャーズが破産してしまえば，大谷選手は繰延報酬の全額を受け取ることが
できなくなる。つまり，大谷選手はドジャーズに債権を持っており，ドジャー
ズは大谷選手に債務を負っている。しかし，ドジャーズが破産した場合，大谷
選手が繰延報酬を受け取るという保証はないのである。

（5）内部負債の実態

　内部負債とは，経営者や従業員が企業に対して有する債権のことを指す。経営者が内部負債を多く持っているほど，企業はリスク回避的な投資や資本政策，株主還元を選択する。アメリカ企業の経営者は，株式ベースの報酬だけでなく，内部負債を多く保有することを示す調査結果が報告されている。

　Bebchuk and Jackson（2005）では，CEOの報酬に占める年金の比率が大きいことを示す証拠を提示している。**図表17-3**では，CEO在任中の報酬総額，あるいはCEOに就任前とCEO在任中を合算した全報酬に対して，企業年金が占める比率を示している。全調査対象では，企業年金がCEO在任中の報酬総額に対して企業年金が占める比率は，平均値で34.5%，中央値で48.3%となっている。CEO就任前からCEO在任中の全報酬に対して企業年金が占める比率では，やや低下するものの，平均値で30.2%，中央値で33.8%である。

　またSundaram and Yermack（2007）は，1996年から2002年のFortune500の中から237社の大企業を対象にCEOの報酬について調査した。**図表17-4**は，GEの元CEOジャック・ウェルチが2001年9月に退任するまでの最後の9年間の報酬を示している。1997年から2001年においては，年金の現在価値変化額と現金給与とボーナスの水準がほぼ等しい。CEOを退任した時点では，ウェルチ

図表17-3	企業年金が総報酬に占める比率		
	企業年金÷CEO在任中の全報酬		企業年金÷CEO就任前からCEO在任中までの全報酬
元CEO			
平均値	35.3%		30.7%
中央値	44.4%		32.9%
現CEO			
平均値	27.8%		27.7%
中央値	53.0%		35.0%
全サンプル			
平均値	34.5%		30.2%
中央値	48.3%		33.8%

（注）元CEOは28人，現職CEOは23人，合計51人をサンプルとしている。
（出所）Bebchuk and Jackson（2005）の表7より筆者作成

第17章　コーポレート・ガバナンス　267

図表17-4　GEのジャック・ウェルチ元CEOの報酬

年	年齢	現金給与とボーナス	株式ベースの報酬	年金の現在価値変化額	年金の総価値	繰延報酬の価値	内部負債の総額	株式ベースの報酬総額	CEOの負債比率	企業の負債比率
1993	58	$4.0	$4.5	$3.9	$15.3	$0.8	$16.1	$120.0	0.13	1.81
1994	59	$4.4	$4.9	$4.3	$15.5	$1.2	$16.7	$129.9	0.13	1.09
1995	60	$5.3	$15.8	$3.2	$23.3	$3.7	$27.0	$223.1	0.12	0.96
1996	61	$6.3	$6.6	$4.4	$29.6	$5.6	$35.2	$331.2	0.11	0.80
1997	62	$8.0	$7.3	$7.0	$37.3	$8.6	$45.9	$632.6	0.07	0.60
1998	63	$10.0	$37.1	$9.2	$47.0	$10.2	$57.2	$850.2	0.07	0.52
1999	64	$13.3	$24.7	$12.0	$53.4	$12.7	$66.1	$1,263.1	0.05	0.40
2000	65	$16.7	$106.1	$15.3	$70.4	$18.9	$89.3	$1,155.0	0.08	0.42
2001	66	$16.0	$0.0	$11.1	$84.3	$24.8	$109.1	$639.4	0.17	0.59

(注)　単位は百万ドル。株式ベースの報酬は，当該年に付与された，ストック・オプションの価値と譲渡制限株式の合計。年金の総価値は，ジャック・ウェルチの年齢とGEの負債コストから算出した生涯にわたって給付される数理計算上の価値であり，株主総会招集通知より算出。年金の価値変化額は，1年に給付される年金の価値変化額の現在価値。金利やジャック・ウェルチの平均寿命等の諸条件によって，年金の総価値の増加額は，年金の価値変化額と一致しない。内部負債の総額は，年金の総価値と繰延報酬の合計。株式ベースの報酬総額は，保有する株式の市場価値とストック・オプションの合計。CEOの負債比率は，内部負債の総額を株式ベースの報酬総額で割った比率。企業の負債比率は，有利子負債合計を株式時価総額で除した比率。なお，2001年9月，ジャック・ウェルチはCEOを退任したため，2001年の報酬は12カ月分ではない。

(出所)　Sundaram and Yermack（2007），p.1553.

は年金と繰延報酬を合計すると1億900億ドルの内部負債を持っており，その額は小さくない。2001年の退任が近づくにつれ，年金の総価値は増加している。

(6) 内部負債によってリスクテイクが行われなくなる

　アメリカ企業における内部負債の実態を明らかにした調査は，経営者には株式ベースの報酬に加えて，内部負債が存在し，その大きさが小さくないことを物語っている。また内部負債によって，企業は高いリスクを回避し，リスクの低い投資を行うことが明らかになっている。

　Cassell, Huang, Sanchez and Stuart（2012）では，CEOの内部負債が多い企業では，将来の株式リターンとR&D支出が低下する一方で，多角化の水準は高くなり，運転資金も増加することを確認している。この実証結果から，Cassell, Huang, Sanchez and Stuart（2012）は内部負債を多く保有するCEOは，リスクの低い投資活動を選好すると結論づけている。

　Phan（2014）はCEOの内部負債とM&Aの関連について明らかにしている。まず，CEOの内部負債が多い企業では，M&Aを実行する可能性が低いことを

268　Part 3　非財務・関連トピック

指摘している。また，CEOの内部負債が多い企業のM&Aには，異なる産業間の多角化を志向していること，被買収企業の株主に支払う現金の比率が小さいこと，M&A後の企業リスクの増加が小さいことなどを明らかにしている。つまり，内部負債が多いCEOの利害は債権者の利害に近いため，リスクの小さいM&Aを実行するといえる。さらに，内部負債が報酬に占める比率の高いCEOほど，M&Aの発表に伴う債券のリターンが高い一方で，株式リターンが低いことを確認した。

3　日本企業との関連性

　日本企業がリスクテイクに消極的である要因として，内部負債がある[3]。具体的には，退職給付に係る負債が内部負債として機能している。以下では，アメリカと日本における企業年金の受給権保護の仕組みについて説明する。

（1）アメリカにおける企業年金の受給権保護

　アメリカでは，一般従業員の企業年金は年金給付保証公社（Pension Benefit Guaranty Corporation，以下PBGC）によって保全されている。したがって，企業が倒産手続に入った場合や基金が解散する場合には，PBGCによってその受給権が保護される。しかし，経営者の企業年金は一般的に最大保全額を大きく超えているため，保全されない。このため，企業が倒産する場合，経営者の企業年金は保全されておらず，多くの場合未積立であるため，他の無担保債権と同じように処理される。つまり，アメリカでは，一般従業員の企業年金はPBGCによって保全されているのに対して，経営者の企業年金は保全されていない。このため，経営者報酬のうち企業年金や繰延報酬は内部負債となり，これらの内部負債を多く保有する経営者はリスクの低い投資を行うのである。

（2）日本における企業年金の受給権保護

　日本では，企業年金の受給権は2002年から施行された確定給付企業年金法によって保護されている。確定給付企業年金法は，基金の解散などにより年金を

3　詳細については，野間（2020）参照。

廃止する場合，事業主に積立不足額を一括拠出する義務を負わせている。この一括拠出規定の特徴は，企業に年金債務の支払義務を負わせることで企業年金の受給権を保護している点である。

　一括拠出規定は倒産手続きに入っていない状況で有効な規定であり，企業が民事再生法や会社更生法に基づく法的整理に入ると取扱いが異なってくる。民事再生法による手続きでは，年金債権は再生計画の枠外に置かれ，全額支払われることになり，権利の変更を受けない。一方，会社更生法の適用を受けた場合は，退職年金債権の3分の1は共益債権に分類され，全額支払われる。残りの3分の2は優先的更生債権に分類され，更生計画において減額される可能性がある。

　つまり，日本の企業年金には，米国のPBGCのような支払保証制度が存在しないのである。ただし，企業年金には年金資産が積み立てられているので，事実上，論点となるのは未積立の企業年金，すなわち退職給付債務と年金資産の差額である退職給付に係る負債である。したがって，他の債権者よりも優先される可能性はあるものの，従業員の受給権は外部の債権者と同じような利害を持つ。

　日本の従業員の企業年金は企業の倒産時などに保全されていない。ただし，企業年金に年金資産が積み立てられているため，倒産手続き等において論点になるのは未積立部分のみである。この未積立部分について従業員は外部の債権者と類似したインセンティブを持つのである。

　特に，日本企業の経営者は人的組織体の代表者という性格を持っているため（今井・小宮山 1989），経営者は従業員の利害を重視すると考えられる。今井・小宮山（1989）は，終身雇用制度と年功序列制度，仕事のローテーション方式が定着した結果，日本企業は人的資本の集積体として発展してきたと述べている。こうした人的資本の集積体において，経営者は従業員の代表者であるという色彩が強くなる。このため，従業員の企業年金が保全されていない日本企業の経営者は，リスク回避的になるのである。

4　実務・政策的な示唆

　本章では，日本企業が国際的に見てリスクテイクに対して消極的であり，そ

の要因として内部負債である退職給付に係る負債があることを論じた。

　本章の背後には，日本企業が企業価値を高めるためには，リスクテイクを行う必要がある，という問題意識がある。果断なリスクテイクを行うためには，経営者報酬における株式ベースの報酬の比率を高めることが考えられる。これによって，経営者の利害が株主と一致するようになる。その結果，株主価値の向上が期待される。

　しかし，日本企業がリスク回避的であるという論点を解決するためには，経営者報酬制度を改革するだけでは不十分である。**図表17-5**で示すように，各国にはアメリカのような支払い保証制度が存在している。日本にはこうした制度が存在しないため，倒産を含め，いかなる状態になっても企業が受給権の支払い義務を負っている。特に，日本企業では，経営者が従業員の代表者という性格を持っているため，経営者が債権者としての従業員を重視し，リスクテイクに消極的になっていると考えられる。キャッシュ・フローのボラティリティで測定した日本企業のリスクが小さいことも，赤字企業が少ないことも，共に内部負債が関連している。つまり，企業はガバナンスシステムに従うのである。

図表17-5　各国の支払い保証制度

国	運営主体	保証トリガー	手続き	事業主デフォルトリスク	保険料算定積立不足の限度	運用方針
米国	PBGC	事業主のデフォルト・年金積立不足	資産・負債の引継ぎ	無	有	無
カナダ	PBGF	事業主のデフォルト・年金積立不足	年金ファンドへの支払い	無	有	無
英国	PPF	事業主のデフォルト・年金積立不足	資産・負債の引継ぎ	有	有	無
日本（廃止）	企業年金連合会	事業主のデフォルト・年金積立不足	資産・負債の引継ぎ	無	有	無
ドイツ	PSV	事業主のデフォルト・年金積立不足	年金買取り	無	無	無
スウェーデン	PG	事業主のデフォルト	年金買取り	無	有	無
スイス	BVG	年金基金のデフォルト	年金買取り	無	有	無

（注）日本では，2017年に廃止された。
（出所）Broeders and Chen（2013），p.242，各運営主体ウェブサイトより筆者作成

　企業価値の決定因子として，経営者や従業員などの人的資本，そして無形資産が重要であることは論をまたない。日本企業が果断なリスクテイクを行うためには，経営者報酬制度などのコーポレートガバナンス改革だけでは不十分である。企業年金の受給権の保護の仕組みなどを包含したガバナンスシステムの再考が必要である。

◆参考文献

今井賢一・小宮隆太郎. 1989. 「日本企業の特徴」今井賢一・小宮隆太郎編『日本の企業』東京大学出版会：3-26.

久保克行. 2010. 『コーポレート・ガバナンス—経営者の交代と報酬はどうあるべきか』日本経済新聞出版社会.

野間幹晴. 2020.『退職給付に係る負債と企業行動−内部負債の実証分析』中央経済社.

吉川浩史・磯部昌吾. 2010. 「社債の担保提供制限条項を巡る日米の相違と我が国への示唆」『資本市場クォータリー』1-4.

Acharya, V. V., Y. Amihud, and L. Litov. (2011). Creditor rights and corporate risk-taking. *Journal of Financial Economics* 102(1): 150-166.

Anantharaman, D., V. W. Fang, and G. Gong. (2014). Inside debt and the design of corporate debt contracts. *Management Science* 60(5): 1260-1280.

Bebchuk, L. A., and R. J. Jackson, Jr. (2005). Executive pensions. *Journal of Corporation Law* 30(4): 823-855.

Broeders, D., and A. Chen. (2013). Pension benefit security: A comparison of solvency requirements, a pension guarantee fund, and sponsor support. *Journal of Risk and Insurance* 80(2): 239-272.

Cassell, C. A., S. X. Huang, J. M .Sanchez, and M. D. Stuart. (2012). Seeking safety: The relation between CEO inside debt holdings and the riskiness of firm investment and financial policies. *Journal of Financial Economics* 103(3): 588-610.

Coles, J. L., N. D. Daniel, and L. Naveen. (2006). Managerial incentives and risk-taking. *Journal of Financial Economics* 79(2): pp.431-468.

Floyd, E., N. Li, and D. J. Skinner. (2015). Payout policy through the financial crisis: The growth of repurchases and the resilience of dividends. *Journal of Financial Economics* 118(2):299-316.

Jensen, M. C., and W. H. Meckling. (1976). Theory of the firm: Managerial behavior, agency costs and ownership structure. *Journal of Financial Economics* 3(4): 305-360.

Low, A.. (2009). Managerial risk-taking behavior and equity-based compensation. *Journal of Financial Economics* 92(3): 470-490.

Phan, H. V. (2014). Inside debt and mergers and acquisitions. *Journal of Financial and Quantitative Analysis* 49(5):1365-1401.

Shleifer, A. and. R. W. Vishny. (1997). A survey of corporate governance. *Journal of Finance* 52(2): 737-783.

Sundaram, R. K., and D. L. Yermack. (2007). Pay me later: Inside debt and its role in managerial compensation, *Journal of Finance* 62(4): 1551-1588.

272 Part 3 非財務・関連トピック

第 18 章

IRエンゲージメント

円谷昭一　SHOICHI　TSUMURAYA

> SUMMARY
>
> 　企業と機関投資家とのエンゲージメントにはさまざまな種類があるが，日本では特に「目的を持った対話」が重視されている。2014年2月に公表された日本版スチュワードシップ・コードを機に両者の対話が深まっているという調査結果が報告されており，グローバルでの評価も向上してきている。アカデミック・エビデンスも徐々に蓄積されつつある。それらの結果からは，機関投資家のエンゲージメントは企業行動に影響を与えるという結果が得られている。
>
> 　ただし，日本企業の資本コストの水準などでは双方の見解に隔たりがあり，より対話の実効性を高めていくことが今後の課題である。

1　エンゲージメントとは

　IR（Investor Relations）におけるエンゲージメントについて述べるにあたり，まずはIRの定義，エンゲージメントの定義を明らかにする必要があろう。とりわけ後者については論者によって指している意味が異なることが少なくない。

　まずIRとは，日本IR協議会では「企業が株主や投資家に対し，投資判断に必要な企業情報を，適時，公平，継続して提供する活動のこと」と定義している。続いてエンゲージメントだが，日本では企業と投資家（主に機関投資家）との目的を持った対話のことを指してエンゲージメントと呼ぶことが多い。実際に日本版スチュワードシップ・コードでは原則4において「目的を持った対話」という用語が出てくるが，同コードの英語版ではこの用語を"constructive engagement"と訳している。ただし，engagementという英語は対話に限定されずさまざまな場面で用いられている。Oxford Learner's Dictionariesで

engagementを引くと、その意味の1つとして'being involved'という記載がある。具体的にはbeing involved with somebody/something in an attempt to understand them/itと解説されている。つまり、エンゲージメントは対話のみにとどまらず、対話を含めたより大きな意味を持っている。米国の例ではあるが、議決権行使助言会社大手のISS（Institutional Shareholder Services）によるエンゲージメントの整理を示したのが図表18-1である。

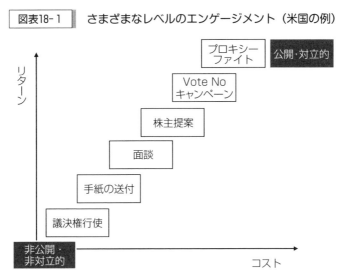

図表18-1 さまざまなレベルのエンゲージメント（米国の例）

（出所）Institutional Shareholder Services資料をもとに筆者作成

図表18-1において、建設的な対話は主に「面談」に相当すると思われるが、それ以外にも手紙の送付や株主総会における株主提案や委任状争奪（プロキシーファイト）などもエンゲージメントに含まれている。Vote Noキャンペーンや委任状争奪は日本では馴染みは薄いが、株主提案や手紙の送付は日本でも徐々に浸透してきており、たとえば、機関投資家に共同対話のプラットフォームを提供している機関投資家協働対話フォーラムでは、企業側に送付したレターをHPで公開している（ただし、送付先企業名は非公開）。

274　Part 3　非財務・関連トピック

2 エンゲージメントの現状

(1) 機関投資家との対話

　日本IR協議会が全上場会社を対象にして毎年実施している「IR活動の実態調査」によれば，企業がもっとも重視しているIRの目標は「株主・投資家との信頼関係の構築」となっている（2023年度調査）。信頼関係を構築するためにはお互いに相手との距離を縮め，そして互いを理解する必要があるであろう。こうした対話の質の向上を目指したのが2014年2月に公表された日本版スチュワードシップ・コードと，同じく2015年6月のコーポレートガバナンス・コードである。とりわけスチュワードシップ・コードは副題が「投資と対話を通じて企業の持続的成長を促すために」となっており，企業と投資家との対話の質の向上を目指している。

　ではこの2つのコードの導入によって両者の対話は促進されたのだろうか。IR実態調査ではこの点について，「（2つのコード導入などを契機として）企業の持続的成長を目的とした機関投資家との対話は促進されたか」という質問を毎年行っている（**図表18-2**）。

　図表18-2からは2019年前後を境として異なる2つの傾向を見て取ることができる。まず，2つのコードの導入直後である2015年から2000年にかけては，徐々にエンゲージメントが促進されていく傾向があるものの，「やや促進された」という回答が多く，「大いに促進された」，「促進された」という回答は相対的に少ない。しかしながら2019年以降は「大いに促進された」，「促進された」というより積極的なエンゲージメントが増加傾向にあり，その一方で「現時点では変化はない」という回答も増えてきている。つまり，2019年頃までは企業と投資家との対話が"広く薄く"実施されてきており，その後は対話する対象企業を絞り込んで深い対話が行われるように変化してきているようである。対話の対象外となった企業に対してはそれ以上の対話努力はなされていない模様である。対話する対象企業の選別が進んでいるようである。

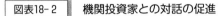

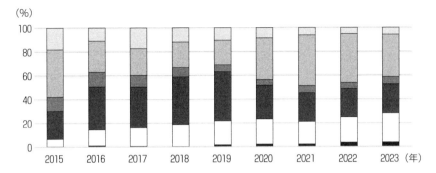

- □ わからない
- ■ 現時点で変化はない
- ■ エンゲージメント（同上）には形式的なものが多く，実質的な変化はない
- ■ エンゲージメント（目的を持った建設的な対話）には形式的なものも含まれるが，やや促進された
- □ 促進された
- ■ 大いに促進された

(出所) 日本IR協議会「IR活動の実態調査」各年版より筆者作成

(2) 資本コストへの異なる見方

　図表18-2を見ると，「大いに促進された」，「促進された」という回答はゆっくりではあるが着実に増加傾向にある。企業と投資家との対話の促進によって企業側にどのような変化が現れたのであろうか。対話が行われれば投資家・資本市場が自社をどのように見ているか，どのような点に課題を感じているかを企業自身が知ることができる。もし企業側にそれらを改善しようとする意思があるのであれば，何らかの変化が観察されるであろう。

　企業と投資家との間で意見の相違がある，または，なかなか両者の共通言語となっていないのが「資本コスト」に対する考え方である。資本コストに対する両者の考え方は2つのコードの導入後に何か変化があったのであろうか。資本コストに関して生命保険協会が企業，機関投資家の双方に毎年アンケートを実施している。企業に対しては「御社のROE水準は，資本コスト（株主の要

求収益率)を上回っていると思いますか?」と質問し,一方の機関投資家には「日本企業のROE水準は,資本コストを上回っていると思いますか?」とそれぞれ質問をしている。その結果が図表18-3および18-4である。なお,東京証券取引所が公表している「決算短信集計結果」に掲載されている東証1部企業

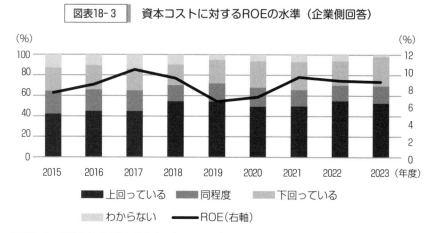

図表18-3　資本コストに対するROEの水準(企業側回答)

(出所)生命保険協会「企業価値向上に向けた取り組みに関するアンケート」,東京証券取引所「決算短信集計結果」各年度版より筆者作成

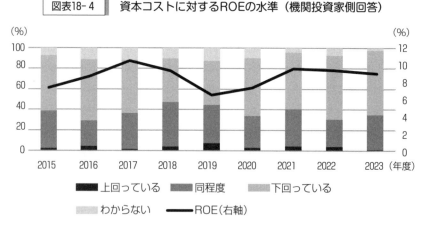

図表18-4　資本コストに対するROEの水準(機関投資家側回答)

(出所)生命保険協会「企業価値向上に向けた取り組みに関するアンケート」,東京証券取引所「決算短信集計結果」各年度版より筆者作成

（2022・2023年度はプライム企業）のROE実績（連結）の推移も記載している。

企業側の回答（図表18-3）を見ると、自社のROEは資本コストを「上回っている」という回答が2022年度では約半数に達しており、また、上回っているという回答の比率と実際の東証1部企業のROE水準とに正の相関がある。自社のROEは資本コストを「下回っている」、つまりは株主価値を毀損していると考えている企業は全体の28.5%となっているが、一方の機関投資家の回答では様相が一変する（図表18-4）。日本企業のROEが資本コストを「上回っている」という回答はほとんどなく、もっとも多いのが「下回っている」という回答であり、2023年度では全体の62.7%と企業側の認識とは大きく異なっている。

2014年8月に経済産業省が公表した「持続的成長への競争力とインセンティブ～企業と投資家の望ましい関係構築～」（伊藤レポート）の中では、「最低限8%を上回るROEを達成することに各企業はコミットすべきである」（6頁）と指摘し、企業と資本市場に大きな衝撃を与えた。2014年以降、日本企業のROEが8%を平均的に上回った年もある（2016～18、2021～23年度）。しかしながら、統計上は日本企業のROEが8%を上回っていても、依然として投資家の回答は、日本企業のROEは資本コストを「下回っている」と評価しているのである。ROEの値自体は客観的に計算できるため、それと対比される資本コストのほうで企業と投資家の見方が異なることが、このように両者の回答が乖離している背景の1つにあると思われる。

日本IR協議会はIR実態調査において企業に資本コストの水準を聞いている（隔年調査）。そもそも社内で資本コストの水準を把握していない企業も多く、仮に把握していたとしてもアンケート調査の中で具体的な数字を記載することに躊躇する企業も多いであろう。したがって回答率は低いものの、有効回答の平均値をまとめたものが**図表18-5**である。

2014～2022年度で資本コストおよびそれを構成するリスクフリーレート、リスクプレミアム、ベータ値に大きな変動はないと考えてよいであろう。資本コストは概ね6%前後で推移している。リスクフリーレートは2014年度では1.4%だったが、その後は低下傾向にあり、2022年度は0.38%となっている。リスクプレミアムはほぼ6%、ベータ値の平均は当たり前かもしれないが1.0前後で推

278　Part 3　非財務・関連トピック

	2014年度	2016年度	2018年度	2020年度	2022年度
資本コスト	5.61	6.21	5.86	5.91	6.06
リスクフリーレート	1.40	0.81	0.52	0.34	0.38
リスクプレミアム	4.94	5.93	5.93	6.11	5.78
ベータ値	0.91	0.99	0.92	1.05	1.07
回答数（社）	44	105	145	122	127

図表18-5　企業が考える自社の株式資本コスト

(注)　各項目で有効回答数が異なるため，（リスクフリーレート＋リスクプレミアム×ベータ値）は資本コストの値とは一致しない。
(出所)　日本IR協議会「IR活動の実態調査」各年版より筆者作成

移している。社内の想定資本コストが6％ということは，企業側は6％のハードルレートを前提として経営を行っているようである。前述したように，伊藤レポートの中で日本企業に求めるROEは8％である。この8％という数字は機関投資家へのインタビュー調査にもとづいて出された数字であるので，換言するならば，国内外の機関投資家は日本企業に対して最低でも8％のROE，つまりは資本コストを求めていると言ってよいであろう。しかしながら企業内では6％がハードルレートとなっている。ここに企業と投資家との対話ですれ違いが生じる根本原因があるように思われる。

　本来であればこうしたすれ違いをIR部門は是正していかなければならないし，経営者と投資家とが資本コストという共通言語で議論ができるようにファイナンス・リテラシーを双方が高めていくことが理想ではあるが，現状ではまだ道半ばというところであろう。IR部門も投資家も年4回の決算や月次の販売動向への対応に追われているだけでなく，統合報告書の作成やサステナビリティ開示への対応など他の業務負担も増してきている。経営者側も投資家対応よりも業務執行を重視する風潮がいまだに根強い中で，資本コストというテクニカルな概念を用いて投資家と渡り合っている企業はいまだ少数というのが筆者の肌感覚である。

3　アカデミック・エビデンス

　最後に，日本で行われたIRエンゲージメントの関する実証研究をレビュー

第18章 IRエンゲージメント　279

したい。ただし，日本と諸外国では資本市場の構造（上場会社数や投資家の属性など）や会社法・株主総会制度が異なるために海外の研究成果がそのまま日本の状況に当てはまるわけではない。そのため日本での実証研究を本章では報告する。

（1）日高ほか（2021）のエンゲージメント研究

　日本でのIRエンゲージメント研究を代表するのが日高ほか（2021）であろう。日高ほか（2021）は大手機関投資家３社から投資先企業へのエンゲージメント活動の詳細データを入手して検証を進めており，普段は表に出ることのない企業と投資家との対話を一部とはいえ可視化した功績は大きい。研究を進めるにあたり30以上の大手機関投資家にエンゲージメントデータの提供を呼びかけており，それに応えた３社（X，Y，Z社）からデータの提供を受けている。エンゲージメントの回数は2017〜2019年の３年間でX社は307回，Y社は117回，Z社は1,010回であり，内容の８〜９割はコーポレート・ガバナンスに関するものであった。

　検証の結果，エンゲージメント先企業の特徴としてそもそも独立取締役比率が高い傾向があったが，エンゲージメントによりさらにその比率が高まることがわかった。ROEについてもエンゲージメント後に改善されていた。さらに，同一企業にX，Y，Z社が１社だけエンゲージメントするよりも，同一企業に対して複数社がエンゲージメントした場合には買収防衛策の廃止や役員株式保有比率を高めることを通じて企業のガバナンス改善をより促すことが明らかとなった。最後に，エンゲージメント相手が当該企業のCEOであった場合にはROE改善効果をもたらす可能性があることも発見しており，こうした研究は一般に入手可能な公表データで行うことは不可能であり，本研究は貴重である。

（2）議決権行使結果の開示制度

　他のエンゲージメント活動として株主総会を対象にした研究もいくつか報告されている。株主総会で反対票を投じたり，場合によっては株主提案を提出することで企業側に自らの意思を伝えるのである。

　先行研究の紹介に先立ち，株主総会での議決権行使をめぐる日本の情報開示

について敷衍しておきたい。金融庁の金融審議会金融分科会が2009年6月に公表した，我が国金融・資本市場の国際化に関するスタディグループ報告「上場会社等のコーポレート・ガバナンスの強化に向けて」の中で，「議決権の行使を通じたガバナンスの発揮」という項目において，「今後，各機関投資家においては，議決権行使を通じたガバナンスの一層の向上を図る観点から，議決権行使結果を整理・集計の上，公表することについて，業界ルール等の整備が進められるべきである」とされた。これを受けて投資信託協会および日本投資顧問業協会が規則を改正し，2010年5月から両協会の会員投資家に対して議決権行使結果の集計開示を求めた。日本の主要機関投資家は両協会の会員であるため，2010年から日本では集計値ではあるものの機関投資家の議決権行使結果を入手することができるようになった。

　ただし，個別行使結果の開示については，「なお幅広い観点から検討される必要がある」として，2009年の時点では実施判断は先送りされることとなった。スタディグループ報告で実施が見送られた個別開示は，2017年5月に公表された日本版スチュワードシップ・コードの改訂版の中に盛り込まれた。具体的には，指針5-3の中に「機関投資家がスチュワードシップ責任を果たすための方針に沿って適切に議決権を行使しているか否かについての可視性をさらに高める観点から，機関投資家は，議決権の行使結果を，個別の投資先企業及び議案ごとに公表すべきである」という文言が追加された。指針5-3にコンプライする機関投資家の多くが2017年に個別行使結果の開示を始めており，現時点では主要機関投資家はほぼすべて個別行使結果を開示している。

（3）議決権行使に関する実証研究

　株主総会での機関投資家の投票行動に関する実証研究として岩田（2021）や橋本・花崎（2022）がある。岩田（2021）はISSや機関投資家の一部が議決権行使基準の中で企業側に求めている「社外取締役2名以上の選任」という基準を満たしていない企業に焦点を当て，議案の内容と投票結果の両面から個別開示の経済的影響を分析した。2017年時点で機関投資家による個別開示の対象となった企業を処置群とした差の差分分析（DID）を行った結果，上記の基準を満たしていない企業のうち，機関投資家の個別結果開示の対象となった企業で

は，個別開示の開始後に代表者の選任議案に対する反対率が上昇していた。また，個別開示の開始後に社外取締役が増員されていることが観察された。これらの結果は，個別開示を行った機関投資家が議決権行使基準を満たさない会社提案に対して反対姿勢を強めるという予想を支持する結果であった。

橋本・花崎（2022）は機関投資家が開示した個別行使結果情報を収集し，取締役選任議案と買収防衛策議案を対象にして，各議案の賛否の判断がどのような要因に基づいて決定されているかを検証した。行使先企業のパフォーマンス指標（利益率など）が議決権行使の賛否に影響を与えるであろうことは，各機関投資家の議決権行使基準を見ればほぼ自明であるが，パフォーマンス指標に加えて行使先企業における株主総会の活性化および議決権行使の円滑化に関する取組み，経営トップのIR活動に対する積極性などを説明変数に加えている点に特徴がある。分析対象期間は2017〜2019年度で，日本版スチュワードシップ・コードの受入れを表明した269機関のうち個別開示を行った機関投資家116社を抽出し，さらに個別行使結果データを加工できる状態（Excel形式など）で公表している28社の行使結果をデータベース化している。行使先企業については，説明変数となるパフォーマンス指標データなどが入手できるといった条件の結果，最終的に企業数1,777社，株主総会数4,087，議案数38,208議案で分析を実施している。まず，取締役選任議案についてはROEといったパフォーマンス指標については事前予想と整合する有意な結果が得られており，つまり，パフォーマンスが良い企業の議案では機関投資家の反対投票率が低下する。また，早期招集通知発送ダミー，電磁的方法の環境整備ダミー，社長の機関投資家向け説明会出席ダミー，海外投資家向け説明会出席ダミーといったガバナンス指標も反対投票率を下げるという有意な結果が得られている。続いて買収防衛策議案については，有意水準の高い変数は極めて限定された結果となり，その解釈として買収防衛策議案については原則反対との姿勢を示す投資家が主流であるために，投資先企業の業績などは賛否に影響を与えないと解釈している。

4 実務・政策的な示唆

日本でのIRエンゲージメントは実務界ではどのように評価されているのであろうか。一例としてACGA（Asian Corporate Governance Association）が

隔年で公表しているレポート“CG Watch”におけるアジア各国のマーケット別のコーポレート・ガバナンスのランキングを挙げてみたい。現行の調査方法になった2018年以降の日本のランキングは2018年の7位から，2020年には5位，2023年には2位へとアジア内での順位を上げてきている。ランキングの基礎となるカテゴリー別のスコアを見ると，この5年間でもっともスコアを高めたのはやはり規則・制度であり20ポイントの上昇，続いて規制当局（13ポイント上昇），投資家（12ポイント上昇），監査（12ポイント上昇）となっている。投資家の評価の上昇は必ずしもエンゲージメントだけに起因するものではないであろうが，少なくともエンゲージメントの強化が評価されていることは間違いないであろう。

　第3節で紹介した日高ほか（2021）でも示されたように，今後は個別の投資家ごとのエンゲージメントではなく，協働（集団）エンゲージメントが増えていくかどうかが注目すべき点であろう。協働エンゲージメントを増やしていくためには機関投資家のフリーライド問題に対処する必要がある。日本の株式市場ではパッシブ運用が進んでいる。たとえば，国内最大のアセット・オーナーである年金積立金管理運用独立行政法人（GPIF）の国内株式運用に占めるパッシブ運用の割合は95.2％に達している（GPIF「業務概況書」2023年度版）。つまり，多くの機関投資家の投資銘柄が重複してきており，自社でコストをかけて投資先にエンゲージメントしなくても，他の投資家のエンゲージメントによって投資価値が向上することにより，（同じ銘柄に投資している）自社のリターンも高まることになる。これがフリーライド問題の温床となっているのである。

　この問題については政策当局も深刻にとらえており，たとえば金融庁「コーポレートガバナンス改革の実践に向けたアクション・プログラム2024」（2024年6月）の中でも協働エンゲージメントの促進に向けたスチュワードシップ・コードの見直しが提言されている。今後の見直しの動向には注意が必要である。

　また，アカデミック・エビデンスを蓄積していくためにもいくつかの課題が存在する。たとえば，銀行各社はスチュワードシップ・コードに署名していないために議決権行使結果を開示していない。行使結果を開示している投資家であっても，保有している株数などは開示されていないために行使全体に占める

影響度を知ることはできない。また，投資家が行使対象企業に対して別のサービス（企業年金の運用受託など）を提供しているかどうかも分からないため，利益相反に関する研究にも限界がある。また，企業と投資家との（表には出てこない）対話の実態については日高ほか（2021）のような先駆的な研究はあるものの，その全貌は未知である。これらについては日本でのIRエンゲージメント研究の今後の課題と言えるであろう。

◆参考文献

岩田聖徳. 2021.「機関投資家による議決権行使結果の個別開示と社外取締役の選任」『経営財務研究』41（1・2）: 2 - 20.

橋本彰悟・花崎正晴. 2022.「機関投資家の議決権行使動向 - 日本企業を対象とした国内外投資家の比較分析 - 」『金融経済研究』45 : 22 - 46.

日高航・池田直史・井上光太郎. 2021.「機関投資家によるエンゲージメントの動機および効果」『RIETI Discussion Paper Series』21-J-036，2021年 7 月.

第 **19** 章

経営者能力

河内山拓磨　TAKUMA　KOCHIYAMA

SUMMARY

　本章では，経営者の能力に注目し，その測定方法や企業経営への影響について議論する。企業経営における経営者の重要性は広く認識されているものの，これを学術的に取り扱うには定量化が必要となる。

　本章では，定量化に成功したとされるDemerjian et al.（2012）の経営者能力スコアを紹介し，企業の財務意思決定や財務報告のあり方との結びつきについてみていく。能力の可視化は実務的な応用可能性が高く，人事評価や経営幹部候補の選定における判断基軸となり得るほか，株主などの外部ステークホルダーにとって重要な知見を提示する可能性がある。

1　経営者の能力をめぐる議論

　優れた経営者の存在が企業経営において極めて重要であることは広く認識されている事実であるだろう。経済新聞やビジネス雑誌をめくれば経営者個人の言動をつづった記事をよく目にするし，また経営者による自伝，その半生や思想などに注目した書籍・事例研究も数多くある。「カリスマ経営者」という言葉は，経営者の重要性とその影響度の高さを象徴するものである。

　近年，経営者・経営陣の能力や資質に注目した制度も発展してきた。2014年以降，「『責任ある機関投資家』の諸原則」（金融庁）や「伊藤レポート」（経済産業省），「コーポレートガバナンス・コード」（東京証券取引所）が矢継ぎ早に公表されるなど，効率的な経営を促そうとするガバナンス改革が急速に進展してきた。この背後には，日本企業における持続的な低収益性からの脱却が意図されており，株主から経営を委託された経営者の「受託者」としての能力を

見直そうとする考えがある。

　また，2021年6月に改訂されたコーポレートガバナンス・コードでは，取締役会の機能発揮を目的として補充原則4−11が新たに導入され，経営陣の知識・経験・能力を広く開示することが要請され始めている。この改訂に至った背景として，同コード・フォローアップ会議は，「事業環境が不連続に変化する中においては，取締役会が経営者による迅速・果断なリスクテイクを支え重要な意思決定を行うとともに，実効性の高い監督を行うことが求められる」と説明しており[1]，中長期的な経営の方向性や事業戦略に照らして必要なスキルが全体として確保されることが重要であるとしている。また，経営陣において特に中心的な役割を果たすのはCEOであり，その選解任を担う諮問委員会を効果的に運営することの必要性も説かれている。

　このように経営者個人，特にCEOの存在が重要であることは実務や政策の場において広く認識されてきたが，アカデミアにおいて経営者の能力や特性が積極的に取り扱われるようになったのは比較的に最近のことである。古くは経営の成否は企業を取り巻く外部環境や簡単に変えることのできない組織慣行に由来するとの考え方が一般的であった。こうしたなか，Hambrick and Mason（1984）は上位階層理論（Upper Echelon Theory）を提示し，戦略的意思決定および企業業績における経営トップの重要性を説いた。これ以降，経営者・経営陣の重要性は認識され始めたものの，経営者の特性や能力を客観的な尺度のもと定量化することは困難であり，理論の正否を大規模サンプルのもと科学的に検証することは長らく容易ではなかった。

　一方で，2000年代以降，経営者の能力や特性を定量的に測定し，その影響に対する理解を深めようとする研究が急速に蓄積され始めた。最近ではESGや多様性といった価値観のもと経営者・経営陣のジェンダーや年齢，出自などに注目した研究も実施され始めている。本章では，経営者の特性のなかでも特に経営者能力（managerial ability）と呼ばれる概念に焦点を当て，その測定方法や企業行動・企業業績への影響について議論していく。

1　スチュワードシップ・コード及びコーポレートガバナンス・コードのフォローアップ会議「コーポレートガバナンス・コードと投資家と企業の対話ガイドラインの改訂について」（2021年4月6日）の2ページを参照。

2　アカデミック・エビデンス

（1）経営者能力の測定方法

　経営者能力という概念は多義的であり，個人属性のうちどのような側面に注目するかによって定義が異なってくるだろう。たとえば，複雑な環境下における問題解決能力として定義することもできるし，優れたオペレーションおよび戦略的意思決定の実行スキルや卓越した起業家精神としても取り扱うことができる（Anggraini and Sholihin 2023）。実際に，初期の研究ではさまざまな角度から経営者能力を定量化する試みが行われてきた。先行研究における測定尺度を整理すると，大きく4つに分類できるだろう。

　第1に，株式リターンである。経営者はキャリア・コンサーンの観点から株価を自身の「通信簿」として捉え，また経営者市場は株価を当該個人の能力を表す情報として利用する側面がある。この考え方のもとでは，効率的な株式市場は経営者能力を適切に評価できることが想定され，株価水準あるいは変化をもって経営者能力を測定できるとしている。Fee and Hadlock（2003）は，株式リターンが高い企業に在籍していた最高経営幹部（top executives）は，他企業の最高経営責任者（Chief Executive Officer: CEO）に就任する確率が高く，また新任企業での報酬額が高くなることを報告している。このことは，経営者市場において株式リターンが当該個人の能力を示す情報として活用されている可能性を示唆している。また，Hayes and Schaefer（1999）は，経営者交代時の株式リターンの変化から経営者能力を定量的に測定している。同研究は，あるCEOが他企業にCEOとして引き抜かれるケースに注目し，在籍していた企業の株式リターンが下落する一方，就任先企業の株式リターンが増加することを報告している。同研究は，引き抜きの対象となる経営者は一般に有能であり，それゆえ株式市場が経営者の移籍に反応することを示唆している。

　2つ目の測定尺度は，総資産利益率である。公表される会計利益は当該企業の経営成績を示す最たる指標であり，その少なくない部分が経営者個人の才覚に由来するものとして捉えてみるという発想である。Rajgopal et al.（2006）は，産業調整後の総資産利益率を経営者の才覚を表す尺度の1つとして利用し，有

能な経営者であるほど他企業での雇用機会に恵まれている可能性を示している。同研究は総資産利益率を用いることの積極的な理由について言及していないが、才覚ある経営者は同一産業内の他企業を上回る総資産利益率を報告するはずであるとの想定に立っていると推察できる。なお、総資産利益率を経営者能力の指標として用いた他の研究としては、Carter et al.（2010）などがある

　3つ目は、経営者報酬および在任期間である。これは、有能な経営者であれば多くの報酬を受け取るはずであり、また、長くそのポジションに在任しているはずであるといった発想に立った測定尺度である。Carter et al.（2010）は、経営者交代に注目し、他企業へ移籍した後の経営者報酬は移籍前の経営者報酬および在任期間と正に関係していることを発見し、有能な経営者は移籍に伴いより高い経営者報酬を手にしていることを報告している。経営者の在任期間を経営者能力とみなす研究としては、Milbourn（2003）などもある。

　最後に、メディア言及度（media mention/press coverage）と呼ばれるものである。著名なビジネス誌で頻繁に取り上げられるCEOは経営者として相対的に有能であり、そのために社会的に高い評価を得ているという想定に基づくものである。Milbourn（2003）は、経営者の評価を示す代理変数としてメディア言及度を利用し、有能な経営者であるほど報酬業績感応度（pay-for-performance sensitivity）が高まることを報告している。同研究は、ダウ・ジョーンズの記事検索サービスを活用し、CEOの氏名によって検索される過去5年間の記事件数を利用している。なお、メディア言及度を経営者能力として利用している他の研究としては、Rajgopal et al.（2006）やFrancis et al.（2008）などがある。

（2）経営者能力スコア

　このように経営者能力を測定する試みが多数なされてきたなか、近年、特にアカデミアで注目・利用されているものが、Demerjian et al.（2012）が開発した経営者能力スコア（Managerial Ability Score：MAスコア）である。同研究の測定手法は、経済学的な効率性、つまり「最小の資源で最大の成果を」という考え方に明示的に立脚している点で従来の研究とは異なる。また、株価やメディア言及度などは資本市場参加者やマスメディアなどの他者評価を援用し

たものであるが，MAスコアは公表される財務・会計情報をもとに経営者能力を直接的に評価しようとする点に特徴があり，先行研究に比べて汎用性が高い点で画期的である。

MAスコアの具体的な算出方法は，大きく2つのステップから構成される[2]。第1ステップは，包絡分析（Data Envelopment Analysis：DEA）にもとづく企業効率性スコアの算定である。DEAとは，意思決定ユニットごとにその相対的な効率性を定量化する統計手法であり，アウトプットとインプットの比率尺度をユニット間で比較計算するものである。簡潔に述べれば，ある産業内において最も効率的な企業（あるいは仮想企業）を比較対象とした場合，自社が相対的にどの程度効率的であるかを測定する手法である。

Demerjian et al.（2012）では，企業を意思決定ユニットとして7つのインプットと1つのアウトプットを用いて，各企業固有の効率性スコアを算出している。ここで利用されるインプットとは，①売上原価，②販売費及び一般管理費，③有形固定資産，④オペレーティング・リース資産，⑤研究開発資産，⑥のれん，⑦その他の無形固定資産である。そして，これらに対応するアウトプットは売上高である。そのため，各企業は上記7つのインプットを売上高というアウトプットに転換していくことが想定されており，所与のインプットのもとより多くの売上収益を創出する企業を効率的とみなすこととなる。計算される企業効率性スコアは当該企業の相対的な効率性を意味し，0から1までの値として表現される。この値が1であれば最も効率的な企業であることを意味し，0に近づくほど非効率であることを意味する[3]。DEAの考え方については章末付録で補足的な説明をしているので，興味のある方は参照されたい。

次に，第2ステップとして，上記で算出した企業効率性スコアのうち，企業固有の要因とそれ以外の部分とを峻別する統計手続きを行う。上記で算出した効率性スコアはあくまで企業レベルのものであるため，そのすべてが経営者個

---

2 具体的な算出方法についてはDemerjian et al.（2012）を参照されたい。日本企業を対象とした応用例についてはChang et al.（2018）を参照されたい。

3 なお，相対的な効率性を算出するにあたっては意思決定ユニットで構築される効率的フロンティアが比較対象となる。Demerjian et al.（2012）ではVRSモデル（Variable Returns to Scale Model）と呼ばれる方法を採用しており，グループ内で最も効率的とされる企業を線で結んだ区分線形を効率的フロンティアとして捉えている。章末付録を参照されたい。

第19章　経営者能力　289

人に由来するとは考えにくいだろう。そのため，効率性に影響を及ぼす企業要因を用いて回帰分析を実施し，企業要因では説明できない部分（回帰残差）を抽出し，これを経営者に由来するものとして捉えるという手続きを実施する。

　具体的には，①企業規模，②当該産業における市場シェア，③投資余力，④企業ライフ・サイクルにおける段階（企業年齢），⑤事業の複雑性・多角化の程度，⑥海外展開の有無といった変数を回帰分析に利用する。企業規模や産業内ポジションなどは企業の効率性や収益性に影響を及ぼすものの，経営者個人の意思決定によって容易かつ迅速に変化させることは困難であると言えるだろう。そのため，コインの裏表のように，これらの変数で説明されない部分を経営者に由来するものとして捉えるのである。

　算定したMAスコアの妥当性について，Demerjian et al.（2012）は，先行研究で利用されてきた経営者能力の代理変数（株式リターン，総資産利益率，経営者報酬，在任期間およびメディア言及度）との比較分析を行い，MAスコアの比較優位性を確認している。MAスコアは経営者固有の指標であること，退任CEOの経営者能力は退任公表時の株価反応と負の関係性にあること（優れた経営者が去る場合には負の株式リターンが観察される），また，新任経営者の前職における経営者能力は新任企業におけるその後の利益成長と正の関係性があることを発見している。

　Demerjian et al.（2012）の最大の貢献は，一般に広く利用可能な財務・会計情報から経営者能力を示す有用な代理変数の構築方法を提示したことにあると言えるだろう。従来利用されてきたメディア言及度などは一部の企業・経営者にしか適用できず，上場全社を対象にこれを測定することは困難である。また，株式リターンなどは市場が効率的であり，投資家が正しい評価を行えることが前提となっている。こうした問題があるなか，経済学的な効率性の概念に立脚しながら合理的な手続きのもと上場全社に適用可能な指標を提示したことは注目に値するだろう。

（3）経営者能力のインパクト

　経営者能力にかかわる先行研究の多くは，これが企業経営にどのような影響をもたらすかに関心を寄せたものが多い。これは，主に上位階層理論を背景に，

経営者が企業経営上の意思決定において本当に重要な役割を担っているかを検証することに焦点が当てられてきたことに由来する。ここでは，Demerjian et al.（2012）のMAスコアを援用した先行研究をいくつかトピック別に紹介していこう。なお，経営者能力に係る研究は数多くあり，詳細な文献レビューはAnggraini and Sholihin（2023）を参照されたい。

① 投資意思決定

上述のように，Demerjian et al.（2012）は能力の高い経営者が企業業績にポジティブな影響をもたらすことを報告しているが，この関係性の背後には有能な経営者が優れた投資意思決定を実施することが想定されている。つまり，魅力的な投資機会に資源を割り当て，そうでないプロジェクトへの投資を控えるなどの投資判断を通じて企業業績が増加するというメカニズムである。Gan（2019）は，米国企業を対象に経営者能力と投資効率性の関係性を調査し，能力の高い経営者が在籍する企業においてより投資が効率的になることを発見している。とりわけ，能力の高い経営者は過大投資（過小投資）に陥りやすい状況下において資本支出や買収支出を低下（増加）させる傾向にあることを報告している。また，Andreou et al.（2017）は，2008年の金融危機に注目し，危機前の経営者能力と危機時の投資金額の間には正の関係性があることを報告している。この結果は，優れた経営者は資金繰りが困難な状況下でも資金調達先を確保し財務制約を緩和できたため安定した投資が可能であったことを示唆している。さらに，企業買収に注目したCui and Leung（2020）は，買収企業の経営者能力と買収後の長期パフォーマンスの間には正の関係性があり，優れた経営者が行う企業買収は長期の価値創出に貢献することを報告している。

一方で，Cui et al.（2019）とHabib and Hasan（2017）は，有能な経営者ほど自信過剰であり過度なリスクテイクを実施する可能性があることから投資の効率性が悪化することを報告している。そのため，能力の高い経営者は優れた投資意思決定を実施する傾向にあることが広く確認されているものの，これとは異なるエビデンスもいくつか提示されていることとなる。

② 財務意思決定

投資意思決定のほかに，配当政策や現金保有に目を向けた研究も存在する。たとえば，Jiraporn et al.（2016）は，能力の高い経営者は稼得利益を再投資に回す可能性が高いことから配当に消極的になるとする仮説と，能力の高い経営者は将来業績に対する自信を持っていることから配当を維持・増加させる傾向にあるとする仮説の2つを提示している。分析の結果，同研究は能力の高い経営者がいる企業ほど配当を実施する確率が高く，また配当水準も高い傾向にあることを発見し，後者の仮説を支持する結果を得ている。

Cao et al.（2019）は，有能な経営者がいる企業ほど流通市場を通じた自社株買い（open market repurchases）が計画通りに達成される可能性が高いことを報告している。このことは，優れた経営者は市場価格の予想や買付けに必要となる資金繰りに長けていることを示唆している。Gan and Park（2017）は，保有現金の価値に注目し，能力の高い経営者が存在する企業ほど保有現金が株式市場で高く評価されることを示し，経営者能力が高い場合，保有現金に関するエージェンシー問題が緩和されることを論じている。

③ 資本市場への影響

優れた経営者の存在は資金提供者にとっても重要である。株主などの資金提供者は，企業運営を経営者に委託しており，経営者の業務遂行能力に強い関心を寄せるからである。とくに，経営者が有能であると認識される場合には，帝国建設（自己利益を追求した過大投資）やクワイエット・ライフ（在任期間中の過度なリスク回避行動）などが生じにくく効率的な企業運営が期待されるため，当該企業を高く評価することが議論される。

上述したように，Demerjian et al.（2012）は，退任経営者の経営者能力に注目して，これが退任公表時の株式リターンと負の関係性を持つことを報告している。このことは，優れた経営者の退任はバッドニュース，そうでない経営者の退任はグッドニュースとして株式市場で評価されていることを示唆している。

また，負債市場に注目したBonsall et al.（2017）とCornaggia et al.（2017）は，能力の高い経営者が在籍する企業ほど信用格付けが高いことを報告してい

る。なかでも，Bonsall et al.（2017）は経営者能力が高いほど将来業績および株式リターンのボラティリティが小さく，信用リスクが低いことを発見しているほか，社債発行に伴う信用スプレッドが低くなることを報告している。このことは，経営者能力が格付けアナリストや資金提供者によって評価されており資本コストと結びついていることを示している。

④ 財務報告

　上記で挙げた先行研究は企業行動に注目しているが，会計学・財務報告の領域では会計行動や財務報告の質との関連性が検討されている。Demerjian et al.（2013）は，能力の高い経営者は自社および所属産業に精通し取得情報を信頼性のある将来志向情報へと統合させることが可能であるとして，質の高い利益を報告すると予想している。たとえば，貸倒引当金などの設定にあたっては将来予想が重要になるが，予想精度が低い場合には貸倒引当金の設定に伴って生じる会計発生高の質が低下することとなる。この予想と整合的に，同研究は有能な経営者が在籍する企業では，財務諸表の修正再表示が少なく，利益および会計発生高の持続性が高く，貸倒引当金の誤差が小さく，会計発生高の質が高いことを発見している。類似した研究として，Choi et al.（2015）が会計発生高と将来キャッシュ・フローの関係性は経営者能力が高い場合により顕著となることを報告している。

　また，Baik et al.（2020）とDemerjian et al.（2020）は，能力の高い経営者は報告利益を平準化する傾向にあること，また，平準化された利益は利益の情報有用性（将来キャッシュ・フローとの関連性）を改善することを報告している。この結果は，有能な経営者は株主に対する情報提供目的のもと利益を平準化させることを示唆している。

　会計数値とは異なり経営者が公表する業績予想に注目した研究もある。Baik et al.（2011）は，能力の高い経営者ほどその能力を資本市場に向けて自発的にシグナリングすると予想し，能力が高い経営者ほど経営者予想を公表する傾向にあることを発見した。また，Baik et al.（2018）は，経営者能力が自社の情報環境に及ぼす影響に注目し，アナリスト・カバレッジ，アナリスト予想誤差，取引量，ビッド・アスク・スプレッドを統合した情報環境インデックスを

用いた分析を行っている。その結果，経営者能力と情報環境の間には正の関係性があることを報告している。有能な経営者は積極的に情報開示等を行い，自社をめぐる情報環境を改善することを示唆している。

以上の発見事項は優れた経営者は概して質の高い財務報告を実施する傾向にあることを示しているが，このことは監査研究でも確認されている。Krishnan and Wang（2015）は，経営者能力は企業のビジネスリスクを評価するうえで重要な情報になることを議論し，経営者能力が高い企業では監査報酬が少なくなるほか，継続企業の前提に係る意見表明が生じにくくなることを報告している。

3　日本企業との関連性

経営者能力に関する研究は主に米国を中心に進展してきたが，これは米国の金融・企業システムが株式市場志向・株主型ガバナンス・流動的なCEO市場といった特徴を持つことに由来している可能性がある。これらの特徴を持つ経済では，効率的な経営を要求するプレッシャーが強く，また，CEO個人の評価が特に重要となるからである。

一方，近年では日本企業を対象に経営者能力を検証した研究も行われ始めている。Chang et al.（2018）は，Demerjian et al.（2012）のMAスコアを日本企業データのもと算定し，その妥当性を確認している。その結果，MAスコアは他の代理変数と比べて経営者固有の能力を捉えた優れた測定尺度であること，また，CEOの強制交代時における新任経営者と退任経営者の能力の差は株式リターンや将来業績と正の関係性にあることを報告している。これらの結果は，銀行志向・ステークホルダー型ガバナンス・内部昇進CEOといった，米国とは異なる特徴を持つ日本企業においてもMAスコアが有用であることを示している。

MAスコアを用いた日本企業研究としては，Ishida et al.（2021）とChang et al.（2024）とがある。Ishida et al.（2021）は，日本で実質的に強制開示となっている経営者の業績予想に注目し，能力の高い経営者は正確な期首予想を公表し，期中改訂も少なく，また予想誤差改善のための利益調整も実施しない傾向にあることを発見している。また，Chang et al.（2024）は，配当変化と将来

業績の関係性について，能力の高い経営者が行う配当変化は将来業績と強い関連性を持つことを報告している。これらの発見事項は，有能な経営者は将来業績の見通しに長けており，これを業績予想や配当変化といった形で市場に伝達することを提示している。

くわえて，新井ほか（2022）は，Demerjian et al.（2012）のMAスコアを日本の公立病院に応用し，病院経営においてもこれが応用可能であることを報告しているほか，病院という文脈におけるMAスコアの測定方法の改善案をいくつか提示している。

これらのエビデンスは，MAスコアが米国企業に特化したものではなく，異なる金融システムを持つ日本企業，また，一般事業会社とは異なる企業においても広く適用可能であることを示している。

4 実務・政策的な示唆

本章では，経営者の能力に注目し，これがアカデミアでどのように測定・議論されてきたかについて概観してきた。本章で紹介したアカデミック・エビデンスから得られる実務的・政策的な示唆はおおきく2つあるだろう。

1つは，経営者の能力は少なくとも「効率性」という面においては財務・会計データからある程度定量化できるということである。経営者の能力を測定する方法は複数提示されてきたが，現在のアカデミアでは，Demerjian et al.（2012）の経営者能力スコアが広く利用されており，その有用性が少なからず認められている状況にある。近年，日本では資本効率性を重視した経営に関心が寄せられているが，こうした効率性に関する経営者能力の可視化は，理論的概念や科学的手法にもとづいた経営者評価を可能にするだろう。経済紙やビジネス誌におけるランキングや特集も参考になるが，アカデミックな知見を応用することでより厳密なモノの見方を得ることができるかもしれない。また，既存研究では優れた経営者の存在は企業経営を効率化させ，企業価値向上に寄与することが理解されている。そのため，優れた経営者の選任・育成は極めて重要な事項であることが示されている。

いま1つは，実務における応用可能性である。たとえば，Demerjian et al.（2012）の考え方を企業内ビジネスユニットに応用すれば，人事評価や資源

第19章　経営者能力　295

配分に係る意思決定を効果的にすることができるだろう。事業部などを対象とした場合には経営幹部候補の選定やサクセッションプランにおける判断基軸，あるいは，経営者育成計画の進捗測定のひとつにもなりうるだろう。また，株主をはじめとする投資家や情報利用者は，当該経営者の受託者能力（提供資本をいかに成果に結びつけることができるか）を判断するうえで経営者能力指標を援用することも可能である。

　なお，経営者能力をめぐる研究はまだ道半ばであることを付記しておきたい。Demerjian et al.（2012）の経営者能力スコアは効率性に注目したものであるため，たとえば，道徳性やリーダーシップなど経営者個人が備えるべき他のスキルや特性についてはサイレントである。くわえて，経営者能力の決定要因，つまり，これをどのように高めることができるかについてはエビデンスの蓄積がまだあまり進展しない。Desir et al.（2024）は，CEOの年齢が高くなるほど経営者能力は低下すること，および，この傾向はハイテク産業で顕著になることを発見している。こうした発見事項は経営者能力が何に由来するかを理解するうえで有用であるだろう。企業経営における経営者および経営人材育成の重要性を考えると，今後の研究発展が期待されるところである。

◆章末付録

　図表19-1は，DEAにおける効率性評価のイメージを示している。ここでは，5つの意思決定ユニット（A ～ E）を用いて，各ユニットのインプットとアウトプットを散布図としてプロットしている。「少ないインプットで多くのアウトプットを」という考え方に従えば，xy平面の左上に位置することが望ましい。そのため，このxy平面において実データのもと実現可能な最も効率的な姿（効率的フロンティア）は，左上に位置するユニットを結んだ区分線形として表現することができる。図表で最も効率的なユニットはA，C，Eの3つであり，区分線形で包まれているBとDは相対的に非効率的であると判断される。

　BとDの非効率性の程度はインプット志向かアウトプット志向かに依存するが，その程度は効率性フロンティアとの距離によって測定できる。ユニットBを例にすると，BはAと同一のアウトプットであるが，両者のインプットには差が存在する。そのため，BはAに比してインプットが超過しており，この意

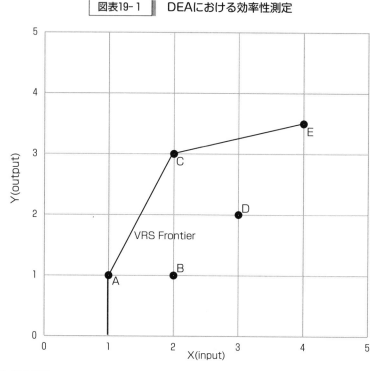

図表19-1　DEAにおける効率性測定

(出所) 筆者作成

味で非効率的である。Bの相対的な効率性は,「y軸からAまでの距離÷y軸からBまでの距離」として表現され,0.5として計算される。このようにして非効率性を計算するため,企業効率性スコアは0から1の値として表現される。

◆参考文献
新井康平・町田遼太・萩原啓佑・尻無濱芳崇.2022.「病院における費用・資産効率としての経営者能力スコア―公立病院における検証―」『原価計算研究』46 (2): 53-64.
Andreou, P. C., I. Karasamani, C. Louca, and D. Ehrlich. 2017. The impact of managerial ability on crisis-period corporate investment. *Journal of Business Research* 79: 107-122.
Anggraini, P. G., and M. Sholihin. 2023. What do we know about managerial ability? A systematic literature review. *Management Review Quarterly* 73: 1-30.
Baik, B., S. Choi, and D. B. Farber. 2020. Managerial ability and income smoothing. *The Accounting Review* 95 (4): 1-22.

Baik, B., D. B. Farber, and S. Lee. 2011. CEO ability and management earnings forecasts. *Contemporary Accounting Research* 28 (5): 1645-1668.

Baik, B., P. A. Brockman, D. B. Farber, and S. Lee. 2018. Managerial ability and the quality of firms' information environment. *Journal of Accounting, Auditing and Finance* 33 (4): 506-527.

Bonsall IV, S. B., E. R. Holzman, and B. P. Miller. 2017. Managerial Ability and Credit Risk Assessment. *Management Science* 63 (5): 1425-1449.

Cao, J., Y. Cheng, J. Golden, and J. H. Zhang. 2019. Managerial ability, forecasting quality, and open-market repurchase program completion. *Review of Quantitative Finance and Accounting* 53: 871-894.

Carter, M. E., F. Franco, and I. Tuna. 2010. Premium pay for executive talent: An empirical analysis. Working Paper. SSRN.

Chang, H., S. Ishida, and T. Kochiyama. 2018. Evaluation of Managerial Ability in the Japanese Setting. *The Japanese Accounting Review* 8 (1): 1-22.

Chang, H., S. Ishida, and T. Kochiyama. 2024. Management Forecasting Ability and Predictive Ability of Dividend Changes for Future Earnings. *Journal of Accounting, Auditing and Finance* 39 (1): 304-331.

Choi, W., S. Han, S. H. Jung, and T. Kang. 2015. CEO's operating ability and the association between accruals and future cash flows. *Journal of Business Finance & Accounting* 42 (5-6): 619-634.

Cornaggia, K. J., G. V. Krishnan, and C. Wang. 2017. Managerial ability and credit ratings. *Contemporary Accounting Research* 34 (4): 2094-2122.

Cui, H., and S. C. Leung. 2020. The long-run performance of acquiring firms in mergers and acquisitions: Does managerial ability matter? *Journal of Contemporary Accounting and Economics* 16 (1): 100185.

Cui, H., C. Chen, Y. Zhang, and X. Zhu. 2019. Managerial ability and stock price crash risk. *Asia-Pacific Journal of Accounting and Economics* 26 (5): 532-554.

Demerjian, P., B. Lev, and S. E. McVay. 2012. Quantifying managerial ability: A new measure and validity tests. *Management Science* 58 (7): 1229-1248.

Demerjian, P., B. Lev, and S. E. McVay. 2013. Managerial ability and earnings quality. *The Accounting Review* 88 (2): 463-498.

Demerjian, P., M. Lewis-Western, and S. McVay. 2020. How does intentional earnings smoothing vary with managerial ability? *Journal of Accounting, Auditing and Finance* 35 (2): 406-437.

Desir, R., J. Rakestraw, S. Seavey, J. Wainberg, and G. Young. 2024. Managerial ability, CEO age, and the moderating effect of firm characteristics. *Journal of Business Finance and Accounting* 51 (1-2): 148-179.

Fee, C. E., and C. J. Hadlock. 2003. Raids, rewards, and reputations in the market for managerial talent. *The Review of Financial Studies* 16 (4): 1315-1357.

Francis, J., A. H. Huang, S. Rajgopal, and A. Y. Zang. 2008. CEO reputation and earnings quality. *Contemporary Accounting Research* 25 (1): 109-147.

Gan, H. 2019. Does CEO managerial ability matter? Evidence from corporate investment efficiency. *Review of Quantitative Finance and Accounting* 52: 1085-1118.

Gan, H., and M. S. Park. 2017. CEO managerial ability and the marginal value of cash. *Advances in Accounting* 38: 126-135.

Habib, A., and M. M. Hasan. 2017. Managerial ability, investment efficiency, and stock price crash risk. *Research in International Business and Finance* 42: 262-274.

Hambrick, D. C., and P. A. Mason. 1984. Upper echelons: The organization as a reflection of its top managers. *Academy of Management Review* 9 (2): 193-206.

Hayes, R. M., and S. Schaefer. 1999. How much are differences in managerial ability worth? *Journal of Accounting and Economics* 27 (2): 125-148.

Ishida, S., T. Kochiyama, and A. Shuto. 2021. Are More Able Managers Good Future Tellers? Learning from Japan. *Journal of Accounting and Public Policy* 40 (4): 106815.

Jiraporn, P., V. Leelalai, and S. Tong. 2016. The effect of managerial ability on dividend policy: how do talented managers view dividend payouts? *Applied Economic Letters* 23 (12): 857-862.

Krishnan, G. V., and C. Wang. 2015. The relation between managerial ability and audit fees and going concern opinions. *Auditing: A Journal of Practice and Theory* 34 (4): 139-160.

Milbourn, T. T. 2003. CEO reputation and stock-based compensation. *Journal of Financial Economics* 68 (2): 233-262.

Rajgopal, S., T. Shevlin, and V. Zamora. 2006. CEO's outside employment opportunities and the lack of relative performance evaluation in compensation contracts. *The Journal of Finance* 61 (4): 1813-1844.

第 **20** 章

人的資本会計

中野　誠 MAKOTO NAKANO

SUMMARY

　人的資本会計に関する学術的研究には，(1)人的資本のKPI開示情報を用いた分析，(2)人件費数値を用いた構造的分析，(3)労働レバレッジに関する分析がある。

　会計・ファイナンス視点で人的資本を深掘りするためには，人的資産，従業員持分，従業員資本コストに関する概念を構造的に整理する必要がある。

　本章の後半では，マルチ・ステークホルダー型の貸借対照表，マルチ・ステークホルダー型WACCという考え方を紹介し，企業統治論の理論的拡張を試みる。

1 人的資本会計の潮流

　近年，人的資本会計が注目を集めている。その要因は多数あるが，その中でも重要な2つの要因を説明することから始めたい。

(1) PBRと人的資本の関係

　近年，企業経営の実践面でPBR（Price-to-Book-Ratio：株価純資産倍率）向上が話題となっているが，PBRと人的資本会計の間には密接な関係性を想定できる。企業がある資産を購入した時点においては，市場調達金額（P）と帳簿価額（B）は一致しているため，当該事業資産のPBRは1倍である。その後，経営構想力，経営能力の巧拙によって，PBRが1倍以上に上昇するケース，1倍未満に下降するケースに分かれてくる[1]。事業資産PBRを規定する最大の要因

1　事業資産PBRの考え方に関しては，中野（2023a）を参照されたい。

は経営能力すなわちヒトにある。取得原価が同じ100億円の物的資産であって
も，経営者能力の差異によって，事業の時価・現在価値は大きく変わってくる。

　M&A取引の場合でも同様である。M&Aを実行した瞬間，当該投資のPBR
は1倍である。たとえ，PBRが10倍の高評価企業を買収したとしても，高評価
分を支払うため，M&A時点におけるPBRは1倍である。その後の統合マネジ
メントの巧拙（いわゆるPMI: Post Merger Integration）によって，当該投資
のPBR（価値創造効果）は上下動する。この場合でも，ヒトがPBRを左右する
最重要要因である。当たり前のことだが，ヒトなしでは物的資産のPBRは1倍
であり，それ以上の価値創造は難しい。

（2）Open AI社の事件

　ヒトの重要性をさらに際立たせたのが，生成AIのChatGPTを開発したOpen
AI社のサミュエル・アルトマンCEO解任事件である。2023年11月17日，同社
の取締役会はアルトマン氏ならびに共同創業者のグレッグ・ブロックマン氏を
解任した。すると，同社の従業員の9割以上の702名の従業員が，一致団結し
て3名の社外取締役の退任を求め，さらに両氏の復帰を求めた。さもなければ
一斉に退社して，マイクロソフト社に転職する可能性があるという文書を702
名の署名入りで公表した[2]。実際，マイクロソフト社は新設子会社の筆頭に両氏
を迎え，Open AI社の従業員を受け入れることを確約していた。結果的に，4
日後の11月21日，両氏はOpen AI社に復帰した。以下は，従業員702名が公開
した取締役会宛の要求文書からの抜粋である[3]。

*Your actions have made it obvious that you are incapable of overseeing Open AI.
We are unable to work for or with people that lack competence, judgement and care
for our mission and employees. We, undersigned, may choose to resign from Open
AI and join the newly announced Microsoft subsidiary run by Sam Altman and Greg
Brockman. Microsoft has assured us that there are positions for all Open AI*

2　*The New York Times,* 2023年11月20日。
3　この要求文書の原文は*The New York Times*（2023年11月20日付Web版）にアップロードされて
　いる。

employees at this new subsidiary should we choose to join.

　この騒動は現行の株式会社制度におけるカネとヒトの相対的重要性の逆転現象の一端を顕示している。資金制約が強かった時代には，株主のパワーが強く，辞職を表明する従業員がいたとしても「キミの代わりはいくらでもいる」という態度で対応することが可能だった。だが，知識化が進展した現代におけるOpen AI社の場合，高度な生成AIを開発・経営できる人材こそが企業の競争優位の源泉である。「株主の代わりは，いくらでもいる」のである。実際，マイクロソフト社は，すべての従業員を迎える準備までしていた。従業員に辞職されては，実のところ会社は「空っぽ」（empty box）である，という事実を改めて知らしめる事件だったといえよう。

2　アカデミック・エビデンス

　人的資本関連のアカデミク・エビデンスの数は非常に限られている[4]。以下では，はじめにKPI開示に関連する研究，続いて人件費関連の会計数値を用いた研究を紹介したい。

（1）　人的資本のKPI開示

　2022年1月第208回国会の岸田内閣総理大臣による施政方針演説において，「人的投資が，企業の持続的な価値創造の基盤であるという点について，株主と共通の理解を作っていくため，今年中に非財務情報の開示ルールを策定」することが謳われた。

　それを受けて，2022年6月に公表された金融審議会「ディスクロージャーワーキング・グループ報告－中長期的な企業価値向上につながる資本市場の構築に向けて－」においては，中長期的な企業価値向上における人材戦略の重要性を踏まえ，「人材育成方針」，「社内環境整備方針」，「女性管理職比率」，「男性の育児休業取得率」，「男女間賃金格差」などに代表されるKPIに関して，

4　基礎的な先行研究として島永（2021）をあげることができる。知的資本・人的資本に関して，外国の開示規制の歴史的推移が記述されており参考になる。

2023年3月期から有価証券報告書での開示が要請された。KPI開示の要請は，それによって企業側に生じるフィードバック効果が期待されている。つまり，「女性管理職比率」や「男性の育児休業取得率」の数値を開示することになれば，企業サイドはこれらを改善するだろうと期待されている。

野間（2023）は日本における初年度の開示実態を調査している。それによると，東京証券取引所上場企業の平均値は以下のとおりである。「管理職に占める女性労働者の割合」は8.97％，「男性労働者の育児休業取得率」は46.82％，「労働者の男女賃金の差異」（女性賃金／男性賃金）は全労働者で67.04％，正規雇用72.12％，パート68.77％である。管理職に占める女性の比率は，国際的に見ても低水準にある点を報告している。加えて，野間（2023）は簡単な回帰分析を実施して，PBRと「管理職に占める女性労働者の割合」との間に正の相関がある点を報告している。因果関係については留保しているが，管理職に占める女性の比率が高いほどPBRも高いという点（あるいは逆の関係性）を報告している。

一方，米国ではSECが2020年8月にフォーム10-KのうちのレギュレーションS-Kを改訂した。同年11月から，Item 101（C）のhuman capital resources（HC）関連情報の開示を要求した[5]。なお，ここでの開示は原則主義（principle-based）に基づくものである。

米国の上場企業を対象としてHC情報について網羅的に調査したのはBourveau et al.（2022）である。彼らはHC情報を次の9つのカテゴリーに分類して，さまざまな測定を試みている。DEI（Diversity, Equity, and Inclusion）指標，事業指標，給与指標，採用と離職率，健康と安全，労働関係・労働組合，従業員エンゲージメント，ボランティア活動，従業員教育である。

代表的な発見事項は次のとおりである。第1に，HC開示量と企業業績（ROA）の間には負の関係が見られた。この点については，企業は組織資本への投資を正当化するために，HC開示を積極的に行っているという解釈がなされている。第2の発見事項は，HC開示量と機関投資家持株比率との間には正

5　SECはhuman capitalという用語を公式に定義することを避けている。その理由として，産業ごとに意味合いが異なる点，将来に向けて定義が変容する可能性を挙げている。

の関係が見られた。第3にHC開示と株式リターンとの関係に関して，イベントスタディ（開示前後3日間）を実施し，制度改正前には有意な関係は見られないが，制度改正後には正の関係が見いだされた。以上より，投資家はHC開示を有用な情報と捉えている可能性があると主張している。

今後，日本でもHC開示が進展・蓄積していくことが予想されるため，会計・ファイナンス領域において，さらなるアカデミック・エビデンスの蓄積が期待できる。

（2）人件費データを用いた分析

次に人的資本KPIではなく，会計数値を用いた代表的な研究を紹介する。Regier and Rouen（2023）は，現行の会計ルールの下では期間費用として処理されている人件費（PE: Personnel Expense）に関して，当該会計期間の費用的性質の色濃い部分だけではなく，将来の価値創造に結び付く可能性のある部分があることを想定する。後者を人件費の将来価値（PEFV: Personnel Expense Future Value）として推計しようと試みた。PEFV推計に関しては，Banker et al.（2019）の手法を参考にして，企業・年ごとのPEFVを2つのステップで推計している。第1ステップでは各産業において当期の人件費が何期後の利益に結び付くかを推定することで，人件費の最適ラグ構造を把握する。第2ステップでは，第1ステップで把握したラグ構造を所与として，企業・年ごとの人件費の将来価値を推定した。

分析の結果，以下の点が析出された。第1にPEと株価の間には負の関係が見られた。一方，PEFVと株価の間には正の関係が観察された。この結果は，人件費総額のうちでも，当期費用構成部分と将来価値構成部分とでは市場評価が異なる可能性を示唆している。換言するならば，株式市場は人件費の少なくとも一部分については将来の価値創造にリンクするものと認識しているのである。第2に，証券アナリストの利益予想誤差とPEFVは正の関係にある点も析出された。アナリストは人的資本投資を積極的に行う企業の利益を的確に予想できず，当該企業に関して悲観的な予想行動をとっていることを発見している。

このタイプの研究は，財務諸表上に認識される会計数値を用いているため，会計構造論の本質に接近する。将来的な研究題材を提示してくれる興味深い研

304 Part 3 非財務・関連トピック

究領域といえよう。

3 日本企業との関連性[6]

　一般に人的資本という概念は，会計上の資本（資産マイナス負債）ではなく，資産に近い意味で使われることが多い。経済学において，物的資本・人的資本という場合，会計学でいうところの資産に近い概念として用いられることが多い。一方，会計学領域で資本は貸借対照表（以下，BS）の貸方の資本を指す。貸方の意味において人的資本という用語を用いるのであれば，それは従業員による出資・持分を指すものと考えるのが通例である。しかし，現在の人的資本をめぐる議論においては，定義がなされずに曖昧なままに使われることも多い。KPI指標の開示で終わらずに，人的資本に関する議論を深掘りするためには，BSの借方の議論では「人的資産」，貸方の議論では「従業員持分」という用語を用いて議論することが望ましい。

（1）マルチ・ステークホルダー型BS

　2022年6月に政府は「人的資本等の非財務情報の株式市場への開示強化と指針整備」を公表し，「「費用としての人件費から，資産としての人的投資」への変革を進め，新しい資本主義が目指す成長と分配の好循環を生み出すためには，人的資本をはじめとする非財務情報を見える化し，株主との意思疎通を強化していくことが必要である」と述べている。

　現行の株式会社システムの株主重視型BSでは，人的資産が増えても，それは株主持分の増加として扱われるにすぎない。人的資産は，企業価値向上・株式価値向上のためのリソースとして扱われるにとどまる。

　本節では，現行法制度はともかくも，思考実験的に，人的資産をBS計上する場合，BSの全体像はどのように変化しうるのか考察する。

　いま，資産価値A，債権者持分D，株主持分Eの企業があり，人的資産をHA分だけ計上しようとする状況を想定する。その際，2通りの思考枠組みが想定できる。第1に，現行の思考枠組みでは，借方の人的資産の増分は，貸方の資

6　第3節の議論は中野（2022），中野（2023b）に基づいている。

本の増分になることを通じて貸借がバランスする。つまり、株主重視型の資本主義システム下においては、**図表20-1(A)**に示されているとおりになる。人的資産HAの増分は、すべて株主持分に吸収される（株主持分がEからE+HAに増加）。「人的資産は重要だ」、「人的資産をBS上で認識すべきだ」という議論は、この点を想定していないように思われる。

第2の思考枠組みとして、債権者持分、株主持分に加えて、「従業員持分（Human Equity）：以下、H」という概念装置を想定する。債権者および株主は企業経営に対して、資金提供行為によって貢献している。それに対して、経営者を含む従業員は、経営・労働サービス提供行為によって貢献をする。このように、マルチ・ステークホルダー型の資本主義システムを想定した場合、BSを理論的に拡張することができる。**図表20-1(B)**に示すとおり、人的資産の裏側には、従業員持分という貸方を計上するのである。人的資産HAの増分は、従業員持分Hの増分として取り扱うことが可能である。

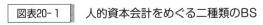

図表20-1　人的資本会計をめぐる二種類のBS

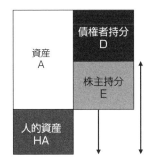

(A)株主重視型BS　　　(B)マルチ・ステークホルダー型BS

(出所) 筆者作成

（2）従業員内部留保と利益分配

マルチ・ステークホルダー型BSにおいて、企業価値向上が生じた場合の設例を考えることは、非常に興味深い思考実験となる。たとえば、図表20-1(B)の状態の後、企業価値がXだけ増加したとする（**図表20-2**）。Xだけ利益を稼

得したと考えても同じことである。その場合，増加分Xをどのように分け合うのだろうか。債権者持分はDで不変とする。

株主重視型BSのケースであれば，Xは全額が株主の利益となる。だが，マルチ・ステークホルダー型のBSの世界では，株主と従業員がXを分け合うことになる。そのシェアのパターン（$a : 1 - a$）は，両者間の事前の契約次第となりうるのである。

その後はどうなるのか。株主還元の原資は株主用内部留保に限定される。一方で，従業員用内部留保を原資とすることにより，従業員への追加的な資金還元が正式に可能となる。通常の給料に加えて，利益処分としての従業員還元である点がポイントである。

過度な株主還元，あるいは過度な従業員保護施策ではなく，それぞれの持分に応じたバランスのよいステークホルダー還元プランを構想することが可能になる。マルチ・ステークホルダー型BSは，株主重視でもなく，従業員重視でもない「第三の道」を中立的に構想するための思考インフラになりうるかもしれない。このように，BS上に従業員持分という概念を想定することで，一段深い考察をすることが可能になる。

図表20-2　マルチ・ステークホルダー型BSにおける利益の分配

（出所）筆者作成

第20章　人的資本会計　307

（3）マルチ・ステークホルダー型WACC

　従業員が企業経営に参画する際，彼らは資金ではなく経営・労働サービスを提供する。当然のことながら，従業員は企業に対して何らかの見返り（リターン）を要求する。株主の期待リターンとパラレルに考えれば，「従業員期待リターン」を想定することができる。従業員が持分を拠出していると考えた場合，従業員の期待リターンは何だろうか。まずは債権者や株主と同様に金銭的報酬を求めるだろう。労働対価としての給料である。だが現代社会において，もはや単純労働者ではない従業員は，それ以外にもリターンを求めるであろう。その際，思考枠組みとして参照できるのが，人的資源管理論における「ウェルビーイング経営」の考え方である。金銭的報酬に加えて，(1)健康ウェルビーイング，(2)社会的関係性ウェルビーイング，(3)幸福感ウェルビーイングを求めることだろう（(Grant et al. 2007, Van de Voorde et al. 2012, Ho and Kuvaas 2020)。その場合，従業員資本コストは給料だけでなく，ウェルビーイング要素が一定程度上乗せされると考えるべきであろう。

　ファイナンス思考をさらに進めるならば，従業員持分は分散拠出（分散労働）が限定されるため，ポートフォリオ的な意味での分散が難しい。労働時間を分割することで複数企業に勤務することは，原理的には可能である。しかし，株式投資と比べた場合，分割・分散の程度は著しく低くならざるを得ない。分散可能リスクを十分に消去できないことから，従業員は高水準のリスクを負担する必要があり，ハイリスクな拠出となる。ハイリスクであれば，ハイリターンを期待するのが世の常である。従業員期待リターンは裏返せば従業員資本コストである。最低限の水準を満たさない場合には，従業員は他社へと転職して行く可能性が高い。

　ウェルビーイングの３要素を正確に計測することは困難だが，概念的には従業員資本コストはそこまで包含するべきであろう。この議論をさらに展開していくと，WACC（加重平均資本コスト）の拡張につながる。従来は負債コスト（R_{Debt}）と株主資本コスト（R_{Equity}）の２種類の加重平均値を計算し，さまざまな意思決定に用いていた。だが，従業員持分を考慮した場合，従業員資本コスト（R_{Human}）も想定する必要性が出てくる（**図表20-3**）。法人税がない場

合,標準型WACCは(1)式で表現される。一方,マルチ・ステークホルダー型WACCは(2)式のとおり,拡張して表現可能である。

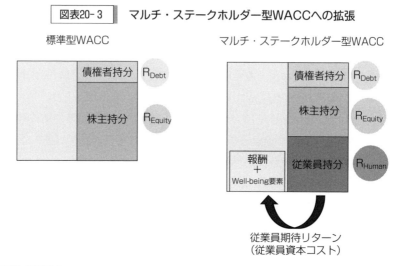

図表20-3 マルチ・ステークホルダー型WACCへの拡張

(出所)筆者作成

(従来型のWACC)

$$WACC = \frac{D}{D+E} \cdot rD + \frac{E}{D+E} \cdot rE \quad \cdots\cdots (1)$$

(拡張型のWACC)

$$WACC = \frac{D}{D+E+H} \cdot rD + \frac{E}{D+E+H} \cdot rE + \frac{H}{D+E+H} \cdot rH \quad \cdots\cdots (2)$$

D:債権者持分　　rD:負債コスト　　E:株主持分
rE:株主資本コスト　　H:従業員持分　　rH:従業員資本コスト

マルチ・ステークホルダー型企業の経営方針を議論する際,「幅広いステークホルダーの利益を最大化(あるいは考慮)する」等と曖昧に議論するのではなく,各々のステークホルダーが負担するリスクに見合ったリターン還元を考えるべきである。ローリスク主体にはローリターン,ミドルリスク主体にはミ

ドルリターン，ハイリスク主体にはハイリターンを配分するのが合理的である。マルチ・ステークホルダー型BSは，企業統治論を議論する際に，基礎的インフラとして機能する可能性がある。

（4）労働レバレッジ

従業員資本コストという概念を提示したが，その相対的な水準はどの程度だろうか。前節において，分散拠出（分散労働）が難しいため，ポートフォリオ的な意味での分散効果が効かず，ハイリスクな拠出となると述べた。だが一方で，毎年のペイオフという意味では，従業員は給料を得ている。給料がゼロの従業員は存在しないので，無配当の可能性のある株主よりは低リスクである。倒産時の支払い順序でも，労働債権は優先される。現代は労働市場も流動化している。一般的に言えば，残余請求権者であるという意味で，株主のほうがハイリスク・ハイリターンである。

次に，債権者は倒産しない限りリターンが確定している。債権者と比較した場合，従業員に支払われる給料は企業業績に連動する程度が高いためリスクは相対的には高い可能性がある。以上のように考えると，債権者・従業員・株主のリスク・リターン順序は，[rD＜rH＜rE]という関係になるだろう。

MM第2命題（Modigliani and Miller 1958）によれば，「事業構造一定の下，法人税がない場合，借入れを行っている企業の株式の期待収益率は，市場価値で示された負債/株式比率に比例して増加する」。事業構造一定の下，財務レバレッジを高めると，株主が負担するリスクが高まることから，株主が要求するリターンも高くなるのである。

最近のDonangelo et al.（2019）の研究では，財務レバレッジに加えて，「労働レバレッジ（Labor Leverage）」が高い企業ほど，マクロ経済ショックに対する営業利益の感応度が高く，株式リターンも高い点が析出された。実証的には労働レバレッジは給与の多寡で計測された。事業構造一定のもと，株主よりもリスク負担程度が低い労働者（給料）が増加すると，株主はより一層ハイリスク・ハイリターンの状況に置かれることになるという。財務レバレッジと同様に，「労働レバレッジ効果」の存在が示唆されている。

同様の研究はRosett[2003]でも実施されている。労働レバレッジは短期では

310 Part 3 非財務・関連トピック

調整が困難なことから，株式リターンのリスクを高める効果を有する。また経営者はこのリスクを認識しているため，負債調達を減らし，配当も減らす傾向にあることを発見した。これらの分析結果から，株式リスクを高めるという意味で，労働レバレッジは財務レバレッジと類似の効果を有する点を主張している。

米国および国際データを用いて，労働レバレッジが債券市場に与える影響について分析したのがFavilukis et al.(2020)である。労働市場は金融市場よりも摩擦が大きく（labor market friction），賃金の硬直性（wage rigidity）が高い。従業員への給与支払いの硬直性が高いため，「労働レバレッジ効果」が発生すると想定している。計量分析の結果，債券市場においては，労働レバレッジが高いと債券スプレッドも大きくなる点を析出している[7]。資本構成に関しては，労働レバレッジが高いほど負債利用が減少する点を見出している。結論として，労働レバレッジと財務レバレッジは代替的であり，債券市場の分析にあたっては労働市場からの影響も考慮すべきだと論じている。

4 実務・政策的な示唆

（1）PBRと人的資本会計の関係

冒頭に述べたが，人的資本こそPBRを向上させる源泉であることは論をまたない。物的資産だけが存在しても，価値創造は不可能である。一方，現行のBSを前提にした場合，人的資産をオンバランスすると，当該金額分だけ株主資本簿価が増加するため，PBRは低下する可能性がある。政府が掲げる「費用としての人件費から，資産としての人的投資」への変革を進める場合，この点には注意が必要である[8]。人的資産オンバランス化によるPBR向上効果を期待するのであれば，貸方に「従業員持分」という株主資本とは別のカテゴリーを設定し，株主資本の増加を抑制する必要がある。

---

7 この結果を見ると，負債コストが従業員資本コストよりも高い可能性を捨てきれない（rD＞rH）。財務レバレッジと労働レバレッジの代替関係については，今後の研究課題である。

8 人的資産に限らず，無形の資産のオンバランス化を進めると，PとBのギャップが縮小するため，PBRは1倍に接近する。

（2）人的資本開示と株式資本コスト

　現在，日本では人的資本開示が一種のブーム状態にある。だが，人的資本開示によって単純に株価が向上するわけではない。開示によって人的資本関連の情報の非対称性が緩和されて，労働レバレッジの存在が顕示されれば，株式資本コストは上昇する可能性もある。とりわけ雇用硬直性の高い労働慣行，流動性の低い労働市場特性を考慮すると，日本では労働レバレッジ効果がより強力に機能する可能性も否定できない。

（3）企業形態論への示唆

　株主重視型BSのもとでは，人的資産はあくまでも1つの資産要素にすぎず，最終的には株主持分の増加として株主に帰属するにとどまる。だが，マルチ・ステークホルダー型BSの下で，従業員持分という概念を設定することで，われわれは企業統治論の思考枠組みを理論的に拡張することが可能となる。

◆参考文献

島永和幸 2021.『人的資本の会計―認識・測定・開示』，同文舘出版.

中野誠 2022.「ウェルビーイングと人的資本会計」，『証券アナリストジャーナル』，第60巻第12号，24-33.

中野誠 2023a.「会計学とファイナンスのはざまで―事業資産PBRの考察―」，『証券アナリストジャーナル』，第58巻第7号，50-56.

中野誠　2023b.「人的資本に関する会計・ファイナンス視点からの考察」，『組織科学』，第57巻第1号，18-27.

野間幹晴 2023.「人的資本開示の実態：2023年3月期有価証券報告書より」，『金融・資本市場リサーチ』(11) 221-233.

Banker, R. D., R. Huang, R. Natarajan, and S. Zhao. 2019. Market valuation of intangible asset: Evidence on SG&A expenditure. *The Accounting Review* 94 (6):61-90.

Bourveau, T., M.Chowdhury, A.Le, and E.Rouen. 2022. Human capital disclosures. available at SSRN: https://ssrn.com/abstract=4138543.

Donangelo, A., F.Gourio, M.Kehrig, and M.Palacios. 2019. The cross-section of labor leverage and equity returns, *Journal of Financial Economics* 132. 497-518.

Favilukis, J., X.Lin, and X.Zhao. 2020. The Elephant in the room: The impact of labor obligations on credit markets, *American Economic Review* 110 (6): 1673-1712.

Grant, A.M., M.K.Christianson, and R.H.Price. 2007. Happiness, health, or relationships? Managerial practices and employee well-being tradeoffs, *Academy of Management*

Perspectives 21 (3), 51-63.

Ho,H., and B.Kuvaas. 2020. Human resource management systems, employee well-being, and firm performance from the mutual gains and critical perspectives: The well-being paradox, *Human Resource Management* 59, 235-253.

Modigliani, F., and M. Miller. 1958. The cost of capital, corporation finance, and the theory of investment, *American Economic Review* 48 (3), 261-297.

Regier, M., and E. Rouen. 2023. The stock market valuation of human capital creation. *Journal of Corporate Finance* 79: 102384.

Rosett, J. G. 2003. Labour leverage, equity risk and corporate policy choice, *European Accounting Review* 12 (4), 699-732.

SEC, 2020, Modernization of regulation S-K items 101, 103, and 105.

Van De Voorde, K., Paauwe, J., and Van Veldhoven, M. 2012. Employee well-being and the HRM-organizational performance relationship: A review of quantitative studies, *International Journal of Management Reviews* 14, 391-407.

第 **21** 章

知的財産・無形資産

加賀谷哲之　TETSUYUKI　KAGAYA

SUMMARY

　本章の狙いは，知的財産・無形資産の会計および開示をめぐる研究の現状を整理したうえで，現在，研究面で重要となっている課題を整理することにある。知的財産・無形資産が企業価値の決定因子で言及され始めて久しい。一方で，それらがどのように企業価値に結び付くか，どのように開示すべきかなど必ずしも解明されていないのが現状である。
　本章では，知的財産・無形資産の開示や評価についての主たる研究を説明するとともに，現在，どのような研究が蓄積されているのか，それらを進展させるための課題は何であるのか，それらを前提とした場合，将来に向けた研究アジェンダは何かなどを整理する。

1　はじめに

　本章の狙いは，知的財産・無形資産の会計および開示をめぐる研究の現状を整理したうえで，今後の研究で意識すべき点をまとめることにある。

　知的財産・無形資産は，技術，ブランド，デザイン，コンテンツ，ソフトウェア，データ，ノウハウ，顧客ネットワーク，信頼・レピュテーション，バリューチェーン，サプライチェーン，これらを生み出す組織能力・プロセスなどをスコープとする見えざる資産である（知財投資・活用戦略の有効な開示及びガバナンスに関する検討会2023, 5）。企業会計の領域ではかねてより知的財産・無形資産が重要テーマとして取り上げられてきた。そうした背景には，以下の3つの視点が関係していると考える。

　第1に知的財産・無形資産がいかに会計情報の有用性と深くかかわっている

かという視点である。過去数十年間にわたり会計情報の有用性が必ずしも高まっていない先行研究が数多く提示されている（Lev and Zarowin 1999; Srivastava 2014; Lev and Gu 2016）。この理由の1つとして，企業価値の決定因子であると考えられる知的財産・無形資産を分析・評価するための情報が十分に情報提供者に提供されていないのではないかという点が指摘されている（Lev and Gu 2016）。こうした課題を解決するために，知的財産・無形資産をいかに測定し，開示していくべきかという点が議論されているのである。

　第2に，知的財産・無形資産に対する投資が経済に与える影響が拡大しているという視点である。多くの国で知的財産・無形資産に対する投資が拡大し，有形資産を上回る水準で投資が行われている（Haskel and Westlake 2022）。こうした投資の拡大に伴い，知的財産・無形資産への投資やその成果を，投資家をはじめとするステークホルダーに説明する必要性が高まっている。たとえば，日本では他国に比べて知的財産・無形資産に対する投資が低水準にとどまっていることが示されている（加賀谷 2024）。仮にこうした知的財産・無形資産に対する投資の差異が，それらに対する投資やその成果に関する説明力の差異に帰するのであれば，知的財産・無形資産を可視化し，それらをいかに情報利用者への理解を促すかは重要な検討テーマとなりうる。

　第3に，経済の中核を担う企業に対して，環境・社会課題への積極的な対応が求められる中，それを解決する手段として知的財産・無形資産に対する関心が高まっているという視点である。気候変動，生物多様性，ビジネスと人権，人的資本など，環境・社会課題の多くは，長期の時間軸で解決が求められるものが少なくない。その有力な手段の1つとして期待されているのが知的財産・無形資産に対する投資とそれらを通じて実現するイノベーションやデジタルトランスフォーメーションへの取組みである。しかしながら，サステナビリティ課題の解決にあたって，知的財産・無形資産への投資や成果がどのように結びつくのかといった視点については十分に検討されていないのが現状である。サステナビリティ課題への対応が求められる中で，その関係を分析する必要性は高まっている。

　本章では，企業会計の領域において知的財産・無形資産がどのように分析されてきたかについて，その後の研究に大きな影響を与えた先行研究を中心に紹

介するとともに，今後の研究の方向性について提示する。

2 知的財産・無形資産の現状と特徴

(1) 知的財産・無形資産投資の国際比較

まず知的財産・無形資産投資についての日本企業の現状を他国・他地域企業と比較し，検討を行う（加賀谷 2024）。検討にあたっては，分析対象を2023年6月末時点で時価総額1,000億円を超える日本（299社），米国（2,243社），欧州（1,723社），中国（3,104社），インド（1,029社）の企業とした。比較にあたっては，2012年，2022年のデータをとることにした。ここでは，これまでの企業を分析対象としながら，さらに研究開発投資を行っている企業にフォーカスをあて，各社の投下資本に対する研究開発費の比率を算出し，その水準に応じて各国・地域ごとに百分比で表示した（図表21-1）。

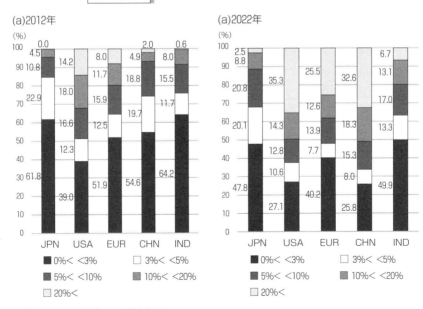

図表21-1　投下資本研究開発費比率の国際比較

（出所）Capital IQを活用して筆者作成

316　Part 3　非財務・関連トピック

　図表21-1に基づけば，日本企業で投下資本研究開発費比率が20％を上回る企業の割合は2012年には0％であったものが，2022年には2.5％強まで増大している。一方で，米国企業は2012年には14.2％であったものが，2022年には35.3％，欧州企業は2012年に8.0％であったものが，2022年に25.5％，中国企業は2012年に2.0％であったものが2022年には32.6％と大きく拡大しており，結果として投資水準の差は拡大している。

　企業価値の源泉としての知財・無形資産への日本企業の投資は増加傾向にあるものの，アグレッシブな投資という観点でいえば，海外企業のほうが積極性が高く，結果として，海外企業と日本企業の格差が広がっている。

（2）知的財産・無形資産の特徴

　知財・無形資産の投資を将来利益に結び付けることは容易ではない。これは，無形資産の持つ4つの特性と大きく関係していると考える。Haskel and Westlake（2018）によれば，無形資産には①埋没コストが大きい（Sunk costs），②知識・情報の漏洩が起きやすい（Spillover），③拡張可能性が高い（Scalability），④シナジー・補完性が高い（Synergies）の4つの特性がある。埋没コストが大きい，あるいは知識・情報の漏洩が起きやすいなど無形資産を管理することのリスクは小さいものではない。一方で，他社に差別化可能な無形資産を蓄積することができれば，拡張可能性が高く，シナジー・補完性という観点でもより大きな効果を得られるという意味では，事業機会を活かしやすい面もある。このように無形資産は有形資産と比べると相対的にリスクも事業機会も大きいことから，利益創出の不確実性が高いと言い換えることが可能かもしれない。

　知的財産・無形資産が持つ利益創出の不確実性が高いがゆえに，企業会計に関する基準設定においても，その取扱いが議論になってきた。たとえば，多くの知的財産・無形資産に関わる会計処理に関して米国基準，日本基準と国際財務報告基準（IFRS）では同一の結論に至っていないことに，その難易度の高さが象徴されている。米国基準や日本基準では研究開発費は発生した決算期に一括で費用計上することが求められている。IFRSでは研究費と開発費を区分したうえで，開発費については資産計上が許容されている。また企業結合時に

第21章　知的財産・無形資産　**317**

発生するのれんについては，日本基準では20年以内の期間で償却しつつ，価値が帳簿価額を下回った場合に減損することが求められているが，米国基準やIFRSでは期間償却は求められず，減損処理が求められる。こうした知的財産・無形資産を企業会計でいかに取り扱うかという点をめぐり，いまもなお活発な議論が展開されている。

3　アカデミック・エビデンス

　知的財産・無形資産投資がいかに将来利益に結び付くかという点は，会計処理面で重要なだけではなく，株式評価や債券評価など企業価値評価にも結び付く重要な論点である。このため，かねてより知的財産・無形資産に対する投資が将来成果に結び付くかについての検討がなされてきた。知的財産・無形資産投資がいかに将来の経済的な成果に結び付くかについては，投資を費用と資本に識別するアプローチがとられる。

（1）会計測定アプローチ

　知的財産・無形資産投資がいかに経済成果に結び付くかを知るための第一のアプローチは，過去の知的財産・無形資産に対する投資が現在の利益にいかに結び付いているか，時系列データを活用した統計分析を行い，投資と利益に結び付きが確認される期間に基づき，資本と費用を識別するというものである。かねてより研究開発投資が将来利益や株式価値などとの関連性を検証する研究は蓄積されてきていたが（Ben-Zion 1978; Hirschey and Weygandt 1985; Woolridge 1988; Chan et al. 1990），そうした投資が知的財産・無形資産などにいかに蓄積され，将来利益に結び付くかについては十分に検討されてこなかった。これに対して，Lev and Sougiannis(1996)では，研究開発投資のうち，将来利益に結び付く資本部分を（21-1)式に基づき識別したうえで，（21-1)式を構成する係数を（21-2)式に基づき，各業界ごとの償却期間と償却率を推定している（(21-3)式）。

$$RDC_{it} = \sum_k \alpha_{ik} RD_{i,t-k} \qquad \cdots\cdots\cdots\cdots\cdots\cdots\cdots\cdots\cdots\cdots\cdots\cdots (21\text{-}1)$$

$$(\frac{OI}{S})_{i,t} = \alpha_0 + \alpha_1 (TA/S)_{i,t} + \sum_k \alpha_{2,k}(RD/S)_{i,t-k} + \alpha_3 (AD/S)_{i,t} \quad \cdots\cdots (21\text{-}2)$$

$$\delta_k = \frac{\alpha_{2,k}}{\sum_k \alpha_{2,k}} \quad \cdots\cdots\cdots\cdots\cdots\cdots\cdots\cdots\cdots\cdots\cdots\cdots\cdots\cdots\cdots\cdots (21\text{-}3)$$

RDC：研究開発資本　RD：研究開発費　OI：研究開発費控除前営業利益
S：売上高　TA：総資産　AD：広告宣伝費

Lev and Sougiannis（1996）では上記に基づき，研究開発資本を算出し，それらが株式市場の評価に織り込まれていることを確認している。Lev and Sougiannis（1996）により提案された時系列分析を通じた償却費，償却期間の推定とそれに基づく知的財産・無形資産の測定は，その後，販管費全般（Banker et al. 2011; Banker et al. 2019），人件費（Regier and Rouen 2023）などに基づく資本と費用の識別にも応用されている。

（2）生産関数アプローチ

一方で，企業活動を，物的資本に対する投資と人的資本などのコブ・ダグラス型の生産関数に基づき定義したうえで，それらではカバーしきれない企業活動の成果についてのアウトプットを，知的財産・無形資産に対する投資の成果と考えるアプローチである。たとえばLev and Radhakrishnan（2005）では販売費及び一般管理費を基礎として組織資本の推定を行っている。上記のアプローチは，生産関数をベースに，物的資本や人的資本では捕捉しきれない国としての付加価値創出能力をTotal Productivity Factor(TFP)を測定しているものに類似している（Solow 1957）。たとえば，Lev and Radhakrishnan(2005)では，下記（21-4）式に基づき，有形固定資産純額（PPE），従業員数（EMP），研究開発費（RND）に，販売費及び一般管理費を加える形でa_{0it}を推定し，組織資本を測定している。

$$Sale_{i,t} = a_{0it} PPE_{it}^{b1t} EMP_{it}^{b2t} RND_{it}^{b3t} e_{it} \quad \cdots\cdots\cdots\cdots\cdots\cdots\cdots\cdots\cdots\cdots (21\text{-}4)$$

同様のアプローチで組織資本を推定したうえで，それらが株式市場における

評価（Eisfeldt and Papanikolaou 2013），M&A取引における価格づけ（Leung et al. 2018），租税回避行動（Hasan et al. 2021）などにも反映されていることが確認されている。

（3）知的財産・無形資産投資の進捗をいかに測定するか

　前節のように投資などのインプットデータから成果の結び付きの強弱に基づき，知的財産・無形資産を測定するアプローチの開発や活用が広がっていく一方で，それのみでは知的財産・無形資産をいかに投資し，成果に結び付けていくべきかを分析・評価し，企業価値に結び付けていくことができるとは限らない点も徐々に明らかになりつつある。知的財産・無形資産に対する投資が将来の成果に結び付くまでの期間は相対的に長期間であり，不確実性が高いためである。そうした中でにわかに注目を集めているのが，インプットとアウトプットを結び付ける媒介となる重要業績指標（Key Performance Indicators）である。

　Wyatt（2008）では，知的財産・無形資産を大きく6つの対象カテゴリー（研究開発費とそれに関連した知的財産権，人的資本，広告宣伝・ブランドとそれに関連した知的財産権，競争優位性，のれん），5つの測定カテゴリー（経営者による報告資産，研究者による見積り資産，年間費用，インプット指標，アウトプット指標）に基づき，それらの知的財産・無形資産にかかわる財務・非財務情報が，株式価値やリターン，将来利益といかに関連しているかという観点からどのような研究が蓄積されてきたかを整理している（**図表21-2**）。これに基づけば，研究開発費やそれに関連した知的財産権のカテゴリーでもっとも研究成果が蓄積されており，また価値指標との関連性が統計学的に有意な水準で確認されている研究も多く公表されていることが確認されている。研究開発費やそれに関連した知的財産権のカテゴリーでは，特許や特許引用数などアウトプット指標に関連する情報も相対的に入手しやすい状況にあり，相対的に研究が蓄積しやすいことから相対的に研究蓄積が多くなっていることが確認できる。次に研究蓄積が進展しているのは，競争優位性のカテゴリーである。競争優位性のカテゴリーでは，IT技術への年間費用など相対的にデータベースが整っているアジェンダが含まれていることに加えて，産業固有に収集でき

るインプット指標，アウトプット指標などが含まれていることが背景にある。顧客満足度などのブランド・広告や顧客ロイヤリティー，従業員満足度などの人的資本，のれんなどは相対的には研究蓄積が少ないのは，そもそもデータベースが十分に整備されていないことに加えて，セクターごとに価値指標への影響が異なる可能性が高いことが影響しているものと推測する。

図表21-2　Wyatt（2008）による知的財産・無形資産の価値関連性研究の整理

	報告資産 （経営者）	見積資産 （研究者）	年間支出	インプット （非財務）	アウトプット （非財務）
研究開発関連	6	6	7	2	10
ブランド・広告	2	0	3	0	3
顧客ロイヤリティー	0	1	0	1	5
競争優位	2	1	6	5	6
人的資本	0	5	2	5	3
のれん	11	0		1	

（出所）Wyatt（2008）Table 1 を基礎として筆者集計

　Lev and Gu（2016）では，こうしたデータベース上での制約を回避するため，メディアエンターテインメント・損害保険・バイオ・石油ガスの4つの業界における，過去数十年にわたる四半期業績報告カンファレンス・コールで行われた投資家とのコミュニケーション・質問を分析・評価したうえで，企業価値に結び付く重要な情報や指標を抽出している。実際に企業価値の創造をめぐる投資家と企業経営者の間で展開されているコミュニケーションの場から情報を抽出することで，セクターごとに重視される指標や情報を識別しながら，企業価値に結び付く業績指標の抽出を進め，それに基づく新たな企業評価・開示モデルを提唱しているのである。たとえばメディア・エンターテインメントセクターでいえば，重要な戦略敵資源を「加入者」に定め，そのための投資，保持するための方策，活用方針，その財務的な帰結などにまで結びつけ，開示に活用することを提案している。

　また近年では，マネジメント・プロセスや企業文化などより定量化しにくい領域の実態を解明する動きも進展しており，データベースのない領域での知的

第21章 知的財産・無形資産　321

財産・無形資産の「見える化」に向けた挑戦が続いている（Bloom et al. 2012;
Graham et al. 2022）。

4　実務的・政策的な示唆

　1990年代後半から新世紀にかけて，企業価値の決定因子は有形資産から知的
財産・無形資産へとシフトするなか，知的財産・無形資産がいかに成果に結び
付くかを定点観測し，それを分析・評価することの重要性は高まっている。一
方で，知的財産・無形資産をいかに評価・開示すべきかについては，いまもな
お活発な議論が続いているのが現状である。では過去30年間にわたり関心を集
めているにもかかわらず，知的財産・無形資産の開示・評価は十分に進展して
いないのか。大きく２つの理由が想定される。

　第一の課題は，単一の知的財産・無形資産が事業上の優位性を生み出すとは
限らず，複数の知財・無形資産の組み合わせで，価値に結び付く傾向が強まっ
ている点である。とりわけ新たな成長市場を開拓するにあたっては，自社ある
いは特定部門で蓄積した知的財産・無形資産のみでは十分ではないことが多く，
他社・他部門との知的財産・無形資産との組み合わせで新たな価値創造に結び
付くことが少なくない。しかしながら先行研究の多くはデータの制約上，単一
の知的財産・無形資産と企業価値との関連性を分析・検討することから，価値
創造プロセス全体の中での役割や機能を検討することができておらず，結果と
して企業の知的財産・無形資産をいかに開示するかについての示唆を十分に得
られないのである。

　第二の課題は，知的財産・無形資産への投資が短期的に財務業績やサステナ
ビリティ業績に結び付くわけではなく，相対的に中・長期的に結びつく傾向が
ある点である。このため，投資が財務業績やサステナビリティ業績に結び付く
までの間に経済や社会の変化などに影響される可能性が高い。そもそもサステ
ナビリティ業績についてはまだ十分に整備されていないことに加えて，長期的
に財務業績に結び付くかどうかを検討することは容易ではない。結果として，
企業の知的財産・無形資産と持続的な企業価値創造との関連性を裏付ける実証
的な証拠を入手することが容易ではない。

　上記の２つの課題を解決するためには，単に知的財産・無形資産の豊かな

データベースを構築すればよいというわけではなさそうである。

そもそも知的財産・無形資産が企業価値にいかに結び付くかを分析・評価するためには，当該資産がターゲットとする市場において，他社との競争上どのように優位に作用するか，そのメカニズム全体像を解明する必要がある。しかしながら，そのメカニズムそのものが企業ごとに同一であるとは限らない。加えて，そうしたメカニズムが正常に作用しているかを定点観測するための指標が十分に開示されているとは限らず，また開示されているとしても他社から同様に入手できるか，また入手できたとしても比較可能であるとは限らない。

こうした現状における課題を解決するため，日本ではいくつかのチャレンジがスタートしている。その1つは，2017年に公表された「価値協創ガイダンス」，その後2022年に改訂された「価値協創ガイダンス2.0」である。「価値協創ガイダンス2.0」では，①価値観（価値観を定める意義，社会への長期的な価値提供に向けた重要課題・マテリアリティの特定），②長期戦略（長期ビジョン（社会への長期的な価値提供を目指す姿），ビジネスモデル（市場勢力図における位置づけ，競争優位を確保するために不可欠な要素），リスクと機会（気候変動などのESGに関するリスクと機会の認識，主要なステークホルダーとの関係の維持，事業環境変化への対応の速さ），③実行戦略（ESGやグローバルな社会課題の戦略への組み込み，経営資源・資本配分戦略，事業売却・撤退戦略を含む事業ポートフォリオマネジメント戦略，バリューチェーンにおける影響力強化・事業ポジションの改善・DXの推進，イノベーション実現のための組織的なプロセスの確立・推進，人的資本への投資・人材戦略，知的財産を含む無形資産等の確保・強化に向けた投資戦略），④成果と重要な成果指標（財務パフォーマンス，企業価値創造と独自KPIの接続による価値創造設計，戦略の進捗を示す独自KPIの設定，資本コストに対する認識，企業価値創造の達成度評価），⑤ガバナンス（取締役会と経営時の役割・機能分担，経営課題解決にふさわしい取締役会の持続性，社長・経営陣のスキルおよび多様性，社外役員のスキルおよび多様性，戦略的意思決定の監督・評価，利益分配及び再投資の方針，役員報酬制度の設計と結果，取締役会の実効性評価のプロセスと経営課題）について，相互の結びつきを意識しながら，開示を行い，投資家との対話・エンゲージメントに戦略的に活用することを求めている。日本

ではこうした価値協創ガイダンスに基づく開示が促されており，投資家との対話・エンゲージメントの場で活用され始めている。

またこうした価値創造におけるプロセス全体で，特に知的財産・無形資産にフォーカスし，その投資活用に関する開示・ガバナンスのあり方をまとめたものが，2022年に公表され，その後2023年に改訂された「知財・無形資産ガバナンス・ガイドライン2.0」である。2022年に公表されたガイドラインは，5つの原則（価格決定力・ゲームチェンジにつなげる，費用ではなく資産の形成と捉える，ロジック・ストーリーとして開示，全社横断型体制整備とガバナンスの構築，中長期的な視点での投資を評価・支援），7つのアクション（現状の姿の把握，重要課題の特定と戦略の位置づけ明確化，価値創造ストーリーの構築，投資や資源配分の戦略構築，戦略の構築・実行体制とガバナンス構築，投資・活用戦略の開示・発信，投資家等との対話を通じた戦略の構築）を促すことにより，日本では低水準にとどまっている知的財産・無形資産の投資を促進させ，その戦略的な活用を促すことを狙いとして公表された。2023年に公表されたガイドライン2.0では，企業の開示例を分析したうえで，特に①価値創造ストーリーの提示，②知財・無形資産投資がいかに成果に結び付くかを想定した因果パスの開示，③②が円滑に進展しているかを示す定点観測のための指標提示の3点が重要であることを強調している。

特定・単一の知的財産・無形資産起点ではなく，他部門・他社・他産業との連携が価値創造にあたって重要となってくるのであれば，価値創造プロセス全体のなかで，それぞれの知財・無形資産がどのような役割を果たすのか，そうした役割を前提とした場合，知財・無形資産の投資，活用をいかに実践していくのか，価値創造ストーリーに基づき位置づけていくことが重要となるためである。

また知的財産・無形資産が長い時間軸で企業価値に結び付くことを想定すると，当初はどのような因果パスに基づき，それぞれの知的財産・無形資産が企業価値に結び付くと考えられるのか，仮に環境や社会が変化し，その前提が変化した場合，そうした変化をどのように因果パスに反映させるのかについて明快に開示できなければ，投資家からの理解や共感は得られないだろう。

さらに企業価値の決定因子が単一の知的財産・無形資産とは限らず，複数の

知的財産・無形資産や他の資産の組み合わせで決まってくることを前提とすれば，その取組みの進捗度も企業価値への影響を各機能や部門，資産にブレークダウンしたうえで測定を行っていくことが求められるだろう。知財・無形資産が長い時間軸で企業価値に結び付くことを前提とすれば，想定される因果パスに基づき，価値創造が着実に進捗しているかを確認するため，価値指標の進捗を多面的に測定するROIC逆ツリーのような仕組み・枠組みに基づく説明が不可欠となるだろう。

このように日本では価値創造プロセス全体の中における知的財産・無形資産の役割を明確に位置づけたうえで，その投資・活用を促す開示・ガバナンスのための取組みが進展している。これらの取組みを通じて，より優れた開示例や対話・エンゲージメントの事例が表れてくることが想定される。それらの事例における価値創造のメカニズムの背景にあるロジックを整理し，蓄積していくことは，知的財産・無形資産の開示・評価のあり方を検討するにあたっての重要な研究機会となるだろう。アクション・リサーチや事例分析，インタビュー調査などを通じて，そうした実態が今後明らかになっていくことだろう。

加えて近年では，そうした開示フレームワークを定量的に分析するアプローチも進展しており（たとえば，Eccles et al. 2019），それらを通じて，知的財産・無形資産の開示・評価がどのような経済効果をもたらすのかについても検討が進められるようになるだろう。言説分析やそれらを基礎としたアーカイバルデータを活用した統計解析も今後進展することが予想される。そうした研究を通じて，日本における知的財産・無形資産投資およびその活用がより積極的かつ効果的なものに深化することを期待している。

◆参考文献

加賀谷哲之. 2024. ガバナンス改革のもとでの知財部門の役割. 知財管理＝ Intellectual property management/日本知的財産協会会誌広報委員会 編, 74(1):.5-16.

持続的成長に向けた長期投資（ESG・無形資産投資）研究会. 2017.「価値協創のための統合的開示・対話ガイダンス（価値協創ガイダンス）」経済産業省

持続的成長に向けた長期投資（ESG・無形資産投資）研究会. 2023.「価値協創のための統合的開示・対話ガイダンス（価値協創ガイダンス）2.0」経済産業省

知財投資・活用戦略の有効な開示及びガバナンスに関する検討会. 2022.「知財・無形資産の投資・活用戦略の開示及びガバナンスに関するガイドライン（知財・無形資産ガバナン

ス・ガイドライン）」内閣府知的財産戦略推進事務局.

知財投資・活用戦略の有効な開示及びガバナンスに関する検討会. 2023.「知財投資・無形資産の投資・活用戦略の開示及びガバナンスに関するガイドライン（知財・無形資産ガバナンス・ガイドライン）ver.2.0」内閣府知的財産戦略推進事務局.

Banker, R.D., R.Huang, and R.Natarajan. 2011. Equity incentives and long-term value created by SG&A expenditure. *Contemporary Accounting Research* 28(3):794-830.

Banker, R.D., R.Huang, R.Natarajan, and S.Zhao. 2019. Market valuation of intangible asset: Evidence on SG&A expenditure. *The Accounting Review* 94(6):61-90.

Ben-Zion, U. 1978. The investment aspect of nonproduction expenditures: An empirical test. *Journal of Economics and Business* 30(3):224-229.

Bloom. N., C.Genakos, R.Sadun, and J.V.Reenen. 2012. Management practices across firms and countries. *Academy of Management Perspectives* 26(1):12-33.

Chan, S.H., J.D.Martin, and J.W.Kensinger. 1990. Corporate research and development expenditures and share value. *Journal of Financial Economics* 26(2):255-276.

Eccles, R.G., M.P.Krzus, and C.Solano. 2019. A comparative analysis of integrated reporting in ten countries. *Available at SSRN 3345590*.

Eisfeldt, A.L. and D.Papanikolaou. 2013. Organization capital and the cross-section of expected returns. *The Journal of Finance* 68(4):1365-1406.

Graham, J. R., J.Grennan, C.R.Harvey, and S.Rajgopal. 2022. Corporate Culture : Evidence from the field. *Journal of Financial Economics* 146 : 552-594.

Hasan, M.M., G.J.Lobo, and B.Qiu. 2021. Organizational capital, corporate tax avoidance, and firm value. *Journal of Corporate Finance* 70:102050.

Haskel, J., and S.Westlake. 2022. *Restarting the Future: How to Fix the Intangible Economy*. Princeton University Press.（山形浩生訳.2023.『無形資産経済―見えてきた5つの壁』東洋経済新報社.）

Hirschey, M., and J.J.Weygandt. 1985. Amortization policy for advertising and research and development expenditures. *Journal of Accounting Research*:326-335.

Leung, W.S., K.Mazouz, J.Chen, and G.Wood. 2018. Organization capital, labor market flexibility, and stock returns around the world. *Journal of Banking and Finance* 89:150-168.

Lev, B., and T.Sougiannis. 1996. The capitalization, amortization, and value-relevance of R&D. *Journal of Accounting and Economics* 21(1):107-138.

Lev, B., and P.Zarowin. 1999. The boundaries of financial reporting and how to extend them. *Journal of Accounting Research* 37(2):353-385.

Lev, B., and S.Radhakrishnan. 2005. The valuation of organization capital. *Measuring Capital in the New Economy* 65:403-472.

Lev, B., and F.Gu. 2016. *The End of Accounting and the Path Forward for Investors and Managers*. John Wiley & Sons.（伊藤邦雄監訳. 2018.『会計の再生―21世紀の投資家・経営者のための経営革命』中央経済社.）

Regier, M., and E.Rouen. 2023. The stock market valuation of human capital creation.

Journal of Corporate Finance 79:102384.

Solow, R.M. 1957. Technical change and the aggregate production function. *The review of Economics and Statistics* 39(3):.312-320.

Srivastava, A. 2014. Why have measures of earnings quality changed over time?. *Journal of Accounting and Economics* 57(2-3):196-217.

Woolridge, J.R. 1988. Competitive decline and corporate restructuring: Is a myopic stock market to blame?. *Journal of Applied Corporate Finance* 1(1):.26-36.

Wyatt, A. 2008. What financial and non-financial information on intangibles is value-relevant? A review of the evidence. *Accounting and Business Research* 38(3):217-256.

第 **22** 章

株主還元政策と株式価値

髙須悠介　YUSUKE　TAKASU

> SUMMARY
>
> 　2023年3月に公表された東京証券取引所の要請（「資本コストや株価を意識した経営の実現に向けた対応について」）以降，株主還元と株式価値の関係性が注目を集めている。
>
> 　本章では株主還元と株式価値が無関係であるとする標準的なファイナンスの基礎理論からスタートし，その理論の前提条件が満たさない場合には株主還元が株式価値に影響を及ぼしうることを説明する。特に，企業の所有と経営が分離していることに端を発する経営者と株主の利害対立を背景とした株主還元の株価効果について簡単な数値例や先行研究を踏まえて紹介し，日本企業の株主還元の実態を踏まえたうえで今後の株主還元のあり方について視座を提供する。

1　PBR1倍割れと株主還元政策

　PBRとはPrice to Book Ratioの略称で，株価純資産倍率や時価簿価比率とも呼ばれる財務比率であり，株式市場からの評価を表す指標の1つとみなされている。このことは**図表22-1**に端的にまとめられており，PBRの水準は1倍を分水嶺として，1倍を超えていれば株主の会計上の拠出額に対してそれを上回る見返りをもたらし，1倍を割れると投資に見合わぬ成果しかもたらさない企業であると株式市場から評価されていることを意味する。

　この財務比率の1つであるPBRが今脚光を浴びている。2023年3月，東京証券取引所は「資本コストや株価を意識した経営の実現に向けた対応について」（以下，東証要請）を公表し，上場企業に対して企業価値向上に向けた意識改革・経営改革の推進を要請した。こうした要請が行われた背景として東京証券

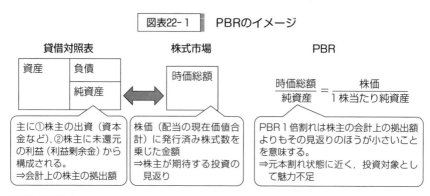

(出所）筆者作成

　取引所はコーポレートガバナンス・コード原則5－2において資本コスト・資本収益性を意識した経営とその説明の重要性が示されている一方で,「プライム市場の約半数,スタンダード市場の約6割の上場会社がROE8％未満,PBR1倍割れと,資本収益性や成長性といった観点で課題がある」(東証要請,p.1)ことを挙げている。

　実際のデータをみてみよう。**図表22-2**は日米企業の2023年中に期末を迎えた決算期のROE分布を比較している。日本企業の多くが2023年3月期決算で

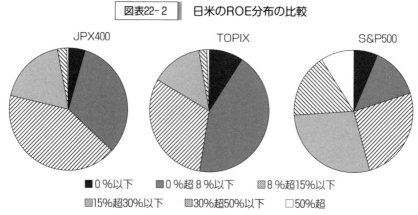

各インデックス構成銘柄の2023年中に期末を迎えた決算期のROE分布を図示している。

(出所) Refinitiv Eikonより筆者作成

あり，米国企業の多くが2023年12月期決算であることから，コロナ禍の影響の違いなどがあるかもしれないが，図からROE水準がスクリーニング要件になっているJPX400構成企業ですら約40％程度，TOPIX構成企業にいたっては過半が東証の要請で触れられているROE 8 ％を下回っていることがわかる。一方でS&P500を構成する米国企業は過半がROE15％超であり，日米企業間でのROE格差が浮き彫りとなっている。

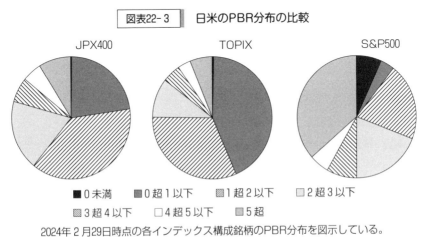

図表22-3　日米のPBR分布の比較

■0未満　■0超1以下　▨1超2以下　□2超3以下
▨3超4以下　□4超5以下　■5超

2024年 2 月29日時点の各インデックス構成銘柄のPBR分布を図示している。

（出所）Refinitiv Eikonより筆者作成

　図表22-3 は日米企業の2024年 2 月29日時点におけるPBR分布を比較している。全体的な傾向としてはROE分布と同様であり，TOPIX構成銘柄はその多くがPBR 1 倍割れであり，相対的にROEに優れるJPX400企業は75％以上が 1 倍を超えているものの，そのうちの大半は 1 倍から 3 倍のレンジに収まっている。一方で，米国企業（S&P500）は約半数が 3 倍超となっており， 1 倍割れは10％にも満たない。なお，米国企業にはPBR 0 倍未満の企業も一定数存在しているが，これは純資産がマイナスであることを意味する。一般には純資産がマイナスであることは経営危機状態を連想しがちであるが，S&P500はJPX400と同様に利益水準の基準などをクリアしたいわゆる優良企業を対象としており，経営危機とは言いがたい。むしろ，中野（2021）が指摘するように好業績を背

330　Part 3　非財務・関連トピック

景とした積極的な株主還元の結果，純資産がマイナスとなっている企業が多分に含まれていると考えられる。

　こうした背景のもとで東証の要請が公表されたわけであるが，本章の株主還元との関連では要請の内容に続きがある。

　　資本収益性の向上に向けて，バランスシートが効果的に価値創造に寄与する内容となっているかを分析した結果，自社株買いや増配が有効な手段と考えられる場合もありますが，自社株買いや増配のみの対応や一過性の対応を期待するものではありません。継続して資本コストを上回る資本収益性を達成し，持続的な成長を果たすための抜本的な取組みを期待するものです。

（東証要請，p.1）

　以降の節でみるように配当や自社株買いには株価を刺激する効果は確認されているものの，企業価値（株式価値）を決めるのは事業そのものであり，東証要請はその点を強調している。しかし東証の期待する抜本的改革の一環か否かはさておき，現実には東証要請やPBR1倍割れの状況に関連させて株主還元の活性化が指摘されている[1]。株主還元政策と株価の関係性は東証要請以前からも実務的に関心が寄せられており，「増配や自社株買いを発表すると株価が上がる」という認識をもつ読者も多いのではないであろうか。一方でファイナンス理論を学んだ読者のなかには「株主還元は企業価値とは無関係である」と記憶している方もいるかもしれない。そこで本章では株主還元政策と株式価値の関係性に注目し，その理論的な背景や重要なエビデンスを紹介する。

2　アカデミック・エビデンス

(1) 配当・自社株買いと株価の関係に関する基礎理論

　企業のペイアウト（配当・自社株買い）と株価の関係性を理解するうえでは

1　たとえば，「企業配当，最高の15兆円　今期，低PBR改善へ還元強化　自社株買いも活発」（日本経済新聞2023年6月9日付朝刊），「自社株買い最高9.6兆円　昨年，東証改革追い風　余剰資金を積極還元」（日本経済新聞2024年1月31日付朝刊）など。

第22章　株主還元政策と株式価値　331

Miller and Modigliani（1961）の配当無関連命題から始めるべきである。彼らは市場参加者間で保有する情報に格差（情報の非対称性）が存在しないなどいくつかの仮定のもとで，「企業の投資政策（資産内容）が同一であるならば配当政策の違いによって株主の富は変化しない」ことを証明している。これはまさに「株主還元は企業価値とは無関係である」というテキストで説明される典型的な理論であり，非現実的な仮定に基づいている。しかし，非現実的な仮定に基づく理論だから役に立たないのではなく，この理論をスタート地点として現実に近づける（仮定を外す）と何が起きるのか，なぜ株主還元が企業価値や株価に影響を与えるのか，その理解につながるはずである。以下ではMiller and Modigliani（1961）の配当無関連命題の元々の設定からは異なるものの，ペイアウトが株主の富と無関係になりえることを数値例で確認しておこう。なお，ここでいう株主の富とは保有する株式と現金の合計額を意味する。

図表22-4　ペイアウトの数値例

企業A
負債を持たない自己資本比率100%の企業
事業活動に無関係な現金100億円と現在価値で900億円の事業資産を保有
この企業の株式時価総額は1,000億円（発行済株式総数1億株，株価1,000円）
株主B
ペイアウト前時点で1株のみを保有，ペイアウトに係る税金は存在しない
ペイアウト
配当100億円（1株100円）もしくは自社株買い100億円（1千万株の取得）

（出所）筆者作成

　数値例として**図表22-4**に示された企業Aと株主B，ペイアウトを考える。このとき，**図表22-5**の左側はペイアウト実施前時点における企業Aの現在価値に基づく貸借対照表と株主Bの富を図示している。ペイアウトとして配当を実施した場合（図表22-5右上），配当によって資産全体の価値は900億円に目減りし，それに対応する形で株式価値は900億円となる。株式数は1億株のまま不変であるため，株価は900円に下落する。このとき，配当後の株主Bの富は株式900円と配当による現金100円の1,000円であり，配当前と変化していない。つまり，配当の前後（＝有無）では株主の富に変化はなく，株主がどちらか一

332　Part 3　非財務・関連トピック

| 図表22-5 | ペイアウトと株主の富 |

現在価値ベースでみた貸借対照表（配当後）

| 事業資産価値
900億円 | 株式価値
900億円
（1億株@900円） |
| 配当による
現金流出 | 余剰現金の分だけ
株式価値減少 |

株主の富＝900円（株式）＋100円（現金）

現在価値ベースでみた貸借対照表

| 余剰現金価値
100億円 | 株式価値

1,000億円
（1億株@1,000円） |
| 事業資産価値

900億円 | |

株主の富＝1,000円（株式）

現在価値ベースでみた貸借対照表（自社株買い後）

| 事業資産価値
900億円 | 株式価値
900億円
(9千万株@1,000円) |
| 自社株買いによる
現金流出 | 余剰現金の分だけ
株式価値減少 |

自社株買いに...
　応じた株主の富＝1,000円（現金）
　応じていない株主の富＝1,000円（株式）

（出所）筆者作成

方を好むということはこの例からは考えられない。

　自社株買いについても同様のことがいえる。図表22-5右下はペイアウトとして自社株買いを実施した場合の現在価値に基づく貸借対照表を示しており，配当と同様に資産価値と株式価値はともに900億円となる。一方で，配当のケースと異なり，自社株買いによって流通している株式数は9千万株に減少しているため，自社株買い後の株価は1,000円（900億円÷9千万株）であり，自社株買い前後で変化しない。このとき自社株買い後の株主の富について考えると，自社株買いに応じた株主（現金1,000円）と応じていない株主（株式1,000円）のいずれについても，自社株買い前の株主の富1,000円から不変である。つまり，自社株買いの前後（＝有無）や自社株買いに応じるか否かによって株主の富に変化はなく，やはり株主が自社株買いを好むか否かははっきりとしない[2]。

　以上の簡単な分析からはペイアウトが株主の富に影響を与えず，むしろ配当のケースでは株価を引き下げることが確認された。一方で現実にはペイアウトが株価に影響を与え，特に増配や自社株買いの発表は株価の上昇をもたらし，減配は株価の下落をもたらす傾向にあることは周知の事実である（**図表22-6**）。

第22章　株主還元政策と株式価値　333

この理論と現実のギャップの原因は上記の分析における明示的もしくは暗黙的な仮定にあるのだが，細部に立ち入る前に一般論としてペイアウトが株価に影響を与える必要条件を確認しておこう。

| 図表22-6 | 日米の配当および自社株買いの公表と株価反応 |

	増配	減配	自社株買い
米国	0.9%[a]	−3.3%[a]	2.6%[b]
日本	2.1%[c]	−1.3%[c]	3.9%[d]

a：1971年～2016年までの増配（23,079件），減配（1,746件）の発表に伴う発表前後5日間の累積超過リターン（Ham et al. 2020），b：1984年～2018年までの13,453観測値の自己株式取得の決議公表日前後3日間の累積超過リターン（Bargeron et al. 2024），c：2004年1月～2022年5月までの増配（21793件），減配（6146件）の発表（配当予想に基づく増減配も含む）に伴う発表前後3日間の累積超過リターンの平均値（筆者集計），d：2009年1月～2022年5月までの4,939件の自己株式取得に係る事項の決定の公表に伴う発表前後3日間の累積超過リターンの平均値（筆者集計）

（出所）Ham et al.（2020），Bargeron et al.（2024），Refinitiv Eikon，日経NEEDS，eolから筆者作成

　配当割引モデルによれば，本来あるべき株価水準を株式の本源的価値[3]とすると，本源的価値は将来の配当を株主資本コストで割り引いた現在価値合計として表現される。投資家はこの本源的価値を予測し，その予測に基づいた評価額が株式市場における株価である。このとき，Leary and Nukala（2024）が指摘するようにペイアウトが株価に影響を与えるのであれば，**図表22-7**に示さ

2　自社株買いによる株価上昇の説明として，自社株買いによって発行済み株式総数が減少し，1株当たり利益（EPS）が増えるため株価が上昇するという主張を見かけることがある。しかし，これはリスクに関する考察に欠けている。たとえば，当期純損失を計上する場合には1株当たり損失が増えることになり，つまりリスクが高まることになる。この点について，浅岡ほか（2022）は簡単な数値例を用いて自社株買いによって期待EPSは高まるものの，リスクも高まるため，結果として株価が不変であることを示している。

3　第10章では本源的価値という表現を用いずに株価の理論モデルとして配当割引モデルに言及している。これは第10章では本源的価値と市場での評価額である株価が一致している，つまり，株式市場は企業の本源的価値を正確に把握し，その評価額をもって株価としているという前提に立っているためである。一方で，本章ではなんらかの要因によって株価と本源的価値にずれが生じている可能性を考慮して配当割引モデルを説明している。

334 Part 3 非財務・関連トピック

れた2つのパス（経路）の少なくともいずれか1つにペイアウトが影響を与えなければならない。ここでは特に配当流列および株主資本コストへの影響（図表22-7の①）と本源的価値に関する投資家の予測への影響（図表22-7の②）の違いを強調しておく。パス①はペイアウトが実際の企業の将来配当や株主資本コストを変化させるリアル・エフェクトを意味するのに対し，パス②ではペイアウトが本源的価値に影響を与えることはなく，何らかの要因によって生じている本源的価値と株価の乖離を投資家に認識させる情報効果を意味している。

図表22-7　ペイアウトによって株価が動く要因

①株式の本源的価値への影響：配当 and/or 株主資本コストへのリアル・エフェクト

$$P_t \;\longleftrightarrow\; V_t \;=\; \frac{D_{t+1}}{1+r}+\frac{D_{t+2}}{(1+r)^2}+\cdots$$

②本源的価値に関する投資家の予測への影響

P_t：t 時点の株価，V_t：t 時点の株式の本源的価値，D_t：t 時点の配当，r：株主資本コスト

（出所）筆者作成

Leary and Nukala（2024）は上記のフレームワークに基づいて配当と株価の関係性を整理しているが，このフレームワークは自社株買いについても同様に当てはまる。恒常的な配当と機動的な自社株買いといったフレキシブルさの違いやその経済的効果に関しても研究は蓄積されているが，本章では紙幅の制約もあることから，以下では主に配当と自社株買いを並列に扱ってペイアウトと株価の関係性を整理する。なお，配当についてはLeary and Nukala（2024），自社株買いについてはBonaime and Kahle（2024）が包括的なレビューを提供しており，配当と自社株買いの違いについても議論されている。興味のある読者は参照いただきたい。

（2）株式の本源的価値への影響

ペイアウトは企業活動の成果の分配であり，その多寡が株式の本源的価値，その元をたどれば資産から生み出される将来キャッシュ・フローの現在価値

（企業価値），つまり企業活動の成果そのものに影響を与えることは容易ではない。もし配当を多く支払うことで将来より多くの製品が売れるのであればできる限り配当を支払えばよいだろうが，そのような関係性は（今のところ）報告されていない。ペイアウトが株式の本源的価値に影響を及ぼすと考えるとき，学術的によく引き合いに出されるのはエージェンシー理論であり，Jensen (1986) のフリー・キャッシュ・フロー問題（FCF問題）であろう。

　上場している株式会社の多くは所有（依頼人，プリンシパル，ここでは株主）と経営（代理人，エージェント，ここでは経営者）が分離しており，株主と経営者は別々の存在である。それぞれが自身の幸せを追求していると考えたとき，両者の利害は対立しうる。株主は株価を最大化するような行動を経営者に求める一方で，経営者は異なるロジックで行動するかもしれない。たとえば，必要以上に社長室を華美にしたり，移動手段や宿泊先を豪華なものにしたりといった役得を満喫するかもしれない。さすがにこれほど絵に書いたような贅沢はしなくても，本来であれば株式価値最大化の観点からは縮小・撤退すべき事業でも自身の愛着のある事業を延命させるような行動にでるかもしれない。このように依頼人と代理人の関係が存在し，両者の利害が一致しないことによって生じる問題をエージェンシー問題と呼び，それを取り扱うのがエージェンシー理論である。

　株主からみた経営者の非効率的な行動は資金を費やすものも多く，Jensen (1986) は経営者が自由に使える資金（フリー・キャッシュ・フロー）が多いほど利害対立が深刻化するというFCF問題を提唱した。FCF問題が顕在化する場合には企業の手元現金の現在価値はその額面以下となり，ペイアウトはそのような現金価値の低評価を解消しうる。

　具体的な数値例を**図表22-8**で確認しよう。図表22-8では先ほどの図表22-4，22-5のケースに会計上の評価額（簿価）に基づく貸借対照表を追加し，さらに簿価上では余剰現金100億円を保有しているものの，FCF問題によってこの現金の現在価値は60億円になっている。これは100億円の現金が今後60億円の現在価値しか生まないプロジェクトに投資されようとしている状況を考えてみるとよいだろう。このときの株価はFCF問題によって余剰現金価値が100億円から60億円に低下しているため，図表22-5の株価（1,000円）を下回る

336　Part 3　非財務・関連トピック

| 図表22-8 | 株価とFCF問題，ペイアウトの関係性 |

簿価ベースでみた貸借対照表

| 余剰現金
100億円 | 株主資本
500億円 |
| 事業資産
400億円 | |

現在価値ベースでみた貸借対照表

フリー・キャッシュフロー 問題による評価減	フリー・キャッシュフロー 問題による評価減
余剰現金価値 60億円	株式価値 960億円 （1億株@960円）
事業資産価値 900億円	

PBR＝1.92倍
株主の富＝960円（株式）

現在価値ベースでみた貸借対照表（配当発表後）

| 余剰現金価値
100億円 | 株式価値
1,000億円
（1億株@1,000円） |
| 事業資産価値
900億円 | |

PBR＝2倍
株主の富＝1,000円（株式）

（出所）筆者作成

960円であり，PBRは1.92倍である（図22-8の左下）。ここで，余剰現金の使途が配当100億円に変更されたとしよう。そうすると余剰現金100億円が間もなくそのまま株主に渡ることになるため，配当計画の発表後，その配当が支払われるまでは企業の現在価値ベースでの貸借対照表は図表22-8の右下のように，余剰現金価値が100億円に上昇し，株価は1,000円，PBRは2倍となる。つまり，配当の発表によって株価は約4％上昇することになり，理屈と現実が整合的となる。

　FCF問題とペイアウト，株価の関係性を支持するエビデンスは米国企業を中心として蓄積が進んでいる。Faulkender and Wang（2006）は企業が追加的に1ドルだけ手許現金を増やした場合にその1ドルが株式市場からいくらで評価されているのかを調査している。その分析から，平均して0.94ドルとほぼ1ドルに近い水準で評価されている一方で手許現金を多く保有する企業（つまりFCF問題が懸念される企業）ほど評価額が低下する傾向にあることが明らかにされている[4]。

　Officer（2011）は企業が初めて配当を支払うことを発表した際の株価反応を

分析し，営業活動から多くの現金を獲得している一方で，成長のための投資機会が乏しいと考えられる企業ほど株式市場が好意的に反応することを明らかにしている。これは事業活動から獲得した現金の有効な活用先がない企業ほどFCF問題が懸念されることから，配当の支払いによって手許現金を減らすことによるFCF問題の緩和効果が大きいものと解釈できる。Grullon and Michaely（2004）は自社株買いについて類似の検証を行い，投資機会が乏しい一方で手許現金が潤沢な企業ほど，自社株買いの発表に対して株式市場が好意的な反応を示すことを報告している。

　FCF問題が深刻であれば投資家は当該企業に投資することにリスクを感じ，より高いリターンを要求するかもしれない。その意味でペイアウトはFCF問題の緩和を通じて株主資本コストの低下をもたらすかもしれない。実際，Grullon and Michaely（2004）は自社株買いを行った企業の株主資本コストが低下することを報告しており，Mazouz et al.（2023）はガバナンスが脆弱でFCF問題の懸念が強い状況下において有配企業は無配企業に比べて株主資本コストが低い傾向にあることを明らかにしている。

　日本企業の中には配当水準を安定化させる安定配当政策を志向している企業もいると思われるが，学術研究では配当水準を安定させ，変動させる場合でも緩やかに変化させる配当行動を配当平準化と呼ぶ。この配当平準化についても興味深い結果が得られている。Larkin et al.（2017）は米国企業を対象として配当平準化と株価の関係性を分析したところ，特に関係性がみられないことを報告している。一方でBrockman et al.（2022）は21ヵ国の企業を対象とした国際比較を行い，配当平準化している企業の株価のほうが高く，法制度による株主保護が弱い国[5]でその傾向が顕著であることを明らかにしている。この結果は，株主の権利が保護されていない国であるほどFCF問題が懸念され，そのため安定的な配当支払いがその緩和に役立っていると解釈することができる。

4　Dasgupta et al.（2024）はFaulkender and Wang（2006）の分析手法が不適切であることを指摘し，代替的な手法を提案している。その場合でも，彼らの分析から手許現金が多い企業や手許現金を増やしている企業ほど追加的な1ドルに対する市場評価が低いことを明らかにしている。

5　Brockman et al.（2022）では，日本は相対的に株主保護が弱いグループ，米国は強いグループに分類されている。

338　Part 3　非財務・関連トピック

他にも投資家間の税制の違いや投資方針の違い，投資家の資金需要などさまざまな観点からペイアウトが株式の本源的価値に影響を及ぼしうることがこれまでの研究で指摘されているが，これらに関心のある読者はぜひ先述のレビュー論文（Leary and Nukala 2024；Bonaime and Kahle 2024）にあたっていただきたい。

（3）本源的価値と株価の乖離の是正

株価が株式の本源的価値を反映している保証はない。株式の本源的価値は企業の稼ぐ力とそのリスクに応じて決まるが，投資家がそれらを正しく見抜けているとは限らないためである。このとき，ペイアウトは本源的価値そのものには影響を与えずとも，投資家による本源的価値の予測を助け，株価と本源的価値の乖離を是正する役割を果たし，その結果，ペイアウトによって株価が動くことになる。

それではどのような情報によって株価が動くのであろうか。ここでは2つの考え方を紹介しよう。1つはペイアウトが企業のライフサイクルを反映しているとする考え方である。成長段階にある企業は内部資金に乏しく，かつ有利な投資機会を多く抱えていると考えられるため資金需要が高く，ペイアウトに資金を回す余裕は少ない。一方で成熟段階にある企業は事業活動から得られるキャッシュは多くなるものの，徐々に投資機会が減少するためペイアウトの余力が生じる。実際，DeAngelo et al.（2006）は成熟段階にある企業ほど配当の割合が高いことを報告している。つまり，ペイアウトの変化は企業の成熟段階に関する企業の見通しを投資家に伝達する可能性がある。

第二にペイアウトが将来の収益性に関する情報を伝達するという考え方である。米国企業の財務担当役員に対するサーベイ（Brav et al. 2005）から，配当と自社株買いの両方について将来の利益の安定性や持続的な利益変化が重要な決定要因になっていることが明らかにされている。とりわけ，配当については将来に反転するような配当の変更を経営者が嫌うことも同サーベイで明らかにされており，増配はその配当水準が今後も維持可能であるとする投資家に対するシグナルになりえる。

第22章　株主還元政策と株式価値　339

3　日本企業との関連性

　ここまで米国を中心とした海外の研究成果を紹介してきたが，日本において
もペイアウトと株価の関係性に関する研究の蓄積が進んでいる。

図表22-9　日本の企業と機関投資家のペイアウトに対する意識調査

ペイアウトの決定要因	ペイアウト手段	重要であると回答した割合	
		企業	機関投資家
当面使途の決まっていない余剰資金	配当	26.10%	56.30%
	自社株買い	32.70%	67.60%
自社内での有利な投資機会の存在	配当	44.40%	75.00%
	自社株買い	39.60%	69.80%

（出所）佐々木（2020）の図表5-2に基づき筆者作成

　第2節ではFCF問題を中心に取り上げたが，この点について興味深い事実
がサーベイから明らかにされている。佐々木（2020）は過去に日本で行われた
サーベイをまとめ，ペイアウトの決定要因として「当面使途の決まっていない
余剰資金」や「自社内での有利な投資機会の存在」といったFCF問題に直結
する要素が重要であると回答した割合が，日本企業の回答者は配当・自社株買
いのいずれについても半数以下であり，一方で日本の機関投資家はいずれにつ
いても半数超であることを明らかにしている（**図表22-9**）。このことは機関投
資家のFCF問題に対する懸念を企業サイドが汲み取れていないことを示唆し
ており，日本企業の株価評価に影響を及ぼしている可能性がある。

　山口・馬場（2012）はFaulkender and Wang（2006）を踏襲した分析を行い，
日本企業が追加的に1円だけ手許現金を増やした場合にその1円が株式市場に
おいて平均して約0.6円，FCF問題が懸念される企業では約0.5円で評価されて
いることを報告している。この結果[6]は日本においてもFCF問題による現金の
過小評価が生じている可能性を示唆している。

6　Dasgupta et al.（2024）と同様に，山田（2023）は日本において行われたFaulkender and Wang
（2006）の手法を踏襲した研究結果の解釈に注意が必要であることを指摘している。

340　Part 3　非財務・関連トピック

　太田・河瀬（2016）は日本企業の自社株買いの公表に伴う株価反応を分析し，
日本で一般的なAuction買付において，手許現金が多い企業ほど株式市場が好
感することを報告している。手許現金が多い企業ほどFCF問題が懸念される
ことから，自社株買いの公表によってその懸念が払拭され，株価が上昇したと
解釈することができる。さらに，森下（2023）は2023年6 - 9月においてPBR
1倍割れ企業の自社株買い発表に伴う株価上昇がPBR 1倍超の企業のそれより
も大きい傾向にあること，2018～2022年の6 - 9月では顕著な差は見られない
ことを報告している[7]。あくまで筆者の推測に過ぎないが2023年の東証要請以降，
株式市場では余剰現金を保有することに対してより厳しい目を向けるように
なっているのかもしれない。

4　実務・政策的な示唆

　ここまでみてきた理論とエビデンスから，少なくともFCF問題の観点から
株主還元と株式価値の関係性について一定の示唆を得ることはできそうである。
つまり，「自社の資金需要（投資機会）を踏まえた適切な現金保有水準を検討
し，それを上回る余剰現金はペイアウトすべき」というごく当たり前のような
示唆である。しかし当たり前のように見えるものの，これが日本企業によって
実践されているかどうかは定かではない。

　図表22-10の左図は日本企業（JPX400）と米国企業（S&P500）の2023年時
点における配当性向（過去5年平均）の分布を示している。図表から，日本企
業の配当性向は20～40%程度に極端に集中した横並びになっている一方で，米
国企業は比較的幅広く分布し，無配企業が最も多くなっているという特徴が確
認できる。この結果は，たまたまJPX400を構成する日本企業はS&P500を構成
する米国企業よりも同質性が高く，たまたま最適な配当水準が似通っているた
めにもたらされているのかもしれない。しかし，売上高成長率を横軸，配当性
向を縦軸にしてその関係性をプロットした右図を見るとどうも違いそうである。
右図は国別に過去5年間の売上高成長率の大小でグループ分けし，グループ内
での配当性向（過去5年平均）の第1四分位点（Q1），中央値（Q2），第3四

7　ただし，これらの差について統計的仮説検定は行われていないように思われる。

図表22-10　日米企業の配当性向の分布と成長性との関係

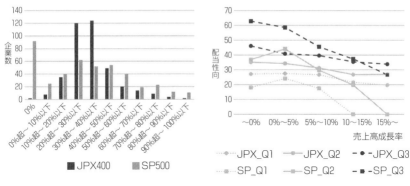

左図は2023年度の日本企業（JPX400構成銘柄）と米国企業（S&P500構成銘柄）の過去5年平均配当性向のヒストグラムを示している。右図は同様のサンプルについて国別に過去5年売上高成長率に応じて5つのグループ（マイナス成長，0～5％成長，5～10％成長，10～15％成長，15％～成長）に分類し，グループ内での過去5年平均配当性向の第1四分位（Q1），中央値（Q2），第3四分位（Q3）をプロットしている。

（出所）Refinitiv Eikonより筆者作成

分位点（Q3）を求め，各グループのQ1を点線，Q2を実線，Q3を破線でプロットしている。高成長企業は規模拡大のために資金需要が高く，逆に低成長企業の資金需要は低いと仮定するのであれば，売上高成長率はFCF問題の深刻さと負に相関する（低成長⇒FCF問題の懸念大，高成長⇒FCF問題の懸念小）。このとき，米国企業は理論どおりに低成長企業ほど配当性向を高め，高成長企業であれば無配も厭わない傾向が見て取れる。一方で日本企業は同様の傾向もなくはないが，相対的にメリハリが効いておらず，同一グループ内での配当性向のばらつき（四分位範囲）も狭く，自社の置かれた状況によらず横並びの配当行動を行う傾向にあるように思われる[8]。

---

[8] ペイアウトは配当と自社株買いから構成されているのであれば，配当のみに基づく図表22-8は説得力に欠けるかもしれない。これは筆者のデータ制約によるものである。しかし，国内での自社株買い総額が配当総額を上回る米国（Bonaime and Kahle 2024）においても企業の成長性と配当性向の間に図表22-8の関係性がみられることには注目すべきである。日米の企業・投資家問わず，自社株買いと比較して配当には長期的かつ安定的な支払いが期待されており，FCF問題の緩和という文脈において高配当には自社株買いよりも高い効果が期待される（John et al. 2021）。

342　Part 3　非財務・関連トピック

　日本企業は安定的な配当を追求しているといわれ，近年では目標配当性向を開示して安定配当性向を追求する企業も増えているように思われる。先述のように安定的な配当は手元資金の安定的な流出を通じてFCF問題を緩和するために株式価値を向上させる可能性（Brockman et al. 2022）もあるが，自社の状況を踏まえず，安定的な低水準の配当を行っていては余剰資金が溜まる一方であり，その恩恵にもあずかれないであろう。

　それでは具体的にどのようにペイアウトを行うべきであろうか。残念ながら，どの企業に対しても適用可能な“one-size-fits-all”なペイアウト政策は筆者の知るところでは存在しない。それでもまずは自社の事業活動の維持・拡大に「本当に」必要な現金水準を議論し，それを裏づけとしてペイアウトを実施することを強調したい。そして，ペイアウトは将来にわたって安定的に払い続けられると考えられる配当と調整弁としての自社株買いから構成されるとよいだろう。これらもまた当たり前のことを言っているだけのようだが，もしこれが当たり前の実務慣行であるならば，図表22-10のように大半の企業が配当性向20〜40％の範囲に集まることもないだろう。筆者の集計でも目標とする配当性向を開示している企業では配当性向30％を目標に掲げる企業が多いことが判明しているが[9]，30％で横並びになっている理由は何であろうか。理由が「多くの企業が掲げる目標水準だから」では株主は納得しないであろうし，それはペイアウトが自社とは無関係に決められることを意味するため，本章で取り上げたエージェンシー問題を緩和することにはつながらないであろう。

　それでもどれくらいの現金水準が必要で，その結果どれくらいのペイアウト水準がよいのか検討がつかないのであれば，試しに図表22-10の米国企業の第1四分位点や第3四分位点をベンチマークとしてみてはどうだろうか。たとえば，自社の過去5年間の売上高成長率が0〜5％程度であれば，第3四分位点は60％前後であり，それ以上の配当を支払っている企業も存在している。このとき，自社が仮に配当性向60％を目安に配当を支払う場合に何が起きるのか，

9　プログラムを用いた収集であるため誤差が含まれるものの，2022年4月から2023年3月までの間に決算期末を迎えた日本の上場企業3,895社のうち，有価証券報告書の「配当政策」セクションにおいて目標配当性向を開示している企業は988社であり，そのうち466社が目標配当性向として30％を掲げている。

その配当水準を正当化できるのか，それとも不可能と断じる理由は何なのか，これら理由は株主にとっても納得できるものなのか，特に米国企業にできて日本企業にはできない理由を説明できなければならないだろう。逆に成長性が高ければ低配当や無配もまた許容されるはずである。ペイアウトと投資はコインの裏表であり，ペイアウトされなければ事業活動に再投資されているはずである[10]。米国企業は無配にしてでも成長投資をする一方でなぜ日本企業は行わない（行えない？）のか，その説明をせずに居心地の良い配当性向30％を選択するのは説明責任を放棄しているといえるかもしれない。

最後に，ここまでエージェンシー理論の観点からペイアウトがなぜ株価に影響を与えるのかを説明してきたが，ペイアウトが新たに価値を生み出しているわけではないことに注意が必要であろう。つまり，エージェンシー問題やFCF問題を原因として企業の株価水準はファンダメンタルに基づく本来あるべき水準よりも低く評価されており，ペイアウトによって低評価状態から回復しているに過ぎないのである。これは冒頭で触れた東証要請においてペイアウトがPBR 1 倍割れを改善する抜本的対策にはならないとしている点とも整合的であり，図表22-2 でみたようにROEに代表される稼ぐ力の改善なしに大幅なPBRの改善は期待できないであろう。

◆参考文献

朝岡大輔・砂川信幸・岡田紀子. 2022.『ゼミナール　コーポレートファイナンス』日本経済新聞出版.

太田浩司・河瀬宏則. 2016.「自社株買いの公表に対する短期および長期の市場反応—Auction買付とToSTNeT買付の比較—」『現代ファイナンス』38:61-93.

佐々木寿記. 2020.「ペイアウト政策—配当と自社株買い」日本証券経済研究所編『日本のコーポレートファイナンス　サーベイデータによる分析』白桃書房.

中野誠. 2021.「不思議な会計・ファイナンス研究の世界：創造的研究のヒント（第 1 回）「不思議現象」の発見と解釈」『企業会計』73 (5):673-678.

森下千鶴. 2023.「2023年 6 ～ 9 月の自社株買い動向～ PBR 1 倍割れ企業の株価はPBR 1 倍以上企業より大きく反応～」基礎研レター：ニッセイ基礎研究所.

山口聖・馬場大治. 2012.「日本企業の現金保有に対するマーケットの評価」『経営財務研究』

10　先述のように図表22-10では自社株買いを考慮できていないため，成長性が高い米国企業は配当ではなく自社株買いを通じて積極的に株主還元をしている可能性は否定できない。

32（1・2）:108-122.

山田和郎. 2023.「現金の価値を分析する価値」Jxiv.

Bargeron, L., A. Bonaimé, W. Docimo, M. Feng, and S. Thomas. 2024. Voluntary disclosures regarding open market repurchase programs. *Contemporary Accounting Research* 41 (2):1151-1185.

Bonaimé, A., and K. Kahle. 2024. Share repurchases. In *Handbook of Corporate Finance*, edited by D. Denis. Cheltenham: Edward Elgar Publishing.

Brav, A., J. R. Graham, C. R. Harvey, and R. Michaely. 2005. Payout policy in the 21st century. *Journal of Financial Economics* 77 (3):483-527.

Brockman, P., J. Hanousek, J. Tresl, and E. Unlu. 2022. Dividend smoothing and firm valuation. *Journal of Financial and Quantitative Analysis* 57 (4):1621-1647.

Dasgupta, S., D. Li, and E. X. N. Li. 2024. The marginal value of cash: Structural estimates from a model with financing and agency frictions. *Management Science*, forthcoming.

DeAngelo, H., L. DeAngelo, and R. M. Stulz. 2006. Dividend policy and the earned/contributed capital mix: A test of the life-cycle theory. *Journal of Financial Economics* 81 (2):227-254.

Faulkender, M., and R. Wang. 2006. Corporate financial policy and the value of cash. *The Journal of Finance* 61 (4):1957-1990.

Grullon, G., and R. Michaely. 2004. The information content of share repurchase programs. *The Journal of Finance* 59 (2):651-680.

Ham, C. G., Z. R. Kaplan, and M. T. Leary. 2020. Do dividends convey information about future earnings? *Journal of Financial Economics* 136 (2):547-570.

Jensen, M. C. 1986. Agency costs of free cash flow, corporate finance, and takeovers. *The American Economic Review* 76 (2):323-329.

John, K., A. Knyazeva, and D. Knyazeva. 2011. Does geography matter? Firm location and corporate payout policy. *Journal of Financial Economics* 101 (3):533-551.

Larkin, Y., M. T. Leary, and R. Michaely. 2017. Do investors value dividend-smoothing stocks differently? *Management Science* 63 (12):4114-4136.

Leary, M., and V. Nukala. 2024. Corporate dividend policy. In *Handbook of Corporate Finance*, edited by D. Denis. Cheltenham: Edward Elgar Publishing.

Mazouz, K., Y. Wu, R. Ebrahim, and A. Sharma. 2023. Dividend policy, systematic liquidity risk, and the cost of equity capital. *Review of Quantitative Finance and Accounting* 60 (3):839-876.

Miller, M. H., and F. Modigliani. 1961. Dividend policy, growth, and the valuation of shares. *The Journal of Business* 34 (4):411-433.

Officer, M. S. 2011. Overinvestment, corporate governance, and dividend initiations. *Journal of Corporate Finance* 17 (3):710-724.

編著者紹介・執筆者紹介　**345**

■編著者紹介
中野　誠（なかの　まこと）　執筆担当：序章，第20章
1995年，一橋大学大学院博士後期課程修了。博士（商学）。現在，一橋大学大学院経営管理研究科教授。日本会計研究学会学会賞，日本公認会計士協会学術賞を受賞。
- Aggregate earnings informativeness and economic shocks: International evidence, *Asia-Pacific Journal of Accounting and Economics* 30(1). 196-211, 2023.（共著）
- Does Integrated Reporting Affect Real Activities Manipulation? *Sustainability* 14(17). 11110, 2022.（共著）
- Board size and corporate risk-taking: Further evidence from Japan, *Corporate Governance: An International Review* 20(4). 369-387, 2012.（共著）

加賀谷　哲之（かがや　てつゆき）　執筆担当：序章，第14章，第21章
2000年，一橋大学大学院博士後期課程修了。博士（商学）。現在，一橋大学大学院経営管理研究科教授。2023年「知財投資・活用戦略の有効な開示及びガバナンスに関する検討会」座長。
- 「ガバナンス改革のもとでの知財部門の役割」『知財管理』74(1)，2024年.
- 「サステナビリティ開示研究の新展開」『証券アナリストジャーナル』60(1)，2022年.
- 『リース会計制度の経済分析』中央経済社，2018年（編著）.

河内山　拓磨（こうちやま　たくま）　執筆担当：序章，第3章，第19章
2014年，一橋大学大学院博士後期課程修了。博士（商学）。現在は一橋大学大学院経営管理研究科准教授。2018年に日経・経済図書文化賞を受賞。日本学術会議連携会員。
- Management forecasting ability and predictive ability of dividend changes for future earnings. *Journal of Accounting, Auditing and Finance* 39 (1), 304-331. 2024.（共著）
- Unnatural selection of outside directors: Consequences of Japanese corporate governance reforms. *European Financial Management* 29 (2), 487-516. 2023.（共著）
- Are more able managers good future tellers? Learning from Japan. *Journal of Accounting and Public Policy* 40 (4). 2021.（共著）

■執筆者紹介（執筆順）
地主　純子（じぬし　じゅんこ）　執筆担当：第1章
2024年，一橋大学大学院経営管理研究科博士後期課程修了。博士（商学）。現在，上智大学経済学部経営学科助教。2022年, 2021年度証券アナリストジャーナル賞を受賞。
- Post-earnings announcement drift and ownership structure in the modern Japanese stock market. *The Japanese Accounting Review* 13, 1-36. 2023.
- 「決算発表に対する市場反応の増加と企業特性」『証券アナリストジャーナル』60(6), 6-16. 2022.
- 「決算短信は他の企業情報と比較して重要な情報か」『証券アナリストジャーナル』60(1), 82-92. 2022.

青木　康晴（あおき　やすはる）　執筆担当：第2章
2009年，一橋大学大学院商学研究科博士後期課程修了。博士（商学）。現在，一橋大学大学院経営管理研究科教授。
- 『組織行動の会計学　マネジメントコントロールの理論と実践』日本経済新聞出版，2024年.
- Determinants of the intensity of bank-firm relationships: Evidence from Japan. *The Review of Corporate Finance Studies*, advance online publication. 2023.
- The effect of bank relationships on bond spreads: Additional evidence from Japan. *Journal of Corporate Finance* 68, 101937. 2021.

中村　亮介（なかむら　りょうすけ）　執筆担当：第4章
2009年，一橋大学大学院博士後期課程修了。博士（商学）。現在，筑波大学ビジネスサイエンス系准教授。2018年，日経・経済図書文化賞受賞。2020年，日本経済会計学会学会賞（著書の部）受賞。
- Debt covenants in Japanese loan markets: In comparison with the traditional relationship banking, *Accounting and Finance* 61(1). 305-334. 2021.（共著）
- 「日本の上場企業における売上過大計上による不正会計の検知：マハラノビス距離を用いた機械学習による方法」『行動計量学』47(2). 123-140. 2020年.（共著）
- 『財務制限条項の実態・影響・役割－債務契約における会計情報の活用－』中央経済社，2018年.（共著）

藤山　敬史（ふじやま　けいし）　執筆担当：第5章
一橋大学大学院博士後期課程修了。博士（商学）。神戸大学経済経営研究所准教授。2022 Public Interest Section（American Accounting Association）Best Paper Award（Asset Impairment Accounting Decisions and Employee Downsizing in Japan）受賞。
- Employment protection, corporate governance, and labor productivity around the World. *Journal of International Financial Markets, Institutions and Money* 92, 101978. 2024.（共著）
- 清酒酒蔵における原価計算・管理会計実務：新潟の酒蔵に関する複数事例研究. 『國民経済雑誌』226(6), 83-100. 2022年.（共著）
- Strategic management forecasts and accounting choices: A case of employee downsizing in Japan. *Journal of International Accounting Research* 19(3), 91-109 2020.（共著）

吉永　裕登（よしなが　ゆうと）　執筆担当：第6章
2018年，一橋大学大学院商学研究科博士後期課程修了。博士（商学）。現在，東北大学大学院経済学研究科准教授。2015年，JFAファイナンスキャンプ最優秀論文賞。
- Aggregate earnings informativeness and economic shocks: international evidence. *Asia-Pacific Journal of Accounting and Economics*, 30 (1), 196-211. 2023.（共著）
- Market-wide cost of capital impacts on the aggregate earnings-returns relation: Evidence from Japan. *The Japanese Accounting Review* 6, 95-122. 2016.（単著）
- 『マクロ実証会計研究』日本経済新聞出版，2020年.（共著）

福川　裕徳（ふくかわ　ひろのり）　執筆担当：第7章
1999年，一橋大学大学院商学研究科博士後期課程単位修得退学。博士（商学）。現在，一橋大学大学院経営管理研究科教授。2013年日本会計研究学会太田・黒澤賞，2014年日本公認会計士協会学術賞受賞。
・『監査判断の実証分析』国元書房，2012年.
・Auditors' risk assessments: The effects of elicitation approach and assertion framing. *Behavioral Research in Accounting* 28 (2). 2016.（共著）
・Effects of audit partners on clients' business risk disclosure. *Accounting and Business Research* 47 (7). 2017.（共著）

日下　勇歩（くさか　ゆうほ）　執筆担当：第8章
2022年，一橋大学大学院経営管理研究科博士後期課程修了。博士（商学）。現在，北九州市立大学大学院マネジメント研究科 講師。
・「継続企業の前提に関する注記情報に対する株式市場の反応―本決算と期中決算の違いに着目して―」『一橋商学論叢』14 (1), 29-42, 2019年.

藤谷　涼佑（ふじたに　りょうすけ）　執筆担当：第9章
2020年一橋大学大学院博士後期課程修了。博士（商学）。現在，一橋大学大学院経営管理研究科講師。
・How does stock liquidity affect corporate cash holdings in Japan?: A pre-registered report. *Pacific-Basin Finance Journal* 83:102205. 2024.（共著）
・Domestic and international effects of economic policy uncertainty on corporate investment and strategic cash holdings: Evidence from Japan. *Journal of the Japanese and International Economies* 69, 101272. 2023.（共著）
・Does stock market listing impact investment in Japan?. *Journal of the Japanese and International Economies* 59, 101093. 2021.（共著）

髙須　悠介（たかす　ゆうすけ）　執筆担当：第10章，第22章
2015年，一橋大学大学院博士後期課程修了。博士（商学）。現在，横浜国立大学大学院国際社会科学研究院准教授。以下の業績により，2024年，横浜国立大学優秀研究者賞受賞。
・「HTMLデータに基づく役員情報データベースの構築」『横浜経営研究』42 (3・4)，2022年.
・「「役員の状況」における注記を活用した社外役員の特定」『横浜経営研究』43 (1)，2022年.
・「役員情報データベース構築プログラム」横浜国立大学，2022年.（筆者HPにて公開）

石田　惣平（いしだ　そうへい）　執筆担当：第11章，第13章
2016年，一橋大学大学院博士後期課程修了。博士（商学）。現在，一橋大学大学院経営管理研究科准教授。

- Institutional shareholder services' proxy voting guidelines and ROE management. *European Financial Management* 30 (1), 375-402. 2024.（共著）
- Management Forecasting Ability and Predictive Ability of Dividend Changes for Future Earnings. *Journal of Accounting, Auditing and Finance* 39 (1), 304-331. 2024.（共著）
- Earnings Management, Horizon Problem, and Advisor Posts for Retiring CEOs. *Pacific-Basin Finance Journal* 78, 101972. 2023.（共著）

調　勇二（しらべ　ゆうじ）　執筆担当：第12章
2018年，一橋大学大学院博士後期課程修了。博士（商学）。現在，東洋大学経営学部准教授。

- Does integrated reporting affect real activities manipulation? *Sustainability* 14 (17), 11110. 2022.（共著）
- 「経営者予想誤差のボラティリティと株価反応」『一橋商学論叢』12 (2), 46-61, 2017.
- 『マクロとミクロの実証会計』中央経済社，2017年.（共著）

金　鉉玉（きむ　ひょんおく）　執筆担当：第15章
2009年，一橋大学大学院博士後期課程修了。博士（商学）。現在，東京経済大学経営学部教授。

- 「監査スタイルと利益の比較可能性」『現代ディスクロージャー研究』20 (1), 27-56. 2024.（共著）
- Economic policy uncertainty and earnings management: Evidence from Japan. *Journal of Financial Stability* 56, 100925. 2021.（共著）
- Accounting information quality and guaranteed loans: evidence from Japanese SMEs. *Small Business Economics* 53(4), 1033-1050. 2019.（共著）

岩田　聖徳（いわた　きよのり）　執筆担当：第16章
2022年，一橋大学大学院博士後期課程修了。博士（商学）。現在，東京経済大学経営学部専任講師。

- How does stock liquidity affect corporate cash holdings in Japan?: A pre-registered report. *Pacific-Basin Finance Journal* 83, 102205, 2024.（共著）
- Earnings quality and voting shareholders' reliance on earnings information: Evidence from the top executive director election in Japan. *Accounting Letters* 1 (1), 13-25, 2024.
- 「機関投資家による議決権行使結果の個別開示と社外取締役の選任」『経営財務研究』41 (1・2), 2-20, 2021.

野間　幹晴（のま　みきはる）　執筆担当：第17章
2002年，一橋大学大学院商学研究科博士課程修了。博士（商学）。現在，一橋大学大学院経営管理研究科教授。日経・経済図書文化賞，日本会計研究学会太田・黒澤賞，国際会計研究学会学会賞，日本経済会計研究学会学会賞を受賞。

- Do geographic distance, cultural distance, and political hazards equally matter for Japanese firms' outbound mergers and acquisitions? A firm- and deal-level empirical analysis, *Asian-Pacific Economic Literature*, forthcoming, 2024. （共著）
- Do geographic distances proxy a high probability of foreign divestment? Evidence from Japanese multinational firms. *Journal of Corporate Accounting and Finance* 35(1).2024. （共著）
- The valuation of R&D expenditures in Japan. *Accounting and Finance* 50(4), 899-920, 2010. （共著）

円谷　昭一（つむらや　しょういち）　執筆担当：第18章
2006年，一橋大学大学院博士後期課程修了。博士（商学）。現在，一橋大学大学院経営管理研究科教授。

- 『コーポレート・ガバナンス「本当にそうなのか？」－大量データからみる真実－2』同文舘出版，2023年（編著）.
- 『政策保有株式の実証分析』日本経済新聞出版，2020年.
- 『コーポレート・ガバナンス「本当にそうなのか？」－大量データからみる真実－』同文舘出版，2017年（編著）.

財務・非財務報告のアカデミック・エビデンス

2025年1月30日　第1版第1刷発行

	中	野		誠
編著者	加 賀 谷		哲	之
	河 内 山		拓	磨
発行者	山	本		継

発行所　㈱中 央 経 済 社

発売元　㈱中央経済グループ
　　　　パ ブ リ ッ シ ン グ

〒101-0051　東京都千代田区神田神保町1-35
電話　03 (3293) 3371 (編集代表)
　　　03 (3293) 3381 (営業代表)
https://www.chuokeizai.co.jp

ⓒ 2025
Printed in Japan

印刷／三英グラフィック・アーツ㈱
製本／誠　製　本　㈱

＊頁の「欠落」や「順序違い」などがありましたらお取り替えいた
　しますので発売元までご送付ください。（送料小社負担）
ISBN978-4-502-51821-8　C3034

JCOPY〈出版者著作権管理機構委託出版物〉本書を無断で複写複製（コピー）することは，
著作権法上の例外を除き，禁じられています。本書をコピーされる場合は事前に出版者
著作権管理機構（JCOPY）の許諾を受けてください。
JCOPY〈https://www.jcopy.or.jp　eメール：info@jcopy.or.jp〉